博雅

21世纪经济与管理应用型规划教材

国际经济与贸易系列

国际贸易理论与政策

International Trade Theory and Policy

刘辉群 编著

北京大学出版社
PEKING UNIVERSITY PRESS

图书在版编目(CIP)数据

国际贸易理论与政策/刘辉群编著. —北京:北京大学出版社,2014.9
(21世纪经济与管理应用型规划教材·国际经济与贸易系列)
ISBN 978-7-301-24762-4

Ⅰ. ①国… Ⅱ. ①刘… Ⅲ. ①国际贸易—经济理论—高等学校—教材 ②国际贸易政策—高等学校—教材 Ⅳ. ①F74

中国版本图书馆CIP数据核字(2014)第203382号

书　　名: **国际贸易理论与政策**
著作责任者: 刘辉群　编著
策 划 编 辑: 周　莹
责 任 编 辑: 王　晶
标 准 书 号: ISBN 978-7-301-24762-4/F·4040
出 版 发 行: 北京大学出版社
地　　址: 北京市海淀区成府路205号　100871
网　　址: http://www.pup.cn
电 子 信 箱: em@pup.cn　　QQ:552063295
新 浪 微 博: @北京大学出版社　@北京大学出版社经管图书
电　　话: 邮购部 62752015　发行部 62750672　编辑部 62752926　出版部 62754962
印 刷 者: **北京宏伟双华印刷有限公司**
经 销 者: 新华书店
787毫米×1092毫米　16开本　22.75印张　511千字
2014年9月第1版　2014年9月第1次印刷
印　　数: 0001—3000册
定　　价: 45.00元

丛书出版前言

《国家中长期教育改革和发展规划纲要(2010—2020年)》指出,目前我国高等教育还不能完全适应国家经济社会发展的要求,学生适应社会和就业创业能力不强,创新型、实用型、复合型人才紧缺。所以,在此背景下,北京大学出版社响应教育部号召,在整合和优化课程、推进课程精品化与网络化的基础上,积极构建与实践接轨、与研究生教育接轨、与国际接轨的本科教材体系,特策划出版"21世纪经济与管理应用型规划教材"。

"21世纪经济与管理应用型规划教材"注重系统性与综合性,注重加强学生分析能力、人文素养及应用性技能的培养。本系列包含三类课程教材:通识课程教材,如《大学生创业指导》等,着重于提高学生的全面素质;基础课程教材,如《经济学原理》《管理学基础》等,着重于培养学生建立宽厚的学科知识基础;专业课程教材,如《组织行为学》《市场营销学》等,着重于培养学生扎实的学科专业知识以及动手能力和创新意识。

本系列教材在编写中注重增加相关内容以支持教师在课堂中使用先进的教学手段和多元化的教学方法,如用课堂讨论资料帮助教师进行启发式教学,增加案例及相关资料引发学生的学习兴趣等;并坚持用精品课程建设的标准来要求各门课程教材的编写,力求配套多元的教辅资料,如电子课件、习题答案和案例分析要点等。

为使本系列教材具有持续的生命力,我们每隔三年左右会对教材进行一次修订。我们欢迎所有使用本系列教材的师生给我们提出宝贵的意见和建议(我们的电子信箱是 em@pup.cn),您的关注就是我们不断进取的动力。

在此,感谢所有参与编写和为我们出谋划策、提供帮助的专家学者,以及广大使用本系列教材的师生,希望本系列教材能够为我国高等院校经管专业的教育贡献绵薄之力。

北京大学出版社

经济与管理图书事业部

前　　言

在经济类学科的教学中，国际贸易已经越来越成为一门重要的课程。目前，国内各种版本的教材非常多，有引自国外、久享盛誉的原版教材及其中译本，也有近年来国内学者编写的同类教材，分别适应不同层次学生学习的需要，在帮助学生掌握这门学科的基本体系和结构、了解它的前沿发展方面起到了重要的作用。

本教材是天津市品牌专业国际贸易专业建设以及天津商业大学校级精品课《国际贸易》课程建设的成果之一。在编写过程中，我们在借鉴国内外优秀同类教材的基础上，结合教学工作实践，融入自己的认识和理解。与其他同类教材相比较，本教材的特色主要体现在以下几个方面：

第一，内容全面，体系完整。本教材体系简明扼要，分别对国际贸易理论、国际贸易政策和国际贸易实践三个体系进行了系统的阐述。

第二，使经济学基础知识与在本学科中的应用相互衔接，如国际贸易纯理论继承了微观经济学中的一般均衡分析方法和局部均衡分析方法、静态分析方法和比较静态分析方法等。

第三，反映了国际贸易相关理论与政策的最新变化。本教材在保留本学科知识全面性的基础上，对同类教材中普遍缺乏的内容作了大量补充。

第四，全书框架的编排突出了内容的内在逻辑关系，阐述、分析力求简明扼要，各章都配有本章提要、本章结构图、学习目标、本章小结、案例、练习与思考，以帮助学生归纳、提炼本章的核心知识点，并通过练习加以巩固。

本教材由天津商业大学长期从事国际贸易课程教学和科研工作的教师合作编写，适合高等院校经济类、管理类专业本科生、研究生，也可供 MBA 学员学习，还可供从事国际经济、贸易和金融工作的专业人士参考。

感谢对外经济贸易大学外国直接投资研究中心主任卢进勇教授、天津财经大学经济学院副院长刘恩专教授对本书大纲及内容提出的宝贵意见和建议。感谢天津商业大学经济学院刘小军教授、王炳才教授等的同仁们，他们不仅提供了大量原始资料，也为本教材的编写提供了良好的软环境。感谢我的研究生褚红娟、王昌茂、张秉慧、夏斌斌、蔡嘉琦、李玲珊、王斌等同学，他们在资料收集、案例整理等方面做了大量工作。感谢北京大学出版社周莹编辑和王晶编辑，她们为本书的出版付出了大量辛勤劳动。

本书在编写的过程中，参阅了大量的国内外相关教材、著作、论文，以及大量的网站，并引用了其中的许多观点和资料，如未注明，在此特表谢忱并致歉。由于作者水平有限，书中难免存在疏漏，敬请读者批评指正。

刘辉群

2014 年 8 月

作 者 简 介

刘辉群，经济学博士，天津商业大学经济学院副教授、硕士生导师，天津市“131”创新型人才培养工程第三层次人选。主要从事国际贸易理论与政策、跨国公司与外国直接投资的教学和研究工作，主持教育部社科项目2项、天津社科规划等省部级项目6项。出版《国际直接投资的就业效应研究》、《服务外包与现代服务业发展》、《国际经济学》等著作和教材9部；在《中国软科学》、《国际贸易问题》、*Journal of Chinese Foreign Trade Studies*、*Journal of Chinese Marketing*、*Advances in Global Business Research* 等国内外期刊发表60余篇论文，多篇被中国人民大学复印报刊资料全文转载；多次荣获中国世界贸易组织研究院、天津市国际贸易学会征文二、三等奖。

目录 Contents

国际贸易理论篇

国际贸易政策篇

国际贸易实践篇

国际贸易理论篇

第一章

导论

本章提要

国际贸易作为一门学科，它的研究对象是不同国家或地区之间的货物和服务的交换活动，通过研究这些货物和服务交换活动的产生、发展过程及贸易利益的产生和分配，来揭示这种交换活动的特点和规律。本章主要介绍国际贸易的研究对象、研究内容、特点、分类、相关统计指标及国际贸易的历史和发展等内容。

本章结构图

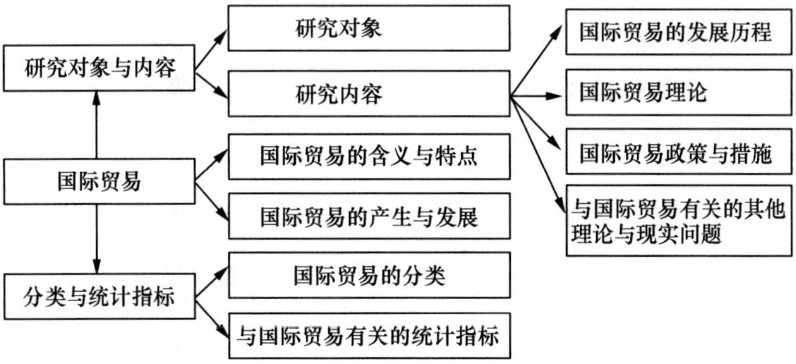

学习目标

- 重点掌握国际贸易的研究对象、研究内容和国际贸易有关的统计指标。
- 掌握国际贸易的分类与特点。
- 了解国际贸易产生与发展的历史。

第一节 国际贸易的研究对象与内容

一、国际贸易的含义与特点

(一) 国际贸易的含义

国际贸易(**international trade**)一般是指国家(或地区)之间商品与服务的交换活动,它是各国之间劳动分工的表现形式,也是国际经济联系的主要形式和基本内容,反映了世界各国在经济上的相互联系与依赖。

如果从某一个国家或地区的角度看,一国或地区与其他国家或地区的商品与服务的交换活动被称为**对外贸易**(**foreign trade**)。有些海岛国家或地区,如英国、日本等,其对外贸易常被称为**海外贸易**(**oversea trade**)。如果从全球的视角来看,人们往往把各国对外贸易的总和称为**世界贸易**(**world trade**)。

国际贸易概念有广义与狭义之分。狭义的国际贸易是指国家之间的商品进出口,也就是一国从他国进口商品用于国内的生产和消费,或者向他国出口本国的商品。广义的国际贸易除了商品的进出口以外,还包括服务贸易,也就是各国之间在运输、保险、旅游、通信、技术、劳务输出等方面相互提供服务。

我们可以从三个层次来理解国际贸易:第一层次是国际贸易发生的主体地域范围——国与国之间,当然也包括单独关税区之间或国家与单独关税区之间。第二层次是国际贸易涉及的交换内容包括商品和服务。第三层次是国际贸易发生的制度环境,与国内贸易相比,国际贸易不仅涉及不同货币的兑换,且受制于国际通行规则,而非一国的国内贸易规则。

(二) 国际贸易的特点

国际贸易和国内贸易都是商品和服务的交换,交换过程和货物流向大致相同,经营目的也都是为了取得经济利益和利润。但作为国际商品和服务的交换,国际贸易有以下几个特点:

1. 国际贸易复杂程度比较高

(1) 各国的货币与度量衡差别很大

在国际贸易中,应采用何种货币计价?两种货币如何兑换?各国度量衡不一致时如何换算?凡此种种使得对外贸易比国内贸易复杂。

(2) 商业习惯复杂

各国市场商业习惯不同,怎样进行沟通?国际贸易中的规约与条例解释是否一致?对外贸易也比国内贸易复杂，稍有不慎，便会影响贸易的进行。

(3) 海关制度及其他贸易法规不同

各国都设有海关，对于货物进出口都有许多规定。货物出口，不但要在输出国家输出口岸履行报关手续，而且出口货物的种类、品质、规格、包装和商标也要符合输入国家的各种规定。

(4) 国际汇兑复杂

国际贸易货款的清偿多以外汇支付，而汇率依各国采取的汇率制度、外汇管理制度而定，这就使得国际汇兑相当复杂。

(5) 货物的运输与保险

国际贸易运输，一要考虑运输工具，二要考虑运输合同的条款、运费、承运人与托运人的责任，还要办理装卸、提货手续。为避免国际贸易货物运输中的损失，还要对运输货物加以保险。

另外，各国对国际贸易中的规约、条例和惯例的具体解释是否一致，适用范围如何确定，贸易纠纷如何解决等问题，都需要进行协商并签订合同加以约束和规范，这就使得国际贸易复杂化。

2. 国际贸易的难度比较大

(1) 语言不同

这是从事国际贸易活动首先遇到的障碍。世界各国的语言文字十分复杂，据统计，目前世界上超过 5 000 万人使用的文字有 13 种之多。其中，英语所使用的范围最广，有 30 多个国家将其作为官方语言，也是当今国际贸易活动中各国最通行的商业语言。如果不能克服语言上的障碍，国际贸易活动将很难开展，即使制定出宏伟的对外贸易规划，也只能是纸上谈兵，得不到较好地贯彻和落实。

(2) 法律、风俗习惯不同

各个国家和民族的风俗习惯、宗教信仰和价值观念都有很大差别，这也会对国际贸易活动产生一定程度的影响。比如，各国对于商品外形、商品包装和商标所显示出的颜色、数字及复杂的图形有着不同的解读，这使得在甲国畅销的商品，到了乙国就可能由于颜色不受欢迎等原因而滞销。

(3) 贸易障碍多

世界各国不同的语言、文化传统、风俗习惯、宗教信仰、法律规范和对外贸易政策，都会造成国际贸易的障碍，加上各国消费习惯的不同及各种偏爱和禁忌差异，又进一步加深了从事国际贸易的难度。具体来说，人们在开拓国际市场、进行调查研究、选择目标市场和销售渠道、寻找贸易伙伴、了解资信状况等方面的难度比较大。

3. 国际贸易风险比较大

国际贸易涉及面广、交易量大、程序较复杂、中间环节多，面临着较大的风险。

(1) 信用风险

经营对外贸易的进出口商从接洽开始，经过报价、还价，确认后订立合同，再到出口商交货、进口商支付货款，需经过一段较长的时间。在此期间，交易双方可能因经营状况发生变化而不能履约。比如，因经济危机或严重自然灾害可能导致出口商破产，而不能按时交货，或其他类似原因导致进口商倒闭不能按时付款。

(2) 商业风险

在国际贸易中，进口商往往以各种理由拒收货物，对出口商来说这就是商业风险。拒收理由多数是货物不符、交货期晚、单证不符等。这些理由在货物遭到拒收前是无法确定的。拒收后，虽可交涉弥补，但损失已发生。

(3) 汇兑风险

对外贸易的买卖双方必有一方要以外币计价。但外汇汇率不断变化，如掌握不好，有一方就要负担汇兑亏损。如果卖方以汇率看跌的货币计价，而商品价格又没有适当提高，就要吃亏；反之，如果买方以汇率看涨的货币计价，而商品价格又没有适当降低，就要吃亏。

(4) 价格风险

出口商与进口商签订合同后，在出口商进货前，如果货物价格上涨，出口商就要承担损失风险。进口商接货后，如果该货物价格下跌，进口商就要承担损失风险。国际市场价格瞬息万变，对外贸易多数是大宗买卖，因此，对外贸易的进出口商必须承担比国内贸易更大的价格风险。

(5) 运输风险

国际贸易货物运输里程一般比国内贸易遥远，因此，在运输途中发生的风险必然比国内贸易大。承担此类风险的有卖方、买方和保险公司。

(6) 政治风险

世界各国大都实行贸易管制，这些贸易管制政策和措施主要依据不同时期国内政治经济状况和国际政治经济形势而制定。由于各国政治经济状况和国际政治经济形势经常变化，因此，有关贸易国的贸易管制政策和措施也经常改变，这就使进出口商承担了许多国内贸易所不需承担的政治风险。

以上这些特点使得国际贸易具有明显的独立学科的特征，从而成为经济学的一个分支学科。

二、国际贸易的研究对象与内容

(一) 国际贸易的研究对象

国际贸易作为一门学科，它的研究对象是不同国家或地区之间的货物和服务的交换活动，通过研究这些货物和服务交换活动的产生、发展过程以及贸易利益的产生和分配，来揭示这种交换活动的特点和规律。

(二) 国际贸易的研究内容

国际贸易的具体内容包括国际贸易的发展历程、国际贸易理论、国际贸易政策与措施、与国际贸易有关的各种理论与现实问题四个方面。如图 1-1 所示。

1. 国际贸易的发展历程

国际贸易是个历史范畴，它是社会生产力和国际分工发展的必然结果。随着生产力的

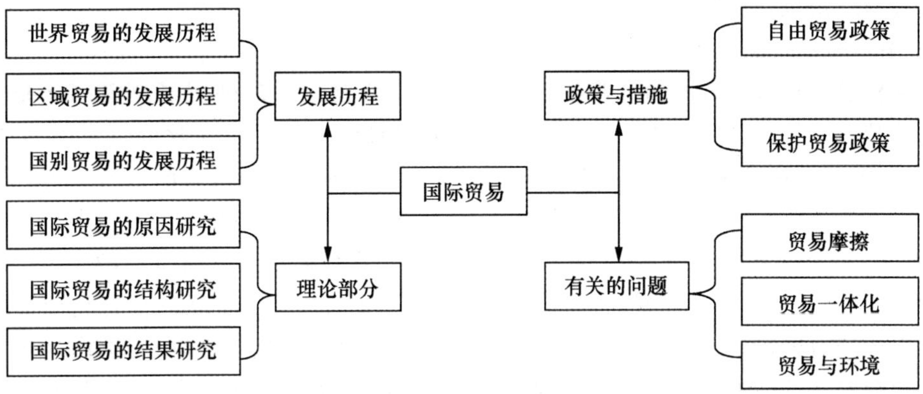

图 1-1　国际贸易学体系图

变革，交换活动的领域和范围不断扩大，形式和内容也更加多样化。研究国际贸易产生、发展的历程和一般发展规律，是深入学习、研究国际贸易理论与政策的重要前提。

2. 国际贸易理论

对国际贸易现状的研究促进了国际贸易理论的产生和发展，学习和研究这些理论的精华是国际贸易课程的重要内容，它要回答三个基本问题，即国际贸易产生的原因、国际贸易的结构和国际贸易的结果。

（1）国际贸易的基础（basis of international trade）

国际贸易理论首先要回答的第一个问题是国家之间为什么要进行贸易？这是研究国际贸易的基础。各国之间为什么发生贸易？各国在什么情况下发生国际贸易？国际贸易的基本原则是低价进口、高价出口，所以只有当产品在国家之间存在价格差异时才会发生贸易。那么，各国之间的产品价格差异究竟是怎样产生的呢？对这些问题的不同解释就形成了不同的国际贸易理论模型。

（2）国际贸易的方式（pattern of international trade）

如果国际贸易理论能够回答第一个问题，即国际贸易的基础存在，那么，国际贸易理论要回答的第二个问题是国家之间怎样进行贸易？即研究国际贸易的方式。为什么一些国家出口劳动密集型产品而另一些国家出口资本、技术密集型产品？是什么因素决定一国的进出口贸易模式？不同的贸易理论对这些问题的回答是不同的。

（3）国际贸易的影响（effect of international trade）

国际贸易既然存在贸易基础能够发生，并且按照一定的贸易方式进行，那么国际贸易接下来要回答的第三个问题就是国际贸易产生什么样的影响？即研究贸易的所得（贸易利益）。虽然从总体上说，自由贸易给各国都带来利益，但这种利益有多大？利益的分配如何？有没有一些利益集团受到损失？贸易对本国的生产和消费会带来什么影响？经济学家从不同的情况出发对贸易产生的影响作了全面分析。

国际贸易的基本理论的分析包括静态分析和动态分析、局部分析和整体分析。当然，要回答以上三个基本问题还有待于国际贸易理论前提的确立，不同的经济学理论前提所得出的国际贸易理论也是不同的。

3. 国际贸易政策与措施

国际贸易直接涉及各国的经济发展,因此,各国都制定了**对外贸易政策**(**foreign trade policy**)和措施。国际贸易政策主要可分为自由贸易政策和保护贸易政策两大类,措施主要有关税措施、非关税措施等。国际贸易政策与措施也是国际贸易研究的重要内容。贸易政策的分析主要是对各种贸易政策(包括关税、配额、出口补贴等)及影响贸易的其他经济政策(产业政策、消费政策等)的实证分析。贸易政策的基本性质是对自由贸易的干预。这种干预有限制贸易的,也有鼓励贸易的;既有进口方面的,也有出口方面的。但任何贸易政策都会给国内经济带来影响,包括对国内市场价格的影响、对贸易量的影响、对国内生产量和消费量的影响及对各种生产要素收益、各种贸易利益和整个社会福利的影响。对于贸易大国,还要分析其贸易政策对国际市场的影响以及贸易条件变化的影响。

4. 与国际贸易有关的其他理论与现实问题

研究国际贸易理论与政策,不可避免地会涉及与国际贸易有关的各种理论与现实问题。从另一个角度说,研究国际贸易理论与政策的主要目的也是为了更好地解决国际贸易发展中所遇到的各种现实问题。**国际贸易实践**(**activities of international trade**)是国际贸易的研究对象,而国际贸易理论既是对国际贸易活动实践的总结,又是指导国际贸易活动的指南。例如,国际贸易的发展引起了生产国际化的发展,生产国际化引起的区域经济一体化和世界经济一体化,这些都需要国际贸易理论与政策加以解释。此外,世界各国为了推进国际贸易自由化的发展而建立的**世界贸易组织**(**World Trade Organization, WTO**)、贸易摩擦、贸易与可持续发展、贸易与环境问题等等,也是国际贸易理论与政策方面必须进行研究的。

第二节 国际贸易的分类

国际贸易活动在现实中的表现形式多种多样,依照不同的划分标准,可以有不同的分类。

一、按商品形态划分

(一) 货物贸易

货物贸易(**commodity trade**)通常是指**有形贸易**(**tangible trade**),即围绕有形商品来开展的国际贸易。为了便于统计,联合国《**国际贸易标准分类**》(**Standard International Trade Classification, SITC**)把有形商品分为 10 部门、67 类、262 组、1 023 分组和 2 970 基本项目。这 10 部门货物分别是:0 部门为食品和活动物,1 部门为饮料及烟草,2 部门为非食用原料(不包括燃料),3 部门为矿物燃料、润滑油及有关原料,4 部门为动植物油、脂和蜡,5 部门为未另列明的化学品和有关产品,6 部门为主要按原料分类的制成品,7 部门为机械及运输设备,8 部门为杂项制品,9 部门为《国际贸易标准分类》未另分类的其他商品和交易。参见表

1-1。在国际贸易统计中,一般把 0 到 4 部门商品称为初级产品,把 5 到 8 部门商品称为制成品。后来,在各国的进一步协商下,海关合作理事会于 1983 年通过了《商品名称及编码协调制度国际公约》及其附件《商品名称及编码协调制度》(*Harmonized Commodity Description and Coding System*, HS),并于 1988 年 1 月 1 日正式生效。现已批准正式使用 HS 编码的国家和地区约有 100 个,我国海关也于 1992 年 1 月 1 日起开始实施以 HS 编码为基础编制的《中华人民共和国进出口税则》。HS 将商品分为 21 类、97 章、1241 个税目及 5 019 个子目,从而使商品分类更加细致和科学。如第一类为"活动物;动物产品",其中第二章为"肉及食用杂碎"(02),其中第二项税目编号 02.02 为冻牛肉,再进一步细分:02.02.10 为冻整头及半头牛肉、02.02.20 为冻带骨牛肉、02.02.30 为冻去骨牛肉。

表 1-1 2006 年联合国《国际贸易标准分类》(修订 4)的商品分类

部门	商品	产品分类
0	食品和活动物	初级产品
1	饮料及烟草	
2	非食用原料(不包括燃料)	
3	矿物燃料、润滑油及有关原料	
4	动植物油、脂和蜡	
5	未另列明的化学品和有关产品	制成品
6	主要按原料分类的制成品	
7	机械及运输设备	
8	杂项制品	
9	《国际贸易标准分类》未另分类的其他商品和交易	

(二) 服务贸易

服务贸易(**service trade**)是不同国家之间所进行的服务交易的活动。按世界贸易组织《服务贸易总协定》的规定,国际服务贸易有以下 4 种形式。

1. 跨境交付

跨境交付(cross-border supply)指从一成员方境内向境外任何成员方提供服务,如通过视、听等为对方提供服务,其特点是服务提供者和消费者分处不同国家。这是典型的跨国界可贸易型服务,是国际服务贸易的基本形式。

2. 境外消费

境外消费(consumption abroad)指在一成员方境内向任何其他成员方的消费者提供服务,诸如涉外旅游服务、为外国病人提供医疗服务等。

3. 商业存在

商业存在(commercial presence)指一成员方在其他成员方境内通过商业存在提供服务,即服务提供者在外国建立商业机构为消费者服务。例如,一成员方在其他成员方境内开设百货公司、银行、保险公司、运输公司、咨询公司、律师或会计师事务所、饭店、宾馆等。这种服务贸易往往与对外直接投资联系在一起。

4. 自然人流动

自然人流动(movement of natural persons)指一成员方的自然人在其他任何成员方境内提供服务。

《服务贸易总协定》列出的服务行业包括以下 12 个部门:商业、通讯、建筑、销售、教育、环境、金融、卫生、旅游、娱乐、运输及其他,具体分为 160 多个分部门。

服务贸易提供与消费同时进行,服务贸易额也是一国国际收支的重要构成部分,但由于其无须经过海关办理手续,所以一般不显示在海关的统计表上,只在各国国际收支平衡表上体现。

(三) 技术贸易

技术贸易(**technology trade**)的内容包括专利权、商标权、专有技术权、计算机软件等著作权的所有权的有偿转让或使用权的许可使用以及技术咨询、技术服务和技术开发等。同服务贸易额一样,国际技术贸易额也不在各国海关统计中,只在各国国际收支平衡表上体现。

在上述按照商品形态划分的三类贸易中,服务贸易和技术贸易也统称**无形贸易**(**intangible trade**),指买卖一切不具备物质自然属性的商品的活动。有形贸易和无形贸易的主要区别在于前者需办理海关手续,其贸易额总是列入海关的贸易统计;而无形贸易尽管也是一国国际收支的组成部分,但它无须办理海关手续,因而一般不反映在海关统计表上,但体现在一国国际收支平衡表上。

二、按商品流向划分

(一) 出口贸易

出口贸易(**export trade**)又称输出贸易,是指一国将自己生产或加工的商品输往国外市场销售。净出口则是指某国(或地区)某一时期同类商品的出口量大于进口量的部分。

(二) 进口贸易

进口贸易(**import trade**)又称输入贸易,是指一国从国外市场购入用以生产或消费的商品。净进口则是指某国(或地区)某一时期同类商品的进口量大于出口量的部分。

(三) 过境贸易

过境贸易(**transit trade**)指别国出口货物通过本国国境,未经加工改制,在保持原来形状下运往另一国的贸易活动。其中又可分为直接过境和间接过境两种。直接过境是指在海运的情况下,外国货物到达港口后,在海关监管下,从一个港口通过国内航线装运到另一港口;或在同一港口内从一艘船上转装到另一艘船上,然后离开国境;或不经卸货转船,仍由原船运出,这种行为完全是为了转运而通过国境,与该国对外贸易无关。间接过境则指外国货物到达国境后,先存入海关保税仓库,然后未经加工改制,又从海关保税仓库提出并运出国境。这种贸易对本国来说既不是进口,也不是出口,仅仅是商品过境而已。

(四) 复出口

复出口(**re-export trade**)是指将外国商品输入本国后未经加工而再向国外输出的贸易

活动。有两种情况，一是从本国自由贸易区或海关保税仓库再出口，二是经过海关结关手续后的本国化商品再出口。

（五）复进口

复进口（re-import trade）指将本国商品输往国外后未经加工而又重新运回国内。复进口一般是由于商品在国外未能售出或由于损坏、质量不合格等原因所造成，因而比较具有偶然性。

三、按贸易有无第三国参加划分

（一）直接贸易

直接贸易（direct trade）是生产国与消费国不通过第三国而进行商品交换的行为。在这种方式下，贸易双方直接谈判、直接结算，直接运输货物。商品从生产国直接卖给消费国，对生产国而言，是直接出口，对消费国而言，是直接进口。

（二）间接贸易

间接贸易（indirect trade）是指由于本国销售渠道不畅、市场信息不灵或某些政治原因，而借助第三国或其他中间环节，把商品从生产国运输到消费国的贸易活动。商品通过第三国进行买卖，对生产国是间接出口，对消费国是间接进口。

（三）转口贸易

转口贸易（entrepot trade）是指货物生产国与消费国之间经由第三国贸易商分别签订进口合同和出口合同所进行的贸易，从第三国角度来看，即是转口贸易，又称中转贸易。被转口的商品一般不做加工或只做简单加工。从事转口贸易的国家或地区一般都具有地理和港口等方面的优势。

过境贸易与转口贸易的区别在于过境贸易没有商品买卖行为，仅仅是货物运输上的过境，不涉及所有权的变化，而转口贸易指第三方参与买卖关系中的所有权让渡过程。

四、按国境和关境划分

（一）总贸易

总贸易（general trade）是指以国境为标准划分和统计的进出口贸易。凡进入国境的商品一律列为进口，凡离开国境的商品一律列为出口，其中在总出口中又包括本国产品的出口和未经加工的进口商品的出口。总进口额加总出口额就是一国的总贸易额。美国、日本、英国、加拿大、澳大利亚、中国、东欧各国等 90 个国家和地区采用这种划分标准。

（二）专门贸易

专门贸易（special trade）是与总贸易相对应，指以关境为标准划分和统计的进出口贸易。只有从外国进入关境的商品及从保税仓库提出进入关境的商品才列为专门进口，当外国商品进入国境后，暂时存放在保税仓库，未进入关境，则不列为专门进口。从国内运出关境的本国产品及进口后经加工又运出关境的商品，则列为专门出口。专门进口额加专门出口额称为专门贸易额。德国、意大利、法国等 83 个国家和地区采用这种划分标准。

（三）边境贸易

边境贸易（frontier trade）是指两个毗邻国家通过协议，在两国的边境接壤地区（一般为边境两边各 15 公里内）准许当地居民在指定的边境口岸或集市上，按照规定的金额、品种进行生活必需品和生产资料的小额贸易。

五、按经济发展水平划分

（一）水平贸易

水平贸易（horizontal trade）是指经济发展水平比较接近的国家之间开展的贸易活动。例如，各个发达国家之间及各个发展中国家之间所进行的贸易。

（二）垂直贸易

垂直贸易（vertical trade）是指经济发展水平不同的国家之间开展的贸易活动。发达国家与发展中国家之间所进行的贸易大多属于这种类型。一般而言，发达国家从发展中国家进口农产品和原材料，并向其出口工业制成品，这主要是由生产力发展水平上的差距造成的。

六、按清偿工具划分

（一）自由结汇贸易

自由结汇贸易（free-liquidation trade）又称现汇贸易，即以货币作为清偿工具的国际贸易。现汇贸易是国际贸易中最普遍的贸易形式，其结算方式以信用证为主，此外还有托收和汇付等方式。

（二）易货贸易

易货贸易（barter trade）指以经过计价的货物作为清偿工具的国际贸易。这实际上是一种记账贸易，即根据两国政府达成的贸易协定或贸易支付协定、按照记账结算方法来进行清偿的贸易。具体来说互换货物不是用现汇逐笔结算，而是通过指定的银行账户来相互冲销。这种贸易方式的特点是进口与出口相结合，贸易双方均有进有出，既可以节省外汇，又可以保持双方的贸易平衡。

七、按货物运送方式划分

（一）陆路贸易

陆路贸易（trade by roadway）指采用陆路运送货物的贸易，运输工具通常为火车、汽车等。

（二）海路贸易

海路贸易（trade by seaway）指通过海上运送货物的贸易，运输工具主要是船舶，这是国际贸易最主要的运送方式。

（三）空运贸易

空运贸易（trade by airway）指采用航空方式运送货物的贸易，这种贸易通常适用于贵重、数量小、时间要求紧的商品。

（四）邮购贸易

邮购贸易（**trade by mail order**）指采用邮政包裹方式寄送货物的贸易。对数量不多的商品贸易，可采用邮购贸易。

八、按交易手段划分

（一）单证贸易

单证贸易（**trade with documents**）指以纸面单证为基本手段的传统交易方式，是目前常用的交易方式。

（二）无纸贸易

无纸贸易（**trade without documents**）指以电子数据交换（electronic data interchange, EDI）为基本交易手段的贸易，即贸易伙伴之间按协定通过电子计算机和通讯网络传递规范化、格式化的商贸数据和信息而进行交易。这是一种现代化的交易手段，代表了国际贸易交易方式的发展趋势。

九、按交易方式的性质划分

（一）商品贸易

商品贸易（**goods trade**）又称为一般贸易，是指以商品买卖为目的的、按纯商业方式进行的贸易活动。这种性质的交易方式又包含着一些具体的交易方式，如经销、代理、寄售、拍卖、招标和展卖等。

（二）加工贸易

加工贸易（**process trade**）是指一个国家或地区利用自己的人力、物力或技术优势，从境外输入原材料、半成品、样品及图纸，在境内加工制造或装配成成品后再向境外输出，以生产加工性质为主的一种贸易方式。加工贸易又可分为来料加工和来件装配。

（三）补偿贸易

补偿贸易（**compensation trade**）是指参与贸易的各方，一方用另一方提供的信贷来进口设备或技术进行生产或加工，然后再用该项目下的产品、其他产品或劳务的销售收入分期偿还对方的设备或技术款项的贸易方式。这种方式对于解决买方的外汇不足，帮助卖方销售产品有一定的作用。

（四）租赁贸易

租赁贸易（**renting trade**）是租赁公司以租赁方式将商品租赁给境外的用户使用、境外租户不交付货款而是交付租金的一种交易方式。这种贸易方式的本质是租赁，出租的商品一般都是价格昂贵的设备或交通工具等。租赁公司拥有商品的所有权，并可按期收回稳定的租金，而租户可避免积压大量资金，并易于及时更新所需商品。这种贸易方式在国际贸易活动中发展迅速，并逐渐发展为租购结合，即先租，到连续租用一定时期后，该商品的所有权归租户所有，即由租赁关系变为了买卖关系。

第三节 与国际贸易有关的统计指标

一、有关贸易额与贸易量的指标

(一) 国际贸易额

国际贸易额(**value of international trade**)是统计世界各国对外贸易总额的指标,即按同一种货币单位换算后,把各国和地区的出口额相加得出的数字。由于美元是国际贸易中用得最广泛的货币,所以国际贸易额一般用美元计算。需要注意,不能把世界各国和地区的进出口总额进行简单的加总,因为一个国家(或地区)的出口必然是另一方的进口,简单加总会造成重复计算。因此,习惯上我们用世界总出口额来表示国际贸易额。另外,计算世界各国的进口总额会高于出口总额。因为世界大多数国家计算出口额时是按照离岸价格(free on board,FOB 价格,即启运港船上交货价,其中不包括保险费和运费)计算,而在计算进口额时则是按照到岸价格(cost、insurance and freight,CIF,即成本加保险费、运费)计算,CIF 价格比 FOB 价格多运费和保险费,所以,按照进口额计算的国际贸易额会大于按出口额计算的国际贸易额。

(二) 对外贸易额

某个国家(或地区)的**对外贸易额**(**value of foreign trade**)是以货币金额表示的这个国家在一定时期内进出口贸易的总量,是衡量一国对外贸易规模和状况的重要指标,它由该国在一定时期内从境外进口的商品总额加上该国在同一时期内向境外出口的商品总额构成。目前,有的国家用本币表示,有的国家用外国货币表示,中国的对外贸易总额是用美元表示。

一国在一定时期内商品出口总额和进口总额之间的差额叫做**对外贸易差额**(**balance of trade**)。当出口商品总额超过进口商品总额时,差额部分叫做**贸易顺差或出超**(**favorable balance of trade**);反之则叫做**贸易逆差或入超**(**unfavorable balance of trade**);如果两者相等则为**贸易平衡**(**trade equilibrium**)。

如果一个国家出现了大量的贸易顺差,国内积累了大量外汇,有可能使本币升值。本币升值对于消费者来讲有一定的好处,例如,进口商品便宜了,出国旅游、出国接受教育等的费用能够降低。但是从国际贸易的角度看,本币升值虽然能使进口的设备、原材料的价格相对降低,但也会使本国出口产品的成本上升,造成国际竞争力下降的后果。当然,如果能通过不断优化产业和产品结构,提高产品质量和档次,提高劳动生产率,也可能继续降低出口产品的生产成本,维持本国产品出口的竞争力。

贸易逆差对一个国家不利,会减少本国的外汇储备,减弱其抵御经济风险的能力,尤其是当一国出现长期的严重贸易逆差,又无力弥补时,就会出现国际收支危机,进而可能演变为金融危机。但是,贸易逆差也会使本国货币贬值,相应降低了出口产品的成本,增强出口产品的国际竞争力,从而使逆差状况改善。

(三) 国际贸易量

国际贸易量(**quantum of international trade**)是剔除了价格变动因素以后,用不变价格来表示的国际贸易规模,由于存在价格变动的因素,用货币计算的国际贸易额的变化不能代表国际贸易规模真实的变化程度。因此,在计算国际贸易相对增长时,需要计算国际贸易量。联合国及欧、美等发达国家都是用计算国际贸易量的办法来计算对外贸易变动情况的。国际贸易量的计算公式如式 1-1 所示。

$$国际贸易量 = \frac{国际贸易额}{国际贸易价格指数} \times 100 \tag{1-1}$$

(四) 对外贸易量

对外贸易量(**quantum of foreign trade**)是为了剔除价格变动的影响,并能准确反映一国对外贸易实际数量而制定的一个指标。具体的计算方法是:以固定年份为基期(based year)而确定的价格指数去除报告期(reported year)的进口或出口总额,得到的是相当于按不变价格计算的进口或出口额,这个数据称为报告期的对外贸易量。

二、有关贸易商品结构的指标

(一) 国际贸易商品结构

国际贸易商品结构(**composition of international trade**)是指各种类别商品的贸易额在国际贸易额中所占的比重,通常用它们在世界出口总额或进口总额中的比重表示。研究国际贸易商品结构,一般是看初级产品和制成品两大类分别占国际贸易额的比重。第二次世界大战以后的总趋势是,随着科学技术的发展,制成品在国际贸易中的比重不断上升,初级产品的比重不断下降。但随着最近几年石油价格和粮食价格的上升,国际贸易商品结构又有明显变化。

(二) 对外贸易商品结构

对外贸易商品结构(**composition of foreign trade**)是指一个国家一定时期内各种类别的进出口商品贸易额占整个进出口贸易额的份额。

一个国家的对外贸易商品结构主要是由该国的经济发展水平、产业结构状况、自然资源状况和贸易政策决定的。研究对外贸易商品结构可以通过对外贸易产品结构的横向比较,即在不同的国家(或地区)之间进行比较,可以大致判断一个国家的经济发展水平;也可以通过纵向比较,即比较一个国家在一段时间内对外贸易结构的变化趋势,判断这个国家的外贸和经济发展水平如何随着时间的变化而变化,从而得到所需要的政策结论。

一般来讲,过去发达国家的对外贸易商品结构是以进口初级产品、出口制成品为主,而发展中国家的对外贸易商品结构则是以出口初级产品、进口制成品为主。但现在情况有所改变,发达国家之间进出口主要以制成品的贸易为主。

三、有关贸易方向的指标

(一) 国际贸易地理方向

国际贸易地理方向(**direction of international trade**),也称**国际贸易地区分布**(**interna-**

tional trade by region)，是指一定时期内，世界各洲、各国或各个国家经济集团的对外商品贸易在整个国际贸易中所占的比重。由于国际经济形势不断发生变化，各国的经济实力对比经常出现变动，国际贸易地理方向也不断发生变更。观察和研究各个不同时期国际贸易地理方向的走向，有助于我们正确判断市场行情的变化趋势和加深对世界各国间的经济和贸易关系的认识和理解。

（二）对外贸易地理方向

对外贸易地理方向(**direction of foreign trade**)，也称**对外贸易地区分布**(**foreign trade by region**)，是指一定时期内，世界上一些国家（或地区）的商品在某个国家（或地区）对外贸易中所占的比重，通常以它们与该国的商品贸易额在该国进口总额、出口总额或进出口总额中的比重来表示。对外贸易地理方向表明一国出口商品的去向和进口商品的来源，反映一国与其他国家或国家集团之间经济贸易联系的程度。一国的对外贸易地理方向通常受经济互补性、国际分工的形式及贸易政策影响。

对一国而言，如果商品的进出口集中在某一个国家或几个国家，我们就说该国的对外贸易地理方向比较集中；反之，就说该国的对外贸易地理方向比较分散。对外贸易地理方向集中与分散各有利弊。以出口为例，对外贸易地理方向集中有利于出口厂商的信息交流，交易成本比较低；但出口过于集中往往会带来国内各厂商之间为了争夺客户，竞相压价，进而形成恶性竞争。而无论是出口还是进口，一国对外贸易地理方向过于集中，都会使得该国容易受制于人，从而在对外贸易中处于不利的境地。对外贸易地理方向的分散则可以降低一国所面临的政治与经济风险，避免进出口厂商之间的恶性竞争，但交易成本较高。

四、有关外贸依存度的指标

对外贸易依存度(**foreign trade dependence**)是指一国（或地区）在一定时期内进出口贸易额与该国同时期国内生产总值(gross domestic product，GDP)的对比关系。进口贸易额与国内生产总值的比例称为进口依存度；反之，出口贸易额与国内生产总值的比例叫出口依存度。

一般认为，外贸依存度是衡量一国（或地区）国民经济开放程度的指标。对外贸易依存度受各国经济发展水平、对外贸易政策和国内市场大小等因素的影响。一般来讲，大国的出口依存度比较小，因为大国的国民经济基本上是自成体系的，相对来讲资源比较丰富，国内相互调剂的部分比较大；小国的依存度比较大，一些转口贸易的港口国家依存度都超过了100%。从横向来看，我国外贸依存度不仅高于世界平均水平，也高于世界一些主要大国水平。但因为有汇率、加工贸易等因素的影响，不能简单地把对外贸易依存度的大小看成是对外开放程度的标志，不能说中国的对外开放程度一定比美国、日本高。外贸依存度大有能够更多地享受比较优势的好处，但是也有比较容易受国际市场风云变化影响的弊端。

五、有关贸易条件的指标

贸易条件(**terms of trade**)又叫做**进出口交换比价**(**ratio between import and export

price)，是指一国在一定时期内的出口商品价格与进口商品价格之间的比率。由于一个国家的进出口商品种类繁多，较难直接用进出口商品的价格进行比较，因此，人们通常用一国在一定时期(通常是一年)里的出口商品价格指数同进口商品价格指数之比进行计算。计算公式参见式1-2。

$$\text{贸易条件系数} = \frac{\text{出口商品价格指数}}{\text{进口商品价格指数}} \times 100 \tag{1-2}$$

贸易条件系数大于100，说明贸易状况改善，小于100则说明贸易状况恶化。贸易条件的恶化是指对外贸易中的交换比价下降，即用相同数量的出口商品换回的进口商品数量比以前少了；如果出现相反的情况，则视为贸易条件改善。从国际贸易发展的趋势看，发展中国家的贸易条件在恶化，这是广大发展中国家要求改变不合理的国际经济秩序的重要原因。

第四节　国际贸易的产生与发展

一、国际贸易的产生

国际贸易是在人类社会生产力发展到一定的阶段才产生和发展起来的，它是社会生产发展的必然结果。国际贸易的产生必须具备两个条件：一是有剩余的产品可以作为商品进行交换，二是商品交换要在各自为政的社会实体之间进行。

在原始社会初期，人类的祖先结伙群居，打鱼捕兽，生产力水平极度低下，人们处于自然分工状态，劳动成果仅能维持群体最基本的生存需要，没有剩余产品用以交换，因此谈不上有对外贸易。

人类历史的第一次社会大分工，即畜牧业和农业的分工，促进了原始社会生产力的发展，产品除维持自身需要以外，还有少量的剩余。人们为了获得本群体不生产的产品，便出现了氏族或部落之间用剩余产品进行原始的物物交换。当然，这种物物交换还是极其原始并带有偶然性的。

在漫长的年代里，随着社会生产力的继续发展，手工业从农业中分离出来成为独立的部门，形成了人类社会第二次大分工。由于手工业的出现，便产生了直接以交换为目的的生产——商品生产。当产品是专门为满足别人的需要而生产时，商品交换就逐渐成为一种经常性的活动。随着商品生产和商品交换的扩大，出现了货币，于是，商品交换就变成了以货币为媒介的商品流通。这样就进一步促使私有制和阶级的形成。由于商品交换的日益频繁和交换的地域范围不断扩大，又产生了专门从事贸易的商人阶层。

第三次社会大分工使商品生产和商品流通进一步扩大。商品生产和流通更加频繁和广泛，从而阶级和国家相继形成。于是，到原始社会末期，商品流通开始超越国界，这就产生了对外贸易。

人类社会三次大分工，每次都促进了社会生产力的发展和剩余产品的增加，同时也促进了私有制的发展和奴隶制的形成。在原始社会末期和奴隶社会初期，随着阶级和国家的出现,商品交换超出了国界,国家之间的贸易便产生了。可见,在社会生产力和社会分工发展的基础上,商品生产和商品交换的扩大,以及国家的形成,是国际贸易产生的必要条件。

二、国际贸易的发展

(一)奴隶社会的国际贸易

在奴隶社会,自然经济占主导地位,其特点是自给自足,生产的主要目的是消费,而不是交换。奴隶社会虽然出现了手工业和商品生产,但在一国整个社会生产中显得微不足道,进入流通的商品数量很少。同时,由于社会生产力水平低下和生产技术落后,导致交通工具简陋、道路条件恶劣等,严重阻碍了人与物的交流,对外贸易局限在很小的范围内,其规模和内容都受到很大的限制。

奴隶社会是奴隶主占有生产资料和奴隶的社会,奴隶社会的对外贸易是为奴隶主阶级服务的。当时,奴隶主拥有财富的重要标志是其占有众多奴隶,因此奴隶社会国际贸易中的主要商品是奴隶。据记载,希腊的雅典就曾经是一个贩卖奴隶的中心。此外,粮食、酒及其他专供奴隶主阶级享用的奢侈品,如宝石、香料和各种织物等,也都是当时国际贸易中的重要商品。

奴隶社会时期从事国际贸易的国家主要有腓尼基、希腊、罗马等,这些国家主要在地中海东部和黑海沿岸地区从事贩运贸易。我国在夏商时代进入奴隶社会,贸易集中在黄河流域沿岸各国。

对外贸易在奴隶社会经济中不占有重要的地位,但它促进了手工业的发展,奴隶贸易成为奴隶主补充奴隶的重要来源。

(二)封建社会的国际贸易

封建社会时期的国际贸易比奴隶社会时期有了较大的发展。在封建社会早期,封建地租采取劳役和实物的形式,进入流通领域的商品并不多。到了中期,随着商品生产的发展,封建地租转变为货币的形式,商品经济得到进一步的发展。在封建社会晚期,随着城市手工业的发展,资本主义因素已孕育产生,商品经济和对外贸易都有较快的发展。

在封建社会,封建地主阶级占统治地位,对外贸易是为封建地主阶级服务的。奴隶贸易在国际贸易中基本消失,参加国际贸易的主要商品,除了包括奢侈品以外,还有日用手工业品和食品,如棉织品、地毯、瓷器、谷物和酒等。这些商品主要是供国王、君主、教堂、封建地主和部分富裕的城市居民享用的。

在封建社会,国际贸易的范围明显地扩大。亚洲各国之间的贸易由近海逐渐扩展到远洋。早在西汉时期,中国就开辟了从长安经中亚通往西亚和欧洲的陆路商路——丝绸之路,把中国的丝绸、茶叶等商品输往西方各国,换回良马、种子、药材和饰品等。到了唐朝,除了陆路贸易外,还开辟了通往波斯湾以及朝鲜和日本等地的海上贸易。在宋元时期,由于造船技术的进步,海上贸易进一步发展。在明朝永乐年间,郑和曾率领商船队七次下“西洋”,经东南亚、印度洋到达非洲东岸,先后访问了 30 多个国家,用中国的丝绸、瓷器、茶叶、铜铁器等到这些国家进行贸易,换回各国的香料、珠宝、象牙和药材等。在欧洲的封建社会早期阶段，国际贸易主要集中在地中海东部。在东罗马帝国时期，君士坦丁堡是当时最大的国际贸易中心。公元7—8世纪，阿拉伯人控制了地中海的贸易，通过贩运非洲的象牙、中国的丝绸、远东的香料和宝石，成为欧、亚、非三大洲的贸易中间商。11世纪以后，随着意大利北部和波罗的海沿岸城市的兴起，国际贸易的范围逐步扩大到整个地中海以及北海、波罗的海和黑海的沿岸地区。当时，南欧的贸易中心是意大利的一些城市，如威尼斯、热那亚等，北欧的贸易中心是汉撒同盟的一些城市，如汉堡、卢卑克等。

综上所述，资本主义社会以前的国际贸易是为奴隶主和封建地主阶级利益服务的。随着社会生产力的提高，以及社会分工和商品生产的发展，国际贸易不断扩大。但是，由于受到生产方式和交通条件等的限制，商品生产和流通的主要目的是为了满足剥削阶级奢侈生活的需要，贸易主要局限于各洲之内和欧亚大陆之间，国际贸易在奴隶社会和封建社会经济中都不占有重要的地位，贸易的范围和商品品种都有很大的局限性，贸易活动也不经常发生。15世纪的“地理大发现”及由此产生的欧洲各国的殖民扩张大大促进了各洲之间的贸易，从而开始了真正意义上的“世界贸易”，到了资本主义社会，国际贸易才获得了广泛的发展。

（三）资本主义时期的国际贸易

15世纪末期至16世纪初，哥伦布发现新大陆，瓦斯科·达·伽马从欧洲经由好望角到达亚洲，麦哲伦完成环球航行，这些地理大发现对西欧经济发展和全球国际贸易产生了十分深远的影响。大批欧洲冒险家前往非洲和美洲进行掠夺性贸易，运回大量金银财富，甚至还开始买卖黑人的罪恶勾当，同时还将这些地区沦为本国的殖民地，妄图长久地保持其霸权。这样，既加速了资本原始积累，又大大推动了国际贸易的发展。西班牙、荷兰、英国之间长期战火不断，目的就是为了争夺海上霸权，从根本上说，就是要争夺殖民地和国际贸易的控制权。可见，国际贸易是资本主义生产方式的基础，同争夺海运和国际贸易的霸权相呼应，这些欧洲国家的外贸活动常常具有一定的垄断性质，甚至还建立了垄断性外贸公司，如英国的东印度公司。

17世纪中期英国资产阶级革命的胜利，标志着资本主义生产方式的正式确立。随后英国夺得海上霸权，意味着它在世界贸易中占据主导地位，这就为它向外掠夺扩张铺平了道路。18世纪中期的产业革命又为国际贸易的空前发展提供了十分坚实而又广阔的物质基础。一方面，蒸汽机的发明使用开创了机器大工业时代，生产力迅速提高，物质产品大为丰富，真正的国际分工开始形成；另一方面，交通运输和通讯联络的技术和工具都有突飞猛进的发展，各国之间的距离似乎骤然变短，这就使得世界市场真正得以建立。正是在这种情况下，国际贸易有了惊人的巨大发展，并且从原先地区性的交易活动转变为全球性的国际贸易。这个时期的国际贸易，不仅贸易数量和种类有长足增长，而且贸易方式和机构职能也有创新发展。显然，国际贸易的巨大发展是资本主义生产方式发展的必然结果。

19世纪70年代后，资本主义进入垄断阶段，此时的国际贸易不可避免地带有“垄断”的特点。主要资本主义国家的对外贸易被为数不多的垄断组织所控制，由它们决定着一国对外贸易的地理方向和商品构成。垄断组织输出巨额资本，用来扩大商品输出的范围和规模。

它们又互相勾结,建立起国际联盟组织,共同瓜分势力范围。如果说自由竞争时期的国际贸易活动还在推动资本主义生产力发展的话,此时资本主义国际贸易则完全是为了攫取高额垄断利润,为了更有效地争夺原料产地、商品市场和投资场所。正因为这样,从全球范围来看,国际贸易的范围和规模在不断扩大,国际贸易越来越成为各国经济发展的重要因素。

两次世界大战期间,资本主义世界爆发了三次经济危机,战争的破坏和空前的经济危机使世界工业生产极为缓慢,在1912—1938年的25年间,世界工业生产量只增长了83%,同时,这一时期贸易保护主义显著加强,奖出限入措施交互推进,给国际贸易的发展设置了层层的人为障碍。因此,这段时间内,国际贸易的扩大过程几乎处于停滞状态,1913—1938年,世界贸易量只增长了3%,年增长率为0.7%,世界贸易值则减少了32%。而且,这一时期国际贸易的增长更为明显地落后于世界工业生产的增长,许多国家对对外贸易的依赖性减小了。在这一时期,国际贸易的地理格局发生了变化,第一次世界大战打断了各国间特别是欧洲国家与海外国家间的经济贸易联系,使欧洲在国际贸易中的比重下降,而美国的比重却有了较大的增长,亚洲、非洲和拉丁美洲的经济不发达国家在国际贸易中的比重亦有所上升;但在这一时期,欧洲国家仍然处于国际贸易的统治地位,因为两次大战间的经济危机和超贸易保护主义政策措施在限制欧洲各国间贸易的同时,鼓励和扩大了欧洲对其他国家的贸易。

两次世界大战期间,国际贸易商品结构的特点表现在初级产品和制成品上。在1913—1937年的初级产品贸易中,食品和农业原料所占的比重都下降了,而燃料和其他矿产品所占比重均有增加。制成品贸易结构的突出变化是重工业品贸易所占比重显著增加和纺织品贸易比重下降,金属和化学品的国际贸易比重也有所增加,但其他轻工产品贸易比重则下降了,制成品贸易日益从消费品贸易转向资本货物贸易,半制成品贸易也稍有增加。

(四)二战后的国际贸易

第二次世界大战后,世界经济又一次发生了巨大变化,国际贸易再次出现了飞速增长,其速度和规模都远远超过了19世纪工业革命以后的贸易增长。从1950年到2000年的50年中,全世界的商品出口总值从约610亿美元增加到61 328亿美元,增长了将近100倍。即使扣除通货膨胀因素,实际商品出口值也增长了15倍多,远远超过了工业革命后乃至历史上任何一个时期的国际贸易增长速度。而且,世界贸易实际价值的增长速度(年平均增长6%左右)超过了同期世界实际GDP增长的速度(年平均增长3.8%左右),这意味着国际贸易在各国GDP中的比重在不断上升,国际贸易在现代经济中的地位越来越重要。

二战后国际贸易领域出现了两个不同于以前的特征:服务贸易的快速发展和电子商务的广泛应用。二战后,伴随着第三次科学技术革命的发生,各国,尤其是发达国家,产业结构不断优化,第三产业急剧发展,加上资本国际化和国际分工的扩大和深化,国际服务贸易得到迅速发展。发达国家服务业占其国内生产总值比重达2/3,其中美国已达3/4,发展中国家服务业所占比重也达1/2。发达国家服务业就业人数占其总就业人数比重达2/3,发展中国家的这一比重达1/3。随着服务业的发展,其专业化程度日益提高,经济规模不断扩大,从而效率不断提高,为国际服务贸易打下了坚实的基础。在国际贸易商品结构不断偏向服务贸易的过程中,国际贸易的交易手段也发生着变化。特别是20世纪90年代,随着信息技术的发展，信息、计算机等高科技手段在国际贸易上的应用，出现了电子商务这种新型的贸易手段，无纸贸易和网上贸易市场的发展方兴未艾，已经引起了全球范围的结构性商业革命，有人声称，没有 EDI(electronic data interchange，电子数据交换)技术，就没有订单。据统计，EDI 使商务文件传递速度提高 81%，文件成本降低 44%，文件处理成本降低 38%，由于错误信息造成的商贸损失减少 40%，市场竞争能力则提高 34%。利用国际互联网的网上交易量也呈逐年上扬的势头，电子商务的蓬勃发展，为企业生存注入了强大的活力。为推动我国电子商务的发展，各级外经贸部门要充分发挥掌握国际市场信息的优势，加紧研究，为实施"科技兴贸"战略发挥积极的市场导向作用。企业和政府相关部门要运用现代先进的电子网络技术，建立高新技术产品的信息数据库和电子交易系统，形成连接国际市场和国内高技术企业产品出口的专用信息网、交易网，使广大中、小高技术企业能够及时获得国内外高技术产业发展状况和高技术产品的供求信息，并根据这些信息，完成自己的技术创新，跻身国际市场。

随着历史的演进、科学技术的发展，国际贸易无论是其总量、规模，还是结构、形式都将逐步改变。

本章小结

1. 国际贸易一般是指国家与国家之间商品与服务的交换活动，它是各国之间劳动分工的表现形式，也是国际经济联系的主要形式和基本内容，反映了世界各国在经济上的相互联系与依赖。国际贸易和国内贸易相比，具有复杂程度高、难度大、风险大的特点。

2. 国际贸易的研究对象是不同国家或地区之间的货物和服务的交换活动，通过研究这些货物和服务交换活动的产生、发展过程以及贸易利益的产生和分配，来揭示这种交换活动的特点和规律。国际贸易的研究内容包括国际贸易的发展历程、国际贸易理论、国际贸易政策与措施、与国际贸易有关的其他理论与现实问题四个方面。

3. 国际贸易依照不同的划分标准可以有不同的分类。按商品形态划分为货物贸易、服务贸易和技术贸易；按商品流向划分为出口贸易、进口贸易、过境贸易、复出口和复进口；按贸易有无第三国参加划分为直接贸易、间接贸易和转口贸易；按国境和关境划分为总贸易、专门贸易和边境贸易；按经济发展水平划分为水平贸易和垂直贸易；按清偿工具划分为自由结汇贸易和易货贸易；按照货物运送方式划分为陆路贸易、海路贸易、空运贸易和邮购贸易；按交易手段划分为单证贸易和无纸贸易；按交易方式的性质划分为商品贸易、加工贸易、补偿贸易和租赁贸易。

4. 对外贸易额是以货币金额表示的这个国家在一定时期内进出口贸易的总量，是衡量一国对外贸易规模和状况的重要指标，它是由该国在一定时期内从境外进口的商品总额加上该国在同一时期内向境外出口的商品总额构成。

5. 一国在一定时期内商品出口总额和进口总额之间的差额叫做对外贸易差额。当出口商品总额超过进口商品总额时，差额部分叫做贸易顺差或出超；反之则叫做贸易逆差或入超；如果两者相等则为贸易平衡。

6. 对外贸易量是为了剔除价格变动的影响,并能准确反映一国对外贸易实际数量而制定的一个指标。

7. 对外贸易商品结构是指一个国家一定时期内各种类别的进出口商品贸易额占整个进出口贸易额的份额。

8. 对外贸易地理方向是指一定时期内,世界上一些国家(或地区)的商品在某个国家(或地区)对外贸易中所占的比重,通常以它们与该国的商品贸易额在该国进口总额、出口总额或进出口总额中的比重来表示。对外贸易地理方向表明一国出口商品的去向和进口商品的来源,反映一国与其他国家或国家集团之间经济贸易联系的程度。一国的对外贸易地理方向通常受经济互补性、国际分工的形式与贸易政策影响。

9. 对外贸易依存度是指一国在一定时期内进出口贸易额与该国同时期国内生产总值的对比关系。进口贸易额与国内生产总值的比例称为进口依存度;反之,出口贸易额与国内生产总值的比例叫出口依存度。一般认为,外贸依存度是衡量一国国民经济开放程度的指标。

10. 贸易条件是指一国在一定时期内的出口商品价格与进口商品价格之间的比率。贸易条件系数大于100,说明贸易状况改善,小于100则说明贸易状况恶化。

11. 在社会生产力和社会分工发展的基础上,商品生产和商品交换的扩大,以及国家的形成,是国际贸易产生的必要条件。国际贸易在奴隶社会和封建社会经济中都不占有重要的地位,贸易的范围和商品品种都有很大的局限性,贸易活动也不经常发生。而到了资本主义社会国际贸易才获得了广泛的发展。随着历史的演进、科学技术的发展,国际贸易无论是其总量、规模,还是结构、形式都将逐步改变。

案例一　江苏阳光集团的国际化成长

【案例简述】

江苏阳光集团运用产业内贸易理论与规模经济理论,发挥中国在原材料、人力资源及其本身在技术、管理上的优势,致力于品牌建设,不断培育新的经济增长点,把阳光集团建设成为主业突出、品牌卓越、研发力强,具有跨行业经营能力的、多产业的国际品牌集团,立足于世界纺织品市场。目前总资产达到36.5亿元。

【公司概况】

江苏阳光集团创建于1986年,是国家重点企业集团和国家重点扶持的33家行业排头兵之一,是中国毛纺行业内生产规模最大、花色品种最多、产品品质最优、科技含量最高、技术装备最好的企业,拥有员工15000人,毛纺、服装、生物医药、热电等产业构成了集团的多元化格局。江苏阳光集团是中国最大的精毛纺生产企业及高支薄型精纺生产企业及高支薄型精纺面料生产基地。集团占地80万平方米,现有总资产40亿元,固定资产25亿元。公司先后投资12亿元,从德国、法国、意大利、瑞士、比利时等数十个国家引进了目前世界最先进的纺、织、染、检测及服装全套设备,现有精纺纱锭11.5万锭,织机600台,高档服装生产线2条;形成了年产阳光牌高档精纺呢绒及羊绒2 200万米、高档服装60万套的生产能力。集团通过ISO9002及ISO14001双体系认证,是国内生产规模最大、技术装备最好、花色品种最多、工艺品质最优、产品档次最高的精毛纺面料、服装生产基地,生产规模列世界第三。

【案例详解】

按照"十五"传统产业科学化与高新产业规模化的产业发展目标,江苏阳光集团提出科学管理的理念,秉承"科技化、国际化"的经营宗旨,希望建设成为适应全球经济竞争需要的企业,开发出两个组合产品:产品组合1——面料:呢类系列、绒面产品系列、天丝系列(TENCEL)、亚麻保健系列、生态蛋白丝系列、新合纤、羊绒系列等20个大类6 000多个品种,其中包括国家级或省级高新技术产品、重点新产品等60余个。产品组合2——服装:集团服装生产以高级白领为对象,现拥有"VENETIA"(威尼帝西服)、"GEZELIA"(佳思丽)女装与"POMPEI"(庞贝)职业装等品牌。

阳光集团重视研究与开发,集团拥有一个国家级技术中心、一所毛纺研究所和中国毛纺企业中唯一一家企业博士后科研工作站,在美国、意大利、澳大利亚等国家和我国的香港、北京、上海等地区设立了信息机构,同时和清华大学、中国服装大学等20多所高校紧密联合,形成了"国内领先,国际同步"的新产品开发机制和产、学、研一体化的技术创新体系。目前集团拥有日开发7~10个新产品的开发规模。

根据产业内贸易理论,同一产业部门内部的差异产品交换及其中间产品交换是可能的。阳光集团之所以能成功,首先,是因为其抓住了中国与其他国家在要素禀赋上的差异性。要素禀赋差异必然导致比较成本的差异,而比较成本的差异则是产业内贸易的基础和原因,世界各地纺织品生产厂商的产品是不一样的,阳光集团运用中国在原材料方面的禀赋优势,抓住了产品差异性这一点,一举成为世界几大品牌的面料供应商。

其次,阳光集团利用了集团的规模效益与不完全竞争。

由于企业内规模效益的发展,导致了不完全竞争。阳光集团一方面生产高档面料,另一方面引进国际先进生产技术生产成衣并达到相当的规模,在国际市场上处于垄断竞争的优势地位。纺织品是劳动密集型产品,阳光集团利用中国人力资源禀赋优势,获得了与国际同行竞争的优势。根据保罗·克鲁格曼(Paul Krugman)的规模收益递增理论,当某一产品的生产发生规模报酬递增时,随着生产规模的扩大,单位产品成本递减从而取得成本优势,专业化生产、出口该产品的状况必然形成。阳光集团把产品定位于高档面料和高档服装,确定2 200万米和60万套的生产规模,当生产规模上来以后,各种生产要素的效能得到充分利用,专业化分工加强,仅服装这一个类别,阳光集团就分成了"VENETIA"、"GEZELIA"和"POMPEI"几个主打品牌,运用各自不同的生产技术和管理方式,在国际市场中处于先进水平。无疑,如果把这些品牌混合生产,就会产生劣势。规模经济也使阳光集团能够更好地利用交通运输、通讯设施、金融机构、自然资源等良好的企业环境,获得外部规模经济效益。

资料来源:江苏阳光集团网站(www.china-sunshine.com)

案例二　杭州巨星科技:从 ODM 逐步向 OBM 过渡

【案例简述】

杭州巨星科技股份有限公司(证券代码:002444,证券简称“巨星科技”)是一家专业从事中高档手工具、电动工具等工具五金产品开发、生产和销售的企业。巨星科技是国内工具五金行业规模最大、技术最高和渠道优势最强的龙头企业之一,是亚洲最大、世界排名前六名的工具五金企业。相较于国内大部分工具五金企业仍采用 OEM(original equipment manufacturer,原始设备制造商)经营模式,公司的经营模式已经处于从 ODM(original design manufacturer,原始设计制造商)逐步向 OBM(original branding manufacturer,原创品牌生产商)过渡的阶段。

【公司概况】

立足于这样一个与我们日常生活息息相关的行业,杭州巨星科技股份有限公司从 1993 年诞生以来,就专注于手工具、手持式电动工具领域,不断以锐意进取的创新精神,持续开发出上万种工具产品,产品远销全球,深受消费者的喜爱。

公司自成立以来,就非常重视自主创新,拥有强大的研发队伍,每年自主研发数百种新产品,是 2008 年度中国企业自主创新 100 强、浙江省专利示范企业和省级企业技术中心。公司秉承“细节决定成败”的核心理念,立足诚信,不断创新,不断追求,以提高中国工具五金行业国际竞争力为己任,成就百年企业,铸造百年品牌。

巨星科技自创立以来一直保持高速增长,从无到有,2009 年年末公司的总资产已经增长到 91 881 万元;净利润从 2007 年的 7 227 万元增至 2009 年的 21 933 万元,增长了 203.48%;每股收益从 2007 年的 0.68 元增至 2009 年的 1.13 元;此外最近两年的全面摊薄后,净资产收益率分别高达 57.09% 和 46.21%。

【案例详解】

受益于中国经济的高速发展和我国制造产业在全球中的明显优势,加上公司自身出色的核心竞争能力,具备天时地利人和的巨星科技将最有可能成为我国的百年品牌工具企业。

工具五金行业是一个规模庞大、需求广阔,但竞争也相对激烈的行业。要想在行业竞争中脱颖而出,企业自身就必须具备竞争能力。巨星科技正是凭借渠道、研发、品牌和产品等核心竞争优势,迅速成长为亚洲最大、全球第六的手工具公司。巨星科技目前已经形成了覆盖全球的销售渠道,每天都有上万个品种的产品在全球两万家以上的大型五金、建材和汽配等连锁超市销售。巨星科技具有强大的研发能力,公司拥有国内外专利 235 项,每年 400 项左右的新产品研发成功并投入市场销售,新产品销售占主营业务收入比重达到 70% 左右。新产品的持续推出直接拉动了公司近几年的销售和利润的持续高增长。巨星科技拥有世界级的工具品牌“SHEFFIELD”,该品牌产品已在全球最大的五金连锁和百货店中广泛销售,公司的自有品牌产品毛利率较高,且最近三年不断提升,2009 年达到了 33%,未来随着公司品牌战略的实施,毛利率的进一步上升将大幅提升公司的盈利空间。

相较于国内大部分工具五金企业仍采用 OEM 经营模式,公司的经营模式已经处于从

ODM 逐步向 OBM 过渡的阶段。公司现有的经营模式主要是 ODM:公司进行研究开发,为客户提供产品设计,产成品以客户的品牌出售;而公司又对产业链上游供应商的生产技术、工艺流程、产品规格进行严格的监督指导。由于公司提供的产品包含自己的设计和创新元素,因此能够获得比 OEM 模式更高的利润。

近年来,公司 ODM 模式产生的销售额均占公司主营业务收入的 80% 以上。公司 2007 年、2008 年和 2009 年 ODM 和 OBM 合计销售比重分别为 96.86%、98.61% 和 98.97%,说明公司的自主研发设计水平和生产工艺技术水平逐步提升。

展望未来,巨星科技将秉承"细节决定成败"的核心理念,继续锐意创新、开拓进取,全面提升核心竞争能力,实现股东利益最大化。

资料来源:杭州巨星科技股份有限公司网站(www.greatstartools.com)

练习与思考

1. 什么是国际贸易?试述国际贸易研究的内容。
2. 试述国际贸易的分类。
3. 如何正确看待贸易差额?
4. 如何正确理解贸易条件这一指标?
5. 如何看待我国对外贸易依存度?
6. 简述国际贸易的发展史。

第二章

古典国际贸易理论

本章提要

古典贸易理论起源于亚当·斯密,发展于李嘉图,具体来说,亚当·斯密界定了绝对优势,而李嘉图发展了比较优势。古典贸易理论,从本质上讲,是从生产技术差异的角度解释国际贸易的起因与影响的:无论是亚当·斯密的生产成本的绝对差异,还是李嘉图的劳动成本的相对差异,都是劳动生产率的差异,而劳动生产率的差异又是生产技术差异的一种具体表现。在古典贸易理论的生产函数中,劳动是唯一的生产要素,劳动生产率差异是古典国际贸易的一个主要起因。

本章结构图

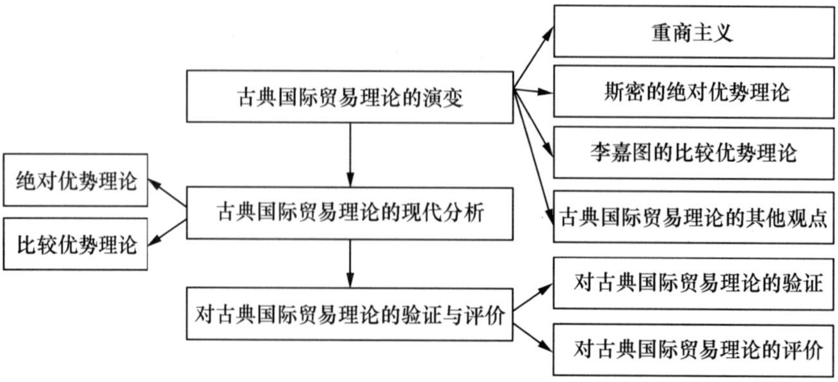

学习目标

- 重点掌握绝对优势、比较优势以及如何判定绝对优势与相对优势。
- 掌握国家如何依据绝对优势与比较优势去选择贸易方式并获得贸易收益。
- 了解对比较成本理论的验证和评价。

国际贸易理论是西方国际经济学的一个重要组成部分,是西方国家对外贸易实践的理论说明。它随着资本主义生产方式的产生和发展经历了不同的历史阶段,反映了不同社会历史条件下不同利益集团的经济要求和政策主张,这在从早期的重商主义到李嘉图的比较成本理论等古典贸易理论中都得到了充分的体现。

第一节 古典国际贸易理论的演变

国际贸易理论的起源可追溯到15世纪末、16世纪初的重商主义学说。传统国际贸易理论产生于18世纪中叶,完成于20世纪30年代。在亚当·斯密的绝对优势理论和李嘉图的比较优势理论中,劳动是唯一的生产要素,生产技术是给定的,生产规模报酬不变。亚当·斯密与李嘉图的贸易理论是古典经济学理论体系的一部分,被称为古典贸易理论。

一、重商主义

重商主义(mercantilism)是前资本主义国际贸易理论的集中反映,它代表西欧封建制度向资本主义制度过渡时期商业资产阶级的早期经济思想及其政策。古典学派突破了重商主义理论研究仅限于商业和国际贸易的流通领域,把流通过程作为社会再生产的一个环节,使经济学开始走向现代经济科学。

(一) 重商主义的时代背景

重商主义所处时代是15世纪至17世纪中叶,这一时期正是西欧封建社会末期,其社会经济特征是:商品的货币关系日益发展,封建经济趋向崩溃,资本主义生产方式逐渐成长。由于新大陆和新航线的发现,商业活动范围空前扩大。欧洲商业资产阶级通过对美洲、非洲、亚洲的殖民掠夺,积累了巨额的货币财富,促进了商品经济的蓬勃发展和封建自然经济的加速解体。社会财富的重心,由土地转向金银货币,货币成为全社会各阶级追求的对象。封建地主迫切需要将实物形态的贡赋转化为货币形式,以便购买来自海外的奢侈品;农民需要货币,用于交纳地租并购买各种生活必需品;手工业者需要货币,用来作为资本,实现价值增值;王室需要货币,以便维持宫廷和官僚机构的庞大开支。于是,金银货币成了财富的唯一代表,全社会掀起了拜金主义的狂潮。重商主义学说正是这种社会现实的深刻反映。

(二) 重商主义的基本思想

重商主义经历了早期和晚期两个发展阶段。早期重商主义以"货币差额论"为中心,其代表人物是英国的威廉·斯塔福德(William Stafford, 1554—1612);晚期重商主义以"贸易差额论”为中心,代表人物是英国的托马斯·孟(Thomas Mun, 1571—1641)。无论是早期重商主义,还是晚期重商主义,都认为财富与货币是绝对统一的,金银是社会财富的唯一形态,是衡量国家富裕程度的唯一标准。当时,在流通领域中,商业资本和高利贷资本居于统治地位;而在生产领域,工业资本尚处于工场手工业阶段。在一些没有发达的工业而又缺乏金银矿藏的国家,商业资本家寄希望于利用对外贸易来增加金银财富。重商主义者把资产阶级国家的经济政策和一切经济活动的目的,统统归纳为攫取大量的金银货币。他们认为剩余价值只能在流通领域中产生,而且特别强调对外贸易的作用,认为只有发展对外贸易才能增加国民财富。

在增加货币财富的方法和手段上,早、晚期重商主义的观点有所不同。早期重商主义者认为,应该把货币以贮藏的形式积累起来,主张国家采取行政措施,禁止货币输出,同时要保持每一笔交易和对每一个国家的贸易都实现顺差,当时,西班牙、葡萄牙、荷兰、英国、法国等国家都曾颁布过各种法令,规定严厉的刑罚,禁止金银出口。马克思把这种“货币差额论”称为“货币主义”;恩格斯则指出,早期重商主义者“就像守财奴一样,双手抱住他心爱的钱袋,用嫉妒和猜疑的目光打量着自己的邻居”①。同时,他们又鼓励吸收国外货币,各国都有法令规定外国商人必须将出售商品的所得全部用于购买本地商品,而本国商人输出的商品必须换回金银。

与早期重商主义不同,由于晚期重商主义活动于16世纪末至18世纪初,资本原始积累已经接近完成,商业资本也逐渐强盛,并且开始向产业资本转化,所以,晚期重商主义者逐步认识到货币运动和商品运动之间的内在联系,认为把货币贮藏起来不会自行增值,只有把货币投入流通领域,才能实现财富增长,因此主张不仅要多卖,而且应该多买,即国家不应该禁止金银输出,而应放手让金银出口,以便在国外大量购买商品。他们的信条是“货币产生贸易,贸易增加货币”②。只要记住如下原则:购买外国商品的货币总额不能多于出售本国商品获得的货币总额,即可实现出超,这样输出金银从事对外贸易就会增加国家的财富。此外,晚期重商主义者还分析了西班牙由盛变衰的原因,就在于不善于利用金银货币发展对外贸易。

(三)重商主义的政策主张

重商主义者主张实行国家干预对外贸易的保护主义政策,具体表现在以下几方面:

1. 货币政策

早期的货币差额论主张通过立法禁止金银输出;晚期的贸易差额论的政策选择有所放宽,主张通过追求贸易顺差来增加货币财富。同时,重商主义主张吸引国外货币留在本国,如英国政府曾规定,外国商人必须将出售货物所得的全部货币用于购买当地的商品。

2. 奖出限入政策

在进口方面,重商主义者反对输入昂贵的奢侈品,对一般制成品的进口也采取严格的限制措施;在出口方面,重商主义者鼓励制成品的大量出口,同时阻止原料或半成品的输出。

---

① 中央编译局. 马克思恩格斯全集(第1卷)[M]. 北京:人民出版社,1956:596.

② 〔英〕托马斯·孟. 英国得自对外贸易的财富[M]. 北京:商务印书馆,1983:14.

他们认为,出口廉价原材料和进口高级制成品是一种愚蠢的行为,并用现金奖励在国外市场上出售本国商品的商人。

3. 保护关税政策

关税制度在重商主义以前就已经出现,但是当时主要用于财政目的,即通过征税以增加财政收入,但到了重商主义时期,关税被用来为保护贸易政策服务。其措施是:对进口的制成品课以重税,对进口的原材料实行免税,对出口的制成品减免关税。

4. 发展本国工业

为了实现贸易顺差,必须多卖出商品,这就需要大力发展本国工业。为此,各国都制定了鼓励发展工业的政策措施,如向工场手工业者发放贷款并提供各种优惠条件;为了提供充足的劳动力,高薪聘请外国工匠,禁止熟练工人外流和机器设备输出,鼓励人口增长;为了降低工业成本,实行低工资政策等。

二、斯密的绝对优势理论

西方国际贸易理论体系的建立是以比较优势理论的提出为标志的,它包括斯密的绝对优势(absolute advantage)理论和李嘉图的比较优势(comparative advantage)理论。

亚当·斯密(Adam Smith, 1723—1790)是古典政治经济学的杰出代表。他将政治经济学发展为一个完整的理论体系,其代表作是1776年发表的《国民财富的性质和原因的研究》(又称《国富论》,*An Inquiry into the Nature and Causes of the Wealth of Nations*)。斯密在《国富论》中提出了"绝对优势"理论,用以解释国际分工的方式和效果。斯密所处的时代背景是:英国资产阶级的资本原始积累已经完成,经济力量得以壮大,不再需要实行保护贸易政策,当时地主贵族阶级制定的重商主义政策严重阻碍着资本主义的自由发展,代表先进生产力的资产阶级要求实现自由竞争和自由贸易。斯密的学说正是当时英国资产阶级经济利益和政治主张的反映。

斯密对国际贸易的理论贡献是多方面的,包括:国际分工和绝对优势,国际贸易的利益和影响,自由贸易与独占,关税和输出入奖励政策,贸易差额,国际汇兑和商品分类等,其中,国际分工和绝对优势理论最为著名。

(一) 斯密对重商主义的批评

斯密的绝对优势理论是建立在对重商主义理论进行批评的基础之上的,其内容包括以下三个方面。一是关于财富的内涵。斯密认为重商主义者把金银财富和真实财富混淆起来了,他指出,一国的真实财富是以生产的商品和劳务来衡量的,货币除了购买商品之外,没有其他用途。因此,一个国家应该通过扩大对外贸易来实现经济繁荣,而不是限制贸易守住金银货币。二是关于重商主义增强国家力量的论点。重商主义者认为,为了增强国家实力,必须对经济实施管制;而斯密指出,政府必须减少干预,才能实现经济的迅速发展,因为在自由放任的经济环境中,个人各自追求自身的利益最大化,其结果不自觉地符合于社会的最大利益。三是关于重商主义者的持续积累金银货币的政策。斯密根据货币流量调节机制说明,如果一国长期积累金银货币,当国内的商品供应量一定时,商品与货币之间的比例关系将受到破坏，价格趋于上涨，本国商品在国外市场的竞争力将会下降；另一方面，外国商品在本国的价格相对便宜，因此进口增加，导致本国的贸易顺差减少，甚至出现逆差，此时必须用金银来偿付差额，将使金银货币外流。因此，重商主义者企图通过保持贸易顺差为本国积累金银的做法是徒劳无益的。

（二）斯密的国际贸易理论

1. 交换与分工思想

斯密认为，人类天生具有“互通有无，物物交换，互相交易”的倾向[①]。“这种倾向，为人类所共有，亦为人类所特有，在其他各种动物中是找不到的。”[②]斯密指出，人们可以从交换中得到绝对利益，人类的交换倾向产生了社会分工，劳动生产率的巨大增进是分工的结果。“人类如果没有互通有无，物物交换和相互交易的倾向，各个人都必须亲自生产自己生活上的一切必需品和便利品，而一切人的任务和工作全无分别，那么工作差异所产生的才能的巨大差异就不可能存在了。”[③]他以制机针为例，制机针共有 18 道工序，在没有分工的情况下，一个粗工每天最多只能制造 20 枚；如果实行分工，每人每天能生产 4 800 枚，劳动生产率由此极大地提高了。基于社会分工的优势，若每个人专门从事于某一种物品的生产，然后彼此互通有无，则对每个人都是有利的。分工的原则，应该是各自集中生产具有绝对优势的产品，然后进行交换。斯密以家庭分工为例，“如果一件东西在购买时所费的代价比在家内生产时所费的小，就永远不会想要在家内生产，这是每一个精明的家长都知道的格言。”[④]

2. 国际分工思想

斯密从绝对优势出发，主张把社会分工从国内扩大到国际，国际分工应该建立在一个国家所拥有的先天自然优势或后天的技术优势基础之上。斯密指出，如果外国能以比我们自己制造还便宜的商品供应我们，我们最好就用我们有利的产业生产出来的物品的一部分向他们购买。斯密举例说，在苏格兰可以利用温室种植葡萄，并酿造出同国外进口一样好的葡萄酒，但要付出比国外高 3 倍的代价，如果真是这样做，显然是不明智的行为。每个国家都有适宜于生产某些特定产品的绝对有利的生产条件，如果每一个国家都按照这种条件进行专业化生产，然后彼此进行交换，则对参与交换的各方都是有利的。此外，鉴于各国都按照自己的有利条件分工并交换，使得各国的资源、劳动力以及资本都得到了最好的利用，并大大增加了劳动生产率和物质财富。由于斯密强调根据各国自然资源最有利的条件，形成各自对本国最有利的“自然分工”，因而斯密的国际分工思想又被称为“地域分工论”。

3. 主张自由贸易

斯密在经济上倡导自由放任，要求国家减少行政干预，认为市场是一只“看不见的手”，它可以支配商品生产和交换的全过程，并实现经济人的利益最大化。与此相适应，斯密主张实行自由贸易政策，认为自由贸易能够有效促进生产的发展和产量的增加。他反对重商主

---

① 〔英〕亚当·斯密. 国民财富的性质和原因的研究（上卷）[M]. 北京：商务印书馆，1972：12.
② 同上书，第 13 页。
③ 同上书，第 15 页。
④ 〔英〕亚当·斯密. 国民财富的性质和原因的研究（下卷）[M]. 北京：商务印书馆，1974：28.

义的保护贸易政策,指出一切限制贸易自由化的措施都会影响国际分工的发展,并降低社会劳动生产率和国民福利。斯密说道:"……似乎必须把不列颠宣布为自由港,并对国际贸易不加任何阻碍。如果可以使用其他方法支付政府的费用,应该停征一切税,例如关税、消费税等。应该准许和一切国家通商与进行交易的自由,应该准许和一切国家买卖任何东西。"①

小知识 2-1

亚当·斯密小传

亚当·斯密(Adam Smith,1723—1790)于1723年诞生在苏格兰爱丁堡(Edinburgh)附近的一个名叫柯科迪(Kirkcaldy)的小城。斯密自小博览群书,在14岁时就进入了格拉斯哥大学(University of Glasgow)学习。他选定了人文科学方向,在逻辑、道德哲学、数学和天文学方面都成绩斐然。1740年,他又进入牛津大学深造,闭门苦读了6年。由于某些政治事件的原因,斯密不得不于1746年回到柯科迪。之后,他经常到爱丁堡作讲演,内容涵盖法学、政治学、社会学和经济学。这时,斯密开始对政治经济学表现出了特殊的兴趣。

到了18世纪50年代,斯密就提出经济自由主义的基本思想。从1751年开始,斯密在格拉斯哥大学连续任教12年,先后讲授逻辑学和道德哲学(即社会哲学),颇受学生欢迎。在这段被他自己称之为"一生中最幸福的时期"中,斯密参加了政治经济学俱乐部活动(被称为"俱乐部人"),而且,他每年都要到爱丁堡待上二至三个月,宣扬他的经济自由思想。斯密曾在讲演中说道:"应该让人的天性本身自然发展,并在其追求自己的目的和实施其本身计划的过程中给予它充分自由……"

1759年,斯密发表了其第一部科学巨著《道德情操论》(*The Theory of Moral Sentiments*),标志着其哲学和经济思想的形成。在这部著作中,反封建的平等思想占据显著地位。斯密否定了宗教道德和"天赋道德情操论",而代之以另一抽象原则——"同情心"。在《道德情操论》创作的过程中,内在的兴趣和时代的需要(发展格拉斯哥工商业)使斯密沉浸于政治经济学的研究之中。在1762—1763年的讲稿里,他提出了一系列出色的唯物主义思想,特别是在讲稿的经济学部分中,已出现了在《国富论》中得到发展的思想萌芽。

1765—1766年在法国巴黎期间,斯密批判性地借鉴重农主义学派,沿着英国传统的道路,在劳动价值论的基础上创立了自己的经济理论。同爱尔维修(Helvétius)结识后,斯密又将其关于新伦理的思想用于政治经济学,创造了关于人的本性和人与社会相互关系的概念,

① 〔英〕坎南.亚当·斯密关于法律、警察、岁入及军备的演讲[M].北京:商务印书馆,1991:220.

成了古典学派观点的基础。斯密通过"经济人"这一概念,提出了一个具有重大理论意义和实际意义的问题:关于人的经济活动的动因和动力问题。而"看不见的手"这一提法实质上是把政治经济学置于科学之上,指出客观经济规律的自发作用。斯密又把利己主义和经济发展自发规律相结合,提出了自然秩序这一概念。这是他放任主义政策的原则和目的。当他最后写作《国富论》之时,竞争自由是他的经济学的基石,成为一条主线贯穿于整部《国富论》之中。

1767 年春,斯密回到柯科迪开始写作。1776 年 3 月,《国民财富的性质和原因的研究》(即《国富论》)在伦敦出版并在其后被翻译成多种语言。著作中坚定地提出经济自由主义,重新定义了价值、劳动分工、生产过程、自由贸易、制度发展、天赋人权、政府的作用和资本的作用。亚当·斯密认为,一国的财富反映在其生产能力上,而不是反映在其拥有的贵金属上。一个能让人们在其中自由地追逐自身利益的环境是最有利于生产力提高的。所以,他宣传"自由放任"的政府政策,认为允许个人在法律、社会秩序允许的范围内,在尊重私人产权的前提下从事各自的经济活动,才能更好地增加社会的财富。政府的责任是消除那些妨碍市场"看不见的手"有效运行的障碍。书中所提出的尖锐的社会、政治问题很快引起了广大读者的注意。斯密将其渊博的学问、深刻的洞察力和别其一格的幽默贯注于这部著作之中。《国富论》无疑是政治经济学说史上最引人入胜的著作之一。当时一位有名的学者指出,这不仅是一篇经济专题论文,而且是"一本描述时代的非常有趣的书"。斯密成名后,曾在海关工作,但大部分时间还是致力于修改他的这部著作。

1790 年 7 月 17 日,斯密于爱丁堡逝世,享年 67 岁。

资料来源:〔英〕约翰·伊特韦尔等. 新帕尔格雷夫经济学大辞典[M]. 北京:经济科学出版社,1996:384-402.

三、李嘉图的比较优势理论

大卫·李嘉图(David Ricardo, 1772—1823)是古典政治经济学的集大成者。他最初热衷于自然科学,1799 年接触到斯密的《国富论》后,开始研究政治经济学,并于 1817 年发表了著名的《政治经济学及赋税原理》(*On the Principles of Political Economy and Taxation*)。在该书中,李嘉图发展了斯密的国际分工学说,提出了比较优势理论,该理论一直被认为是西方国家主流国际贸易学说的基石。

(一)李嘉图的自由贸易思想

斯密的绝对优势理论认为,应该以生产成本的绝对差别为基础进行国际分工和贸易,这种理论在英国产业革命完成后,已不能适应英国工业资产阶级要求最大限度地扩展世界市场的需要。一方面英国自 18 世纪 60 年代发生产业革命后,生产力得到了迅猛发展,1820 年,英国工业生产占世界工业总产量的 50%,其工业品远销海外各地,成为名副其实的"世界工厂"。由于生产能力急剧扩大,英国需要大量进口原材料并出口其制成品,在这种情况下,斯密的绝对优势理论趋于破灭。另一方面,英国于 1815 年颁布的《谷物法》严重阻碍着对外贸易的发展。《谷物法》是一项贸易保护法案,旨在维护封建地主阶级的利益。该法规定,当国内谷物价格跌至“法定水平”以下时,禁止从国外进口谷物,而“法定水平”高得惊人,小麦每夸脱为80先令。昂贵的粮价,提高了英国工业品的成本,削弱了工业品的出口竞争能力,使工业资产阶级深受其苦。英国工业资产阶级和地主贵族阶级围绕《谷物法》的存废问题展开了激烈的斗争。资产阶级迫切需要从理论上论证废除《谷物法》的必要性以及实行自由贸易的优越性。李嘉图的国际贸易理论正是适应资产阶级的这种时代需要而产生的。

李嘉图继承和发展了斯密的自由贸易学说,认为在自由贸易的制度安排下,追求个人利益的经济人客观上能够促进社会利益的增加,即实现个人利益与社会利益的统一。他在其代表作中写道:“在商业完全自由的制度下,各国都必须把它的资本和劳动用在最有利于本国的用途上。这种个体利益的追求很好地和整体的普遍幸福结合在一起。由于鼓励勤勉,奖励智巧,并最有效地利用自然所赋予的各种特殊力量,它使劳动得到最有效的最经济的分配;同时,由于增加生产总额,它使人们得到好处,并以利害关系和相互交往的纽带把文明世界各个民族结合成一个统一的社会。”①

针对英国工业资产阶级和封建地主贵族阶级围绕《谷物法》存废问题的论战,李嘉图指出,增加国家财富有两种方法:一是提高利润率,他认为,这只有靠生产廉价的粮食才能做到,因此凡是能够促进粮食生产、降低粮价的方法都会提高利润率;由此又得出增加国家财富的第二种方法,即降低粮食价格,李嘉图反对《谷物法》对粮价规定“法定水平”,要求实现对外贸易的完全自由,取消粮食进口税,通过大量进口廉价粮食,以降低工资和制成品成本,从而提高利润率。

(二)比较优势理论

李嘉图的比较优势理论是建立在劳动价值论基础上的。他认为,商品的价值是由生产该商品所需的劳动量决定的,生产某一商品所需劳动量增加时,其价值就会提高;反之,则降低。生产商品所需劳动量的大小,与劳动生产率的高低有关。各个国家的劳动生产率是不同的,一国即使不能生产出成本绝对低的产品,也应生产出成本比较低的产品,并与其他国家相交换,这对贸易各方面都是有利的。

比较优势理论与绝对优势理论的不同之处在于:在绝对优势情况下,一国只生产具有绝对优势的商品,而不生产具有绝对劣势的商品。在比较优势情况下,一国在两种商品生产上虽然都处于绝对优势地位,但优势的程度不同;另一国在两种商品的生产上虽然都处于绝对劣势地位,但劣势程度也不同。在这种条件下,每个国家应集中力量生产那些有利程度较大或不利程度较小的商品,然后通过国际贸易进行交换,在资本和劳动者不能自由流动的情况下,生产总量将会增加,对贸易双方都有利,这就是“两利取其重,两劣取其轻”的分工和贸易原则。

---

① 〔英〕大卫·李嘉图.政治经济学及赋税原理[M].北京:商务印书馆,1976:113.

小知识 2-2

大卫·李嘉图小传

大卫·李嘉图(**David Ricardo**,**1772—1823**)于1772年出生于伦敦一个富裕的犹太移民家庭,幼年时接受了私人教育且极其聪明。他14岁就开始跟随父亲在交易所做事。后来,因婚姻和宗教问题(21岁时成为基督教徒,并与一名贵格会教徒结婚)与父亲脱离关系,自己经营交易所,干得非常成功,25岁就拥有了200万英镑的财产。功成名就后,他利用空闲时间学习了自然科学;而斯密的《国富论》又引导他开始关注经济问题。最终,他在分析、批判前人经济理论的基础上,结合时代提出的问题,将经济理论推上了一个新的阶段。

李嘉图对经济理论的研究和著作,几乎涉猎了经济学中的所有方面,他首先研究的是货币。他在1809—1811年发表的几篇文章和几本小册子中,批判了当时的货币流通制度,并拟定了一个实事求是的纲领,甚至提出要创立新的国家银行,显示了他极大胆的建议方式和极雄辩的著作能力。他的货币理论思想主要有:(1) 稳定货币流通是发展经济的最重要条件;(2) 这种稳定只有在以黄金为基础的条件下才有可能实现;(3) 在流通中黄金可以在相当大程度上,甚至完全被按固定平价兑换黄金的纸币所取代。

之后,他出版《论谷物低价对资本利润的影响》,书中他主要研究了价值理论。他以斯密的价值理论为出发点,先研究价值问题,力图在基本点上纠正和揭露斯密价值学说的混乱和矛盾。他坚持了耗费劳动量决定商品价值的原理,并将这一原理始终贯穿在他的经济理论中。他考虑了劳动性质与价值的关系,认为各种不同性质劳动的估价由市场决定,并且主要决定于劳动者的相对熟练程度和所完成的劳动的强度。最终决定商品价值的是劳动总量,即不仅包括生产该商品时所需的劳动,而且包括生产用于该过程的资本物所需的劳动。

他的学说虽未能解释直接劳动创造的新价值与过去劳动创造的旧价值如何在同一个生产过程中结合起来,但还是有其可取之处,尤其是关于劳动价值论完全适用于发达资本主义社会的论点,是李嘉图在科学上所作的巨大贡献。

李嘉图对国际贸易理论也有开创性的贡献。他对苏格兰和葡萄牙的外贸进行了研究并得出了著名的比较成本原则,即后来所谓的比较优势原则。这个基本思想在后来被无数经济学者们引用并且发扬光大。他还从比较成本原则得出了与他的在贸易自由条件下和谐发展国际经济关系理论相适应的结论。所以,李嘉图是贸易自由的大力提倡者。

终其一生,李嘉图都以思维的严谨性、数学逻辑性和精确性著称。他是古典政治经济学的集大成者。他发展了斯密的工资、利润和地租的观点,即社会三个主要阶段最初收入的观点。他认为,地租只是从利润中扣出的部分,从而利润被说成是收入的最初的基本形式,而资本是收入的基础，即利润实质上就是剩余价值，这又是他在科学上取得的光辉成就之一。

1817 年 4 月，他的名著《政治经济学及赋税原理》出版，该书包含了他丰富的经济思想，在经济学说史上有着很重要的地位。1819 年，他成为一名议员，积极参与讨论银行改革、税收提议等问题，并成为伦敦政治经济俱乐部的奠基人。

李嘉图所处的时代是英国工业革命迅速开展的时代，当时英国社会的主要矛盾是工业资产阶级和地主贵族阶级之间的矛盾，在经济方面，这一矛盾集中在《谷物法》的存废上。《谷物法》规定：必须在国内谷物价格上升到一定限额以上，才允许进口，而《谷物法》又不断提高这个限额。李嘉图认为：因为人口增加，对谷物需求上升，谷物价格上升，农产品价格上升，地主地租收入上升，农业工人收入上升，同时生活费用上升，工厂工人工资上升，资本家的利润下降，导致资本积累减少。所以作为工业资产阶级在议会的代表，李嘉图认为必须废除《谷物法》，实行自由贸易，出口工业制成品，进口国外价格低廉的生活必需品，提高国内生活必需品的供给，使工资水平下降，利润水平提高，积累增加，社会财富增加。

1823 年 9 月 11 日，李嘉图去世。1846 年，英国议会通过废除《谷物法》的法令。

资料来源：〔英〕约翰·伊特韦尔等. 新帕尔格雷夫经济学大辞典[M]. 北京：经济科学出版社，1996：196-214.

四、古典国际贸易理论的其他观点

斯密的绝对优势理论和李嘉图的比较优势理论构成了古典国际贸易理论的主体，除此之外，古典政治经济学关于国际贸易的论述还有很多，其中比较有代表性观点的有以下四种：

（一）威廉·配第的国际贸易学说

威廉·配第（William Petty，1623—1687），是英国古典政治经济学的奠基人。他最早提出了劳动价值论的一些基本观点，在此基础上考察了工资、地租、利息和货币等经济范畴。英国在 1640 年完成资产阶级革命后，资本主义生产得到了迅速发展，工场手工业逐渐成为生产的主要形式，在这种条件下，重商主义已不能适应资本主义发展的要求。配第在研究经济问题时，逐渐摆脱了重商主义的影响，把研究领域从流通过程转移到生产过程。他反对重商主义者限制金银出口的措施，认为货币输出有助于带回更多的货币或货物，为国家和商人带来更大的利益。他认为，一国在没有贸易入超的情况下不应禁止进口，否则会使本国商品出口困难。配第主张，对于当时经济落后的英国来说，应实行关税保护政策。他把关税看成是保险费，并对进口关税和出口关税进行了深入分析并主张实行国际贸易垄断。配第不赞成重商主义把财富和货币等同的观点，认为货币只是构成财富的一小部分，一个国家的富裕程度不在于货币的多寡，而在于经常不断地把货币变成各种能为自己带来利益的商品。他指出，“土地为财富之母，而劳动则为财富之父和能动的要素”①，认识到了生产劳动是财富的源泉。

① 〔英〕配第. 配第经济著作选集[M]. 北京：商务印书馆，1983：66.

（二）休谟的国际贸易机制说和国际贸易利益说

大卫·休谟（David Hume,1711—1776），是货币数量论的早期代表人物之一。他在1752年出版的《政治论丛》中从生产领域到流通领域论证了自由贸易的必要性，运用其建立的价格-铸币流动机制（price specie-flow mechanism）第一次对重商主义理论提出了挑战。他认为货币是商品和劳动的代表，是决定价格的手段，商品价格由流通中的货币数量决定。他运用古典货币数量论的分析方法，成功地解决了重商主义的贸易收支自动平衡趋势和利用外贸顺差积累金银政策主张之间的悖论。休谟认为，国际贸易为国内制造业的发展提供了动力，外国商品输入本国具有一种新鲜感，有利于营造竞争风气，提供效法的对象，由此提高本国产品质量。对外贸易一方面为本国出口过剩产品提供了条件，另一方面可以改善国内供给，为制造业进口原材料。休谟还探讨了政府管制市场的消极后果，认为自由贸易对所有国家的长期经济增长具有显著的有利影响。

（三）魁奈的贸易利益和自由贸易思想

弗朗索瓦·魁奈（Francois Quesnay, 1694—1774），是法国古典政治经济学的主要代表人物，重农学派的创始人。魁奈大大超出了重商主义的认识眼界，区分了财富与货币、财富与财物的内涵，认为财富和财物都具有使用价值，但是财物没有出卖价值，财物必须具有出卖价值即交换价值才能成为财富，金银货币不是消费性财富，只是贸易的工具。他认为只有农业才是满足人们需要的财富来源。魁奈代表了新兴资产阶级要求经济自由和自由贸易的思想。他指出："必须维持商业的完全自由，因为最完全、最确实、对国民和国家最有利的国内商业和对外贸易的政策，在于保持竞争的完全自由。"[①]魁奈反对对进口商品征收关税，认为这样做一方面会提高进口商品价格，另一方面外国商品由于高关税而运到别国，使本国商品价格上涨，不利于法国经济发展。他反对垄断和保护关税政策，认为一切垄断、限制和政府干预都违反了"自然秩序"，只有自由竞争、自由贸易才符合"自然秩序"。

（四）布阿吉尔贝尔的自由贸易思想

布阿吉尔贝尔（Pierre Le Pesant de Boisguillebert, 1646—1714），是法国古典政治经济学的创始人。他没有建立一个完整的经济理论体系，其重要理论观点都是在针对当时法国社会经济状况而发表的意见和建议中提出来的，主要思想在于力图揭示法国贫困的根源，并找到消除贫困、增加国民财富的政策措施。布阿吉尔贝尔反对重商主义的经济观点，认为金银不是财富的唯一形态，而只是贸易的纽带，指出农产品是真正的财富，农业是财富的源泉。他反对对谷物输出的限制，主张取消出口关税，实现谷物自由贸易，拥护自由竞争和等价交换。

第二节　古典国际贸易理论的现代分析

本节用现代经济学方法对斯密的绝对优势理论和李嘉图的比较优势理论进行深入分析。

---

① 〔法〕魁奈. 魁奈经济著作选集[M]. 北京：商务印书馆，1983：338.

一、绝对优势理论

(一) 绝对优势的衡量

在斯密理论中,一国对某种商品所具有的绝对优势可以用劳动生产率、生产的绝对成本来衡量。

1. 用劳动生产率来衡量

我们可以用生产产品的劳动生产率的高低来判断一国是否具有绝对优势。劳动生产率是指 1 单位劳动在单位时间内能生产出的产品数量,即人均产量。用公式表示则可写成:

$$产品\ A\ 的劳动生产率=\frac{产品\ A\ 的产量}{生产产品\ A\ 投入的劳动量}$$

如果某种产品劳动生产率越高,说明生产该种产品越具有绝对优势;反之,劳动生产率越低,生产该种产品越具有绝对劣势。

2. 用生产的绝对成本来衡量

我们还可以用生产的绝对成本的高低来判断是否具有绝对优势。生产的绝对成本是指生产单位产品需要投入要素的数量。很明显,绝对成本与劳动生产率互为倒数关系。某种产品绝对成本越高,说明生产该种产品越具有绝对劣势;反之,绝对成本越低,生产该种产品越具有绝对优势。

(二) 绝对优势理论的数学分析

假设 1:世界上只有 A 和 B 两个国家,且只生产 X 和 Y 两种产品。

在国际贸易前:

假设 2:A 国和 B 国生产单位产品 X 和 Y,耗费的劳动量如表 2-1 所示。

表 2-1　A 国和 B 国生产单位 X 产品和 Y 产品耗费的劳动量

	X 产品	Y 产品
A 国	1	2
B 国	2	1

其含义是,A 国生产 1 单位 X 产品耗费 1 单位劳动,而生产 1 单位 Y 产品耗费 2 单位劳动;B 国生产 1 单位 X 产品耗费 2 单位劳动,而生产 1 单位 Y 产品耗费 1 单位劳动。显然,A 国生产 X 产品的成本绝对低于 B 国,故 A 国在 X 产品的生产上处于绝对优势;反之,A 国生产 Y 产品的成本绝对高于 B 国,故 A 国在 Y 产品的生产上处于绝对劣势。同理,B 国在 X 产品的生产上处于绝对劣势,而在 Y 产品的生产上处于绝对优势。

假设 3:A 国和 B 国对 X 产品和 Y 产品的需求量如表 2-2 所示。

表 2-2　A 国和 B 国对 X 产品和 Y 产品的需求量

	X 产品	Y 产品
A 国	1	1
B 国	1	1
合计	2	2

根据假设2,满足上述需求量所需要的劳动量如表2-3所示。

表2-3 贸易前A国和B国所需的劳动数量

	X产品	Y产品	
A国	1	2	3
B国	2	1	3
合计	3	3	6

假设4:A国和B国的劳动存量分别为3,则两国国内的两种市场均同时分别达到均衡状态。

在国际贸易后:

由于A国在X产品的生产上处于绝对优势,而B国在Y产品的生产上处于绝对优势,根据斯密的理论,假设A国和B国进行完全专业化的国际分工,即A国全部生产要素(劳动)只生产X产品,不生产Y产品;B国全部生产要素(劳动)只生产Y产品,而不生产X产品,则两国总产量如表2-4所示。

表2-4 贸易后A国和B国的总产量

	X产品	Y产品
A国	3	0
B国	0	3
合计	3	3

与国际贸易前比较,X产品和Y产品的总产量均增加1个单位。这增加的1个单位的X产品和1个单位的Y产品就是两国在劳动总量不变的条件下按地域进行国际分工后得到的总的实物利益。

假设5:根据等量劳动相交换的原则,假设A国用1个单位的X产品与B国的1个单位Y产品相交换,则两国消费量如表2-5所示。

表2-5 贸易后A国和B国对X产品和Y产品的消费量

	X产品	Y产品
A国	2	1
B国	1	2
合计	3	3

与国际贸易前比较,A国可多消费1个单位的X产品,而B国可多消费1个单位的Y产品,这就是两国在劳动总量不变的条件下按地域进行国际分工和国际交换后各自得到的实物利益。由于两国的消费总量都得到增加,两国的社会福利也都得到提高。

为什么进行国际分工和国际贸易能够在两国劳动存量不变的条件下增加产品消费,提高社会福利呢？斯密认为是国际分工。

假设 6：将国际贸易后的商品消费量按国际贸易前的标准折成劳动需求量，如表 2-6 所示。

表 2-6　贸易后 A 国和 B 国的劳动需求量

	X 产品	Y 产品	合计
A 国	2	2	4
B 国	2	2	4
合计	4	4	8

与国际贸易前比较，两国在进行国际贸易后用 6 个单位的劳动生产出原来需要 8 个单位的劳动才能生产出的产品数量。这多出的 2 个单位劳动就是两国进行国际分工和国际交换后得到的总的劳动绝对利益。其中 A 国得到 1 个单位的劳动，这是因为 A 国用 1 个单位的劳动(1 单位 X 产品)换回自己要用 2 个单位的劳动才能生产出的 1 单位 Y 产品；B 国也得到 1 个单位的劳动，这是因为 B 国用 1 个单位的劳动(1 单位 Y 产品)换回自己要用 2 个单位的劳动才能生产出的 1 单位 X 产品。两国各得到的 1 个单位的劳动就是两国进行国际分工和国际交换后各自得到的劳动绝对利益。

假设 7：两国对两种产品的需求量仍保持在国际贸易前的水平，则生产两种产品时实际需要的劳动量如表 2-7 所示。

表 2-7　贸易后 A 国和 B 国的实际劳动需求量

	X 产品	Y 产品	合计
A 国	1	1	2
B 国	1	1	2
合计	2	2	4

与国际贸易前比较，两国在进行国际分工后，用 4 个单位的劳动生产出原来需要 6 个电位的劳动才能生产出的产品数量。这省出的 2 个单位劳动就是两国进行国际分工和国际交换后得到的总的劳动绝对利益。其中 A 国节省 1 个单位的劳动，这是因为 A 国用 1 个单位的劳动(1 单位 X 产品)换回自己要用 2 个单位的劳动才能生产出的 1 单位 Y 产品；B 国也节省 1 个单位的劳动，这是因为 B 国用 1 个单位的劳动(1 单位 Y 产品)换回自己要用 2 个单位的劳动才能生产出的 1 单位 X 产品。两国各节省的 1 个单位的劳动就是两国进行国际分工和国际交换后各自得到的劳动绝对利益。

总之，按照斯密的绝对优势理论，如果劳动存量固定且充分就业，通过国际分工和国际交换就能增加供给量和消费量，提高社会福利；从另一角度讲，如果劳动存量固定且供给量和消费量不变，社会福利不变，通过国际分工和国际交换就能节省劳动量。

对贸易利益的分配问题，斯密根据劳动价值论认为应该等量劳动相交换，但是，A 国和

B 国间为什么是 1 单位 X 产品换 1 单位 Y 产品，而不是 1.5 单位 X 产品换 1 单位 Y 产品呢？斯密没有进行深入分析。

（三）绝对优势理论的图形分析

假设 1：世界上只有 A 和 B 两个国家，只生产 X 和 Y 两种产品，只使用劳动这一种生产要素，即建立一个 2×2×1 模型。

假设 2：劳动在一国国内各部门之间可以自由流动，但在两国之间不能自由流动。

假设 3：以劳动价值论为基础，且劳动充分就业。

假设 4：劳动在部门间转移时边际机会成本（marginal opportunity cost）不变，无规模收益。

假设 5：自由贸易，且没有运输和其他交易成本。

假设 6：完全竞争市场。

在上述假设前提的基础上，根据上述假设数据，我们可以用图 2-1 分析该理论。

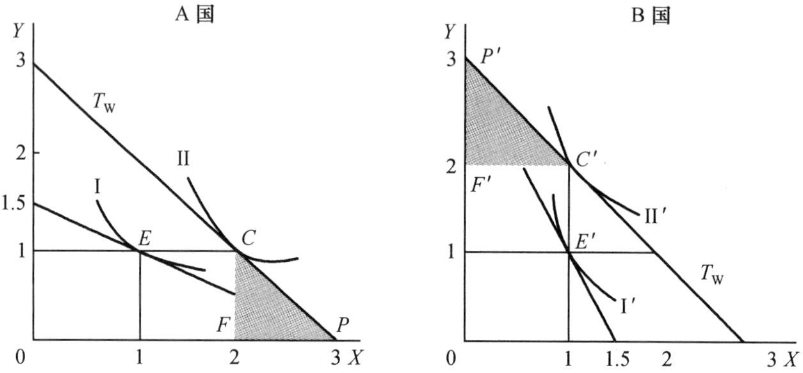

图 2-1 绝对优势理论图解

图 2-1 中的左图和右图分别代表 A 国和 B 国的基本情况。在国际贸易前，E 点和 E' 点分别是 A 国和 B 国的国内均衡点，它们分别是两国边际机会成本不变的生产可能性曲线（production possibility curve, PPC）和社会无差异曲线（community indifference curve, CIC）的切点，且由于边际转换率（marginal rate of transformation, MRT）等于边际替代率（marginal rate of substitution, MRS），所以符合实现帕累托最优（Pareto optimality）的条件。在国际贸易后，由于 A 国国内的 X 的相对价格低于 B 国国内的 X 的相对价格，所以 A 国在 X 产品的生产上有绝对优势；反之 B 国在 Y 产品的生产上有绝对优势。根据斯密的理论进行专业化的国际分工，则 A 国和 B 国的生产点分别为 P 点和 P' 点。直线 T_w 代表 X 的国际价格，它应该大于 A 国国内封闭条件下的 X 的相对价格，同时小于 B 国国内封闭条件下 X 的价格。直线 T_w 分别与 A 国和 B 国的社会无差异曲线 Ⅱ 和 Ⅱ′ 切于 C 点和 C' 点，则 C 点和 C' 点分别代表 A 国和 B 国的消费点。A 国和 B 国的生产点和消费点之间的差额分别代表两国的进出口量。由于贸易三角形 PFC 和 $P'F'C'$ 是全等三角形，故国际市场也达到均衡状态。在国际贸易后，A 国和 B 国的社会福利分别从社会无差异曲线 Ⅰ 和 Ⅰ′ 上升到 Ⅱ 和 Ⅱ′。

斯密的绝对优势理论有一个必要的假设前提：参加国际贸易的国家必须至少有一种拥

有绝对优势的产品，即与贸易对象国相比较，该产品的劳动成本绝对低、劳动生产率绝对高，才能以劳动生产率的绝对差异进入国际市场，获得绝对利益。按照斯密的理论，如果一国（发展中国家）在所有产品上与贸易对象国（发达国家）相比都处在劳动成本绝对高、劳动生产率绝对低的情况，即处在绝对劣势的地位，就不能进入国际市场，获得绝对利益。显然，斯密的理论与实践出现了背离。因为发展中国家与发达国家之间若存在贸易，则斯密不能解释；发展中国家与发达国家之间若不存在贸易，则与现实不符。这个难题是由李嘉图解决的。

二、比较优势理论

李嘉图认为，参加国际贸易的国家并不一定必须生产劳动成本绝对低的、有绝对优势的产品，而只要生产劳动成本相对低的、有相对优势的产品，然后相互交换，就可以获得相对利益。

（一）比较优势的衡量

在李嘉图理论中，一国对某种商品所具有的比较优势可以用相对劳动生产率、生产的相对成本来衡量。

1. 相对劳动生产率是不同产品劳动生产率的比率，或两种不同产品的人均产量之比。用公式表示则可写成：

$$产品\ A\ 相对于产品\ B\ 的相对劳动生产率=\frac{产品\ A\ 的劳动生产率}{产品\ B\ 的劳动生产率}$$

如果一个国家某种产品的相对劳动生产率高于其他国家同样产品的相对劳动生产率，该国在这一产品上就拥有比较优势；反之，则只有比较劣势。

2. 所谓生产的相对成本，指的是一个产品的单位要素投入与另一产品单位要素投入的比率。用公式表示：

$$产品\ A\ 相对于产品\ B\ 的相对成本=\frac{单位产品\ A\ 的要素投入量}{单位产品\ B\ 的要素投入量}$$

如果一国生产某种产品的相对成本低于别国生产同样产品的相对成本，该国就具有生产该产品的比较优势；反之，则只有比较劣势。

（二）比较优势理论的数学分析

假设 1：世界上只有 A 和 B 两个国家，且只生产 X 和 Y 两种产品。

在国际贸易前：

假设 2：A 国和 B 国生产单位 X 产品和 Y 产品耗费的劳动量如表 2-8 所示。

表 2-8　A 国和 B 国生产单位 X 产品和 Y 产品耗费的劳动量

	X 产品	Y 产品
A 国	6	4
B 国	1	2

其含义是,A 国生产 1 单位 X 产品耗费 6 单位劳动,而生产 1 单位 Y 产品耗费 4 单位劳动。B 国生产 1 单位 X 产品耗费 1 单位劳动,而生产 1 单位 Y 产品耗费 2 单位劳动。显然,A 国生产 X 产品和 Y 产品的劳动成本都绝对高于 B 国,故 A 国在 X 产品和 Y 产品的生产上都处于绝对劣势;反之,B 国生产 X 产品和 Y 产品的劳动成本都绝对低于 A 国,故 B 国在 X 产品和 Y 产品的生产上都处于绝对优势。按照斯密的绝对优势理论,A 国和 B 国间互利的国际贸易不存在。但是,按李嘉图的比较优势理论,A 国和 B 国间互利的国际贸易仍存在。

从 A 国的角度分析:6/1 >4/2。与 B 国比较,A 国在生产 X 产品和 Y 产品上均处于绝对劣势,但生产 Y 产品的劣势相对小,故 A 国在 Y 产品上有相对优势,应出口 Y 产品。

从 B 国的角度分析,1/6 <2/4。与 A 国比较,B 国在生产 X 产品和 Y 产品上均处于绝对优势,但生产 X 产品的优势相对大,故 B 国在 X 产品上有相对优势,应出口 X 产品。

假设 3:A 国和 B 国对 X 产品和 Y 产品的需求量如表 2-9 所示。

表 2-9　A 国和 B 国对 X 产品和 Y 产品的需求量

	X 产品	Y 产品
A 国	1	1
B 国	1	1
合计	2	2

根据假设 2 在国际贸易前,满足上述需求量所需要的劳动量如表 2-10 所示。

表 2-10　贸易前 A 国和 B 国所需的劳动数量

	X 产品	Y 产品	合计
A 国	6	4	10
B 国	1	2	3
合计	7	6	13

假设 4:A 国和 B 国的劳动存量分别为 10 和 3;则两国国内的两种市场均同时分别达到均衡状态。

在国际贸易后:

假设 5:A 国和 B 国进行完全专业化国际分工后的总产量如表 2-11 所示。

表 2-11　贸易后 A 国和 B 国的总产量

	X 产品	Y 产品
A 国	0	2.5
B 国	3	0
合计	3	2.5

与国际贸易前比较, X 产品和 Y 产品的总产量分别增加 1 个单位和 0.5 个单位。这增

加的 1 个单位的 X 产品和 0.5 个单位的 Y 产品就是两国在劳动总量不变的条件下按地域进行国际分工后得到的总的实物利益。

假设 6:A 国用 1 个单位的 Y 产品与 B 国的 1 个单位 X 产品相交换,则两国消费量如表 2-12 所示。

表 2-12　贸易后 A 国和 B 国对 X 产品和 Y 产品的消费量

	X 产品	Y 产品
A 国	1	1.5
B 国	2	1
合计	3	2.5

与国际贸易前比较,A 国可多消费 0.5 个单位的 Y 产品,而 B 国可多消费 1 个单位的 X 产品,这就是两国在劳动总量不变的条件下按地域进行国际分工和国际交换后各自得到的实物利益。由于两国的消费总量都得到增加,两国的社会福利也都得到提高。

假设 7:A 国和 B 国进行非完全专业化国际分工后的总产量如表 2-13 所示。

表 2-13　贸易后 A 国和 B 国的总产量

	X 产品	Y 产品
A 国	1/3	2
B 国	3	0
合计	10/3	2

与国际贸易前比较,X 产品总产量增加 4/3 个单位。这增加的 4/3 个单位的 X 产品就是两国在劳动总量不变的条件下按地域进行国际分工后得到的总的实物利益。

假设 8:假设 A 国仍然用 1 个单位的 Y 产品与 B 国的 1 个单位 X 产品相交换,则两国消费量如表 2-14 所示。

表 2-14　贸易后 A 国和 B 国对 X 产品和 Y 产品的消费量

	X 产品	Y 产品
A 国	4/3	1
B 国	2	1
合计	10/3	2

与国际贸易前比较,A 国可多消费 1/3 个单位的 X 产品,而 B 国可多消费 1 个单位的 X 产品,这就是两国在劳动总量不变的条件下按地域进行国际分工和国际交换后各自得到的实物利益。由于两国的消费总量都得到增加,两国的社会福利也都得到提高。

(三) 比较优势理论的图形分析

假设 1:世界上只有两个国家:A 国和 B 国,只生产 X 和 Y 两种产品,只使用劳动这一种生产要素,即建立一个 2×2×1 模型。

假设 2:劳动在一国国内各个部门之间可以自由流动;但在两国之间不能自由流动。

假设 3:当劳动从一个部门转移到另一个部门时,其边际机会成本不变。

假设 4:两国的经济资源都被充分利用。这意味着,在一国范围内,当经济资源从一个部门转向另一个部门时,其中一个部门资源的流入就是另外一个部门资源的流出。

假设 5:规模报酬不变,即生产函数为一次齐次函数。

假设 6:在两个国家之间,商品流出的价值与商品流入的价值相等。

假设 7:没有运输成本和其他交易成本。

设置上述假设的基本原则,是为了不影响问题的说明。一般而言,这些假设放松和撤除的过程,就是理论逐步接近实际的过程。根据上述假设数据,我们用图 2-2 来分析。

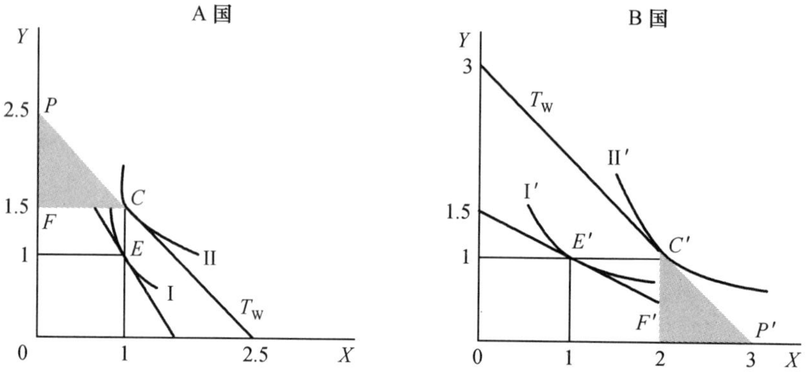

图 2-2 比较优势理论图解

图 2-2 中的左图和右图分别代表 A 国和 B 国的基本情况。在国际贸易前,E 点和 E′点分别是 A 国和 B 国的国内均衡点。从图 2-2 可以看出,两国的成本比率(图 2-2 中实线的斜率)是不同的,A 国的每单位劳动投入量都无法比 B 国生产更多的产品(见表 2-8),特别是生产 X 产品的能力大大低于 B 国。

即使 A 国生产 X 和 Y 产品的成本都比 B 国高,国际贸易也会提供新的机会。A 国在生产 X 产品和 Y 产品上均处于绝对劣势,但生产 Y 产品的劣势相对小,故 A 国在 Y 产品上有相对优势,应出口 Y 产品。B 国在 X 产品上有相对优势,应出口 X 产品。在国际贸易后,根据李嘉图的理论进行完全专业化国际分工,则 A 国和 B 国的生产点分别为 *P* 点和 *P*′点。直线 T_W 代表 X 的国际价格,它应该小于 A 国国内封闭条件下的 X 的相对价格,同时大于 B 国国内封闭条件下 X 的价格。直线 T_W 分别与 A 国和 B 国的社会无差异曲线Ⅱ和Ⅱ′切于 *C* 点和 *C*′点,则 *C* 点和 *C*′点分别代表 A 国和 B 国的消费点。A 国和 B 国的生产点和消费点之间的差额分别代表两国的进出口量。由于贸易三角形 *PFC* 和 *P′F′C′*是全等三角形,故国际市场也达到均衡状态。在国际贸易后,A 国和 B 国的社会福利分别从社会无差异曲线Ⅰ和Ⅰ′上升到Ⅱ和Ⅱ′。

第三节　对古典国际贸易理论的验证与评价

一、对古典国际贸易理论的验证

李嘉图比较优势理论简单地说明了在只有劳动力作为生产要素投入的前提下，由不同的劳动生产率差异所确定的比较优势如何影响和决定国际分工及国际贸易。

1951—1952 年，麦克杜格尔（MacDougall）对李嘉图的贸易模型进行了第一次经验检验，他使用了 1937 年美、英两国 25 个产业的劳动生产率和出口数据。在麦克杜格尔的检验中，排除了美、英两国之间的贸易，因为两国不同产业之间的进口关税差异很大，会抵消两国劳动生产率的差别，而两国在第三市场（即世界其他地方）上一般会面对同一关税水平。因此，将美、英两国间的贸易排除在外并不会对检验产生不良影响，况且两国间的相互贸易额还不到其贸易总额的 5%。

由于美国的工资率是英国的 2 倍，麦克杜格尔认为，生产效率在一些美国产业中如果能达到英国的 2 倍以上，则美国这些产业的生产成本将低于英国。美国的这些产业相对于英国具有比较优势，在第三市场上，美国能够以比英国更低廉的价格出售其商品。另一方面，当英国某些产业的生产率达到并超过美国生产率的 1/2 时，英国将拥有比较优势，这些产业的商品销售价格将低于美国同类产品的价格。

图 2-3 总结了检验结果，横轴代表美国和英国对第三市场出口的相对比率，该比率越高，意味着美国相对于英国出口到第三市场的商品数量越大；纵轴表示每个美国工人和英国工人的产出比率，该比率越高，则美国劳动力的相对产出水平越高。应注意，测度单位是用对数表示的，即同等距离代表相同的百分比变化，而不是相同的绝对值变化。

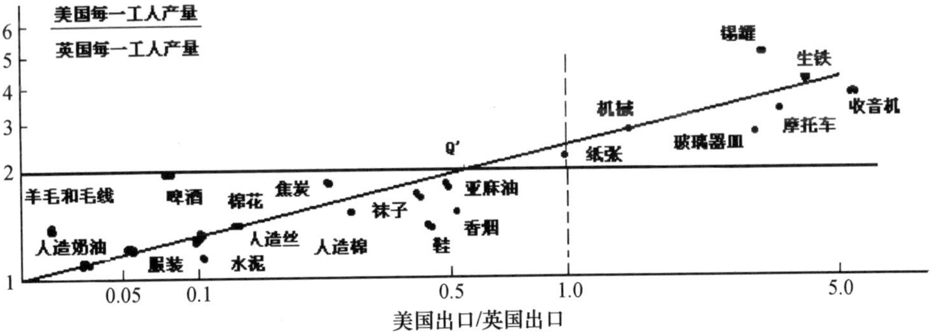

图 2-3　美国与英国劳动生产率和出口情况

资料来源：C. D. A. MacDougall. British and American Exports: A Study Suggested by the Theory of Comparative Costs[J]. *Economics Journal*, 1951 (December): 703.

图中的点说明劳动生产率与出口之间具有明显的正相关关系，也就是说，美国劳动生产率比英国高的产业伴随着更高的出口比率。在麦克杜格尔研究的 25 个产业中有 20 个产业与此完全相吻合。此后,巴拉萨(Balassa)用1950年的数据,斯特恩(Stern)用1950年和1959年的数据也证实了上述劳动生产率和出口之间的正相关关系。这些经验检验看来完全支持李嘉图的比较成本原理,即实际的贸易模型在很大程度上是基于两国间不同产业的劳动生产率的差异而展开的。劳动力成本以外的其他因素,如生产成本、需求因素、供给因素、政治联系和国际贸易的种种障碍并不能破坏相对劳动生产率与出口比率的这种客观联系。

另外一个需要解决的问题是,为什么美国具有成本优势的产品没有从英国那里抢占到整个出口市场?麦克杜格尔回答说,这主要是因为产品差异,比如美国车便宜,世界其他地方的顾客仍可能喜欢英国车,因此英国车即使价格较高仍能继续出口。然而,当价格差异增大时,英国车出口量所占的比重很可能会下降,而美国车出口量将上升。同样的道理,美国也继续出口一些与英国相比具有成本劣势的商品。关于这一点,在重叠需求理论中将进行详细论述。

尽管李嘉图模型很大程度上被经验证明是正确的,但它不能解释劳动生产率和国家间比较优势的差别,也不能解释国际贸易对生产要素获利的影响。在对这两个重要问题的回答上,H-O模型比李嘉图模型有所改进。

二、对古典国际贸易理论的评价

斯密绝对优势理论的积极意义在于:(1)第一次从生产领域阐述国际贸易的基本原因;(2)首次明确肯定国际贸易可以为参与双方带来经济利益,从而为各国之间开展自由贸易铲除了障碍,并有力促进了国际贸易理论和实践的发展;(3)斯密用其劳动价值论对国际贸易进行分析,从商品绝对成本差异的角度来讨论国际贸易的基础,提出了用经济学理论分析国际贸易的思路,从而为国际贸易古典理论的形成奠定了基础;(4)将劳动分工的概念扩大到国际范围,提出了国际分工和专业化生产能使资源得到更有效地利用,从而提高劳动生产率的规律;(5)提出各国利用各自的优势进行专业化生产,然后进行国际贸易,并使各国都能从贸易中获利,从而揭示了国际贸易及其收益产生的原因。

但是,绝对优势理论也存在不足:一是绝对优势理论是以机会成本不变为前提的,在大多数情况下,生产要素的部门间转移会引起机会成本的变化,并可能引起国际分工结构的变化和分工程度的变化,因而绝对优势理论需要进一步完善;二是没有解释一国在两种产品的生产上其成本均处于劣势地位时,能否进行国际分工和国际贸易的问题,如发展中国家与发达国家之间的贸易问题。斯密的绝对优势理论与重商主义理论相比,是一个显著的进步。

李嘉图的比较优势理论合理解释了绝对优势国家与绝对劣势国家之间的贸易现象,又是对斯密理论的重大发展。李嘉图的学说是自由贸易政策的理论基础,它不仅曾为废除《谷物法》、促进英国工业资本的发展起到过历史性的作用,而且还为经济相对落后国家通过对外贸易带动本国经济发展提供了重要的依据。但是,李嘉图的比较优势理论也存在一些不足之处:(1)比较优势理论是以资本和劳动在国际不能自由流动为前提条件的,它只是一种纯粹的物物交换理论,不能解释国际贸易的全部。(2)假设条件过于严格,比较优势理论与现实国际贸易的基本情况有相当大的距离。李嘉图为论证比较优势理论,只是在众多假设前提下进行了静态分析，如假设“机会成本不变”，即一国将一种资源（劳动力）不断地转移到另一种商品的生产时，机会成本始终是不变的。这个假设在理论和实际中都不成立。现实中机会成本的变化会引起一系列贸易行为、贸易结构的变化。另外，李嘉图虽然阐明一国如何通过成本比较选择进口和出口产品，但未能进一步说明一国怎样才能改变目前的国际贸易模式，即如何改变商品成本比率以获得更大的收益。而这正是广大发展中国家所关心的问题。(3) 不能解释当今世界贸易的基本格局和各国的贸易政策倾向。按照李嘉图的比较优势理论，比较利益相差越大，发生贸易的可能性就越大，当今的国际贸易应该主要是在发达国家与发展中国家之间进行，而实际并非如此。当今的国际贸易主要在发达国家之间进行。另外，按该理论，在自由贸易条件下，参加贸易的双方都可以获得贸易利益，所有贸易参加国都会积极实行自由贸易政策，而实际情况是各国都在不同程度地实行贸易保护主义政策。

本章小结

1. 重商主义是前资本主义国际贸易理论的集中反映，它代表西欧封建制度向资本主义制度过渡时期商业资产阶级的早期经济思想及其政策。重商主义者主张实行国家干预对外贸易的保护主义政策。

2. 斯密主张自由放任和自由贸易。他的绝对优势理论认为，两个国家各自从事自己的劳动生产率绝对高或生产成本绝对低的产品的生产，基于居中的价格开展自由的贸易，对双方都有利。

3. 李嘉图提出了更具有一般意义的比较优势理论，认为国际贸易的原因在于劳动生产率或生产成本的相对差异，两国各自从事自己的劳动生产率相对高或生产成本相对低的行业，按照开放市场后形成的居中价格进行贸易，双方均可获得额外的利益。

4. 斯密的绝对优势理论与重商主义理论相比，是一个显著的进步。李嘉图的比较优势理论合理解释了绝对优势国家与绝对劣势国家之间的贸易现象，又是对斯密理论的重大发展。

练习与思考

1. 什么是绝对优势、比较优势以及如何判定绝对优势与比较优势？

2. 以下观点是否正确？为什么？

(1) 只有当一个国家的生产率达到足以在国际竞争中立足的水平时，它才能从自由贸易中获益。

(2) 如果来自外国的竞争是建立在低工资的基础上，那么这种竞争是不公平的。

(3) 如果一个国家的工人比其他国家工人的工资低，那么自由贸易就会使这个国家受到剥削并使福利恶化。（比尔·盖茨数百亿美元的年收入，与中国打工仔每人数百元的收入相比较，是剥削吗？）

3. 评述重商主义理论的积极作用及其缺陷。

4. 斯密绝对优势理论的基本观点及评价。

5. 李嘉图比较优势理论的基本观点及对其的评价。

6. 某国有 1 200 单位劳动,可生产两种商品——小麦和葡萄酒,生产单位小麦的劳动投入为 3,生产单位葡萄酒的劳动投入为 2,在机会成本不变的情况下,

(1) 画出该国的生产可能性曲线。

(2) 用小麦表示的葡萄酒的相对成本是多少?

(3) 在封闭条件下,该国用小麦表示的葡萄酒的相对价格是多少?

7. 假设 A 国的情况如题 6,再加上一个 B 国,其劳动为 800 单位,生产单位小麦的劳动投入为 5 ,生产单位葡萄酒的劳动投入为 1。

(1) 画出 B 国的生产可能性曲线。

(2) B 国用小麦表示的葡萄酒的相对成本是多少?

(3) 按照绝对优势理论,两国会发生贸易吗? 原因是什么?

(4) 按照比较优势理论,两国会发生贸易吗? 如果发生贸易,两国可接受的贸易条件是什么?

8. 假设加拿大和中国生产 1 单位计算机和 1 单位小麦所需要的劳动时间如下表所示。

	计算机	小麦
中国	100 小时	4 小时
加拿大	60 小时	3 小时

(1) 计算不发生贸易时各国生产计算机的机会成本;

(2) 哪个国家具有生产计算机的比较优势? 哪个国家具有生产小麦的比较优势?

(3) 如果给定世界价格是 1 单位计算机交换 22 单位小麦,加拿大参与贸易可以从每单位的进口中节约多少劳动时间? 中国可以从每单位进口中节约多少劳动时间?

第三章

新古典国际贸易理论

本章提要

要素禀赋理论作为新古典国际贸易理论的代表,从要素禀赋差别的角度解释了比较优势产生的原因。要素价格均等化定理证明并发展了要素禀赋理论关于国际贸易会使各国同质生产要素的相对价格和绝对价格趋于相等这一结论。里昂惕夫等经济学家利用经验数据对要素禀赋论进行检验,却得出了相反的结论并引起轰动,由此引出了经济学家们对这个谜的各种解释。学习本章后,读者应当了解要素禀赋理论、要素价格均等化定理的主要内容和经济学家对里昂惕夫之谜的各种解释。

本章结构图

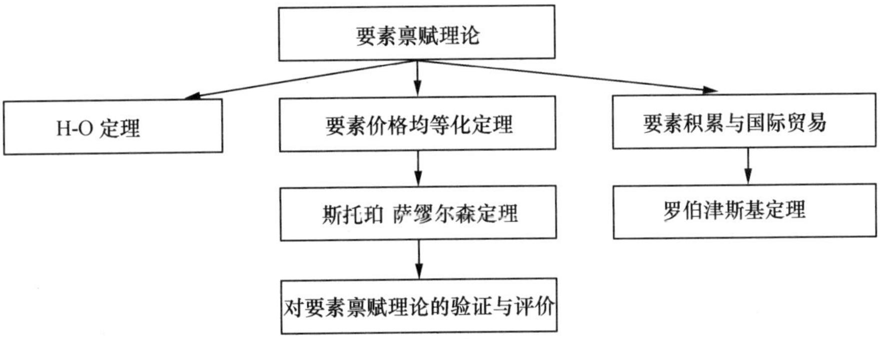

学习目标

- 重点掌握要素禀赋理论的基本模型、H-O 定理及其几何说明、要素价格均等化定理及里昂惕夫之谜。
- 掌握要素价格均等化定理、斯托珀-萨缪尔森、罗伯津斯基定理。
- 了解要素价格均等化定理的深层意义和影响因素。

伊莱·赫克歇尔(**Eli. Heckscher,1879—1952**)是瑞典经济学家,于 1919 年发表了《对外贸易对国民收入的影响》,以解释比较优势的生产原因,并首次揭示了要素禀赋与国际贸易的关系。**伯蒂尔·俄林**(**Bertil Ohlin,1899—1979**)是瑞典学派经济学家,是赫克歇尔的学生,于 1933 年出版了《区际贸易与国际贸易》,他在书中全面阐述了要素禀赋与国际贸易间的关系,并在 1977 年与英国经济学家一起分享了诺贝尔经济学奖。他们师生二人提出的理论被称为要素禀赋(H-O)定理,H-O 定理被誉为现代贸易理论。

赫克歇尔和俄林等仍然坚持比较优势理论,但他们把比较优势的产生原因归结为国家间要素禀赋的不同,认为一国必然大量生产并出口密集使用其丰饶要素的产品而进口密集使用其稀缺要素的产品。H-O 定理丰富了比较优势的内涵,成为较长时期内居于正统地位的国际贸易理论。俄林也自诩其理论为"内外合一的现代化体系",既可以解释国际贸易,又可以解释国内贸易。赫克歇尔和俄林在其理论模型中假设两个国家分别使用两种要素生产两种产品,故又被称为"2 ×2 ×2 H-O 定理"。赫克歇尔和俄林之后又有**萨缪尔森**(**Samuelson,1915—2009**)等人对该理论进行发展,此又被称为 H-O-S 定理。

完整的赫克歇尔-俄林理论实际上是由四个基本定理组成的,它们分别是:H-O 定理、要素价格均等化定理、斯托珀-萨缪尔森定理和罗伯津斯基定理。我们将逐一加以介绍。

第一节 H-O 定理

赫克歇尔-俄林模型从两个方面扩展了比较优势理论。首先,将比较优势的差异及产生这种差异的原因归结为各国生产要素禀赋的差异,从而重新解释了国际贸易产生的基础。其次,深入分析了国际贸易对贸易双方要素投入及收益分配的影响,而李嘉图的比较优势理论只给人们一种乐观的收益共享的贸易前景,并没有确切地说明这种贸易利益究竟会对贸易双方的收入分配产生什么影响,这一问题我们可以在 H-O 定理中找到答案。在建立要素禀赋理论的基本模型之前,先引入几个重要概念。

一、重要概念

1. 要素禀赋

要素禀赋也称要素丰裕度,是指一国所拥有的两种生产要素的相对比例。这是一个相对概念,与一国所拥有的生产要素的绝对数量无关。例如,甲国拥有的资本数量为 K,劳动

数量为 A,则其相对要素禀赋为 K/A。为了简便,在后边的分析中我们略去“相对”一词。在要素禀赋存在差异的情况下,如果一国的要素禀赋大于他国,则称该国为资本(相对)丰富或劳动(相对)稀缺的国家,他国则为劳动(相对)丰富或资本(相对)稀缺的国家。在图 3-1 中,E_A、E_B分别表示两国的资本和劳动要素总量组合。在 E_A点,A 国拥有的资本和劳动总量为 K_A、L_A;在 E_B点,B 国拥有的资本和劳动总量为 K_B、L_B。图中 E_A、E_B两点与原点的连线的斜率分别表示两国的要素禀赋状况。斜率越大,说明该国资本相对越丰富,劳动相对越稀缺。由图可知,A 国为资本相对丰富的国家,B 国为劳动相对丰富的国家。

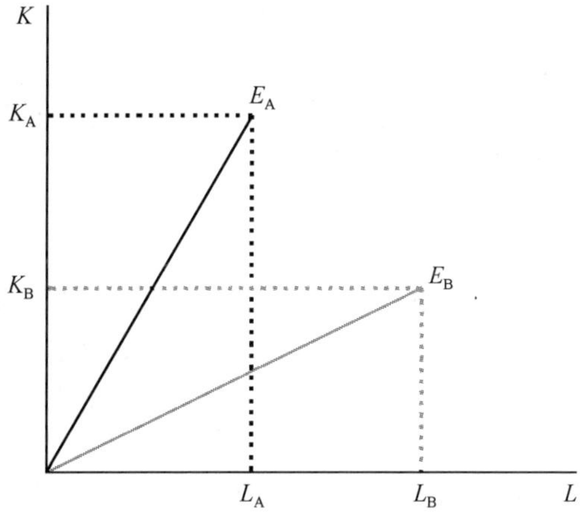

图 3-1　A 国和 B 国的要素禀赋状况

关于要素禀赋差异的界定,还有一种方法是按要素相对价格来确定的。如果某一国的劳动价格(w)和资本价格(r)之间的比率大于他国,则该国资本比较丰富从而使资本价格相对较低,他国则劳动比较丰富从而使劳动价格相对较低。

对于要素禀赋的实际衡量,通常是用人均资本存量来表示。一国究竟属于资本丰富还是劳动丰富的国家,取决于与谁相比。例如,美国无论在资本存量,还是在劳动绝对数量上,都远远高于瑞士和墨西哥这两个国家。但与瑞士相比,美国的人均资本存量较低,因此相对于瑞士来说,美国属于资本稀缺的国家。与墨西哥相比,美国的人均资本存量高于墨西哥的水平,因此相对于墨西哥而言,美国属于资本丰富的国家。

关于要素禀赋的实际测算,在具体操作时往往会遇到很多困难。一是大部分国家没有关于资本存量的直接统计数据,因此计算某一时刻(一般是某一年份)的资本存量时,必须将以前各期的固定投资进行加总,并考虑不同年份的固定资产折旧,而且还得用不变价格进行调整,这项工作进行起来相当繁重;二是各国的货币单位不同,无法直接进行比较,因此比较之前尚需统一单位。由于存在这些实际困难,人们运用要素禀赋理论分析具体问题时,往往根据实际观察,判断要素禀赋差异。但这样做有时可能会导致错误或不尽合理的结果。

2. 要素密集度

要素密集度是指生产某种产品所投入的两种生产要素的比例。在一个只有两种产品

(X 和 Y)和两种要素(L 和 K)的模型中,如果生产 X 产品的资本与劳动投入比例大于生产 Y 产品的资本与劳动投入比例,那么 X 就是资本密集型产品,而 Y 是劳动密集型产品。例如:生产 1 单位产品 X 需投入 2 单位资本和 2 单位劳动,则$(K/L)_X=1$;而生产 1 单位 Y 产品需投入 1 单位资本和 4 单位劳动,则$(K/L)_Y=1/4$。$(K/L)_X>(K/L)_Y$,那么,X 是资本密集型产品,Y 是劳动密集型产品。

要素密集度也是一个相对概念而非绝对概念,与生产要素的绝对投入量无关。例如,在 X、Y 两种产品中,生产 1 单位 Y 产品所需投入的资本是 3 单位,所需投入的劳动是 12 单位,生产 1 单位 X 产品所需投入的资本是 2 单位,所需投入的劳动也是 2 单位。从绝对投入量上看,生产 1 单位产品 Y 所需的资本和劳动投入量均大于生产 1 单位 X 产品所需,但我们不能据此就判断 Y 是资本密集型产品,因为 X 的资本与劳动的比率($K/L=2/2=1$)仍大于 Y 产品的这一比率($K/L=3/12=1/4$)。所以,X 是资本密集型产品, Y 是劳动密集型产品。

产品的要素密集度可借助等产量曲线来说明。在图 3-2 中,XX'曲线和 YY'分别表示 X 产品和 Y 产品的等产量曲线。其中 X 的等产量曲线更偏向于 K 坐标轴,Y 的等产量曲线更偏向于 L 坐标轴。在资本、劳动价格既定的情况下,两个部门的厂商所选择的最佳要素组合由等成本线与等产量曲线相切来决定。在图 3-2 中,当任意给定一组要素价格,如 w、r 时,两条斜率为 $-w/r$ 的平行线分别与 X、Y 的等产量曲线相切于 A、B 两点,这时 X、Y 的资本与劳动比率之间的关系为:$(K/L)_X>(K/L)_Y$;同样,当任选另外一组要素价格,如 w'、r'时,X、Y 的资本和劳动比率之间的关系为:$(K/L)'_X>(K/L)'_Y$。由图可知,无论在哪种条件下,X 产品所使用的资本–劳动比率均大于 Y 的资本–劳动比率。因此,X 是资本密集型产品,Y 是劳动密集型产品。

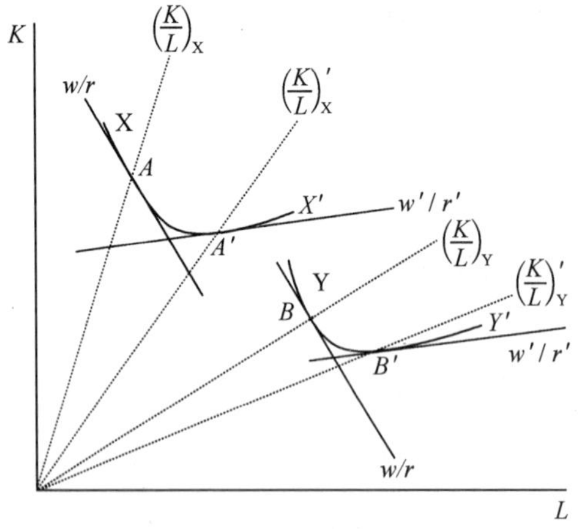

图 3-2 A 国和 B 国的要素密集度

二、模型的假设

H-O 定理是建立在一些简单的假设基础上的，这些假设是为了在不影响结论的前提下，使我们的分析更加严谨，这些假设如下：

1. 2 ×2 ×2 模型

假设世界上只有两个国家（A 国和 B 国），两种产品（X 和 Y），两种生产要素（K 和 L），即一个典型的 2 ×2 ×2 模型。这一假设很明确，就是为了用一个二维的平面几何图来说明问题。实际上，放松这一假设（即研究更为现实的多个国家、多种商品、多种要素）并不会对模型所得出的结论产生根本的影响。

2. 两国在生产中使用相同的技术

假设两国在生产中使用、相同的技术，这样，如果要素价格在两国是相同的，两国在生产同一产品时就会使用相同的劳动和资本的比例。由于要素价格通常是不同的，因此各国的生产者都将使用更多价格便宜的要素以降低生产成本。

3. A 国为劳动丰富的国家，B 国为资本丰富的国家

假设 A 国为劳动丰富的国家，B 国为资本丰富的国家。在两国中，产品 X 都是劳动密集型产品，产品 Y 都是资本密集型产品。这一假设表明，A 国的劳动价格比较便宜，B 国的资本价格比较便宜。在两个国家中，生产产品 Y 相对于生产 X 产品来说，使用的资本-劳动比例更高。但这并不意味着两国生产商品 Y 的资本-劳动比例是相同的，而是在两国生产 X 的资本-劳动比率均低于该国生产 Y 的资本-劳动比例。

4. 规模收益不变

假设 X 和 Y 的生产函数是线性齐次的，即生产过程中的规模收益不变。这意味着，增加生产某一产品的资本和劳动投入将使该产品的产量以同一比例增加。例如，如果在生产产品 X 时增加 10% 的资本和劳动投入，X 的产量也会增加 10%。如果资本和劳动投入增加一倍，X 的产量也会增加一倍。对于 Y 产品的生产也是这样。

5. 两国的产品和要素市场都是完全竞争的

这意味着产品的生产者和消费者数量众多，他们的行为都不会影响产品的价格；对于资本和劳动的使用者和供给者也是这样，他们都是价格的接受者。这一假设还表明，从长期来看，商品的价格将与生产成本相等，生产者不会获得任何超额利润。最后，这一假设还意味着，所有的生产者、消费者、要素所有者对商品价格和要素收入是完全了解的。

6. 两国消费者的需求偏好相同

两国消费者无差异曲线的位置和形状是完全相同的。也就是说，如果两国的相对产品价格是相同的，两国消费 X 和 Y 的比例也是相同的。

7. 要素在国家间不能流动而国内完全流动

在一国内，生产要素可以自由流动，但在国与国之间，不能流动。因而在没有国际贸易的情况下，国与国之间要素收入的差异将会永远存在。

8. 两国的生产资源都被充分利用

9. 没有运输成本和交易成本,也没有限制贸易的关税和非关税壁垒

在国际贸易存在的条件下,当两国的相对(或绝对)产品价格完全相等时,两国的生产分工才会停止。如果存在运输成本、交易成本或其他贸易限制措施,则当两国的产品价格差等于单位产品的关税、运输等成本等的总和时,两国的生产分工才停止。

由以上假设可知,两国除要素禀赋不同外,其他一切条件都是完全相同的。

小知识 3-1

伊莱·赫克歇尔小传

伊莱·赫克歇尔(**Eli. Heckscher,1879—1952**)是瑞典人,生于斯德哥尔摩的一个犹太人家庭。他是著名的经济学家,瑞典学派的主要人物之一。新古典贸易理论最重要部分——要素禀赋理论就是他和他的学生**伯蒂尔·俄林**(Bertil Ohlin)最早提出来的,并被命名为赫克歇尔-俄林定理(简称H-O定理)。

1897年起,赫克歇尔在乌普萨拉大学跟Hjarne学习历史,跟戴维森(Davidson)学习经济,并于1907年获得博士学位。毕业后,他曾任斯德哥尔摩大学商学院的临时讲师,1909年到1929年任经济学和统计学教授。此后,因他在科研方面的过人天赋,学校任命他为新成立的经济史研究所所长。他成功地使经济史成为瑞典各大学的一门研究生课程。

赫克歇尔在经济理论方面最主要的贡献都体现在他最著名的两篇文章上。1919年发表的《国际贸易对收入分配的影响》(萨缪尔森称之为"天才之作")是现代赫克歇尔-俄林要素禀赋国际贸易理论的源头。他集中探讨了各国资源要素禀赋构成与商品贸易模式之间的关系,并且,一开始就运用了一般均衡的分析方法。他认为,要素绝对价格的一致化是国际贸易的必然结果。他的论文具有开拓性的意义,其后,这个理论由他的学生俄林进一步加以发展。赫克歇尔在《间歇性免费商品》(1924)一文中提出的不完全竞争理论,比琼·罗宾逊和爱德华·张伯伦早了9年,该文章中还探讨了不由市场决定价格的集体财富(即所谓的公共财物)的问题。

在经济史方面,赫克歇尔更享有盛名。其主要著作有:《大陆系统:一个经济学的解释》、《重商主义》、《古斯塔夫王朝以来的瑞典经济史》、《历史的唯物主义解释及其他解释》、《经济史研究》等。赫克歇尔通过对史料提出更广泛的问题或假设,进行深入的批判性研究,从而在经济史和经济理论两个方面架起了桥梁,并把两者有机地结合起来。

资料来源:〔英〕约翰·伊特韦尔等.新帕尔格雷夫经济学大辞典[M].北京:经济科学出版社,1996:666-667.

小知识 3-2

伯蒂尔·俄林小传

伯蒂尔·俄林(Bertil Gotthard Ohlin,1899—1979),瑞典著名经济学家。师从于赫克歇尔,与赫克歇尔一起最早提出了要素禀赋理论,该理论也被称为赫克歇尔-俄林定理(简称 H-O 定理)。

俄林早年就读于隆德大学和斯德哥尔摩大学,后来又赴英国剑桥大学和美国哈佛大学留学。1924 年任丹麦哥本哈根大学经济学教授,5 年后回瑞典任斯德哥尔摩大学商学院教授,曾在美国弗吉尼亚大学和加利福尼亚大学任客座教授。因对国际贸易理论的现代化处理,俄林在 1977 年获得诺贝尔经济学奖。他于 1979 年 8 月 3 日于书桌前逝世。

他的研究成果主要表现在国际贸易理论方面。1924 年出版《国际贸易理论》;1933 年出版其名著,即出版社《区间贸易和国际贸易论》揭示了区间贸易和国际贸易形成的原因、指出国际贸易中生产要素禀赋的差异;1936 年出版《国际经济的复兴》(*International Economic Reconstruction*);1941 年出版《资本市场和利率政策》等。俄林的理论受他的老师赫克歇尔关于生产要素比例的国际贸易理论的影响,并在美国哈佛大学教授威廉姆斯(Williams)的指导下,结合瓦尔拉斯和卡塞尔的一般均衡理论进行分析论证,在《区间贸易和国际贸易论》中最终形成。

资料来源:〔英〕约翰·伊特韦尔等. 新帕尔格雷夫经济学大辞典[M]. 北京:经济科学出版社,1996:747-749.

三、H-O 定理

基于上述的基本假设,我们可以这样表述 H-O 定理:在国际贸易中,一国的比较优势是由其要素丰裕度决定的。一国应生产和出口较密集地使用其相对丰裕的生产要素的产品,进口较密集地使用其相对稀缺的生产要素的产品。简而言之,劳动相对丰裕的国家应当出口劳动密集型产品,进口资本密集型产品;资本相对丰裕的国家应当出口资本密集型产品,进口劳动密集型产品。这意味着,A 国出口 X 产品是因为 X 是劳动密集型产品,而且劳动是 A 国比较丰富和便宜的要素;同样的,B 国出口 Y 产品是因为 Y 是资本密集型产品,而且资本是 B 国比较丰富和便宜的要素。

这一理论模型的基本结论是基于如下的推理过程。第一,同种产品在不同国家生产,其价格的绝对差异是国际贸易产生的直接原因,商品的价格差是国际贸易产生的利益驱动力。第二,这种价格的绝对差异是由生产成本差别造成的。第三,各国生产相同产品时的成本不同,是由生产要素的价格不同造成的。第四,生产要素的价格差异是由各国生产要素的供给差异造成的。经济学的基本理论告诉我们,要素的价格决定于它们的供求关系,两国生产要素的供给差异造成了两国生产要素价格的差异。第五,两国生产要素供给的差异是由两国的要素禀赋决定的。某种生产要素若在一国相对比较丰裕,其供给量就大。相反另一种生产要素若在该国比较稀缺,则其供给量就小。各国生产要素的不同丰裕度和各种产品所需要素比例的不同,使各国在生产相同产品时,分别在生产不同的产品时具有比较优势。总之,H-O 定理说明了,在技术水平相同的情况下,各国生产要素的相对丰裕度是各国比较利益形成的基础。

四、H-O 定理的几何说明

在两国生产技术条件相同的条件下,国家之间要素禀赋的差异最终会影响到两国 X 和 Y 两种产品的生产能力,从而引起两国供给能力的差别。资本丰富的国家在资本密集型产品上相对供给能力较强,劳动丰富的国家则在劳动密集型产品上供给能力较强。生产可能性曲线反映了一国的供给能力。两国供给方面的差别,可通过观察两国的生产可能性曲线的偏向性来直观地加以判断。

图 3-3(a)为 A 国和 B 国的生产可能性曲线,X 是劳动密集型产品,Y 是资本密集型产品。由于 B 国是资本相对丰裕的国家,所以它会比 A 国相对更多地生产 Y 产品,则其生产可能性曲线更多地向纵轴的方向扩展,即偏向于纵轴;A 国为劳动相对丰裕的国家,则它会比 B 国相对更多地生产 X 产品,其生产可能性曲线更多地向横轴方向扩展,即偏向于横轴。这说明,在技术水平相同的情况下,A、B 两国的生产可能性曲线的差异完全是由两国的要素禀赋差异造成的。

由于两国的需求条件是完全相同的,两国的社会无差异曲线的形状也是相同的。因此,在封闭条件下,两国供给方面的差异将使两国存在相对价格差。在图 3-3(b)中,A、B 两国在封闭条件下的相对价格由社会无差异曲线与生产可能性曲线相切决定。无差异曲线代表了无贸易条件下 A、B 两国所能达到的最高福利水平。无差异曲线 I 与 A 国的生产可能性曲线相切于 *A* 点,与 B 国的生产可能性曲线相切于 *B* 点。*A*、*B* 两点反映了两国在无贸易发生时各国生产和消费的均衡点。同时,*A*、*B* 两点还分别确定了无贸易时两国国内的产品相对价格。A 国的产品相对价格为 P_A,B 国的产品相对价格为 P_B。由于 $P_A < P_B$,这表示 A 国在商品 X 上具有比较优势,B 国在商品 Y 上具有比较优势,即资本丰富的国家在资本密集型产品上具有比较优势,而劳动丰富的国家在劳动密集型产品上具有比较优势。

进行国际贸易以后,两国将根据各自的比较优势调整自己的生产结构,A 国将增加 X 产品的生产,B 国将增加 Y 产品的生产。如图 3-3(c)所示,A 国的生产组合点将从 *A* 点(图 3-3(b))沿着其生产可能性曲线向横轴方向扩展,B 国的生产组合点将从 *B* 点沿着其生产可能性曲线向纵轴方向扩展,这一过程将持续到两国产品的相对价格相等为止。于是,在进行专业化分工以后, A 国的生产均衡点将由 *A* 点移动到 *A′*点,B 国的生产均衡点将由 *B* 点移动到 *B′*点,因为在 *A′*点和 *B′*点,A、B 两国的生产可能性曲线刚好与同一条相对价格线 P_W 相切，这时两国的产品相对价格恰好相等。

在专业分工和国际贸易的基础上，A 国将出口产品 X 到 B 国，并从 B 国进口产品 Y，其最终消费组合为社会无差异曲线Ⅱ上的 C 点（国际相对价格 P_W 与社会无差异曲线 II 的切点）；B 国则相反，B 国将出口产品 Y 到 A 国，并从 A 国进口产品 X，其最终消费组合为与 C 点重合的 C' 点。由于 C 点和 C' 点在较高的社会无差异曲线上，因此，贸易后两国的福利水平都得到了提高。

需要指出的是，H-O 定理是建立在两国偏好相同、技术相同等一系列假设基础上的，因此，根据 H-O 定理得出的一些结论与我们现实中的一些情况不完全相符合，但这并不会影响 H-O 定理的理论价值，因为当我们逐步放松这些假设约束时，在 H-O 定理的框架内我们会得到越来越接近现实的结论。

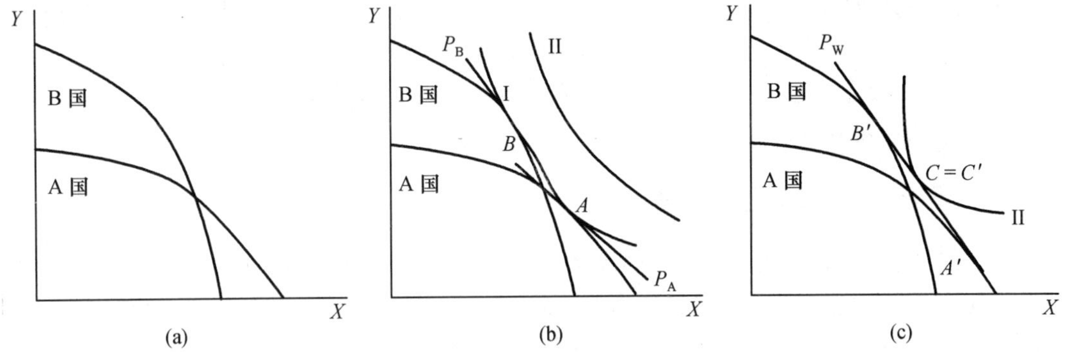

图 3-3　H-O 定理的几何说明

五、对 H-O 定理的评价

H-O 定理是建立在比较优势基础之上的，要素流动假设也基本与比较优势理论相一致，此外，H-O 定理从两个方面发展了比较优势理论。首先，H-O 定理是以投入两种生产要素为分析前提的，因此其理论是建立在多种而不是一种生产要素投入的基础上的。这一点与现实更加接近，因为在现实中，生产某种产品时，一般都是两种或两种以上的生产要素组合。其次，李嘉图的比较优势理论是建立在各国劳动生产率差异基础上的，H-O 定理假设各国生产同一产品的技术水平是相同的，各国生产同一产品的成本差异是由要素禀赋差别造成的。

H-O 定理也有一些不完善的地方：第一，H-O 定理的分析只假设投入两种生产要素，实际上，生产要素可以有许多种，即使是某一类生产要素也可以进一步分成许多项。第二，H-O 定理比较强调静态结果，排除了技术进步等因素，也没有说明一国在特定的要素禀赋下，从动态的角度出发，如何从自给自足转向自由贸易，H-O 定理实际上是从现有的贸易结构反推比较优势形成的基础。第三，H-O 定理对于需求因素并未予以充分的重视，这也影响了其对于现实问题的分析。第四，H-O 定理在分析过程中引入了价格或货币因素，这就增加了问题的复杂性。在我们前面的分析中，没有涉及货币问题，比较优势和价格差异的测度标准是产品间的比价。然而，在国际贸易中，产品价格的形成受多种因素的影响，引入价格因素可能引起比较优势和价格竞争优势之间的差异或脱节。

第二节　要素价格均等化定理

在这一节中,我们将考察要素价格均等化定理。要素价格均等化定理实际上是 H-O 定理的推论,与 H-O 定理的内涵是一致的,保罗·萨缪尔森对它进行了严格的论证,正是由于这一原因,它通常被称为赫克歇尔-俄林-萨缪尔森定理,简称 H-O-S 定理。

在满足前面所述必要假设的前提下,我们可以这样表述要素价格均等化定理:国际贸易会使各国同质生产要素获得相同的相对与绝对收入,即价格趋同,而不论两国的生产要素的供给和需求情况如何。这样一来,国际贸易就成了国际要素流动的替代。

国际贸易会使贸易各国的同质劳动(即有相同水平的训练、技能和生产力的劳动)获得相同的工资。同样地,国际贸易会使贸易各国同等同质资本(具有相同风险和生产力的资本)获得相同的收益。也就是说,国际贸易会使贸易各国的相对要素价格和绝对要素价格相等,如工资相等、利率相同等。

一、要素价格均等化的过程

通过前面的分析我们已经知道,国际贸易是由产品相对价格差异引起的,反过来,国际贸易又促使各贸易国的产品价格趋于均等,同时生产要素的价格也会发生变化,经过相当一段时间,在没有其他因素干扰的情况下,各国同一生产要素的价格也会趋于均等。

由于各国的生产要素禀赋是不同的,从而一国比较丰裕的生产要素价格较低,而比较稀缺的生产要素的价格较高。国际贸易会使一国的生产结构发生变化,各国会较多生产并出口密集使用本国比较丰裕的要素的产品,较少生产并进口密集使用本国较稀缺的要素的产品。国际贸易造成的参与国生产结构的变化使各国对不同生产要素的需求程度发生了变化。这种生产要素需求程度的变化又进一步影响到各生产要素的价格,从而使本国的比较丰裕的生产要素的价格水平上升,本国比较稀缺的生产要素的价格下降。

为说明这一点,我们假设,中国劳动力比较丰富,因而贸易前的工资比较低;美国资本比较丰富,因而贸易前的资本报酬率比较低。开展国际贸易后,中国将大部分生产要素用于生产布(劳动密集型产品),美国将大部分生产要素用于生产小麦(资本密集型产品)。这样,在中国的生产要素市场上,对劳动力的需求会增加。在劳动力的总供给量一定的情况下,要吸引更多的劳动力转向布的生产部门,该部门就要提高劳动力的工资水平。实际上,当开展国际贸易后,布的价格上升,即使劳动力的边际产品产量不变,劳动力的边际产品价值也会上升。由于生产要素的报酬是由其边际产品价值决定的,所以布的生产部门劳动力的工资水平必然提高。另一方面,当布的生产部门增加布的生产时,它不仅要增加对劳动力的需求,也会增加对资本的需求,但由于布是劳动密集型产品,所以对资本需求增加的程度比对劳动需求增加的程度要低。相反,由于中国减少了资本密集型产品的生产,因而,对资本的需求会减少,同时也会减少对劳动的需求,但由于减少的是资本密集型产品,所以对劳动需求减少的程度不如对资本需求减少的程度大，其结果是资本的报酬率下降。实际贸易后，中国成本较高的资本密集型产品的价格必然会下降，从而带来资本边际产品价值的下降。因此，从总体上看，劳动的价格上升了，而资本的价格下降了。这种变动使过去因比较稀缺而价格较高的生产要素的价格下降了，过去因比较丰裕而价格较低的生产要素的价格水平提高了。

从美国的情况看，贸易前，资本比较丰裕，因而价格较低，劳动比较稀缺，因而价格较高。开展国际贸易后，美国较多地生产资本密集型产品小麦，为增加小麦的生产，必须将一部分资本从布的生产部门吸引到小麦的生产部门。为此，该部门要提高资本的报酬率。为增加小麦的生产，不仅要增加对资本的需求，也会增加对劳动的需求，但由于小麦是资本密集型产品，所以对劳动需求增加的程度比对资本需求增加的程度要低。相反，美国减少了布的生产，因而对资本和劳动力的需求会减少。但由于布是劳动密集型产品，所以对资本需求减少的程度不如对劳动力需求减少的程度大，其结果是劳动的报酬率下降。这样，贸易后，过去因比较稀缺而价格较高的劳动的价格下降了，而过去因比较丰裕而价格较低的资本的价格上升了。

从两国的总体看，中美两国生产要素价格的反向运动，使两国同一生产要素的价格趋于均等。贸易前，中国的资本价格比美国的高，中国劳动力的价格比美国低。贸易发生后，中国资本的价格趋于下降，美国资本的价格趋于上升，结果两国资本的价格趋于相同或接近；另一方面，中国劳动力的价格趋于上升，美国劳动力的价格趋于下降，因而两国劳动力的价格也趋于相等。由此可以得出结论，国际贸易不仅使商品的价格均等化，也使生产要素的价格趋于均等。

根据前面的分析，我们还可以引申出另一重要结论：国际贸易会提高该国丰裕要素所有者的收入，降低稀缺要素所有者的收入。这一结论的重要含义是国际贸易虽改善了一国整体的福利水平，但并不是对每一个人都是有利的，因为国际贸易会对一国生产要素收入分配格局产生实质性的影响。

小知识 3-3

保罗·萨缪尔森小传

保罗·A. 萨缪尔森（Paul A. Samuelson，1915—2009），1915 年 5 月 15 日生于美国印第安纳州的加里城。20 岁时，以 GPA 为 A 的成绩毕业于芝加哥大学，获文学学士学位；翌年，又获得哈佛大学文学硕士学位；5 年后获得哈佛大学博士学位；此外，萨缪尔森还曾获得多所大学的名誉学位。其博士学位论文的题目是《经济理论的运营意义》（*The Operational Significance of Economic Theory*），获哈佛大学威尔斯（David A. Wells）奖。在 1947 年美国经济学年会上，保罗·道格拉斯以学会会长的身份把美国第一届克拉克（John Bates Clark）奖章授予了当时未满 40 岁的萨缪尔森，并预言萨缪尔森在经济学领域将有无可限量的前途。果然，萨缪尔森不负所望，23 年后获得了世界经济学的最高奖——诺贝尔经济学奖。从 1940 年起，萨缪尔森还曾担任美国计量经济学会会长、美国经济学会会长、国际经济学会会长和终身荣誉会长，以及一系列政府机构和公司的经济顾问和研究员。

萨缪尔森在经济学领域中可以说是无不涉猎，被称为经济学界的最后一个通才。人们进入大学一开始学习经济学便遇到了萨缪尔森，读的是萨缪尔森的《经济学》教科书；而当进入高层次经济理论研究时，人们还是离不开萨缪尔森，这时萨缪尔森的《经济分析基础》成了经济理论研究的指导；在几乎所有的经济学领域，诸如微观经济学、宏观经济学、国际经济学、数理经济学等，人们总是能从萨缪尔森的有关著作中获得启示和教益。萨缪尔森作为新古典经济学和凯恩斯经济学综合的代表人物，其理论观点体现了西方经济学整整一代人的正统理论观点，并且这些观点成了西方国家政府制定经济政策的理论基础。

20 世纪 70 年代，西方国家经济陷入“滞胀”困境，使以“新古典综合”为理论基础的经济政策遭到质疑，萨缪尔森的经济理论受到了来自各方面的挑战，由此，形成了西方经济学界的旷日持久的大论战。虽然，以萨缪尔森的观点为代表的经济理论的正统地位发生了动摇，但是，西方国家经济作为一种“混合经济”仍然离不开萨缪尔森的经济理论。萨缪尔森也从其他学派的经济理论中吸收了许多重要的理论观点，对自己的理论加以修正和完善，使之适合于变化了的经济情况。由此看来，萨缪尔森仍不失为经济学大家。

萨缪尔森的研究范围横跨经济学、统计学和数学多个领域，他对经济学的三大组成部分——政治经济学、部门经济学和技术经济学都有独到的见解。他把凯恩斯主义和传统的微观经济学结合起来，形成“新古典综合学派”的理论体系。他还一直热衷把数学工具运用于静态均衡和动态过程的分析，以物理学和数学论证推理方式研究经济，为数理经济学的现代化作出了贡献。此外，他还通过对乘数和加速数联合作用的分析，把两者巧妙地合而为一，揭示出了乘数与加速数的内在联系；在关于经济增长论的论述、关于“社会福利函数”的论述和对比较成本说中的“赫克歇尔-俄林定理”的补充等方面，都为经济理论贡献了珍贵的思想财富。萨缪尔森的理论维护和传播了传统西方经济学说，促进了经济理论数学化的发展，他因此成为西方世界久负盛名的经济学巨子。并且，他的著作一版再版，在世界各国都有很高的声誉。

萨缪尔森的著作颇丰，主要著作有：《经济分析基础》(*Foundations of Economic Analysis*, 1947)，《经济学》(*Economics*, 1948)(至今已出了 18 版)，《线性规划与经济分析》(*Liner Programming and Analysis*, 1958)(与多尔夫曼、索洛合著)，《保罗 · A. 萨缪尔森论文集》(*Collected Scientific Paper of Paul A. Samuelson*)(3 卷本集，1965，1966，1972)等。

2009 年 12 月 13 日，萨缪尔森在马萨诸塞州的家中辞世，享年 94 岁。

资料来源：〔英〕约翰 · 伊特韦尔等. 新帕尔格雷夫经济学大辞典[M]. 北京：经济科学出版社，1996：251—259.

二、要素价格均等化定理的图形说明

我们还可以用几何图形来说明两国要素价格均等化的过程。在各种国际经济学的教科书中,我们至少可以见到三种不同的几何图形的描述方法,这里选择比较直观的埃奇沃思盒状图加以论述。图 3-4 是 A 国和 B 国的埃奇沃思盒状图,它们重叠于同一个坐标系之中,是为了便于我们下边的分析。两国关于 X 产品的原点是重合的。因为 A 国的劳动相对丰裕,而 B 国的资本相对丰裕,所以两国关于 Y 产品的原点不重合。

图 3-4 中,O_X是两国生产 X 的原点,O_Y是 A 国生产 Y 的原点,O'_Y是 B 国生产 Y 的原点。横轴表示劳动的拥有和使用的情况,纵轴表示资本的拥有和使用情况。其中 O_XE 为 B 国拥有的全部劳动,O_XD 为 A 国拥有的全部劳动,O_XC 表示 B 国拥有的全部资本,O_XF 表示 A 国拥有的全部资本。由于两国使用相同的生产技术,两国关于 X 产品的等产量线是相同的,都是从共同的原点 O_X开始测度的。两国关于 Y 产品的等产量线也是相同的,不同的是 A 国是从 O_Y开始测度,而 B 国是从 O'_Y开始测度。越远离原点 O_X的 X 的等产量线表示 X 产品的产出越大,越远离原点 O_Y或 O'_Y的 Y 的等产量曲线表示 Y 产品的产出越大。

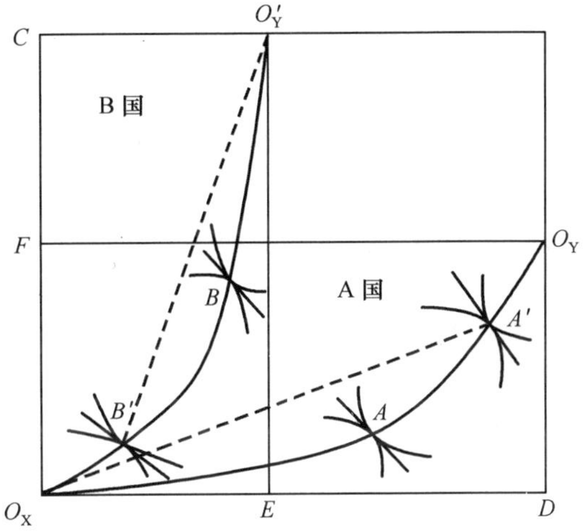

图 3-4　要素价格均等化过程

分别连接两个国家 X 的等产量曲线与 Y 的等产量曲线的切点,我们就会得到两国的生产契约线。生产契约线表示在一定的技术和要素投入条件下,资源在有效地利用时所能达到的最大产量组合。各国生产契约线上的每一点都对应于该国生产可能性曲线上的每一点,X 的等产量曲线与 Y 的等产量曲线的公切线的斜率的绝对值代表要素价格比率(w/r),从坐标原点 O_X引向生产契约线上任何一点的射线的斜率都表示生产既定产量 X 的资本/劳动(K/L)投入的比率,而从坐标原点 O_Y或 O'_Y引向生产契约线上任何一点的射线的斜率都表示生产既定产量 Y 的资本/劳动投入的比率。A、B 两国的生产契约线均凸向右下方,这是因为 X 产品在两国都是劳动密集型的。

在封闭的条件下,A 国的均衡点为 A,B 国的均衡点为 B,此时 A 国生产两种产品所需的资本/劳动比率均小于B国。这在图中表现为从原点 O_X 和 O_Y 出发,通过 A 点的射线的斜率分别小于从点 O_X 和 O'_Y 出发通过 B 点的射线的斜率。另一方面,由于A国劳动力比较丰裕,劳动力价格比较便宜,这在图中表现为,在 A 点,X的等产量曲线与Y的等产量曲线的公切线的斜率的绝对值要小于 B 点X的等产量曲线与Y的等产量曲线公切线的斜率的绝对值。在国际贸易条件下,劳动丰裕的A国将增加劳动密集型产品的生产,其均衡点将沿着生产契约线 O_XO_Y 向右上方移动。在这个过程中,A国生产X和Y两种产品的资本/劳动力比率会不断上升,与此同时,其要素价格比率也会不断上升。同样,资本丰裕B国将增加资本密集型产品的生产,其均衡点将沿着生产契约线 $O_XO'_Y$ 向左下方移动。在这个过程中,B国生产X、Y两种产品的资本/劳动力比率会不断下降,要素价格比率也会不断下降。随着两国专业化生产规模的扩大,最终A国的均衡点将位于 A' 点,B国的均衡点将位于 B' 点。此时A国和B国生产X、Y两种产品的资本/劳动力比率相等,且工资/利率比率也相等。

通过以上分析可以得出结论,国际贸易不仅使产品的价格均等化,也使要素的价格和两国生产同种产品的要素密集度达到均等化。在这三种均等化中,产品的价格均等化是主导力量,它是要素价格均等化和要素密集度均等化的前提。

第三节　斯托珀-萨缪尔森定理

尽管上面的分析看上去合情合理,但在现实生活中,世界各国的要素价格并不相等,甚至差距非常大。在美国和德国,医生、工程师、技师、机械师和秘书的工资要高于其在中国和墨西哥同行的工资。这是因为,H-O-S定理所依赖的一些假设在当今世界大多是不成立的。例如,各国生产的产品并不完全相同,使用的生产要素也有差别,各国也并非使用相同的生产技术,各国间运输成本和贸易壁垒的存在也阻碍着各国相同商品价格的均等化。此外,许多企业处于不完全竞争的市场上,其生产也不是规模报酬不变的。因此国际贸易没有使各国同质要素的价格均等化,这并不值得惊奇。

在这种情况下,我们说国际贸易减少了同质要素报酬的国际差异,而不是将其完全消除了,这是比较符合实际的。尽管国际贸易在缩小各国要素收入的绝对差异中发挥了作用,但是许多其他因素也在起着作用,使得这种影响变得不明显了。例如,国际贸易在缩小美国和埃及同类型劳动实际工资差异的同时,美国的科技发展速度要远快于埃及,结果使得两国收入差距又扩大了。同样地,国际要素价格在现实中的差异也并不能推翻要素价格均等化定理,因为如果没有国际贸易,这些差异要比现在大得多。因此,在任何情况下要素价格均等化定理都是有用的,它提出了影响要素价格的重要因素,而且使我们对现实中的国际贸易模型和其均衡特性有了更深入的认识。

斯托帕和萨缪尔森在重新思考要素价格均等化定理时指出,自由贸易不仅会使商品价格均等化,而且会使生产要素的价格均等化,以致使两国的工人都能得到同样的工资,土地都能得到同样的土地报酬率,而不管两国生产要素的供给和需求模式如何。对进口竞争品的保护会提高该部门密集使用的生产要素的收入,即任何对自由贸易阻碍的人为因素都会阻止要素价格均等化的实现，表现为要素价格均等化的停滞或反向运动。这一结论是要素价格均等化定理的完整论述，也称为斯托帕-萨缪尔森定理。

值得注意的是，斯托帕和萨缪尔森的分析是静态分析，不是动态分析。在当代有许多经济学家认为，国际贸易会促进经济增长，当经济增长快的时候，就可能会对每个阶层都有利。所以，斯托帕—萨缪尔森定理也提醒我们，对经济问题不仅应进行静态分析，而且还应进行动态分析，只有这样，我们的结论才可能是有益的。

第四节 罗伯津斯基定理

要素禀赋理论主要是一种静态的理论框架，但也包含一些动态化的分析和倾向，其中，罗伯津斯基定理就是该理论向经济增长问题的延伸。

1955 年美籍波兰经济学家 T. M. 罗伯津斯基指出，在商品和要素相对价格不变的前提下，当一种生产要素增长时，则密集使用该要素的产品将增加，并必然伴随着另一种产品的绝对萎缩，这一结论被称为**罗伯津斯基定理**（**Rybczynski Theorem**），它说明了要素变动对经济增长的影响，也在一定程度上说明了要素变动对收入分配的影响。一些学者认为战后日本经济变化大致符合罗伯津斯基定理的论断。

图 3-5 中 *A* 点表示要素变动之前某国如日本的经济生产点，要素（如资本）存量变动后生产可能性边界发生扩张，在商品价格和要素价格恒定的前提下，经济生产点变为 *B* 点所示，即劳动密集型的衣服部门发生了萎缩，而资本密集型的汽车部门的产量（和出口量）则增加。

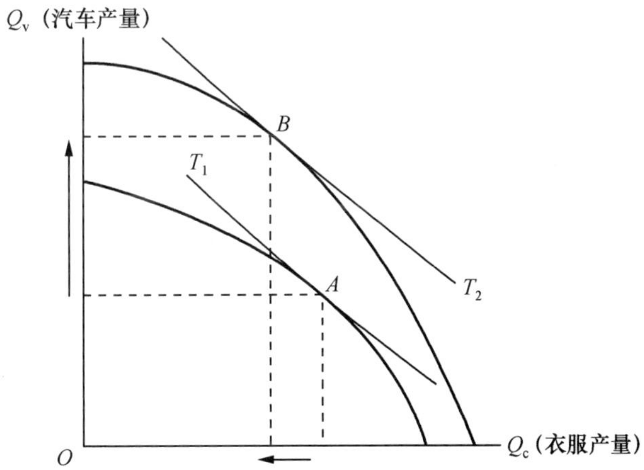

图 3-5 要素变动与经济增长

那么，这种结构性变动是怎样完成的呢？仍以日本为例。在 20 世纪 50 年代中期，日本依靠劳动密集型产业完成了经济复苏，但他们此时发现，单靠劳动密集型产品的出口不可能更大程度地增加收入，于是，便人为地把经济增长的重点转向了重化工业等资本密集行业，他们增加投资,重化工业部门中资本劳动之比趋升,则产生了两种相连的结果,一方面,重化部门中劳动的边际生产力的提高导致工资率上升,重化部门工资率的上升使其从衣服等部门吸引过来大量的劳动力,结果重化部门中资本和劳动均增加了,产出增加,出现繁荣;另一方面,在衣服等劳动密集型行业中,密集使用的生产要素——劳动,却减少了,于是该部门的产量绝对下降。

在中国经济开放和发展中,一方面乡镇企业和私营企业以及外商投资企业由于利益驱动大量投资回报快且高的轻纺电子等行业,易导致重工业的萧条;但另一方面,政府投资又经常倾向于纠正这种结构变动。日本经济中的上述结构变动对日本整体经济发展是有利的,中国经济中并未出现典型的罗伯津斯基效应。研究各种增长理论,有助于我们消除经济中的不稳定,保持健康的速度。

第五节　对新古典国际贸易理论的验证与评价

一、里昂惕夫之谜

由于 H-O 定理的显赫地位和深远影响,美国经济学家 W. W. 里昂惕夫在 1947 年至 1956 年用投入产出法对要素禀赋理论进行了验证,但验证结果与要素禀赋理论对贸易模式的预测大相径庭,因为按照 H-O 定理,美国一向被认为是资本丰饶而劳动稀缺之国,美国出口应以资本密集型产品为主,进口应以劳动密集型产品为主,但验证的结果却表明美国出口多为劳动密集型产品,而进口则多为资本密集型产品,这在理论界引起很大震动,被称为**里昂惕夫之谜(Leontief paradox)**。里昂惕夫的研究结果如表 3-1 所示。

表 3-1　美国每百万美元出口产品和进口产品的资本和劳动需求

	出口产品	进口产品	比值
1. 1947 年价格:			
资本(美元/年)	2 550 780	3 891 339	
劳动量(人/年)	182	170	
资本-劳动比率(美元/人)	14 010	18 180	1.3
2. 1951 年价格:			
资本(美元/年)	2 256 800	2 303 400	
劳动量(人/年)	174	168	
资本-劳动比率(美元/人)	12 977	13 726	1.06
3. 1962 年价格:			
资本(美元/年)	1 876 000	2 132 000	
劳动量(人/年)	131	119	
资本-劳动比率(美元/人)	14 200	18 000	1.27

资料来源:转引自 Richard E. Caves, Ronald W. Jones. World Trade and Payments (Fourth Edition) [M]. London: Little Brown, 1985.

除里昂惕夫之外，其他一些经济学家也采用类似的方法进行了类似的研究，得出了类似的结论，这表明"里昂惕夫之谜"是普遍存在的。"里昂惕夫之谜"的出现导致了战后国际贸易理论的大讨论，促使人们重新评价赫克歇尔-俄林理论，并促成了其他一些新的贸易理论的产生。

小知识 3-4

沃西里·里昂惕夫小传

沃西里·W. 里昂惕夫（Wassily W. Leontief, 1906—1999），俄裔美国经济学家，1906 年生于俄国圣彼得堡。1921 年进入列宁格勒大学（今圣彼得堡国立大学）学习哲学、社会学和经济学，1925 年获列宁格勒大学文学硕士学位。同年留学德国，1928 年获柏林大学哲学博士学位。在柏林大学期间，里昂惕夫曾师从著名经济学家冯·博特基威茨学习数理统计学，并任著名经济学家 W. 桑马特的助手。1927—1930 年间在德国基尔大学世界经济研究所工作，其间应邀来我国任中国国民党政府铁道部经济顾问。1931 年由德国移民美国，1932 年在哈佛大学经济系任教，1948 年创办"哈佛经济研究计划"并担任主任到 1973 年，1970 年任美国经济学会会长，1975 年里昂惕夫从哈佛退休，转任纽约大学经济分析研究所所长。里昂惕夫还先后在美国政府劳工部、商务部任职，担任过联合国秘书长、联合国发展计划署的顾问及其他职务。

1987 年，里昂惕夫访华回国后发表的评论文章《社会主义在中国行得通》，轰动了西方世界，对西方国家了解中国起到了积极作用。里昂惕夫曾充分肯定《资本论》有关资本主义社会经济矛盾和运动规律理论的实证性和科学性。

里昂惕夫最主要的贡献是创立了有名的投入-产出分析法（即在编制反映各部门间产品量交流情况的投入产出表基础上，用数学方法研究各部门产品生产和分配的关系，这种方法在世界各国迅速传播并广泛运用，并被联合国规定为国民经济核算体系中的一个重要组成部分）。由于这一贡献，他受到了全世界学术界的尊敬。1973 年，瑞典皇家科学院向他颁发了诺贝尔经济学奖，以表彰他在经济学领域作出的巨大贡献。1974 年，联合国委托里昂惕夫建立全球性的投入产出模型，以研究 20 世纪最后的 20 多年中世界经济可能发生的变化与国际社会能够采取的方案。

里昂惕夫将投入-产出分析方法运用于国际贸易理论分析中。里昂惕夫之谜是西方国际贸易理论发展中的一个重要转折点，它推动了战后国际贸易理论的迅速发展。关于对里昂惕夫之谜的解释，实际上是从不同侧面对要素禀赋理论假设前提的修正，并为以后一系列国际贸易新理论的产生奠定了基础。

里昂惕夫著作颇丰，主要有：《美国经济结构，1919—1939》（*The Structure of the American*

Economy,1919—1939,1941)、《美国经济结构研究:投入产出分析中理论和经验的探索》(*Studies in the Structure of the American Economy*,1953)、《投入产出经济学》(*Input-output Economics*,1966)、《经济学论文集:理论与推理》(1966)、《经济学论文集:理论、事实与政策》(1966)、《世界经济未来》(*The Future of World Economy*,1977)等。此外,还发表了许多论文,如《无差异曲线在对外贸易分析中的应用》(*The Use of Indifference Curves in the Analysis of Foreign Trade*,1933)等。

资料来源:根据《太行日报》2008 年 4 月 15 日第 6 版资料和网站 http://hi. Baidu. com/1uzhonghe0518U50/blog/item/e90f7a6d66f9a7ff4316948c. html 相关内容整理。

二、对"里昂惕夫之谜"的解释

(一)美国的高劳动效率

里昂惕夫提出,由于美国的企业家精神、科学管理和良好的工作环境等,美国的劳动效率高,约为外国的 3 倍,故美国劳动禀赋量应乘以 3。1947 年美国有劳动力 6 500 万,乘以 3 之后,美国实际上是劳动力丰裕之国,这样谜就不存在了。

但许多学者认为,使劳动效率高的因素也应使资本效率高,都乘以 3 之后,美国的要素禀赋状况并未发生变化,更何况 3 倍之说纯属里昂惕夫主观臆造。1965 年 M. E. 克雷宁在论文中认为,美国劳动效率比他国高约 20% ~25%,而非 300%,故里氏最终放弃了三倍之说。

(二)消费偏向

根据恩格尔定律,美国居民收入水平高于他国,故其消费偏向于资本密集型产品,以致影响了美国进口结构,使进口变为以资本密集型为主。

1954—1964 年间,S. 瓦拉瓦尼斯—维尔,R. 琼斯,R. 罗宾森,A. J. 布朗等人先后用消费因素解过谜。但也有学者如 H. S. 豪萨克认为,据恩格尔定律,高收入应使居民偏向于消费劳动密集型产品以及服务,而非资本密集型产品,因为劳动密集型产品和资本密集型产品相比,前者属于相对高级、奢侈的商品,后者则是生活的必需品。

实际上关于这个问题的讨论是很复杂的,因为在劳动密集型产品和资本密集型产品这种划分下是很难判断哪种属于高收入居民偏向消费的。

(三)要素密集度逆转

有的学者指出,由于美国资本丰裕,美国进口替代产业多属于资本密集型,而这些在国外则多属于劳动或土地密集型,说明在美国的这些产业发生了要素密集度逆转。这就为里昂惕夫之谜找到了答案。但里昂惕夫本人不同意此种说法,1964 年他撰文证明美国并未发生这种逆转。

另外,就现实中的一些问题来看,要素密集度确实没有发生逆转,例如:今天美国的一些行业频繁游说,强烈要求政府提供保护,试想如果要素密集度逆转已成为现实,那么这些行业完全可以使用更多资本以加强面对新兴工业化国家或发展中国家时的竞争力。

（四）劳动技能与人力资本

从劳动技能和人力资本角度解释里昂惕夫之谜基本有两种情况。

第一，1966 年，D. B. 基辛分析 1957 年美国的资料后指出，美国的净出口与熟练劳动投入正相关，美国出口产品中熟练劳动密集型产品较其他 9 个工业国更多，而熟练劳动作为一种人力资本乃是美国的丰裕要素，美国进口的主要是非熟练劳动密集型产品，出口的主要是熟练劳动密集型产品，由此可见，美国贸易模式与 H-O 理论之预言并不矛盾。

第二，人力资本是通过教育事业和科技培训的投资而形成的，这项资本可持续多年发挥作用，在此期间付给熟练劳动的报酬可使以往的投资陆续收回。早在 1956 年，I. B. 克拉维斯（I. B. Kravis）曾撰文证明，1947 年和 1951 年美国出口产业的工资水平高于进口竞争产业约 15%。原因是美国劳动技能较高，故劳动报酬也较高。P. B. 凯能指出，美国熟练劳动力工资高于其他劳动力工资是人力投资的结果，应予以“资本化”，可用贴现法求出本金和贴息，使工资差额变为资本值，然后将人力资本与物质资本相加，这样美国出口的产品实际就是密集使用资本了。

但仍有人认为此法不足以解开里氏之谜。加入人力资本使要素变为三种，即人力资本、物质资本和劳动，这就违背了要素禀赋理论的前提；而且现实中工资的差异并非一定由于人力投资导致，R. E. 鲍德温认为即使可以加入人力资本，也仍不足以解开里昂惕夫之谜。

（五）经济延伸

1956 年，M. A. 迪亚布提出美国大企业在海外有许多子公司，其产品多返销美国，实际是利用美国资本和技术生产的，这些子公司的活动是母国经济在海外的延伸，故大量返销（约 30%）应视为国内贸易而非国际贸易，这样，里昂惕夫之谜也就解开了。但有的学者指出，要素禀赋理论是“内外合一的现代化体系”，迪亚布的解释违背了俄林的原意。又有学者指出，必先有贸易然后才有投资，迪亚布的说法是“把车套在马的前边”，因果逻辑不合理。

（六）贸易壁垒（关税）

1964 年，W. P. 特拉维斯指出，美国的关税结构在于保护国内劳动密集型行业，这一干扰因素使美国的进口变为资本密集型为主，如果把这一因素考虑进去，谜就解开了。1971 年 R. E. 鲍德温指出，在美国属于资本丰裕之国的前提下，即使存在保护的干扰因素，也不至于使基本趋势完全扭转；另外，特别强调贸易壁垒要素的干扰作用也不符合战后贸易自由化的事实。

（七）自然资源产品

迪亚布后来又指出里昂惕夫的研究是因为忽略了自然资源才陷入矛盾。迪亚布将美国外贸商品分为制成品和非制成品两大类，后者对自然资源的依存度远大于前者，由于美国自然资源贫乏，质量也欠佳，故需大量进口依赖于自然资源的产品即非制成品，这在美国进口额中约占 65%。这类非制成品在国外并非资本密集型产品，但在美国国内生产时却密集使用资本，而里昂惕夫恰好是根据美国国内生产的进口竞争品的要素投入比例计算的，故整个美国进口的产品就显得是密集使用资本了。后来 J. 万尼克又以新的数据和更系统的方法支持迪亚布的说法。但 1971 年鲍德温的论文又指出，消除自然资源产品后，美国进口品的资本密集程度虽然明显下降,但仍比出口品的资本含量高 4% ,故里昂惕夫之谜仍未解开。

(八) 研究与开发和技术差距

1956 年,克拉维斯提出一国出口什么产品取决于国内的“可获得性”。他对这个词的解释是含糊其辞的,他说,“可获得性”是国内资源的反映,又说它也反映一国通过创新所获得的暂时性的技术优势。由于创新会引起他国模仿,故技术优势不可能是永久的。1961 年 M. V. 波斯纳在《国际贸易与技术变革》一文中也提出一国由于技术创新而获得垄断地位,可凭借此优势而大量出口创新产品。这实际上是用熊彼特的理论来解释国际贸易。1967 年吉辛、卧龙、格鲁伯、麦塔等人都论证了研究与开发和出口优势的密切关系,这对波斯纳等人的说法是一个有力的支持。由于将技术视作一项生产因素,而美国正好拥有最雄厚的研究与开发的力量,从而极易获得技术优势,在一定时期内其他各国和美国之间总是存在一些技术差距,故美国出口的实际上是研究与开发、技术密集型产品,这符合 H-O 定理。但有的学者指出,引入第三要素不符合 H-O 定理的假设,而且技术优势主要用来解释创新产品的贸易流向,并未全面反映美国进出口的现实,不足以解开里氏之谜。

(九) 通过对 H-O 定理的总体评价解谜

我们认为,之所以几乎全部的精英从不同角度用不同的方法都无法解开“里昂惕夫之谜”,是因为他们的脑海中已经固化了要素禀赋理论作为一种普遍真理的观念,他们往往认为 H-O 定理可以解释全部的贸易现象,所以动辄使用全部的贸易统计资料来解谜。但事实上,H-O 定理只能用来解释初级产品和部分工业产品的贸易,新产品和大部分差异化工业产品的贸易则另有原因。

三、对要素禀赋理论的评价

要素禀赋理论是国际贸易理论发展中的一个重要阶段,是国际贸易理论从古典向新古典发展的标志。由斯密与李嘉图建立与发展起来的古典贸易理论的一个基本特点,就是只用单一要素的生产率差异来说明比较优势产生的原因,而赫克歇尔-俄林的要素禀赋理论则是以两种要素的投入为分析前提,构造出 2 ×2 ×2 模型,从一国的基本经济资源优势解释国际贸易发生的原因,认为要素丰裕度是国际贸易中各国具有比较优势的基本原因和决定因素。由此看来,要素禀赋理论确实前进了一大步,但它也存在一些局限性:

(1) 过分突出供给的差异,单纯地强调生产要素的供给对贸易格局的影响,忽略了产品需求方面对国际贸易的影响。事实上,要素禀赋的差异并不是贸易发生的充分条件。

(2) 一些假设前提条件过于苛刻,与事实不符,如规模收益不变等。

(3) 赫克歇尔-俄林的要素禀赋理论是建立在“三要素论”基础上的。所谓“三要素论”,即认为劳动、资本和土地是一切社会生产不可缺少的三个要素。商品价值是由这三个要素所提供的生产性服务共同创造的。它违背了劳动价值论,掩盖了资本家和土地所有者对劳动者的剥削行为。

(4) 过于强调静态分析,但事实上技术进步等动态因素都在不同程度上影响着国际贸易格局。

正是因为要素禀赋理论存在明显的局限性，且与战后许多国家贸易格局的实际不符，所以遭到经济学家的严重挑战。

本章小结

1. 要素禀赋是一国所拥有的两种生产要素的相对比例。要素密集度指生产某种产品所投入两种生产要素的比例。

2. 资本丰富的国家在资本密集型产品上供给能力相对较强；劳动丰富的国家则在劳动密集型产品上供给能力相对较强。

3. H-O 定理：一国出口密集使用本国丰富要素的产品，进口密集使用本国稀缺要素的产品。

4. 国际贸易导致各国商品价格趋于均等，进而引起生产要素的再配置，最终导致要素价格均等化。国际贸易可以替代生产要素国际流动，“间接”实现世界范围内资源的最佳配置。

5. 斯托珀—萨缪尔森定理：某一产品的相对（名义）价格上升，将导致该产品密集使用的生产要素的实际价格提高，而另一种生产要素的实际价格则下降。

6. 罗伯津斯基定理：在商品相对价格不变的前提下，某一要素的增加会导致密集使用该要素部门的生产增加，而非密集使用该要素部门的生产则下降。

7. 里昂惕夫之谜：里昂惕夫用实证的研究方法来验证 H-O 定理。按照 H-O 定理，美国应出口资本密集型产品，进口劳动密集型产品；而实证结果则是美国出口劳动密集型产品，进口资本密集型产品，与 H-O 定理相悖。

练习与思考

1. 什么是要素密集度、要素禀赋？
2. 简述要素禀赋理论的基本模型。
3. H-O 定理的内容是什么？
4. H-O-S 定理的内容是什么？
5. 什么是罗伯津斯基定理？
6. 什么是斯托珀-萨缪尔森定理？
7. 试述要素价格均等化理论的内容。
8. 里昂惕夫之谜是指什么？有哪些对其进行解释的理论？
9. 要素禀赋理论怎样解释国际贸易产生的原因？

第四章

现代国际贸易理论

本章提要

产业内贸易是指同一产业部门内相同产品的相互贸易。围绕对产业内贸易的理论解释构成了现代国际贸易理论的重要组成部分。偏好相似理论是从消费者行为,即需求方面,解释国际贸易的起因的,该理论认为如果两个国家人均收入水平越接近,则这两个国家的需求结构重叠部分就越大,因而,两国的贸易关系就越密切。

传统国际贸易理论大都基于静态视角,贸易与经济增长、产品生命周期将国际贸易理论动态化。产品生命周期理论从技术变化的角度,探讨了在产品的发展过程中比较优势的动态演变。在初始期,决定比较优势的因素主要是研究与开发;在成长期,决定比较优势的主要因素是资本;而在成熟期,非熟练或半熟练劳动则是决定比较优势的最主要因素。

"新贸易理论"从规模经济的角度说明国际贸易的起因和利益来源,对国际贸易基础作出了一种新的解释。

本章结构图

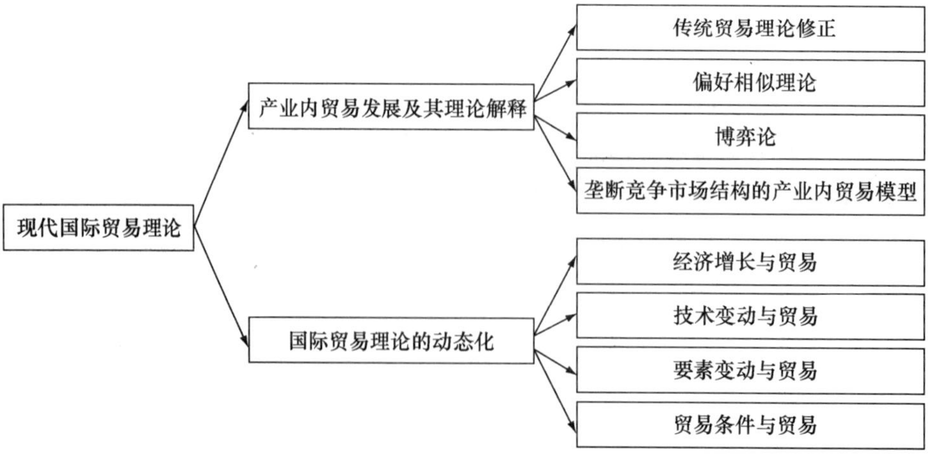

学习目标

- 重点掌握产业内贸易的定义和度量、偏好相似理论、垄断竞争市场结构的产业内贸易模型、产品生命周期理论。
- 掌握经济增长与国际贸易之间的关系、贸易条件与经济发展之间的关系。
- 了解针对产业内贸易的非主流阐释。

所谓现代国际贸易理论,一方面具有时间上的界定性特征,即它产生得较晚,如某些产业内贸易理论产生于上世纪七八十年代;另一方面,它还是一种内涵上的界定,如某些产业内贸易理论强调不完全竞争的市场结构,某些贸易理论强调动态的分析等。但应该说,这并非一种十分严谨的区分。

第一节　规模经济、多样化需求与产业内贸易

比较优势理论和要素禀赋理论实际上是强调国家在技术和资源禀赋上的差异性是贸易发生的原因,它们可以解释现实中的相当一部分国际贸易现象。但是,在现实中,我们经常发现发达国家之间在人口、自然资源、技术、资本禀赋等方面非常相似,但它们之间的贸易规模却很大,占到了世界贸易的大约60%以上,而且它们之间的贸易中又有很大比重(约60%)属于相互交换同类产品的贸易,即产业内贸易。这种现象用传统贸易理论是解释不通的,因而必须扩展国际经济学中的贸易理论。

产业内贸易可以因多种原因而发生,譬如需求偏好、运输成本、销售费用和信息费用、国家或公司间的博弈行为、非中性的促进出口的政策和规模经济等,其中最为主要的还是规模经济。所谓规模经济是指当经济生产达到一定规模之后平均成本的下降。在现实中,如果两个国家的同一行业通过分工和贸易的合作更能实现规模生产,更能获得规模经济利益,那么,规模经济就成为产业内贸易最本质的原因了。规模经济解释了在发达国家占主流的经济现象:水平型分工和产业内贸易。

产业内贸易是发达国家主流的贸易现象,但并非发达国家所特有,发展中国家也存在不同程度的产业内贸易,而且,人均收入水平高的发展中国家,其产业内贸易也更发达,这提示我们,作为注重自身经济发展动态变化的发展中国家,我国关注产业内贸易现象在一定程度上也是关注自身的发展。

产业内贸易和产业内贸易理论是一种新现象,因此,考察产业内贸易的方法和指标体系可能并不完善,阐述产业内贸易现象的理论可能并不存在一种被广泛接受的解释,但加强对产业内贸易现象的观察和理论的研究是必要的。

一、产业内贸易的定义和特征

传统的比较优势理论所揭示的是不同的经济部门产品之间的贸易,如汽车与衣服的贸

易,因此这类贸易被称为**产业间贸易**(**inter-industry trade**),它的基础是不同产业部门在不同国家或地区的垂直型分工。传统的贸易几乎都是产业间贸易。**产业内贸易**(**intra-industry trade**)是指同一产业部门内相同产品的相互贸易,即一国同时进口和出口同类型产品。如德国既向意大利出口汽车,又从意大利进口汽车;中国既向美国出口青岛啤酒,又从美国进口百威啤酒,等等。产业内贸易又被称为双向贸易或贸易重叠。在这里,相同类型的商品一般是指按照国际商品标准分类法统计时,至少前三位数字相同的商品,即属于同类、同章和同组的商品既出现在一国贸易统计的出口项目上,又出现在其进口项目上。当然,在研究产业内贸易时,如果限于资料的缺乏或有特别的研究动机,也可以以前两位数字相同的商品为基础计算产业内贸易指数,但很显然,不能与依据前三位数相同商品计算的结果相比。

产业内贸易与产业间贸易相比,具有两个明显的特征:第一,进口和出口的商品具有很强的替代性。从使用价值看,进、出口商品几乎没有明显的差异,往往仅是消费者不同的评价和选择,极端地说,一国不进口该商品也可以正常运行。譬如,日本汽车和美国汽车,就其基本功能来说都是一样的,日本或美国如果不进口对方的汽车,那么,国内交通仍然能够维持。第二,进口国和出口国在相关的资源和技术方面无显著差别。李嘉图强调劳动生产率方面的技术差距,他阐明了建立在技术差异的比较优势基础上的产业间贸易;俄林强调资源禀赋差异,他阐明了建立在资源禀赋差异的比较优势基础上形成的产业间贸易。若技术和资源无差别,则贸易的发生肯定另有原因。产业内贸易并非因为资源禀赋差异或技术差距而发生,相反,产业内贸易往往发生在生产力水平、人均国民收入等条件相当高且接近的国家之间。在当代,发达国家之间的产业内贸易比重就很大,较成功的发展中国家的产业内贸易也相对较为发达,较落后的发展中国家的产业内贸易比重往往很低。

二、产业内贸易指数

产业内贸易的发达程度可以用**产业内贸易指数**(**intra-industry trade index**)来衡量,产业内贸易指数有很多种,有的适用于考察单个行业产业内贸易的发展程度,有的适用于考察整个国家的产业内贸易发展情况,有的适用于考察特定行业产业内贸易的相对发展,还有的适用于校正贸易失衡对产业内贸易指数的不准确估计的影响。最初的产业内贸易指数是 H. G. 格鲁贝尔和 P. J. 劳埃德于 1975 年提出来的,因此又往往被称为**格鲁贝尔–劳埃德指数**(**Grubel-Lloyd index**)。

从某一产业角度看,产业内贸易指数可用下述格鲁贝尔–劳埃德指数公式计算:

$$B_i = 1 - \frac{|X_i - M_i|}{X_i + M_i} \tag{4-1}$$

其中,X_i 表示一国 i 产品的出口额,M_i 表示该国 i 产品的进口额,$|X_i - M_i|$表示出口与进口差额的绝对值,B_i 表示 i 产业的产业内贸易指数,其数值在 0 至 1 之间变动。B_i 越接近 1,则产业内贸易程度越高;B_i 越接近 0,则产业内贸易越不发达。例如,就前两位数相同商

品进行考察,中国 1998 年出口鞋靴 84 亿美元,进口 2.9 亿美元,计算可得,$B_i = 0.07$,这说明中国鞋靴的产业内贸易不发达;只从出口 84 亿美元和进口 2.9 亿美元的数字我们也能看出,该类商品产业内贸易的程度很低。事实上,中国的纺织服装和鞋类产品是我国具有比较优势的产品,中国主要依靠此类商品的出口换取资本密集型和技术密集型产品的进口,也就是说,中国主要进行与发达国家的产业间贸易。

就一国角度看,产业内贸易指数可用各产业的产业内贸易指数加权求得,它表示一国产业内贸易在对外贸易总额中的比重。公式如下:

$$B = 1 - \frac{\sum_{i=1}^{n} |X_i - M_i|}{\sum_{i=1}^{n} (X_i + M_i)} \tag{4-2}$$

当一国进出口额不平衡时,式 4-2 往往倾向于低估一国产业内贸易程度。因而,经济学家们又提出了旨在校正此种误差的指数公式。但上述两公式已被广泛应用于对统计资料进行实证分析。

另外,还有所谓产业内贸易相对指数概念,我们用 D_i 表示:

$$D_i = B_i / B \tag{4-3}$$

B_i 即为式 4-1 的计算结果, B 即为式 4-2 的计算结果。如果 $D_i > 1$,则表明 i 产品的产业内贸易较发达,超过了全国的平均水平;如果 $D_i < 1$,则表明 i 产品的产业内贸易不发达,低于全国的平均水平;如果 $D_i = 1$,则表明 i 产品的产业内贸易与该国平均水平相同。

三、认识产业内贸易

表 4-1 是 1977 年 11 个工业化国家制成品贸易中的产业内贸易指数。我们发现,11 国产业内贸易总体上都较发达;11 国分别与其他发达国家间的产业内贸易发展程度较高,而与发展中国家的产业内贸易发展程度较低;11 国中的日本和澳大利亚与其他国家间的产业内贸易都相对不发达。对于日本和澳大利亚产业内贸易相对不发达的特点,我们可以这样解释:第一,日本资源相对匮乏,因而日本经济对资源的进口产生了严重的依赖,它必须进口大量资源,同时,为了在国际竞争中生存它必须进行精加工以赚取更高的附加值,于是日本的对外贸易主要呈现为进口初级产品和粗加工产品而出口制成品或精加工产品的产业间贸易,产业间贸易的比重高了,产业内贸易的比重相对就低了;第二,澳大利亚地广人稀、资源丰富,其对资源出口的依赖因此加强了,具有比较优势的资源产品的出口带来丰厚的外汇,使澳大利亚能够进口国民生活所需要的工业产品或高精尖产品,于是产业间贸易成为主要组成,产业内贸易占的比重就下降了。

表 4-2 是 62 个国家产业内贸易在总贸易中的比重。我们发现国家越富裕,则产业内贸易越发达,而国家越穷困,则产业内贸易越不发达。这喻示高收入和健全的工业体系对产业内贸易的重要影响。

表 4-1　11 个工业化国家制成品贸易中的产业内贸易指数(1977)(%)

国家	全世界	发达国家	发展中国家	欧盟
澳大利亚	35.2	30.0	25.4	15.4
比利时	80.0	79.3	36.1	80.0
加拿大	66.3	66.4	28.6	32.6
法国	72.0	75.4	39.9	74.9
德国	68.4	77.0	30.5	77.6
意大利	66.1	63.3	39.2	63.6
日本	36.2	38.2	23.7	47.3
北爱尔兰	64.3	64.5	34.9	62.4
瑞典	65.4	69.6	22.5	55.5
英国	76.7	82.4	35.7	81.2
美国	59.2	65.6	34.3	54.1

资料来源:P. K. M. Tharankan. Intra-industry Trade:Empirical and Methodological Aspects[M]. North Holland Press,1983:181.

表 4-2　62 个国家产业内贸易(IIT)在总贸易中的份额(1978)

国家分组	人均国民生产总值(美元)	产业内贸易占总贸易量的百分比
15 个低收入国家	261	21.4
18 个中等收入国家	1 273	25.7
6 个新兴工业化国家和地区	1 466	36.6
23 个高收入国家	7 722	60.3
所有 62 个国家	2 909	55.7

注:低收入国家为人均国民生产总值在 600 美元以下的国家,高收入国家为人均国民生产总值在 2 400 美元以上的国家。6 个新兴工业化国家和地区为巴西、墨西哥、中国香港地区、新加坡、韩国和中国台湾地区。

资料来源:〔美〕彼得・林德特著,范国鹰等译. 国际经济学(第九版)[M]. 北京:经济科学出版社,1992.

表 4-3 是中国对部分国家和地区的产业内贸易指数。我们发现,在六个发达经济体与中国的贸易中,中国内地与中国香港地区的产业内贸易比重最高,说明了在特定情况下地理位置、转口贸易等因素对产业内贸易的影响。

表 4-3　中国内地对部分国家和地区的产业内贸易指数(%)

	中国香港	日本	美国	英国	意大利	法国
1988	11.4	3.9	3.1	2.1	0.88	0.53
1989	13.0	4.8	3.4	2.9	1.4	0.93

资料来源:鲁明泓. 中国产业内贸易指数的测算与评估[J]. 国际贸易问题,1994(5):37.

表 4-4 是新兴工业化国家和工业化国家与非新兴工业化国家的产业内贸易发展情况。我们可以发现如下特点:第一,一般而言国家越发达,产业内贸易越发达。第二,一些发展中

国家产业内贸易比重相当低。第三,一些传统上的发展中国家其产业内贸易与发达国家几乎没有差别。第四,希腊、澳大利亚和新西兰等发达国家产业内贸易比重较低,这可能是因为它们是“发达国家中的发展中国家”的国情所致,也可能是特定类别产品的重要影响,还可能是坚持比较优势发展战略的结果。

表 4-4　部分国家(地区)产业内贸易指数(1990)(%)

非新兴工业化发展中国家				新兴工业化国家和工业化国家			
阿尔及利亚	1.5	苏丹	0.8	希腊	21.1	澳大利亚	29.3
喀麦隆	6.1	巴基斯坦	14.8	巴西	37.8	奥地利	74.1
智利	10.1	泰国	17.3	中国香港	40.8	加拿大	66.9
多米尼加	6.9	塞内加尔	18.7	以色列	61.9	芬兰	45.1
象牙海岸	13.4	突尼斯	17.3	葡萄牙	32.8	法国	80.3
牙麦加	14.4	土耳其	7.9	西班牙	52.1	德国	62.7
加纳	4.3	菲律宾	15.0	南斯拉夫	50.7	意大利	59.0
埃及	6.8	圭亚那	19.6	墨西哥	31.9	日本	26.0
肯尼亚	13.9	危地马拉	32.7	新加坡	66.9	新西兰	25.9
斯里兰卡	4.8	马来西亚	32.4	中国台湾	34.9	美国	59.4

资料来源:李海平.产业内贸易理论与我国产业内贸易现状分析[J].山西高等学校社会科学学报,2003(9).

表 4-5 是美国 1989 年若干产业的产业内贸易指数。我们发现,美国在衣服和鞋类产品上主要是跟其他国家开展基于资源禀赋或劳动生产率的比较优势的分工和贸易,而在能源设备和办公室设备等方面则与他国开展水平型分工和产业内贸易,譬如,美国和我国台湾地区都从事办公室设备的生产,但又有所分工,我国台湾地区处于相对外围的地位。

表 4-5　美国 1993 年诸产业产业内贸易指数

无机化学	0.99
电力设备	0.97
电子设备	0.96
有机化学	0.91
医药	0.86
办公室设备	0.81
通讯设备	0.69
公路车辆	0.65
钢铁	0.43
衣服及附件	0.27
鞋类	0.00

资料来源:〔美〕Paul R. Krugman、〔美〕Maurice Obstfeld. 国际经济学:理论与政策(第五版,英文版)[M].北京:清华大学出版社,2001:139.

四、对产业内贸易的非主流阐释

（一）基于传统理论对产业内贸易的解释

H-O 定理的前提条件是：各国生产函数相同且都是线性齐次函数，产品市场和要素市场是完全竞争的，产品无差异，贸易中的运输、储存和销售等费用为零等。基于这些前提条件，H-O 定理无法解释产业内贸易现象。格鲁贝尔、劳埃德等曾于 1975 年首先提出对 H-O 定理的假设前提进行修正，以解释产业内贸易的原因。

1. 运输费用

H-O 定理中引入运输费用可以解释过境贸易这类产业内贸易的起因。因为在国际贸易中，诸如砂、石和水泥等产品的运输费用占产品成本的比重很大，而有时国内区域间的运输费用会大于从邻国进口的费用，最终消费者会从最近的国外原料供应地购买这些产品，所以内陆相邻的国家会发生相应的产业内贸易的情况。

2. 储存费用

有些产品的需求在一定时期是一定的，而这些产品的供给时间在国内和他国有差异。如果这些产品的储存费用大于运输费用，两国就会发生在供给旺季向对方出口、淡季从对方进口的周期性贸易这种产业内贸易。

3. 销售费用

修正 H-O 定理无销售费用的假设，可以说明转口贸易这种产业内贸易。进出口产品在性能、用途等方面没有发生变化，只是进行了分装和分类等，从而使商品增值，这在统计上也统计为产业内贸易。

4. 情报费用

修正 H-O 定理无情报费用的假设，可以说明运输、保险、银行等服务贸易在国家双方间流动的起因。

总之，格鲁贝尔、劳埃德认为，对 H-O 定理加以扩展，就可以说明部分产业内贸易的原因。但这些情况一直存在，反而在现代贸易中所占比重甚低。所以，要想解释作为主流的现代产业内贸易现象，还必须从其他的角度入手。

（二）偏好相似理论

1961 年，S. B. 林德撰文指出，要素禀赋理论能够解释初级产品贸易，但工业品贸易则另有原因。林德指出，在影响需求的诸因素中，收入是主要的，国家间收入相似会导致需求相似或**重叠需求**（**overlapping demands**），需求相似会导致国家间相互进出口的机会多、规模大。发达国家收入相似，所以发达国家间贸易规模大，而发达国家的相互贸易又多为产业内贸易，所以，用**偏好相似理论**（**preference similarity hypothesis**）可以部分地解释产业内贸易现实。林德的观点在解释产业内贸易方面虽并未形成独立的理论体系，但具有一定学术创新性，所以他的文章引用率极高。传统的理论多从供给角度出发解释产业内贸易，而林德从国家的收入出发解释贸易现象，打破了要素禀赋理论需求无差别的假设前提，所以，林德的观点更具理论意义。从现实情况看，高收入的发达国家相互贸易规模大，这也极大地制约了他们和发展中国家的贸易。

(三)用博弈论解释产业内贸易

P. 克鲁格曼、J. 布兰德和 B. 斯本塞等人用博弈论通过“大公司计划”事例解释产业内贸易。假设两国都拥有汽车工业，每个国家都有一个垄断性的大公司，每个国家的市场都为 1，其产品向对方国家的出口可获得对方国家市场的一半，对方国家公司的市场也会因进口而减少一半，在此前提下，理性而自私的竞争者会发现，如向对方出口，则最多会得到 1.5 个市场，最少会得到 1 个市场；如不出口，则最多会得到 1 个市场，最少会得到 0.5 个市场。即无论对方出口与否，本国向对方出口总能获得更多的利益。结果两国都会积极向对方出口汽车，导致相互进出口汽车的产业内贸易。

把对社会经济变动和政策变革产生重大影响的产业内贸易的原因归结为国家间的博弈竞争，从而建立起产业内贸易理论的体系，这需要更多假设条件的成立，而现实中这些条件也许并不具备。但博弈论的解释有助于我们从另一个角度认识产业内贸易现象，尤其是新兴工业化国家的产业变革及其对贸易的影响，也对发展中国家的战略规划和政策制定具有启发意义。

(四)用现实中的贸易政策或行为解释产业内贸易

1. 倾销或相互倾销

倾销(dumping)，或国际价格歧视，是通过以低于出口品正常价值的价格在目标市场销售商品，厂商从而一方面能够在两个市场获得最大化利润，另一方面在两个市场保持较高的市场占有率。显然，进行倾销可以使本来不可能出口的商品出口到他国，使本来小规模出口的商品大规模出口，表现在贸易统计上，对于某特定产品来说，一个本不具贸易优势的国家变为既出口又进口该商品的国家，即产业内贸易。可见，至少从理论上可以肯定，倾销行为能导致产业内贸易的出现。J. 布兰德 1981 年在《国际经济学杂志》撰文提出相互倾销概念，**相互倾销(reciprocal dumping)**会是产业内贸易的一个原因。

2. 出口补贴

出口补贴是鼓励出口的政策，当这种政策运用在对一国的比较劣势产业，很可能提高该产业在国际市场上的竞争力，也会导致或扩大同类产品的双向贸易。

3. 价格支持政策

价格支持或类似的政策也是产业内贸易的一个原因。例如，作为欧盟共同农业政策组成部分的黄油价格支持政策，使欧盟拥有了较多的剩余黄油，欧盟将其倾销到他国，这样一来，本不具优势的欧盟反而出口较多的黄油，本属于净进口国的欧盟却既出口又进口黄油了，表现在贸易统计结果上，就提高了欧盟的产业内贸易指数。

总之，虽然商品倾销和出口补贴、价格支持等政策或行为不可能是产业内贸易的根本和主要原因，但它们都会加大产业内贸易的规模，或者说，它们是产业内贸易的可能原因。随着各国收入水平差距的缩小，各国日益变为“同质竞争”关系，伴随着贸易政策的深入发展，政策对一国贸易结构的影响将会进一步加强。

五、一种强调垄断竞争市场结构的产业内贸易模型

(一) 垄断竞争模型的假设前提

典型的垄断竞争模型(monopolistic competition model)厂商的销售函数可定义为：

$$X = S \cdot \left[\frac{1}{n} - b \cdot (P - P_0) \right] \tag{4-4}$$

其中 X 为垄断竞争厂商的销量，S 是产业内总销量，n 是垄断竞争的厂商数目，P 是我们要分析的厂商的定价，P_0 是其他厂商的平均定价，b 为一微小参数，它测定每一厂商市场份额对其定价的敏感性。由上式可知，厂商的竞争对手定价越高，则该厂商销量越高；行业内厂商数目越少，则特定厂商销量越高。

(二) 市场均衡

为了简便而不受干扰地考察典型的垄断竞争厂商的行为，我们假设各厂商的成本函数和需求函数是相同的，由此，我们将集中研究 n 和 P 及其对贸易的影响。

由于厂商行为相同，因而在均衡时其定价和销量也相同，故 $X = S/n$，即各厂商只得到行业销售的一个份额。厂商平均成本与厂商数目的关系表现为下式(其中 AC 为平均成本，MC 为边际成本，F 为固定成本)：

$$AC = F/X + MC = n \cdot F/S + MC \tag{4-5}$$

即部门内厂商数目越多，厂商平均成本越高；厂商数目越少，厂商平均成本越低。

厂商数目和定价的关系可由式4-6 至式4-9 推得①(其中 MR 为边际收益)：

$$MR = P - X/(S \cdot b) \tag{4-6}$$

根据利润最大化原则，有：

$$MR = P - X/(S \cdot b) = MC \tag{4-7}$$

那么，垄断竞争厂商的定价为：

$$P = MC + X/(S \cdot b) \tag{4-8}$$

如前述，均衡时各厂商定价相同，各厂商将销售 $X = S/n$，则典型厂商的定价与厂商数目的关系如下：

$$P = MC + 1/(b \cdot n) \tag{4-9}$$

即部门内厂商数目越多，则厂商定价越低；厂商数目越少，则厂商定价越高。

垄断竞争厂商的均衡数目由供需决定(如图4-1)，向右上方倾斜的曲线 CC(由方程 $AC = n \cdot F/s + MC$ 定义)表明行业内厂商数目越多，则厂商平均成本越高；反之，则越低。向右下方倾斜的曲线 PP 由方程 $P = MC + 1/(b \cdot n)$ 定义表明行业内厂商数目越多，则单个厂商的定价越低；反之，则越高。CC 与 PP 相交于 E 点，决定了均衡的厂商数目 n_e 和均衡的价格 P_e 及成本 AC_e。n_1 和 n_2 表示的厂商数目都将导致市场的均衡恢复。

---

① 此关系式推导从略，可参阅：[美]Paul R. Krugman、[美]Maurice Obstfeld. 国际经济学：理论与政策(第五版，英文版)[M]. 北京：清华大学出版社，2001：148.

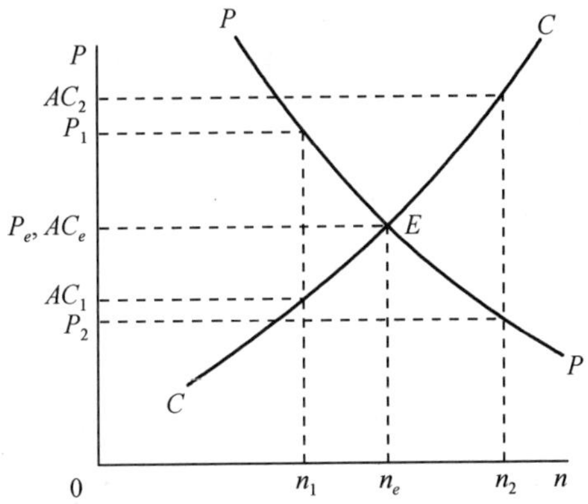

图 4-1　均衡的厂商数目的决定

(三) 市场扩大的效果

垄断竞争市场结构中厂商数目和厂商价格受市场规模影响,市场越大,则厂商数目越多,厂商销量越高;对于消费者来说市场越大,则价格越低,产品种类越多。

图 4-1 中的 CC 曲线表明,市场扩大导致行业总销量 S 扩大,由此在任何厂商数目下都将降低平均成本。但 PP 曲线反应不出市场规模扩大对厂商价格的影响。不过通过图 4-2 可以考察出市场规模扩大对厂商数目和厂商价格的影响。

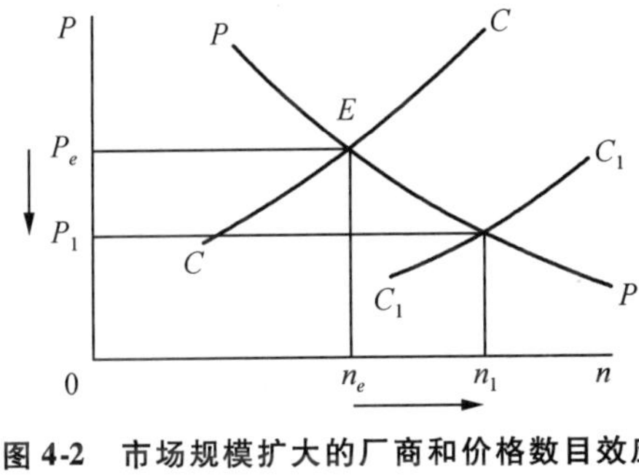

图 4-2　市场规模扩大的厂商和价格数目效应

如图 4-2,市场规模的扩大降低了厂商的成本曲线(由 CC 变为 C_1C_1),在 PP 曲线不发生变化的情况下,降低了厂商的定价(由 P_e 降为 P_1),增加了厂商的数目(由 n_e 增为 n_1),从而增加了商品种类,满足了消费者的多样化需求。

(四) 市场扩大效应的数字例证

国际贸易可以扩大市场规模,从而影响价格、生产规模和产品种类。假设汽车工业是典型的垄断竞争行业,需求面对的是 $b = 1/30\,000$ 的由下式给定的任一厂商:

$$X = S \cdot [1/n - (1/30\,000) \cdot (P - P_0)] \tag{4-10}$$

这里 X 是单个厂商的汽车销量,S 是行业总销量,n 是厂商数目,P 是我们要研究的典型厂商定价,P_0 是其他厂商的平均要价。我们还要假设厂商的成本函数由固定成本 $F = 750\,000\,000$ 及边际成本 $MC = 5\,000$ 构成,即

$$C = 750\,000\,000 + (5\,000 \cdot X) \tag{4-11}$$

平均成本曲线由式 4-12 定义：

$$AC = (750\,000\,000/X) + 5\,000 \tag{4-12}$$

现假设有甲国和乙国两个国家，甲国每年汽车销量为 1 600 000 辆，乙国每年汽车销量为 900 000 辆，两国生产成本相同。

甲国供需均衡时 $P = AC$，$P = MC + 1/(b \cdot n) = 5\,000 + 1/[(1/30\,000) \cdot n]$，$AC = n \cdot F/S + MC = n \cdot 750\,000\,000/1\,600\,000 + 5\,000$，故 $n = 8$，$P = 8\,750$。用同样的方法我们可以求得乙国不贸易时：$n = 6$，$P = 10\,000$。

现在我们假设甲乙两国开展贸易，这必然扩大市场规模，假设扩大了的市场规模为每年 2 500 000 辆的总销量，那么我们可以联立方程求得厂商数目为 10 个，每个厂商销量为 250 000辆，汽车价格为 \$8 000。利润最大化条件再次被满足。以上分析过程可概括为表 4-6。

表 4-6　市场扩大的效果

	贸易前甲国市场	贸易前乙国市场	贸易后一体化市场
汽车总销量(辆)	1 600 000	900 000	2 500 000
厂商数目(个)	8	6	10
每厂商销量(辆)	200 000	150000	250000
平均成本(元)	8750	10000	8000
汽车价格(元)	8750	10000	8000

显然，国际贸易各方的利益都通过市场一体化而改善了：消费者获得了更低的商品价格和更宽的选择，生产者的销量(规模)增加了。根据该模型，各国应该从事国际贸易以获取规模经济利益。

(五) 内在经济下的贸易模式和贸易利益

我们继续做出更为接近现实的假设，分析比较优势与规模经济对贸易模式和贸易利益的交互作用，说明内在经济下的贸易模式和贸易利益问题。

假设世界经济由甲国和乙国构成，每国使用两种要素——资本和劳动，生产两种产品——汽车和衣服，汽车部门密集使用资本，衣服部门密集使用劳动，甲国劳动丰裕，乙国资本丰裕，汽车行业是垄断竞争性市场。那么，如果单纯从要素禀赋理论来看，则两国开展汽车与衣服的产业间贸易。但由于汽车是垄断竞争行业的产品，所以比较优势与规模经济共同决定甲乙两国的贸易模式(如图 4-3)。汽车是垄断竞争行业的产品，所以汽车是差异产品，由于乙国资本丰裕，所以乙国汽车净出口，由于乙国居民对甲国汽车有需求，所以尽管乙国汽车净出口但仍进口部分甲国汽车，即乙国与甲国开展汽车与衣服的产业间贸易及汽车与汽车的产业内贸易。两国通过两类贸易总体上实现贸易平衡。

(六) 评价

强调内在经济原因的产业内贸易理论具有重要的意义。以往传统的贸易理论往往注重说明国家间差异性对贸易的影响，以及比较优势与贸易利益间的必然关系，因而倡导各个国

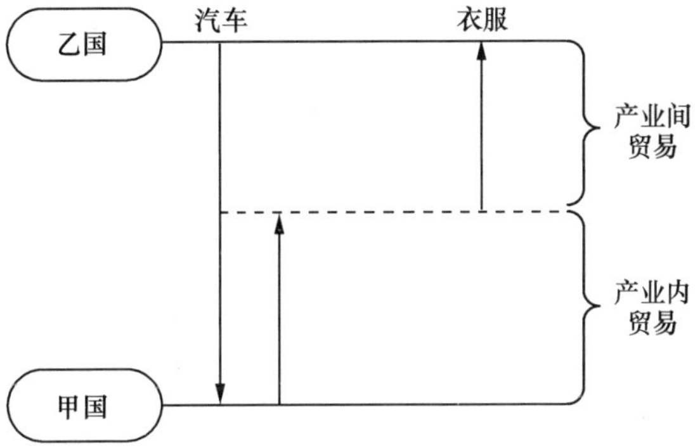

图 4-3　规模经济和比较优势共同决定贸易模式

家应基于本国劳动生产率和要素禀赋状况开展贸易,这能够解释一定的现实,在一定程度上也有助于指导落后国家根据本国情况寻求自己的贸易利益和经济增长,但这种贸易利益仅仅是眼前的静态的利益,与落后国家所寻求的长远经济发展并不一定十分一致,因为传统贸易理论的缺陷是有意或无意地忽略国际贸易中产业结构的改变。而强调垄断竞争特色的产业内贸易理论实质上则考虑了这样的可能,落后国家可以凭借产业政策开展产业内贸易,获取水平型分工的巨大利益,即产业结构的国际配置是可变的。传统贸易理论给予政府的建议无非是发挥产业优势和倡导自由贸易,而产业内贸易理论给予政府的建议则可能更接近问题的实质,例如,可以建议通过产业政策及其他的财政金融政策扶持特定产业发展,获取国际竞争优势。另外,产业内贸易的社会成本明显低于产业间贸易的社会成本。所以,发展中国家应该多方面努力,促进其产业内贸易的发展。

第二节　国际贸易理论的动态化

国际贸易基于两方面的原因而产生,贸易的开展一方面可以增进一国国民福利,导致一国国内收入再分配,另一方面还可以促进经济增长和经济发展。经济增长和经济发展有区别,但在本章我们不严格区别。通过探讨国际贸易与经济增长和发展的关系,将国际贸易理论动态化,我们可以得到更多的启示。

一、对外贸易的经济增长效应

对外贸易可以促进经济增长和经济发展,对外贸易的经济增长效应主要包括引擎作用、乘数作用和传导作用。

(一) 引擎作用

"对外贸易是经济增长的引擎"是国际贸易文献中的一种重要观点。这种观点的产生并非偶然,而是由来已久。在重商主义时期,学者和官员就极其重视对外贸易增加一国财富的作用,托马斯·孟的名著就命名为《英国得自对外贸易的财富》。在亚当·斯密时期,人们更是强调自由贸易的作用,认为"看不见的手"会自动调节生产、分配和消费,从而达到财富增长和经济发展。马克思在《资本论》中为了揭示资本主义生产方式的本质，所以没有探讨对外贸易问题，但在另外一些文章中，提及对外贸易对分工和生产的积极作用。在现代经济学界，J. 瓦伊那、G. 哈勃勒等都极为重视对外贸易和经济发展问题，发表了有影响的著作。

在西方经济学界，最早是 D. H. 罗伯特森（D. H. Robertson）提出引擎论点的，他于 1938 年在英国《经济学杂志》上发表了《国际贸易的未来》一文，提出了“对外贸易是经济增长引擎”的观点。第二次世界大战之后，R. 纳克斯（R. Nurkse）在 1959 年发表了题为《世界经济中的均衡与发展》的文章，大力主张对外贸易能使经济发展起来，不过后来纳克斯又修改了他的学说。当然，也有反对引擎论点的，如为数众多的激进学派的经济学家。

把对外贸易的作用提高到引擎的高度，可能是因为现实中有相应的案例。但是，“对外贸易是经济增长的引擎”到底是什么意思呢？这个论点认为要想发展经济就必须发展对外贸易，如果不发展对外贸易则经济就不能发展，就像汽车的行驶必须以安装了引擎为先决条件一样。引擎论点并非一种系统的理论，而仅仅是一种论点。那么，我们应该如何评价这种论点呢？作者认为可以归结为两方面：(1) 对于对外贸易对经济增长的积极作用必须予以肯定，这是经过理论推演和各国实践所证明了的，尽管肯定有个别国家由于政策不得当等原因，随着贸易的开展其贫困状况反而更加严重，即使贸易的经济增长效应不能被说成是“先决条件”那么重要，但对外贸易在一般情况下必定促进经济增长。(2) 究竟对外贸易对经济增长有无引擎作用取决于多种因素。通常贸易对大国的推动作用要小于小国，因为小国的产业结构易于调整。除去国家大小的因素外，还要看一国的贸易结构，主要是一国出口什么，如果主流的出口商品不同、国际经济地位不同、需求的收入弹性不同、出口价格走势不同等等，其外贸是否产生引擎作用情况就不同。像历史上的日本和英国，其对外贸易的作用就很大，可以说是起了引擎的作用，带动了其经济的起飞。像尼泊尔这样的国家，其外贸的促进作用就相对较小，因为它是一个内陆国家，交通和经济开放有更多的限制。像中国这样的大国，对外贸易的作用能否大到引擎的程度呢？从前许多人认为不能，因为我国幅员广阔，地区间差异性大，肯定不能指望通过发展对外贸易促使经济的根本改善，对外贸易最多只能充当一种“侍女”（克拉维斯，1970①）的作用。但就改革开放三十年来的实践和业绩看，对外贸易对中国经济增长和发展的作用是决定性的。

（二）乘数作用

乘数经常让人联想到 J. M. 凯恩斯，因为凯恩斯经常用其分析宏观经济政策效应。乘数有多种，譬如投资乘数、税收乘数、预算乘数、对外贸易乘数等等。所谓对外贸易乘数是指一国出口增长或贸易顺差所代表的一种有效需求的增加，将一轮又一轮地引起与这一有效需求的增加直接或间接关联的国内其他产业发生连锁反应，从而对该国国民收入产生乘数的扩大效果。外贸乘数原理主要说明，在边际储蓄倾向和边际进口倾向之和小于 1 的条件下，增加出口或增加顺差将有利于提高总需求水平并增加国内就业量；它分析的是每增加 1 元出口额会使国民收入增加多少元，会使国内就业增加多少。

---

① Owen Kravis. Trade As a Handmaiden of Growth: Similarities between the Nineteenth and the Twentieth Century[J]. *Economic Journal*, 1970: 850-872.

如下式4-13所示，假设C表示消费，S表示储蓄，I表示投资，G表示政府支出，T表示政府税收，X表示出口，M表示进口，Y表示收入，K_f表示外贸乘数，在开放经济中，一国国民收入均衡的条件是：

$$C + I + G + X = C + S + T + M \tag{4-13}$$

如果$G - T = 0$，即政府支出与税收相等，政府干预的因素可以排除，则有：

$$I + X = S + M \tag{4-14}$$

设ΔI为投资增量，ΔX为出口增量，ΔM为进口增量，ΔY为收入增量，为保持国民收入的动态平衡，需有：

$$\Delta X + \Delta I = \Delta S + \Delta M \tag{4-15}$$

变形后得：

$$\Delta I + \Delta X = (\Delta S/\Delta Y + \Delta M/\Delta Y)\Delta Y \tag{4-16}$$

即

$$\Delta Y = \frac{1}{\frac{\Delta S}{\Delta Y} + \frac{\Delta M}{\Delta Y}}(\Delta I + \Delta X) \tag{4-17}$$

其中$\Delta S/\Delta Y$被定义为边际储蓄倾向，即储蓄增量占收入增量的比重，用MP_S表示；$\Delta M/\Delta Y$被定义为边际进口倾向，即进口增量占收入增量的比重，用MP_M表示。

如只考虑出口贸易的作用，则需假设$\Delta I = 0$，即不考虑国内投资因素。上式改写为：

$$\Delta Y = \frac{1}{\frac{\Delta S}{\Delta Y} + \frac{\Delta M}{\Delta Y}}\Delta X \tag{4-18}$$

这时对外贸易乘数公式为：

$$K_f = \frac{1}{MP_S + MP_M} \tag{4-19}$$

由于MP_S和MP_M之和总是小于1，所以一定的出口增量或贸易顺差增量总能导致更大的收入增量。

现实中一国必定既有出口又有进口，故对现实更准确的描述应是在上述公式中以贸易差额$(\Delta X - \Delta M)$代替出口增量ΔX。

现在设$MP_S = 1/3$，$MP_M = 1/3$，则$K_f = 1.5$。如果贸易顺差增加1亿元，则国民收入将增加1.5亿元，这就是对外贸易的乘数作用。

通过上述分析，我们可以归结出外贸乘数的政策含义：在经济未达到充分就业时，实现贸易顺差可以增加收入和就业，出现逆差会减少收入、扩大失业。出口收入增量中用于购买本国产品的部分越高，则顺差导致的收入增量越大。进一步说，乘数作用鼓励一国实行奖出限入的对外经济政策。

（三）传导作用

传导是国际经济中各国相互影响的客观方式，当一国出现经济繁荣或经济萧条时，该国会通过对外贸易等渠道对他国产生影响，使之也趋向于繁荣或萧条，这就是传导的过程。传导的渠道有多种,如国际贸易、国际资本流动、移民以及跨国界的消费示范作用等。传导可分为积极传导和消极传导,积极传导是指把繁荣和经济发展传给他国,消极传导是把经济萧条和经济弊端传导给他国。积极传导如战后日本与美国在密切的经济关系前提下,美国经济繁荣对日本经济的积极影响;消极传导如20世纪80年代以来美国经济的不景气对中国台湾经济的消极影响。凯恩斯主义"以邻为壑"政策之所以有时能够奏效,就是因为存在外贸的传导作用。传导的机制是经济中各产业的连锁关系,引擎作用和乘数作用也是这种连锁关系的一种具体描述。一国贯彻开放政策的原则就是尽量利用积极传导、避免消极传导,以保证本国经济的稳定和健康发展。

二、技术变动和国际贸易——产品生命周期

产品生命周期理论(product life cycle theory)是美国经济学家 R. 弗农和 Jr. L. 维尔斯在20世纪60年代提出的一种关于产品营销、比较优势、贸易结构和资本流向的理论。这种理论把产品划分为一定的生命周期,即美国对某产品具有出口垄断、外国生产者开始生产、外国产品在出口市场进行竞争和向美国出口四个阶段。产品生命周期理论进行动态化的分析,弥补了比较优势理论的不足。

该学说认为,美国由于其先进的技术条件,所以首先开发了适合高收入阶层需要的、节约劳动的新产品。当新产品开发出来后,美国处于生产垄断和出口垄断的地位。这是产品生命周期的第一阶段,这时的生产成本不是厂商最重要的考虑因素。新产品在国外打开销路、扩大市场后,其他的发达国家将逐渐在本国生产这些产品。这些国家不需要负担新产品的研究与开发费用,不需要支付国际运费和关税,因此其产品较美国产品具有价格优势。虽然它还不能在国际市场上与美国产品进行竞争,但已可以逐步替代进口了。这是周期的第二阶段。其他发达国家生产新产品之后,销路逐渐打开,取得大规模生产的经济效益,成本进一步降低,终于能够出口到其他国家与美国产品相竞争了。美国的出口进一步缩减。这是周期的第三阶段。最后,由于这些发达国家工资水平较低,设备较新,随着出口的扩大,新产品成本持续降低以至低于美国进口所需的运费和关税。其产品终于进入美国市场,美国出口出现停滞状态。这样,新产品在美国的生命周期即告结束。这是周期的第四阶段。同时,发展中国家很可能开始在本国生产这种产品,逐渐增加向发达国家的出口。

弗农认为在新产品的生命周期中,要素投入量的比例是变动的。在周期的第一阶段,新产品尚需改进,工艺流程也未定型,需要科技人员和技术高度熟练工人投入大量劳动,因此产品是技术密集型的。到第一阶段末期和第二阶段,产品已经大致定型,只需半熟练劳动,产品由技术密集型转变为资本密集型,这时该产品生长成成熟产品。到了周期的第三、第四阶段,相对地说,产品和工艺流程都已经标准化了,劳动熟练程度已经不是重要因素,称为标准化产品。

在新产品的生命周期中,它的销售价格也发生有规律的变化。在第一阶段,厂商数目少,缺乏替代产品,新产品价格较高。在第二阶段该产品成为成熟产品时,各厂商只有采取价格策略,才能扩大销路。在第三、第四阶段该产品成为标准化产品后,价格低廉是主要的竞争手段,价格竞争十分激烈。

不同国家在产品生命周期中的比较优势并不相同。工业发达、技术先进、国内市场广阔的国家,在生产新产品和成熟产品方面具有比较优势。如果这些发达国家国内市场狭小,他们虽然在生产某些新产品方面有比较优势,但缺乏生产成熟产品的比较优势,因为过分依赖出口风险较大。发展中国家拥有相对丰富的不熟练劳动,具有生产标准化产品的优势。因此,当一种新产品在经历它的生命周期中的不同阶段时,比较优势就从一种类型的国家转向另一种类型的国家。

许多学者都认为,产品生命周期理论可以用来解释工业品贸易格局。但如果推出新产品的厂商是一些大的跨国公司,那么,它们就可以凭借其技术优势,抢先在东道国生产这些产品,不但占领东道国国内市场,而且占领国际市场,并向美国出口。在这种情况下,新产品的生产与销售自始至终在美国的控制之下,技术难以转移。

比较优势在产品生命周期各阶段的转移以及由此产生的投资和贸易的变动还可图示如下:

如图4-4,在 O-t_1 时期,技术先进的美国进行研究与开发,推出新产品;在 t_1 时期,美国开始出口新产品,美国垄断了新技术;在 t_1-t_3 时期,在技术上稍逊美国的发达国家净进口美国产品,同时开始模仿和研制;在 t_2 时期,由于新产品价格的变化和欠发达国家收入的增加,欠发达国家开始进口该产品;在 t_4 时期,由于技术的转移和美国产品在本国开始失去竞争优势,美国开始净进口;在 t_5 时期,由于欧日等发达国家和地区生产该产品已经处于衰退时期,且该产品已经成为标准化产品,所以发展中国家拥有了价格低廉的优势,开始向发达国家出口;在 t_6 时期,欧日等发达国家和地区开始净进口。

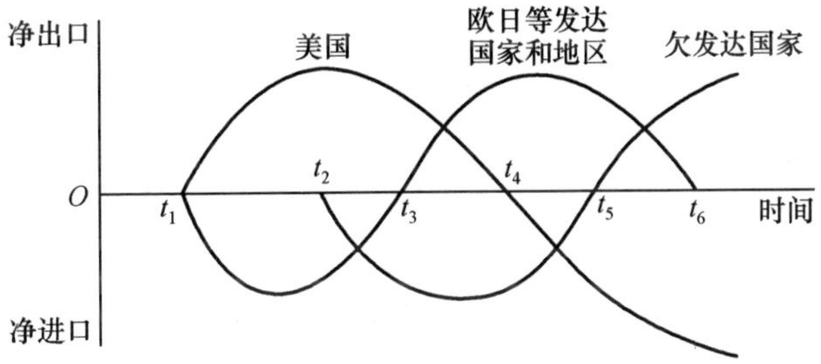

图4-4　产品生命周期与国际贸易结构

各类国家在技术的发展和比较优势的转换中,经济发展受到不同的影响。按照产品生命周期理论,各类国家的经济进步像是爬梯子,前面的爬一层,后面的进一步。从这个角度讲,落后国家的落后会有持久化的趋势。因为虽然欠发达国家可以取得生产成本上的比较优势,但这以技术停滞为前提。如果特定行业的技术进步仍在继续,那么,技术扩散便不会发生,从而落后的发展中国家的比较优势就不会出现。但从另一方面看,随着技术的转移和比较优势的转换,欠发达国家又可以实现产业的升级换代,经济得到发展,并且,产业结构的调整也给发展中国家经济适时的飞跃提供了可能。

三、要素变动与国际贸易

对经济现象进行静态分析,应该假设短期的生产要素不发生变动,但从长期考虑,人们会迁移,资本会积累,技术也会改变,这都会对贸易产生影响。

(一)生产要素中性增长与国际贸易

所谓生产要素中性增长是指各种生产要素同比例增长,即要素禀赋不发生变化。在生产要素中性增长前提下,生产和贸易必定均衡扩展,贸易利益总量会增加,但并不改变利益分配格局。但很显然,现实中很可能难以找到中性增长的情况,中性增长很可能只存在于理论分析中。

(二)偏向出口的生产要素增长与国际贸易

偏向出口的生产要素增长是指一国出口商品密集使用的生产要素的增长。这种偏向出口的生产要素增长会降低密集使用生产要素的价格,从而一方面激励厂商使用该生产要素,另一方面会降低产品成本,在(假设的)恒定的商品相对价格前提下,直至比较成本等于市场价格。偏向出口的生产要素增长必增加出口产品的产量,在出口货源增加和商品相对价格不变的前提下出口也会增加。这种变化可用图 4-5 表示。在图中,P 表示恒定的商品相对价格,A 点表示要素增长前某国的生产点,通过贸易,其消费点位于 C_1 点;生产要素增长后,该国生产点位于 B 点,纵轴所示的商品产量增加了,提供了更多的出口货源,也可进口更多的横轴所示的商品,结果消费点如 C_2 所示。总之,偏向出口的生产要素增长会扩大贸易的规模,产生偏向出口的经济增长。

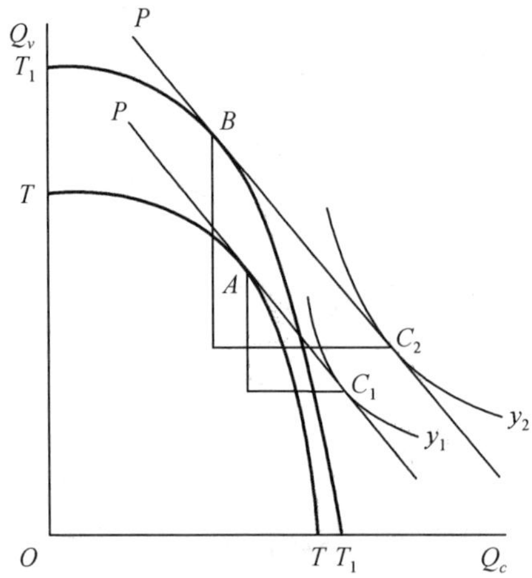

图 4-5 偏向出口的要素增长

(三)偏向进口的生产要素增长与国际贸易

偏向进口的生产要素增长是指进口商品密集使用的生产要素的增长。偏向进口的要素增长之后,要素价格将降低,结果一方面厂商会多使用该生产要素,另一方面产品成本会降低,在恒定的商品相对价格前提下,直至比较成本等于商品价格。偏向进口的要素增长使一国进口竞争品的产量增加,在相对价格不变前提下,必然削减进口。这种变化如图 4-6 所示。在图中,TT 表示生产要素变动之前某国的生产可能性边界,A 点为其生产点,通过出口纵轴所示的产品和进口横轴所示的产品而使消费位于 C_1 点;偏向进口的生产要素,譬如说劳动增加之后，该国生产可能性边界变为 T_1T_1 所示，结果生产定位于 B 点，由于 B 点的生产包含了更多的横轴所示的产品产量，所以进口减少，表现为图中以 B 为基础的贸易三角形小于以 A 点为基础的贸易三角形。总之，偏向进口的要素增长会使一国产生进口替代，会缩减贸易规模。

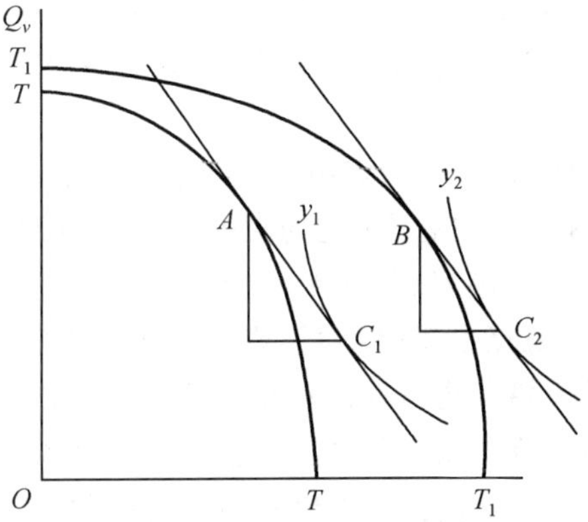

图 4-6　偏向进口的要素增长

（四）卢布津斯基增长与国际贸易

还有一种生产要素增长的方式是进口竞争行业密集使用的要素大量增加，以至于国内生产不仅代替了进口，而且该国的生产优势和贸易优势转向了要素增长的行业，使之成为出口的行业，我们称之为卢布津斯基增长。许多国家正是从资本密集型产品的进口国转变成为资本密集型产品的出口国，实现了工业化，例如美国。在图 4-7 中，再现了美国经济的发展历程。随着移民的增加和资本积累的进行，作为进口竞争行业的劳动和资本密集型行业演变成为具有比较优势的出口行业，我们可以看到生产点（由 P 到 P_1）、消费点（由 C 到 C_1）和贸易三角形的变化。作为纯粹的理论分析，卢布津斯基增长演示了一衰一荣的结构变动，作为现实的历史演进，美国劳动及资本密集型产业繁荣了，美国的农业（土地密集型产业）也持续繁荣发展，因为农业的发展也伴随着技术进步和资本密集化。

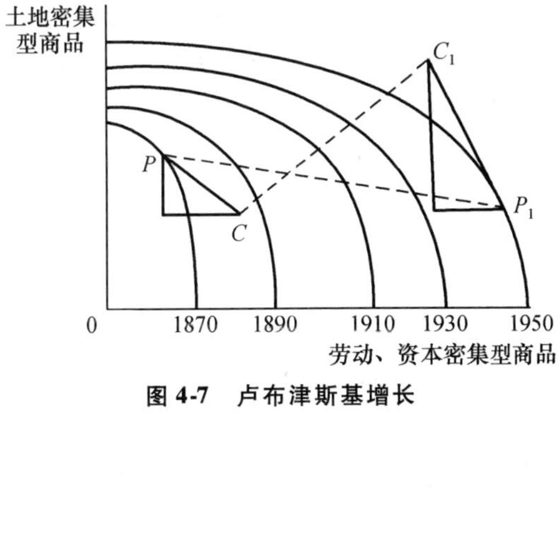

图 4-7　卢布津斯基增长

四、贸易条件与经济发展

贸易条件是国际贸易理论中的老大难问题。“老”是指该问题渊源很久,从李嘉图到穆勒,从马歇尔的提供曲线到要素禀赋理论,然后到激进学派等等,一直进行研究;“大”是指贸易条件本身问题很大,它是个宏观问题,涉及贸易利益分配问题、一国经济发展问题及公平和效率问题;“难”是指问题本身很难,难以衡量和计算,且易产生倾向性。

(一)贸易条件的含义

贸易条件(**terms of trade**)是一个国家用出口换取进口的条件,即两国贸易时的交换比例,是贸易利益的重要衡量标准。它有多种表示方法。譬如用贸易的实物形态表示,当一定出口商品能够换回更多的进口商品时,则表明一国贸易条件改善了;反之,则恶化了。这一种方法的特点是简单易懂,但缺点是难以衡量,难以应用。再譬如用价格来表示贸易条件,这种贸易条件就是出口商品价格与进口商品价格之比,但进出口商品种类繁多,所以必须计算进出口商品价格指数进而计算贸易条件指数。公式如下式 4-20 所示:

$$\text{贸易条件指数}=\frac{\text{出口商品价格指数}}{\text{进口商品价格指数}}\times 100 \tag{4-20}$$

当贸易条件指数大于 100 时,表明该期同量出口商品换回了比基期更多的进口商品,贸易条件得到改善;或者说,当贸易条件指数大于 100 时,表明与基期相比,出口商品的收入相对于进口商品的花费更高,所以贸易条件得到改善;反之,如果贸易条件指数小于 100,则表明贸易条件恶化。如果贸易条件指数等于 100,则表明贸易条件没有发生变化。贸易条件的实质是贸易利益的分配问题。一国贸易条件持续改善,则表明该国得自贸易的利益持续增加;反之,则表明一国得自贸易的利益持续下降。从贸易会产生额外的利益这个意义上说,贸易行为不是零和博弈,但从贸易利益的分配来看,则对一国有利必对他国不利。

但应该指出,贸易条件指数的有效性是有限的。它只能表示不发生要素结构变动时期贸易利益的变化情况,而不能衡量一国参与贸易的总利益。所以又有所谓要素贸易条件,它是指每单位要素投入的出口品生产所能换回的进口品数量。表现为商品交换的生产要素的国际交换比率。通常用以说明出口产业生产效率变化对商品贸易条件的影响。要素贸易条件常分为单要素贸易条件(single factorial terms of trade,简称 SFTT)和双要素贸易条件(double factorial terms of trade,简称 DFTT)。单要素贸易条件只限于贸易国一方的出口产业的要素生产力变动。双要素贸易条件则同时包括双方的出口产业的要素生产力变动。单要素贸易条件和双要素贸易条件的计算分别如式 4-21 和 4-22 所示。

$$\text{SFTT}=\frac{P_x}{P_m}\times Z_x \tag{4-21}$$

$$\text{DFTT}=\frac{P_x}{P_m}\times \frac{Z_x}{Z_m} \tag{4-22}$$

其中:P_x 和 P_m 分别是出口和进口部门的产品价格;Z_x 和 Z_m 分别是出口和进口部门的劳动生产率指数。

要素贸易条件下降会导致实际收入下降,所以说,要素贸易条件是转变贸易类型进而变动产业结构的信号。经济增长是同生产率的提高相并行的，如果商品贸易条件下降的同时劳动生产率提高了，且劳动生产率提高的幅度更大，那么贸易利益仍可提高；反之，如果商品贸易条件的下降超过了劳动生产率的提高，那么贸易利益就会下降，即所谓的贫困化增长，当出现贫困化增长时，就需要把造成此情况的贸易类型停下来，即进行贸易结构进而进行产业结构的调整。总之，商品贸易条件反映了单位出口商品的利益变化，而要素贸易条件则表示每单位生产要素的贸易利益的变化，是一种较综合的反映。要素贸易条件的上升表明实际收入的增加，要素贸易条件下降会导致实际收入下降。要素贸易条件是转变贸易类型进而变动产业结构的信号，所以要素贸易条件较其他贸易条件更为重要。

最后，在考察贸易条件时还应注意营销意图或政策意图，譬如为了扩大市场占有率降低价格，或进行倾销，从商品贸易条件来看，是趋于恶化的行为，但却获得了另一种利益。所以，还应该进行综合的考察。

（二）贸易条件的决定和影响因素

按照约翰·穆勒和阿尔弗雷德·马歇尔等人的观点，贸易条件由供需的相对强度决定。但除此之外，还有许多影响贸易条件的因素。

1. 经济发展和贸易条件

经济增长使一国生产要素增加，按照卢布津斯基定理，当一种生产要素增加时，那么，密集使用该要素的产品会增加，而另一种产品的产量会下降。据此，当一种生产要素增加时，如果密集使用该要素的产品是出口商品，那么，该国的贸易规模会扩大；如果该国该商品的市场份额增加到足够大，那么该商品出口价格便下降，结果导致该国贸易条件的恶化。如果密集使用增加的生产要素的产品是进口商品，那么会产生进口竞争商品的增加，从而减少进口；如果该国市场份额足够大，那么进口的减少会降低该进口商品的价格，从而有助于改善该国贸易条件。可见，经济发展对贸易条件的影响取决于要素的增长出现在出口行业还是进口竞争行业。假设进出口的变动能够影响世界市场价格，那么，替代进口的经济增长，会改善一国贸易条件，而扩大出口的经济增长则会恶化一国贸易条件。

经济发展必然伴随技术进步，技术进步也会对贸易条件产生影响。技术进步可增加生产要素的供给量，因此，技术进步会产生类似于要素增长的贸易条件效应。即节约了出口商品密集使用的生产要素的技术进步，会扩大贸易规模，增加出口，但可能会恶化一国贸易条件；反之，节约了进口竞争产品密集使用的生产要素的技术进步，则会加快进口替代的进程，减少进口，有助于改善一国贸易条件。

2. 贸易结构和贸易条件

两个国家的对外贸易商品价格状况不同，则进出口商品的价格走势不同，因此贸易条件变动情况就不同。主流出口产品为初级产品的国家，由于技术进步导致现代工业对天然原料的需求下降、依赖性降低，所以初级产品的出口价格易出现下降的趋势，这类国家的贸易条件易趋于恶化。而主流出口产品为工业产品（尤其是高精尖产品）的出口国家，其产品需求随着各国收入的增加而增加，其产品本身随着技术进步而附加值逐步增加，故其贸易条件易趋于改善。产业内贸易指数高的国家，其贸易条件不易发生大的波动，易形成一种稳定的贸易利益分配关系。

3. 外贸政策和贸易条件

许多政策工具都能产生适合各国政府需要的贸易条件效应。例如,有的国家注重扶持大的出口集团,如大的综合商社、出口卡特尔、大型跨国公司等,这样可以形成一定的市场垄断力量,发挥企业的国际影响力,消除过度竞争和无效竞争,维护本国出口贸易的利益,改善本国贸易条件。如我国某些矿产品出口的做法,即总公司负责签约,省市分公司备货履约,有助于消除内部竞争,防止出口价格的下降,防止贸易条件恶化。再如,关税政策在特定情况下亦有助于改善一国贸易条件。假设征税国为一大国,即该国每年进口量占世界市场交易量的一个较大比重,那么,该国征收进口税后,该国需求的下降将形成世界市场需求的(当然是更小程度的)下降,于是被征税商品价格下跌,即该国进口价格下降,贸易条件改善。所以,国际贸易中的大国在理论上可以寻求一种最佳的进口税率,获得自己的最大化利益。

(三)发展中国家贸易条件的长期趋势

激进学派的经济学家较普遍地认为,发展中国家的贸易条件由于其外围地位和出口结构等因素而陷入了长期持续的恶化。在许多发展中国家获得独立后,沿袭了殖民时期遗留下来的出口初级产品进口工业产品的贸易格局。这种贸易格局对发展中国家的经济发展是十分不利的,它导致了发展中国家贸易条件的恶化。劳尔·普雷维什(Raul Prebisch)认为,发达国家主宰的贸易格局对发展中国家的贸易条件和国际收支状况所产生的不良影响,远远超过了从所谓“资源有效配置”中所能获得的利益,发展中国家的贸易条件持续恶化,与发达国家的贫富差距越拉越大。

普雷维什认为,造成贸易条件持续恶化的主要原因有两方面:一是殖民时期遗留下来的国际分工体系。发达国家居于中心统治地位,生产工业制成品,发展中国家居于外围的被支配的地位,生产初级产品,成为中心国家的原料供应地。二是发展中国家出口初级产品面临每况愈下的需求条件和收入状况。发展中国家出口的初级产品缺乏需求的价格弹性和需求的收入弹性,而发达国家出口的工业制成品的需求价格弹性和需求收入弹性都较大。这一方面是因为发达国家的企业主和工人争取和维护收入的能力较强,中心国家劳动生产率较高,技术和生产力进步快,因而既可以降低工业品的成本,也可以取得较高的价格;同时,发达国家的技术进步使工业生产的原料利用量日趋减少及日趋精致,大量合成原料不断涌现,替代了对天然原料的需求,造成了对初级产品需求的下降,从而对初级产品的需求价格弹性降低。另一方面,因为发展中国家经济实力薄弱,工人缺乏组织,缺乏要求提高工资收入的能力;初级产品出口部门采用了新技术,就会排挤劳动力,而国内其他部门发展缓慢,难以吸收过剩的劳动力,从而必然会抑制工人工资收入的提高,抑制初级产品价格的上升。初级产品越来越恶劣的需求条件也损害了初级产品生产者的利益,减少了外汇收入,使发展中国家的初级产品出口面临着日趋恶劣的收入状况。总之,中心外围学说批驳了传统的自由贸易理论,进行基于现实贸易格局的分析,在一定程度上维护了发展中国家的利益。

既然基于传统贸易理论来发展经济似乎前途渺茫,那么,怎样才能使发展中国家摆脱困境、健康发展呢?一种观点认为应该实现进口替代和出口替代,从而走工业化的道路。

(四) 贫困化增长

在讨论要素增长的贸易效应时,我们是假设出口或进口的变化不影响进出口商品价格,即不影响一个国家的贸易条件,也就是说假设该国是一个小国,是世界市场上价格的接受者,而不是决定者。但如果一国某种商品的出口量较大,占世界市场交易量的较大比重,那么,这个国家就是世界市场上价格的决定者,能够决定或影响世界市场价格,即该国的贸易行为会影响其贸易条件。如果这样一个国家的出口扩大导致贸易条件的恶化,那么,贫困化增长就会出现。

贫困化增长(**immiserizing growth**)是指当一国生产要素增加,从而使出口产品增加时,该国的出口收入和福利水平不但没有随之增加,反而下降了,也被称为悲惨的增长或恶性增长。图 4-8 是现实中曾存在的巴西出口咖啡豆出现贫困化增长的例子。其中 P_1 是巴西要素增长之前的生产点,通过贸易获得 C_1 点所示的消费;后来,由于巴西农民开垦荒地,扩大咖啡种植,出现偏向出口的要素增长,但由于巴西咖啡出口量已占世界市场交易量的很大比重,故生产的扩大和出口的增加降低了咖啡出口价格,即降低了一定咖啡出口所能换回的汽车的进口量,表现为相对价格或贸易条件由 T_1 变为 T_2,所以最终福利水平并没有增加,而是由 C_1 降为 C_2,这就是贫困化增长。这虽然是一种极端的情况,但它能够说明发展中国家对外贸易中的困难情况,这种困难情况的根源是缺乏技术进步的增长导致了同质产品的大量增加。追求差异化产品有助于消除或减少出口价格的下降,而产品差异化正是工业产品的市场特征。

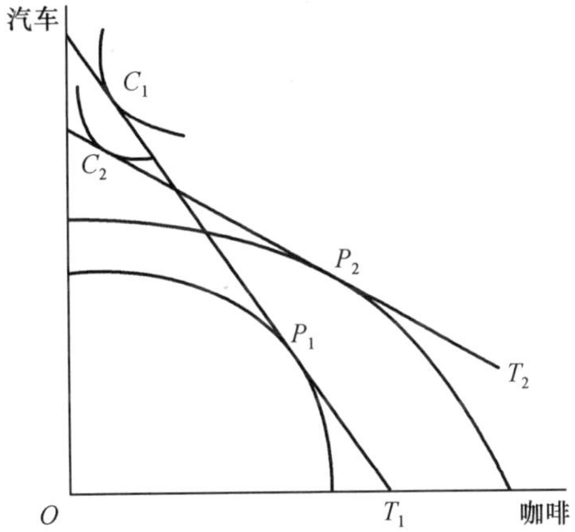

图 4-8 贫困化增长

通过上述分析,可以发现,产生贫困化增长需满足三个条件:一是一国出口商品的市场占有率已经很高,继续增加供应势必降低其价格;二是一国出口商品在国外市场缺乏需求的价格弹性;三是发生偏向出口的要素增长。只有满足了这些条件,一国贸易条件才可能恶化,贫困化增长才能出现。贫困化增长是发展中国家可能出现的一种情况,而不是一种历史的必然。

本章小结

1. 产业内贸易是指国际贸易中同一产业内部相同产品的相互贸易,即一国同时进口和出口同产业内的产品。产业内贸易的发达程度可以用产业内贸易指数来衡量。

2. 偏好相似理论认为国家间收入相似会导致需求相似或重叠需求,需求相似会导致国家间相互出口的机会多规模大。发达国家收入相似,所以发达国家间贸易规模大,且发达国家的相互贸易又多为产业内贸易。

3. 垄断竞争市场模型中厂商数目和厂商价格受市场规模影响,市场规模越大,则厂商数目越多,厂商销量越高;对于消费者来说,市场规模越大,则价格越低,产品种类越多。

4. 对外贸易可以促进经济增长和经济发展,增长效应主要包括引擎作用、乘数作用和传导作用。

5. 产品生命周期理论把产品划分为一定的生命周期,即美国对某产品具有出口垄断、外国生产者开始生产、外国产品在出口市场进行竞争和反相向美国出口四个阶段。产品生命周期理论对国际贸易进行动态化的分析,弥补了比较优势理论的不足。

6. 生产要素中性增长是指各种生产要素同比例增长,即要素禀赋不发生变化。偏向出口的生产要素增长是指一国出口商品密集使用的生产要素的增长。偏向进口的生产要素增长是指进口竞争商品密集使用的生产要素的增长。卢布津斯基增长是指进口竞争行业中密集使用的要素大量增加,以至于国内生产不仅代替了进口,而且该国的生产优势和贸易优势转向了要素增长的行业,使之成为出口行业。

7. 贸易条件是一个国家用出口换取进口的条件,即两国贸易时的交换比例,是贸易利益分配的重要衡量标准。

8. 贫困化增长是指当一国生产要素增加、从而使出口产品增加时,该国的出口收入和福利水平不但没有随之增加,反而下降了,也有人称之为悲惨的增长或恶性增长。

练习与思考

1. 试述产业内贸易的重要性。

2. 产品的生命周期对国际贸易有什么影响?

3. 产品生命周期模型的前提条件是什么?

4. 各种类型的要素增长对一国的生产可能性曲线分别有什么影响?

5. 一种或两种商品生产中的中性技术进步是如何影响一国的生产可能性曲线的?

6. 哪种类型的经济增长最可能导致国家福利的下降? 哪种类型的经济增长最可能导致国家福利的改善?

7. 在下列进出口水平条件下,计算产业内贸易的程度。

(1) 进口 10000 和出口 10000;

(2) 进口 10000 和出口 5000;

(3) 进口 10000 和出口 2500;

(4) 进口 10000 和出口 0。

第五章

贸易保护政策理论

本章提要

尽管自由贸易对各国来说都是一件好事,但历史上为贸易保护所作的辩护从未停止过。特别是有少数的关于贸易保护的论据还对国际贸易理论产生了很大影响。从政策目标看,贸易保护主义观点可划分为两大类:一类出于本国利益的考虑,认为在某些情形下,保护可提高本国现在或未来的福利,如最优关税论、幼稚产业论等;另一类则从收入再分配的角度出发,把贸易政策的制定解释成利益集团院外活动的结果,如贸易政策的政治经济学。

本章结构图

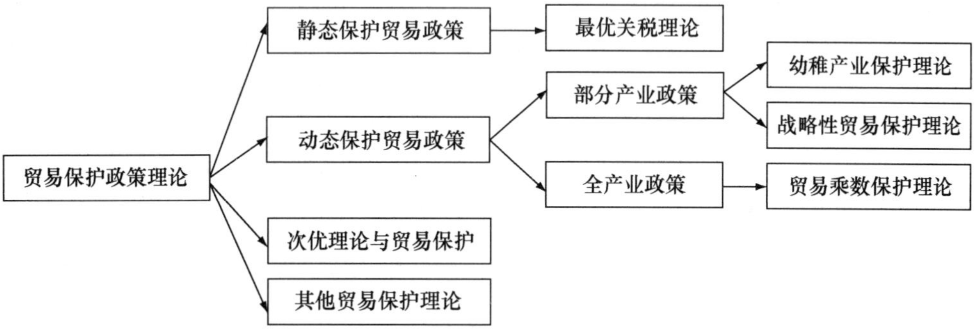

学习目标

◎ 重点掌握最优关税论、幼稚产业论、战略性贸易政策理论等主要保护主义贸易理论的基本思想。

◎ 掌握次优理论与贸易保护、贸易条件恶化理论。

◎ 了解贸易保护的非经济动机。

自由贸易和保护贸易的争论有着悠久的历史。现实中存在贸易保护主义，说明保护主义有其存在的合理性。理论上也有不少有影响的论据支持贸易保护主义。这些理论大致分为两类：一类是从国家整体利益出发，认为在某些情况下，贸易保护可以提高本国现在或未来的福利，如最优关税论、幼稚产业论等；另一类则从收入再分配的角度出发，把贸易政策的制定看成是利益集团院外活动的结果，这类观点通常被称为贸易保护主义的政治经济学。

第一节　最优关税理论

前文已述，在大国情形下，关税可改善本国的贸易条件，这意味着关税有可能改善本国的福利水平，即实施贸易保护可获得超过自由贸易下的利益，这一点正是**最优关税理论**（**the optimum tariff**）的核心思想。

一、供求弹性与关税承担

在大国情形下，关税负担是由国内消费者和国外出口商共同承担的，双方承担的程度取决于出口商产品的供给弹性和进口国对该产品的需求弹性。所谓需求有弹性，是指当产品的市场价格变化时，需求量变化的程度（百分率）超过该产品价格本身的变化程度。从国际贸易的角度看，需求弹性取决于三个因素：即消费者对该产品本身的需求弹性，对来自国外出口商产品的依赖程度以及外国出口商产品所面临的替代品的多寡。所谓供给有弹性，是指当商品价格变化后，供给量变化的程度超过其价格变化的程度。从国际贸易的角度看，某种产品的出口供给弹性，决定于该产品出口对征税国市场的依赖程度。

总的来说，当一国政府要对某种产品征收进口关税时，国外生产者和国内消费者承担关税与否以及承担关税的程度，决定于被征税厂商商品的供给弹性与国内消费者的需求弹性。

1. 从供给角度讲

（1）如果出口国对进口国的市场依赖程度较大，征税商品的供给弹性很小，就意味着外国出口商要承担更多的关税。

（2）如果出口国对进口国的市场依赖程度较小，征税商品的供给弹性很大，那么出口商就不愿意承担任何关税。

2. 从需求角度讲

（1）如果进口国对该产品的需求有弹性，那么其进口规模会随着关税的上升而下降；

(2) 如果进口国对该厂商产品的需求弹性较小,甚至无弹性,那么进口国的消费者可能承担绝大部分进口关税。

最优关税就是在充分考虑出口供给弹性和进口需求弹性的基础上,确定一适当的关税水平。

二、最优关税

最优关税(optimum tariff),是指使本国福利达到最大的关税水平,确定最优关税的条件是进口国由征收关税所引起的额外损失(或边际损失)与额外收益(边际收益)相等。

1. 最优关税的特点

(1) 最优关税不会是禁止性关税。因为在禁止性关税下,进口国不能进口该产品,因而从中也就无获利可言。

(2) 最优关税水平决定于外国出口商产品的供给弹性。因此,进口国政府确定的最优关税水平与出口国厂商向进口国提供产品的供给弹性成反比。

2. 最优关税的确定

最优关税的确定的原则是,在零关税与禁止性关税之间,寻找某一最佳点,在这一点,因贸易条件改善而额外获得的收益恰好抵消了因征收关税而产生的生产扭曲和消费扭曲所带来的额外损失。

最优关税的确定可由图 5-1 说明。图中横坐标表示关税率,纵坐标表示征收国的福利水平,曲线 AB 表示关税水平对本国福利的影响。A 点对应的关税为零,即 OA 代表自由贸易状态下的社会福利水平。t_H表示禁止性关税,在该关税水平,国内经济又回到了封闭状态下,所以当关税水平大于或等于 t_H时,社会福利水平要低于自由贸易下的福利水平,即 $OD < OA$。如图所示,曲线 AB 在 C 点的切线斜率为零,即在这一点,进口国的福利达到最高,对应于这一点的关税税率为 t^*,该税率即为最优关税。

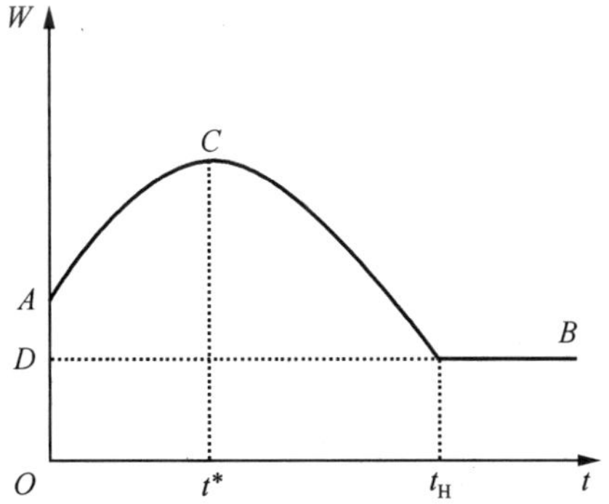

图 5-1　最优关税的确定

三、最优关税与抽取垄断租金

上述关于最优关税的讨论是基于供求弹性而言的,此外,从垄断角度讲,征收最优关税还意味着从出口商那里抽取一部分垄断租金(snatching rent),即关税带来的利益来源于垄断厂商的一部分垄断利润。在垄断存在的条件下,垄断出口商为保证利润的最大化,将承担一部分关税负担。

图 5-2 说明垄断租金的抽取。假设在进口国市场上没有其他生产者生产同类产品,因而出口商是进口国市场某种产品的唯一供应者(或垄断者)。图中进口国国内需求曲线为 D(这也是出口商在进口国所面对的需求曲线),边际收益曲线为 MR,为了方便起见,假设出口商的平均成本与边际成本相同,且为常数,故平均成本曲线与边际成本曲线是一条相同的直线。

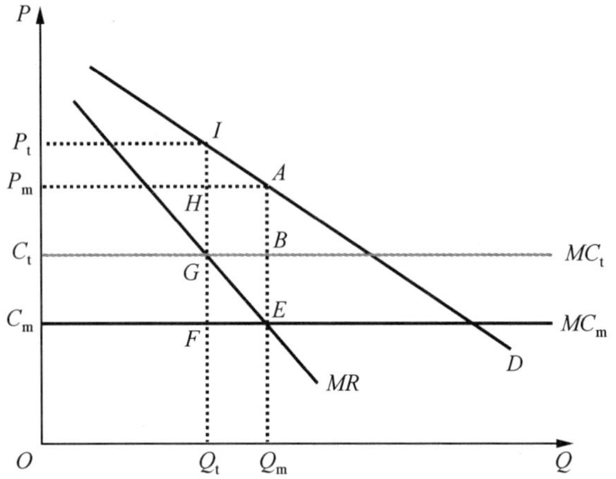

图 5-2　最优关税与抽取垄断租金

在进口国征收关税前,出口商根据利润最大化条件决定其在进口国国内市场的销售量和价格,图中边际收益曲线 MR 与边际成本曲线 MC_m 的交点决定了销售量和价格,分别为 Q_m、P_m。此时,出口商获得的垄断利润为 P_mAEC_m。

征收关税后,出口商的出口成本由 C_m 升至 C_t,现在出口商出于利润最大化的考虑,会重新确定其销售量与价格,由图可知,它将以更高的价格 P_t 出售低于原先销售量的产品(Q_t)。由于边际收益曲线比需求曲线更陡,所以征收关税后,进口商品价格的上涨幅度要低于出口商成本的上涨幅度。

由于征税后,国内市场进口商品价格上升,且消费减少,所以消费者福利遭受损失。如图所示,消费者剩余的减少部分为 P_tIAP_m,但政府财政收入增加了 C_tGFC_m,此时,关税的净福利效应取决 P_tIAP_m 与 C_tGFC_m 的比较。因为价格上涨的幅度小于关税,即 $P_tP_m < C_tC_m$,所以 $P_tIAP_m < C_tGFC_m$。如果进口需求弹性比较高(即需求曲线比较平坦),那么 $\triangle IAH$ 的面积就会很小,此时,关税就有可能改善进口国的福利。在这种情况下,可确定一最佳关税率使得进口国的福利达到最大。

另一方面,征税后,出口商的利润要减少,如图所示,出口商的利润减少部分 $=(C_tGFC_m + HAEF) - P_tIHP_m$,即关税"抽取"了部分垄断利润。

第二节　幼稚产业保护理论

与最优关税论所强调的短期利益不同,幼稚产业论从未来可实现潜在利益出发,讨论了贸易保护对一国经济发展的重要性。

幼稚产业的观点最早由美国政治家汉密尔顿(Alexander Hamilton)于1791年提出,但真正引起人们注意的是德国经济学家李斯特(Friedrich List)的论述,他在1841年出版的《政治经济学的国民体系》一书中详细阐述了幼稚产业保护理论(infant industry theory)。

一、幼稚产业的含义

幼稚产业(**infant industry**),是指处于成长阶段尚未成熟、但具有潜在优势的产业。为了实现潜在的优势而对该产业实行暂时性的保护是完全正当的,因为如果不提供保护,该产业的发展便难以继续,潜在优势也就无法实现。不过应当注意的是,保护应该是暂时的,当该产业成长起来以后就应该撤除保护,实行自由贸易。

二、幼稚产业的判定标准(M-B-K-K 标准)

幼稚产业保护的论点通常是以尚未实现的内部规模经济或外部规模经济的存在为前提的。关于幼稚产业的判断标准,主要有以下四种:

(一) 穆勒标准(Mill's Test):潜在竞争力标准

如果某个产业由于缺乏技术方面的经验,生产率低下,生产成本高于国际市场价格而无法与外国企业竞争,在一定时期的保护下,该产业能够提高效率,在自由贸易条件下存在下去,并取得利润,该产业即为幼稚产业。

穆勒标准的实质:(1) 正当的保护只限于对从外国引进的产业的学习掌握过程,过了这个期限就应取消保护;(2) 保护只应限于那些在被保护不久之后,没有保护也能生存的产业;(3) 最初为比较劣势的产业,经过一段时间保护后,有可能变为比较优势产业。

(二) 巴斯塔布尔标准(Bastable's Test):现值标准

判断一种产业是否属于幼稚产业,不光要看将来是否具有成本优势,还要在将保护成本与该产业未来所能获得的预期利润的贴现值加以比较之后才能确定。受保护的产业在一定的保护期后能够成长自立,为保护、扶植幼稚产业所需要的社会成本不能超过该产业未来利润的现值总和,符合条件的为幼稚产业。

巴斯塔布尔标准的实质:(1) 受保护的产业在一定时期以后,能够成长自立;(2) 受保护产业将来所能产生的利益,必须超过现在因为实行保护而付出的成本。

(三) 坎普标准(Kemp's Test):外部经济标准

除了前两个标准的内容外,应考虑产业在被保护时期的外部效应,如具有外部性,该技术可以为其他产业所获得因而使得本产业的利润无法增加,将来利润无法补偿投资成本,国家应该予以保护。

坎普标准的实质:(1) 内部规模经济的情形下,即使某一产业符合穆勒和巴斯塔布尔的标准,政府的保护也不见得是必要的。因为企业自身的牟利性决定了该产业会自动地发展下去;(2) 在外部规模经济存在时,私人边际收益与社会边际收益之间可能出现偏离,只有其在保护之后,能够产生显著的外部经济效应,才有保护的必要;(3) 与强调内部规模经济的前两个标准不同的是,坎普标准更加强调外部规模经济与幼稚产业保护之间的关系。

(四) 小岛清的选择标准(Kiyoshi Kojima's Test):总体经济发展标准

应根据要素禀赋和比较成本的动态变化,选择一国经济发展中应予保护的幼稚产业。只要是有利于国民经济发展的幼稚产业,即使不符合巴斯塔布尔或坎普标准,也是值得保护的。至于怎样确定这种幼稚产业,则要从一国要素禀赋状况及其变化,从幼稚产业发展的客观条件方面来考察这一问题。

小岛清的选择标准的实质:(1) 所保护的幼稚产业要有利于对潜在资源的利用;(2) 对幼稚产业的保护要有利于国民经济结构的动态变化;(3) 保护幼稚产业,要有利于要素利用率的提高。

三、幼稚产业保护理论的主要思想

幼稚产业保护理论的核心是:一国实行贸易政策的原则是其贸易政策必须同本国工业发展的进程相适应。

(一) 经济发展阶段论

李斯特将一国经济发展的历程分为五个阶段:原始未开化阶段、畜牧阶段、农业阶段、农工业阶段、农工商业阶段。他认为,在不同的经济发展阶段应采用不同的贸易政策,自由贸易并不适用于每个经济发展阶段。在农工业阶段的国家应采用保护主义的贸易政策,原因是此时本国工业虽有所发展,但发展程度低,国际竞争力差,不足以与来自处于农工商业阶段国家的产品相竞争;若采用自由贸易政策,不但享受不到贸易利益,还会令经济遭受巨大冲击。

(二) 生产力论

不管是亚当·斯密的绝对优势说还是大卫·李嘉图的比较成本说,都说明了明显的贸易利益。对此,李斯特认为,自由贸易固然有益,但这样的贸易利益不足以作为贸易自由化的依据,原因是自由贸易理论是基于静态分析方法和世界主义的立场之上,这与现实世界不符。这样的贸易利益应被视为静态的贸易利益,按照比较优势进行贸易,尽管落后国家在短期能够获得一些贸易利益,但从长远来看,该国生产财富的能力却不能得到应有的发展。任何时候,各民族的利益都高于一切,当自由贸易损害到一国实际或潜在利益的时候,该国有权考虑自己的经济利益,并且在经济发展的过程中,比较优势是动态且可培养的。因而落后的国家在面临发达国家强有力的竞争时,为了"促进生产力的成长",有理由采取产业保护措施。针对当时的经济背景,李斯特指出,对于德、美这样的处于农工业阶段的国家如果与处于农工商业阶段的英国进行自由贸易,虽然表面上在短期能够获得贸易利益,但在长期将损害其生产力,制约其创造财富的能力。一个国家要追求的是财富的生产力,而非仅仅是财富本身。"财富的生产力比之财富本身,不晓得要重要多少倍;它不但可以使已有和已经创造的财富获得保障,而且可以使已经消灭的财富获得补偿"。

(三) 国家干预论

像重商主义一样,幼稚产业保护理论也强调国家在贸易保护中的重要作用。李斯特认为,政府不能作为"守夜人",要做"植树人",应制定积极的产业政策,利用关税等手段来保护国内市场。

(四) 关税保护制度

李斯特认为,应采用关税制度来实现贸易保护主义。在该制度的设计上,应体现以下几点:第一,差别关税。以对幼稚产业的保护为出发点,对不同的产业征收不同的关税。比如对于与国内幼稚工业相竞争的进口产品征收高关税,同时以免税或低关税的方式来鼓励国内不能自行生产的机械设备的进口。第二,有选择性的保护。并非对所有工业都加以保护,保护是有条件的。只有那些经过保护可以成长起来的,能够获得国际竞争力的产业,才对其加以保护;对于那些通过保护也不能成长起来的产业则不予以保护。第三,适时调整。对幼稚产业的保护不是无休止的,而是有期限的,超过了规定的期限,该产业即便没有成长起来,也要解除对它的保护。图 5-3 直观地说明了对幼稚产业的判断方法和保护期限。

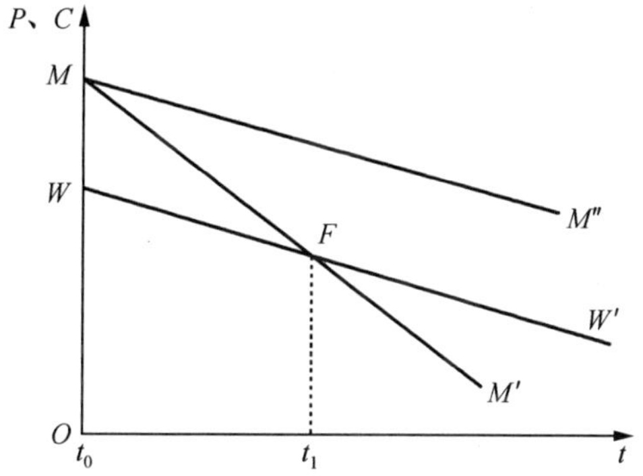

图 5-3　幼稚产业保护期限的确定

图 5-3 的横轴表示时间(t),纵轴表示价格 P 或成本 C。WW'线和 MM'线分别表示该国受保护产品在世界市场和本国的价格或成本随时间变化的曲线图。因为价格和成本具有相同的变化趋势,所以用 P 或 C 都可以解释以下的情况。WW'线和 MM'线都向右下方倾斜,表示随着时间的推移所产生的技术进步使该产品的价格或成本递减。MM'线的斜率大于 WW'线的斜率,表示本国产品的价格或成本比世界市场上的该产品的价格或成本下降得快,即本国产品拥有竞争的潜力。在 t_0时,本国的该产业开始生产,但此时其产品的 P 或 C 为 OM,高于世界市场上的 OW,所以,这时本国产业如果得不到保护,就难以发展。现假设该国对该产品的进口品征收 MW 的关税,使本国产品的价格与进口品的价格相同。于是,本国产品开始替代进口品。经过一定时期(如 t_0至 t_1)的经验积累和技术进步,在 t_1时本国产品的 P 或 C 与进口品的 P 或 C 趋于一致,这时关税便可取消,保护期结束。t_1以后,国内产品的 P 或 C

低于世界市场上该产品的 P 或 C,该国转而可以成为该产品的出口国。这说明产业保护政策取得成功的关键在于被保护的国内产品的价格或成本的下降速度要快于世界市场上该产品的价格或成本的下降速度。否则,对于某一个受保护的产品,如果其价格或成本的轨迹不是 MM',而是 MM'',则依靠关税保护来推动该产业发展的努力便会失败。如果国内产品的价格或成本越来越高于世界市场上该产品的价格或成本,说明其竞争力越来越弱,这样的产业就失去了保护的价值。

需要注意的是,李斯特并不否认自由贸易政策的一般正确性,他认为,当一个国家解决了落后问题,即实现了工业化后,是可以选择自由贸易政策的。这是幼稚产业保护理论与其他贸易保护理论的一个不同之处。

四、对幼稚产业保护理论的质疑

尽管对幼稚产业的保护成为过去几十年间各个国家尤其是发展中国家通行的做法,对幼稚产业进行一定的保护并不违背 WTO 的有关规则,但还是有许多人对这种做法提出了质疑。归纳起来,大概有以下三点:

(一) 幼稚产业选择问题

虽然从理论上讲,幼稚产业保护论有其合理性,对本国经济有积极的一面,但在现实中却难以实施。试想,为了成功运用保护政策,政府要确定哪个行业最终是有利的,并权衡保护该行业的利弊,这项任务谈何容易。通过政治程序来挑选被保护的幼稚产业更加困难,因为这种做法往往是在保护那些在政治上强有力的行业,而且一旦这样的行业得到免除外国竞争的保护,“暂时性”的保护政策很难取消。

(二) 被保护产业无效率问题

对幼稚产业的保护之所以有效,就在于这种保护能帮助该产业提高效率,增强市场竞争力。但很多情况下,我们是在为产业的无效率发展提供便利,一旦保护不复存在,它们同样会在国外同类产业的竞争下走向灭亡。

(三) 国际资本市场融资

幼稚产业保护论要求政府对幼稚产业的发展提供便利条件,其中很重要的一个方面就是便利的融资条件,甚至由财政对其进行直接补贴,而这样做的一个假设前提就是该产业没有能力在国内或国际资本市场上融资。

第三节　贸易乘数保护理论

一、贸易乘数保护理论的基本思想

贸易乘数保护理论的思想基础是凯恩斯的乘数理论。该理论将贸易看成是解决经济萧条、维持经济稳定增长的途径。凯恩斯认为,有效需求不足是造成经济萧条的重要原因,从贸易角度来看,政府可以利用保护贸易政策来增加净出口,提高有效需求。凯恩斯在《就业、利息和货币通论》的第 23 章阐明了自己关于贸易问题的观点。他认为,保持贸易顺差有两方面的作用:一是可以增加对本国产品的有效需求,有助于克服经济萧条;二是可以增加货币供给,令利率下降,投资增加,有效需求随之增加。后凯恩斯主义者将乘数理论引入该思想,提出,正如投资或消费的增加将会带来产出更多增加一样,进口的增加将导致产出减少,其减少的规模要成倍于增加的进口;同时,出口的增加将导致产出增加,其增加的规模将成倍于增加的出口。对于经济衰退的国家,减少失业和保证经济的持续增长是其首要经济目标。毫无疑问,乘数理论对其是有吸引力的。在扩大消费与投资的同时,扩大出口减少进口则成为其实现该目标的贸易行为取向。因此有人称凯恩斯的贸易理论为萧条经济条件下的贸易政策理论。

需要注意的是,凯恩斯指出,贸易顺差过大,可能会产生两个方面的负面影响:

第一,对国内产品需求过多,导致物价上升,产生通货膨胀;

第二,贸易顺差过大导致货币供给过多,利率下降,资本外流。可见,凯恩斯并非认为贸易顺差越大越好,它只是将贸易顺差作为克服经济萧条的一种手段。

二、贸易乘数保护理论的数理表达

让我们以简单的数理方式来看一下贸易乘数思想。

国民收入关系表达式为:

$$Y = C + I + G + X - M \tag{5-1}$$

其中:Y,C,I,G,X,M 分别代表国民收入、消费、投资、政府支出、出口和进口。

消费取决于收入,因此有:

$$C = C_0 + \alpha Y \tag{5-2}$$

其中,C_0 为不受收入影响的自发消费,α 为边际消费倾向。

通常假设投资、政府支出均与收入无关,因此分别假设投资、政府支出为常量 I_0 和 G_0,即有:

$$I = I_0 \tag{5-3}$$

$$G = G_0 \tag{5-4}$$

出口由对方进口国收入决定,通常假设与本国收入无关,为常量 X_0;而进口则取决于本国收入。因此有:

$$X = X_0 \tag{5-5}$$

$$M = M_0 + \beta Y \tag{5-6}$$

其中,M_0 为不受收入影响的自发进口,β 为边际进口倾向。

将5-2、5-3、5-4、5-5、5-6式带入5-1式,得到:

$$Y = \frac{C_0 + I_0 + G_0 + X_0 - M_0}{1 - \alpha + \beta} \tag{5-7}$$

由(5-7)式可得出口乘数为:

$$\frac{\mathrm{d}Y}{\mathrm{d}X_0} = \frac{1}{1 - \alpha + \beta} \tag{5-8}$$

由于不考虑收入对投资的影响,这样进口的全部是消费品。边际消费倾向既包括对本国产品的边际消费倾向，又包括对进口产品的边际消费倾向，是二者之和，因此边际进口倾向小于边际消费倾向，即 $\alpha > \beta$。这样，$1 - \alpha + \beta < 1$，$dY/dX_0 > 1$，即出口乘数为正，且大于1。换言之，出口的增加将带来产出的增加，其增加的规模将成倍于增加的出口。

同理，可得进口乘数：

$$\frac{dY}{dM_0} = -\frac{1}{1 - \alpha + \beta} \tag{5-9}$$

可见，进口乘数为负，且绝对值大于1，即进口的增加将导致产出减少，其减少的规模将大于进口增加的规模。

三、对贸易乘数保护理论的评价

贸易乘数保护理论是资本主义世界生产过剩的产物，它将贸易保护的范围进一步扩大，将贸易盈余作为解决本国失业和促进经济增长的外部手段。如果各国都以此理论指导其贸易行为的话，那必将导致贸易规模的缩小和贸易利益的损失，不利于世界经济一体化的发展和国际分工的进一步深化。

第四节 战略性贸易保护理论

20世纪80年代以来，以詹姆斯·布兰德（James Brander）、B.斯潘塞（B. Spencer）等人为代表的西方经济学家提出了战略性贸易保护理论。自从该理论出现以来，对国际贸易理论体系及许多国家对外贸易政策的制定都产生了重大影响。

战略性贸易政策（strategic trade policy），是指在不完全竞争市场中，政府积极运用补贴或出品鼓励等措施对那些被认为存在着规模经济、外部经济或大量“租”（某种要素所得到的高于该要素用于其他用途所获得的收益）的产业予以扶持，扩大本国厂商在国际市场上所占的市场份额，把超额利润从外国厂商转移给本国厂商，以增加本国经济福利和加强在国际市场上的战略地位。

在战略性贸易政策中，有两种政策主张受到较为广泛的关注：一是布兰德和斯潘塞提出的战略性出口政策，包括战略性R&D补贴和战略性出口补贴两种模型；二是克鲁格曼（P. R. Krugman）提出的进口保护以促进出口政策，也称为“保护性出口促进”战略。

一、R&D补贴与国际贸易

用一个简单的博弈模型来解释R&D补贴对国际贸易的影响。

假设本国和外国的厂商A、B具有相似的技术能力，如果它们都生产某产品，则由于需求有限，两厂商分占世界市场的产品生产和出口的数量而无法实现规模经济，比如，因此使双方都亏损5亿元。但如一方生产，另一方不生产，则由于一方独占市场可获得规模经济，所带来的垄断利润比如达到100亿元。当然，如果双方都不生产，则双方虽无亏损，但也无利润。所以，应有如下的利润矩阵（表5-1）。

表 5-1 两个厂商博弈的利润矩阵(单位:亿元)

		B 厂商	
		生产和出口	不生产
A 厂商	生产和出口	-5, -5	100,0
	不生产	0,100	0,0

显然,在没有政府补贴时,双方博弈的胜负,取决于谁先占先,比如在右上角和左下角的情形;另一方如也要进入市场,虽然最终会出现左上角的情形,即两者亏损相等的金额,但在初始阶段从另一方那里争夺市场时,新入方会亏损得更多,这会使它理智地放弃竞争。

现假设 A 厂商的政府给予 A 厂商 10 亿元的 R&D 补贴。如果 A 厂商本来处于表 5-1 的左上角的情形,则它会从亏损 5 亿元变为获利 5 亿元,从而会继续留在市场而不退出;如果它处于左下角的情形,则补贴会降低它与 B 厂商争夺市场的初始阶段的亏损而使它进入市场,于是,最终会出现与左上角相同的情况;如果它处于右下角的情形,则它也会变不生产为生产而独占市场;如果它处于右上角的情形,则它获利 110 亿元。事实上在前两种情形,B 厂商会因为亏损而退出市场,最终也使 A 厂商独占市场,获得与右上角相同的利润。所以,不管何种情形,政府的补贴都会使本国厂商最终垄断世界市场,带来大于补贴的垄断利润。

当然,上述的两种方法所证明的 A 国的战略性贸易政策所带来的战略性的利益,都是与 B 国厂商争夺市场的结果,那是以 B 国厂商的损失为代价的,而不像自由贸易的理论那样强调双赢。因此,这种政策有可能遭到对方的报复(比如 B 国采用相同的战略),最终造成两败俱伤。但是,如果像许多自由贸易理论那样只停留在静态分析的层面,我们也难以否定上述的战略性贸易保护政策理论的意义,因为它也像许多自由贸易理论一样,静态地论证了一种实现国家主义的手段。

二、战略性出口政策:出口补贴

在不完全竞争条件下,出口补贴的效应与上一章分析的小国情形完全不同。如果市场结构是寡头垄断的,则出口补贴能提高本国企业在国际市场上的份额,从而使本国企业获得大规模生产的利益和更多的超额利润。当新增的利润能够抵消出口补贴的成本时,实行出口补贴就能增加本国福利。以下以双寡头垄断模型来说明出口补贴的效果。

(一) 模型假设

假设世界上只有分别属于 H 国和 F 国的两个企业生产和销售某种同质产品,即世界市场是双寡头结构,同时假设两个厂商的决策变量为产量或销售量,这样我们的问题就变成古诺模型所讨论的问题。

(二) 模型分析

在图 5-4 中,横轴表示 H 国厂商在世界市场的销售量,纵轴表示 F 国厂商在世界市场的销售量;R_H和 R_F分别表示 H 国和 F 国厂商的反应曲线。在两国都没有出口补贴的情况下,两国厂商反应曲线的交点 E 即为古诺均衡点。对于 E 点,H 国和 F 国在世界市场的销售量分别为 q_H^0 和 q_F^0。在这一点,两个厂商都不愿意再改变其销售量。均衡时,每个厂商都获得一部分超额利润,其多少取决于每个厂商的市场份额,即市场份额大和销售量大的厂商获得超额利润多。

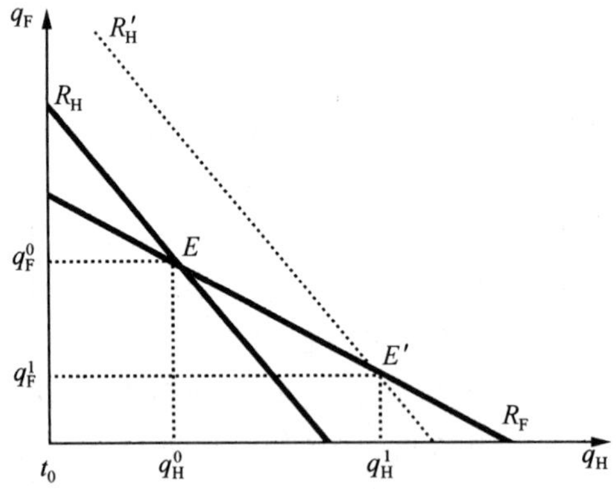

图 5-4　出口补贴与双寡头下的贸易

现在假设 H 国厂商通过游说政府,从政府那里获得了出口补贴,则 H 国厂商出口产品的实际成本将低于其边际成本,两者之间的差额等于单位产品的补贴金额。此时,H 国的厂商就会增加其产量和销售量,从而导致价格下降,边际收益下降。当边际收益的下降等于因补贴而发生的边际成本的下降时,H 国厂商的产量和价格达到了最优均衡水平。对于 F 国厂商来说,由于没有得到政府的出口补贴,价格下降使得其边际收益下降的结果是,F 国的厂商不得不通过削减产量来降低边际成本,同时也促使价格回升,减少其利润损失。

事实上,两国厂商的这一博弈过程表现为:H 国政府对其厂商提供了出口补贴后,使 H 国厂商的反应曲线向右移动到 R_H' 的位置,R_H' 与 R_F 的交点 E' 决定了两个厂商新的古诺均衡。在这个新的均衡点上,H 国的产量和销售量由 q_H^0 增加到 q_H^1,F 国的产量和销售量由 q_F^0 减少到 q_F^1。政府出口补贴的结果改变了原来的均衡结构,使均衡向有利于本国厂商的方向转移。如果出口补贴使本国厂商增加的利润超过补贴的成本,这种补贴就会增加本国的福利,本国的贸易保护政策就优于自由贸易政策。

H 国市场份额和利润的增加,是以 F 国市场份额和利润的减少为代价的,因而 H 国福利的增加是以 F 国福利的减少为代价的,这就不可避免地会招致 F 国的报复。如果 F 国政府也给其企业提供出口补贴,就会形成两国政府之间的补贴大战,从而在世界市场不能扩大的情况下,使两国的福利都下降。

三、进口保护以促进出口

进口保护以促进出口(import protection as export promotion),是指通过保护厂商所在的国内市场,来提高其在国外市场的竞争力,达到增加出口的目的。这一观点是由克鲁格曼提出的。以下还是以双寡头例子来说明这种观点。

（一）模型假设

假设 H 国厂商的边际成本是递减的，H 国厂商不仅在国外市场（第三国市场）上面对 F 国厂商的竞争，而且在其国内市场也要面对 F 国厂商的竞争，即国内外市场都是双寡头市场结构。在自由贸易下，两个厂商在 H 国国内市场、第三国市场上的销售，分别由这两个厂商在两个市场上的反应曲线的交点决定。

（二）模型分析

现在假设 H 国政府对来自 F 国厂商的进口商品征收关税，以限制 F 国厂商的产品在 H 国市场的销售，于是 H 国厂商的生产增加。由于边际成本递减，所以 H 国厂商的边际成本因生产规模扩大而下降。边际成本下降之后，H 国厂商在第三国市场的反应曲线跟图 5-4 所示的情况一样，向右移动，结果自然也与出口补贴的情形一样，即 H 国对第三国的出口增加，而 F 国厂商则出口下降，利润减少。如果关税导致的本国厂商利润增加部分与关税收入之和，能完全抵消关税保护的成本，那么保护国的福利会改善。

四、对战略性贸易政策的评价

战略性贸易政策在理论上具有一定的合理性和说服力，但它又有着难以克服的弊病，制约其在实践中的可行性。

第一，难以准确选择战略性产业，很可能因战略性产业选择错误而造成资源浪费。幼稚产业保护理论也有类似问题。

第二，战略性贸易政策是一种以邻为壑的贸易政策，即以牺牲别国的利益来提高本国福利，这就令该政策很容易引发贸易战，世界贸易规模将因此而缩小，贸易利益下降。

第三，自由进入的市场结构可能导致垄断利润丧失。如果受保护产业的进入无壁垒，那么该产业的垄断利润会导致大量企业进入，垄断利润消失，战略性贸易政策将不能实现其预期的目标。

第四，政府通过贸易政策支持国内企业，这可能导致企业对政府的依赖，不利于企业和所属产业的发展与成熟。

第五节　次优理论与贸易保护

1956 年，经济学家 R. G. 李普西（R. G. Lipsey）和 K. 兰卡斯特（K. Lancaster）总结前人的理论分析，创立了次优理论（Theory of Second Best）。

一、次优理论的含义

简单来说，次优理论的含义是："假设达到帕累托最优状态需要满足十个假设条件，如果这些条件至少有一个不能满足，即被破坏掉了，那么，满足全部剩下来的九个条件而得到的次优状态，未必比满足剩下来的九个条件中的一部分（如满足四个或五个）而得到的次优状态更加接近于十个条件都得到满足的帕累托最优状态。"

次优理论的基本思想可以用一个简单的图形来说明。如图 5-5 所示。假设社会的生产可能性曲线由图中的 *PP* 线表示，偏好由社会无差异曲线给定。又假设经济系统中存在一个约束条件，使得最优点 E 无法达到，设这个约束条件由直线 *AB* 表示。由于存在着这一约束，经济难以达到直线 *AB* 右上方的商品组合。社会最优化问题是在 *AB* 线的约束下争取（由社会无差异曲线表示的）福利最大化。图 5-5 清楚地显示这一最优点不一定在生产可能性边界 *PP* 线上，因为点 C 明显地比点 D 更优。这显然否定了这样的论点，即如果帕累托最优的所有条件不能全部满足，则满足某一部分就是最好的政策。

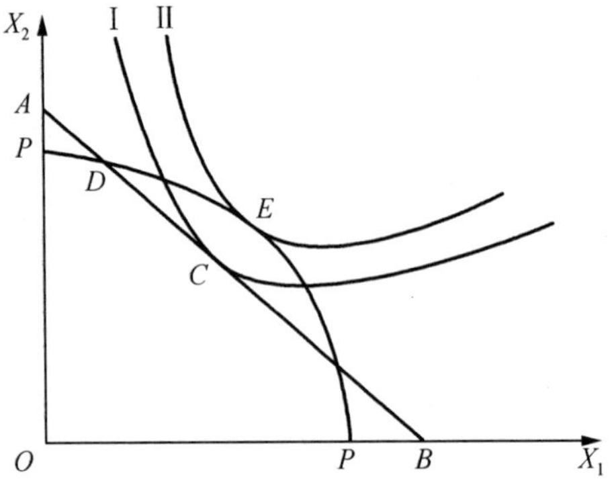

图 5-5　次优理论的基本思想

次优理论的基本思想还可以用英国经济学家 J. E. 米德（J. E. Meade）所讲的一个比喻来说明。设想一个人，他想登上群山的最高点。在朝着最高点行进的途中，他将不得不先爬上一些较低的山峰，然后再下山。因此，“为了达到最高点，这个人应该始终向山上爬”的说法并不正确。再者，由于最高的那座山被不同高度的群山环绕着，因此，当他爬到一座山后，很可能要攀登的是另一座较低的山。所以，任何朝着最高点的移动，一定都会把这个人带到更高的位置这种说法是错误的。

由于原有意义上的帕累托最优因为受到某些条件的破坏而未能实现，因而实现的某些条件被破坏后的最优结果通常被冠以“次优”。相应的，上述结论也被西方经济学界称为“次优定理”或“次优理论”。

二、次优理论与贸易保护

根据次优理论，由于现实世界存在着各种扭曲，如垄断因素、外部性、信息不完善和信息不对称等，使得帕累托最优的所有条件不能完全满足，自由贸易往往导致一国朝着错误的专业化分工方向发展，从而导致资源的错误配置。而贸易的限制，则可能有利于减少或消除商品市场和要素市场的价格扭曲，矫正资源的错误配置。从这个意义上说，自由贸易不一定自动改善一国的福利，有时反而会引起一国福利水平的下降；相反，保护贸易也不一定导致一国福利状况的恶化，有时反而会引起一国福利水平的改善。因此，次优理论就从理论上为贸易保护找到了依据。

第六节　其他的贸易保护理论

一、贸易条件恶化论

贸易条件恶化论(**deteriorating trade terms theory**)是阿根廷著名的经济学家普雷维什针对1929年大危机后拉丁美洲国家初级产品的贸易条件的不断恶化情况在1949年5月向联合国拉丁美洲经济委员会提交的一份题为《拉丁美洲的经济发展及其主要问题》的报告中提出来的。理论提出后经过索洛的历史考查和辛格的进一步完善,得到了大多数发展经济学家的认同。

(一) 主要思想

阿根廷经济学家普雷维什和印度经济学家辛格研究了发展中国家的进出口产品价格的变动趋势,发现发展中国家的贸易条件有恶化的趋势。因为发展中国家在与发达国家的国际贸易中主要是出口初级产品、进口工业制成品,而前者的价格相对于后者的价格在不断下降。贸易条件的恶化会引起国际收支的恶化,而国际收支状况的恶化又会引起发展中国家对进口的支付困难,从而对国内经济的增长产生不利的影响。

通常,可以通过本币贬值的方法来改善本国的国际收支,但采用这种方法将使发展中国家的贸易条件进一步恶化。事实上由于初级产品的收入的价格弹性很小,所以即便由于本币贬值使发展中国家主要出口的初级产品的价格下降,但也不会有力地促进其出口收入的增加。另外,发展中国家出口初级产品、进口工业制成品的贸易结构不是短期内可以改变的。所以,他们主张为了本国经济发展的内在要求,为了实现工业化和发展民族工业,发展中国家应该采取保护贸易的政策。

对于初级产品的价格相对于工业制成品的价格有下降趋势的原因,他们概括为以下几点:

第一,初级产品与工业制成品的根本区别就在于它们的技术密集度的差异。发达国家出口的工业制成品通常具有较高的技术含量,加之与发展中国家相比它们的劳动力也相对短缺,因而其产品的人工成本较高。众所周知,产品价格下降的供给方面的原因就在于生产率的提高,但由于人工成本具有下方的刚性,所以,即便发展中国家的初级产品和发达国家的工业制成品的生产率增长相同,前者的价格下降幅度也会超过后者。

第二,通常,初级产品的市场是完全竞争的,而工业制成品的市场具有垄断性,也就是说,与前者相比,后者的价格容易受到操纵。比如,垄断厂商可以通过对产量的控制来抑制其产品价格的下降。

第三,两种产品的需求的收入弹性不同。因为初级产品往往是必需品,而工业制成品往往是“正常品”(需求的收入弹性为正的商品),当消费者的收入水平提高时,他们对前者的需求占其总收入中的比重会下降,对后者的需求会同比上升。因为需求是决定产品价格的需求方面的唯一的因素,所以这就决定了在收入水平提高时的初级产品与工业制成品的价格变化的差异。另外,初级产品的需求的收入弹性比工业制成品小得多,不利的弹性条件使初级产品的相对价格面临下跌的压力。同时,制造业的技术进步常表现为资源节约型的进步,这样必然会减少单位工业制成品所消耗的原料数量,导致原料价格下降。因此,食物和原料等初级产品的贸易条件恶化是结构性的,是长期的。

从发展中国家贸易条件恶化的论点出发,普雷维什等人认为:发展中国家应当摆脱现存的国际分工体系,走独立自主发展工业的道路,即集中更多资源来扩张其现代化工业,而以较少资源用于初级产品出口。基于这样的发展思路,他们认为一定的贸易保护不仅是合理的,而且是必要的。

(二) 主要意义

贸易条件恶化论是对正统的新古典贸易学说的彻底否定。首先,它否定了传统贸易理论的静态性质。在传统贸易理论中,贸易条件是既定的,不变的,不存在长期恶化和改善问题。其次,它否定了自由贸易对所有国家都有好处的结论。它认为在现有的贸易格局下,贸易只对出口制成品的中心国家有利,对出口初级产品的外围国家是不利的。因此,它的政策意义是很清楚的,即反对自由贸易,主张贸易保护。它为发展中国家走进口替代的工业化道路、实行贸易保护提供了一个有力的理论根据。20 世纪 50 年代至 60 年代发展中国家尤其是拉丁美洲国家普遍采用内向型发展战略,其在理论上受普雷维什等人的观点的影响是很大的。

(三) 理论的质疑与反驳

贸易条件恶化论遭到一些新古典经济学家的质疑与反驳。质疑与反驳分为三个层次:

第一个层次是否定初级产品贸易条件的下降趋势。新古典经济学家认为,由于出口产品千差万别,统计检验有很大的偏差。虽然大多数研究利用出口商品价格资料得出初级产品贸易条件长期下降的结论,但也有些研究利用另一些资料或不同的处理方法,发现初级产品的贸易条件没有显示出下降的趋势。

第二个层次是承认初级产品贸易条件呈长期下降的趋势,但认为这是表面上的下降,而实际上并没有下降。初级产品相对于工业制成品的价格下降是对这两类产品质量改进的反映。由于工业制成品质量改进较初级产品要快,且工业部门新产品不断涌现,再加上运输成本的大幅度下降,因此,工业制成品的价格相对于初级产品就要高一些。如果考虑这些因素,根据这些因素对初级产品价格作出适当调整,初级产品的相对价格可能没有趋于下降。美国经济学家哈伯勒就曾经指出,贸易条件恶化论者没能适当地考虑旧商品质量的变化以及许多新商品在市场上的出现。他说:“由于主要是工业品在质量上有所改进而同时初级产品在质量方面或多或少都是一样的;由于成百上千种新产品经过逐年加到新工业制成品之中,这种偏离就使初级产品出口国(工业制成品进口国)的贸易条件的变动表面上显得比实际情况更不利了”,由于这个原因,“贸易条件恶化是否真正发生过是非常令人怀疑的”。

第三个层次是承认发展中国家贸易条件呈下降的趋势,但并不认为这对发展中国家的经济发展构成重大障碍。贸易条件恶化论者所说的贸易条件是指商品的贸易条件。有的学者认为,商品贸易条件的恶化不等于就是单要素贸易条件和收入贸易条件的恶化。所谓单要素贸易条件是指参与出口生产的某一要素生产率,它等于商品贸易条件与该要素生产率的乘积。即使商品贸易条件下降了,但如果生产率增长比贸易条件下降幅度更大,则单要素贸易条件得到改善。所谓收入贸易条件是指出口商品的购买力,它等于商品贸易条件与出口量的乘积。如果商品贸易条件下降导致出口收入更大幅度的增加,则收入贸易条件就是上升的。例如,如果赞比亚增加了铜的出口,从而导致世界铜价的下跌,但铜价下跌的幅度小于铜出口量增加的幅度,则铜的出口收入就会增加,在进口价格不变的情况下,该国的收入贸易条件就是上升的。

(四) 对贸易恶化论的评价

贸易条件恶化论的提出是对正统的贸易理论的巨大挑战。如果国际贸易只是对发达国家有利,对发展中国家不利,比较优势论对发展中国家就毫无用处,必须抛弃。因此,这个新贸易理论受到经济学家尤其是发展经济学家高度和持续的重视。许多学者对普雷维什-辛格假说进行了多次验证,大多数研究得出的结论基本上是一致的,即初级产品贸易条件和发展中国家的贸易条件在长期呈下降趋势。因此,普雷维什-辛格假说至今仍然有它的意义。的确,发展中国家应该实行某种程度的进口替代和贸易保护,不过,用普雷维什-辛格假说来反对发展中国家积极地参与国际贸易和实行进口替代政策是不妥当的。

贸易条件恶化论的支持者虽然反对传统贸易理论的静态性质,但他们自己并没有看到国际贸易的动态利益,或者说他们只看到了发展中国家在国际贸易中遭受的动态损失。其实,国际贸易可以带来很多动态的利益,如专业化、规模经济、技术和知识的扩散、外商投资等等可以促进发展中国家的资源优化配置、技术进步和生产率的持续增长。这些利益有可能使发展中国家在国际贸易中获得的利益大大超过因贸易条件下降所造成的损失,那些积极地走外向型发展战略的新兴工业化国家和地区的发展实绩证明了这一点。

二、国防论

另一个主张保护贸易的观点是立足于国防需要的。这样的观点的合理性是显而易见的。因为如果某一产业的产品是国防必不可少的,并且如果它缺乏保护而无法生存的话,不予以保护将危及国家的生存。所以,在这种情况下无论保护贸易政策的代价多大也要实施。事实上世界上所有国家对这样的产业都是实行保护的。但是,为确保这些产业的生存,有人认为还有比贸易保护更为合算的方法,比如可以由政府接管这些产业,将它们纳入国防规划,或者可以由国家预算加以补贴。他们认为国内补贴胜过贸易保护,因为全体社会成员均享受国防利益,故有关产业应当由社会全体成员交纳的税收来承担,而不应像在保护贸易政策下那样单纯地由消费者承担。但是,这又涉及国有企业与民营企业的效率差异问题,也存在着补贴的资金来源问题,因为为实行国内补贴而征收国内税也会带来负效应。

另外,国防论的观点还可以运用到其他的非产品生产方面,比如物质资源的合理开采和人力资源的培养等,因为它们也是国家长期生存的保障。所以,即使是这些资源很贫乏的国家,也决不会让它们置身于自由竞争的境地而是切实地加以保护。人力资源的培养就是教育,它的国际贸易可以归入服务贸易。对它的保护与对国防产业的保护有相同的意义。这就是除了殖民地国家,几乎世界上所有的国家都不会全面开放这种服务贸易的原因,当然这也关系到民族自豪感。

三、收入分配论

收入分配是一国经济的重要问题。一些观点认为,在一定意义上,有利于实现社会公平的收入再分配政策,即使造成经济效益的损失,也有其存在的价值。所以,贸易保护政策尽管减少了可供分配的国民收入的总量,但由于有助于改善那些处于不利地位的社会成员的状况,因而仍不失为一种可取的政策。比如,如果受关税保护的产品生产为一国大多数的贫苦工人提供了收入来源,那么,对这种产品的贸易保护政策有利于社会稳定,从而促进国民经济的发展。

本章小结

1. 最优关税是指对应于使本国福利达到最大的关税水平,确定最优关税的条件是进口国由征收关税所引起的额外损失(边际损失)与额外收益(边际收益)相等。

2. 幼稚产业是指处于成长阶段尚未成熟、但具有潜在优势的产业。幼稚产业的判断有穆勒标准、巴斯塔布尔标准、坎普标准和小岛清标准。幼稚产业论的基本观点是对幼稚产业实施贸易保护,以短期内本国的福利损失为代价,在未来实现潜在利益,只要未来获得的利益足以弥补现在的损失,保护仍然是有利可图的。

3. 贸易乘数理论的思想基础是凯恩斯的乘数理论。贸易乘数原理主要分析在出口乘数为正,且大于1时,出口的增加将带来产出的增加,其增加的规模将成倍于增加的出口。进口乘数为负,且绝对值大于1时,进口的增加将导致产出减少,其减少的规模将大于进口增加的规模。

4. 战略性贸易政策是指在不完全竞争市场中,政府积极运用补贴或出口鼓励等措施对那些被认为存在着规模经济、外部经济或大量"租"的产业予以扶持,扩大本国厂商在国际市场上所占的市场份额,把超额利润从外国厂商转移给本国厂商,以增加本国经济福利和加强在国际市场上的战略地位。

5. 次优理论的含义是假设达到帕累托最优状态需要满足十个条件,如果这些条件至少有一个不能满足,即被破坏掉了,那么,满足全部剩下来的九个条件而得到的次优状态,未必比满足剩下来的九个条件中的一部分而得到的次优状态更加接近于十个条件都得到满足的帕累托最优状态。

6. 贸易条件恶化论认为:由于技术、市场容量及需求弹性、收入弹性等一系列条件的变化对发展中国家的初级产品的出口产生了不利影响,在国际市场上,存在着发展中国家初级产品相对于发达国家工业制成品的贸易条件长期恶化的趋势,这对发展中国家经济的发展十分不利。

练习与思考

1. 试述关税承担与供求弹性的关系。
2. 试述幼稚产业的判定标准。
3. 试述并评价幼稚产业保护理论的主要内容。
4. 试述并评价贸易乘数保护理论的主要内容。
5. 试述并评价战略性贸易保护理论的主要内容。
6. 试述并评价次优理论与贸易保护的关系。
7. 试述并评价贸易条件恶化理论的主要内容。

第六章

国际资本流动

本章提要

国际资本流动与国际贸易一样,是把世界经济体系中的各个国家联系起来的重要纽带,它是国际经济关系中一个十分重要的方面,对各国经济发展及世界经济格局的变化都有极为重要的影响。本章主要从总体上对国际资本流动进行分析,下一章将重点对跨国公司与国际直接投资理论作专门的分析。

本章结构图

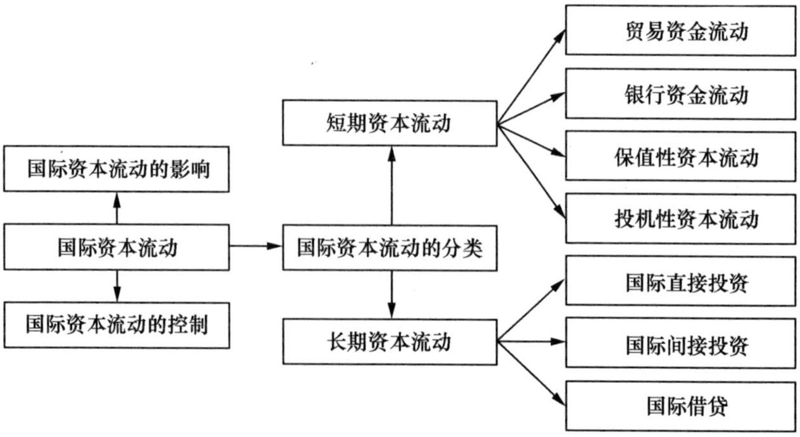

学习目标

◎ 重点掌握国际资本流动的分类、国际资金借贷的福利效应模型、国际直接投资对东道国经济效应模型。

◎ 掌握国际资本流动的控制方法。

◎ 了解国际资本流动的产生与发展及其原因。

国际投资是指以资本增值和生产力提高为目的的国际资本流动,即投资者将其资本投入国外进行以营利为目的的经济活动,国际资本流动与国际贸易一样,是把世界经济体系中的各个国家联系起来的重要纽带,它是国际经济关系中一个十分重要的方面,对各国经济发展及世界经济格局的变化都有极为重要的影响。本章主要从总体上对国际资本流动进行分析,下一章将重点对跨国公司及国际直接投资理论作专门的分析。

第一节 国际资本流动概述

一、国际资本流动的含义

国际资本流动(**international capital flowing**)是指资本在国际的转移,即指一个国家(政府、企业或个人)与别的国家(政府、企业或个人)之间以及与国际金融组织之间资本的流出和流入。换而言之,就是各国为了某种经济目的进行交易而产生的资本跨越国家的界限、从一个国家转移到另一个国家的活动。国际收支平衡表记录了国家之间的全部经济交易。它有两个基本项目,其中经常项目的主要内容包括有形和无形贸易,资本项目的主要内容就是本章要讲的国际资本流动。在资本流动过程中,货币资本和实物资本是互相转化的,但这里所讲的资本一般是指货币或现金资本,不过包括纯属贸易往来的商品或实物资本,不过包括与投资活动相联系的商品资本和生产资本。为了更清楚地了解国际资本流动的含义,需要注意下述几个问题:

(一) 国际资本流动与资本输出输入的关系

国际资本流动与资本输出输入这两个概念一般可以相互通用,但也有所区别。资本输出输入通常指与投资和借贷等金融活动相联系而以谋取利润为目的的资本流动,但其不能概括资本流动的全部内容。例如:一国用黄金外汇来弥补国际收支逆差这项资本流动,是作为平衡国际收支的支付方法而不是为了投资或贷款以谋取利润,这就不是资本输出。

(二) 国际资本流动与对外资产负债的关系

一国的资本流动总是与它对外资负债的变动相联系的。资本流出反映了本国在外国的资产增加,或外国对本国的负债增加;或者反映了本国对外国的负债减少,或外国在本国的资产减少。资本流入则与上述相反,它反映本国对外国的负债增加,或外国在本国的资产增加;或者反映本国在外国的资产减少,或外国对本国的负债减少。

（三）资本流动与资金流动的关系

在日常用语中，资本和资金两词往往互相混用，但从经济或国际收支的角度来说，资本流动与资金流动是有区别的。资本流动即资本转移，是指可逆转的流动或转移，例如：投资或借贷资本的流出伴随着利润、利息的回流以及投资资本或贷款本金的回流。资金流动，相当于国际收支中经常项目的收支，是指不可逆转的流动或转移，也就是一次性的资金款项转移，例如：进出口贸易货款的到期支付，是一次性的资金转移，是属于经常项目的支付。但是进出口贸易中的资金融通，例如：延期付款，就属于资本流动的范畴。并且上述投资利润和贷款利息的支付，并非投资资本或贷款本金本身的回流，归属于资金流动或经常性项目支付。国际货币基金组织在起草章程时也曾讨论过资本流动与经常项目支付的区分问题，由于情况比较复杂，最后在章程中没有给资本流动下定义，而只对经常项目支付给了一个粗略的定义。在定义的解释中提到会员国居民与非居民之间商品、劳务到期立即支付，以及贷款的到期利息支付和投资的收益支付等属于经常项目支付。同时也提到衡量是否为资本项目交易的一个方法是看它是否构成外币的要求权。此外，还需要注意一个问题：政府或官方的无偿援助或捐赠，一般列入国际收支表的经常项目，不属于资本流动的范畴。但是，鉴于国际的经济和技术援助，总是同一定的经济或政治目的相联系，且无偿援助往往与有偿的优惠性或非优惠性贷款联合使用、关系密切，因此我们将国际经济援助列入国际资本流动的范畴。

国际资本流动包括资本流出和资本流入两个方面。资本流出是指资本从国内流到国外，这意味着本国在外国的资产增加，负债减少；或外国在本国的资产减少，负债增加。资本流入是指资本从国外流入国内，与资本流出相对应，它包括以下内容：外国在本国的资产增加，负债减少；或本国在外国的资产减少，负债增加。

资本要在各国之间大量地、顺利地流动，必须有一定的前提条件。第一，各国不实行外汇管制或外汇管制较少，那些资本流入和流出规模较大的国家，一般都不实行外汇管制或外汇管制较少；反之，那些外汇管制非常严格、外汇管理条例繁杂的国家，其资本流入和流出的范围、方式和规模等必然会受到很大限制。第二，要有健全和发达的国际金融市场，特别是长期资本市场和短期资金市场，因为大部分资本的国际流动都是通过国际金融市场进行的。

二、国际资本流动的分类

国际资本流动按流动期限划分，可分为短期资本流动和长期资本流动；按投资主体划分，可分为政府对外投资和私人对外投资。这里主要研究短期资本流动和长期资本流动。

（一）短期资本流动

短期资本流动是指期限为一年或一年以内的资本流动，主要通过各种信用工具来进行。信用工具主要包括政府短期债券、可转让银行定期存单、银行票据、商业票据及银行活期存款凭证等。

短期资本流动的主要方式有：

1. 贸易资金流动

贸易资金流动指国际进出口贸易往来的资金结算和资金融通引起的短期资本流动，具有单项不可逆转性。国际贸易活动的进行必然伴随着国际结算,引起资金从一国或地区流向另一国或地区,而这种资金流动通常是短期的。在国际贸易中,出口商允许进口商延期支付货款,这实际上就是对进口商融通资金。这里所指的贸易资金流动就是指由于对外贸易而发生的短期资金融通。为了融通进口商品的资金,进口国不是发生对外债务的增加,就是发生对外债权的减少,从而导致国际贸易资本的流动。

2. 银行资金流动

银行资金流动指由各国经营外汇的银行与其他金融机构之间的资金调拨而引起的短期资本流动。具体是指各国经营外汇业务的银行,由于外汇业务和牟取利润的需要,经常不断地进行套汇、套利和掉期,外汇头寸的抛补和调拨,短期外汇资金的拆借,国际银行同业往来的收付和结算等。

3. 保值性资本流动

保值性资本流动是指短期资本的持有者为使资本不遭受损失而在国与国之间调动资本所引起的资本国际转移。保值性资本流动又称**资本外逃**(**capital flight**)。发生保值性资本流动的原因主要有:国内经济状况恶化,国际收支持续逆差;国内政局不稳定,资本失去安全保障;货币存在贬值的风险;国家实行严格的外汇管制,资本运用受限制等。因此,出现上述情况时,短期资本持有者会将资本抽调到政局稳定、货币币值稳定,且外汇管制较松的国家或地区,以避免所持资本贬值,达到保值目的。

4. 投机性资本流动

投机性资本流动指投机者根据国际金融市场利率、汇率、证券和金融商品价格的变动差异的预期,进行各种投机活动而引起的短期资本流动。投机性资本流动主要有以下几种:

(1) 对汇率暂时性变动作出反应的资本流动。一般而言,一国暂时性的国际收支逆差会对该国汇率产生向下的压力。如果公众认为这种汇率下浮是暂时性的,投机者就会在汇价较低时买进该国货币,致使资本内流,等汇价上升后再卖出该国货币,从汇率的变动中获取利润。

(2) 对汇率可能长久性变化做出反应的资本流动。投机者预期汇率将出现长久性变化时,将所持资本从预期货币可能贬值的国家抽逃到预期货币将升值的国家。这种资本的国际流动会进一步加剧汇率的不稳定。

(3) 与贸易有关的投机性资本流动,通常称为提前与延期结汇。当预期某种货币将升值时,需要以该货币支付货款的进口商会提前以该货币清偿债务;相反,如果预期某种货币将贬值,需要以该货币支付货款的进口商会尽量延期付款。因为国际贸易的货款支付通常都有几个月的回旋余地,进出口商可能在国际贸易中根据对汇率的预期,利用提前与延期结汇进行投机,牟取利润。

(4) 对各国利率差别做出反应的资本流动。当两国短期利率出现差异时,投机者往往将资金从利率较低的国家转移到利率较高的国家,赚取利差收益。

(5) 作“空头”的投机资本流动

如果投机者发现某国货币币值不稳、其汇率有下浮倾向时,往往采取抛压该货币的策略,待该货币汇率被大幅度打压后,再买回该货币,以从中获利。

投机性资本流动主要取决于两个因素:一是各国汇价的对比,二是各国相对的利率水平。在投机性资本流动中,投机者的预测也十分重要,预测准确时就可以获利;反之就亏损。无论投机者是获利还是亏损,他们在国际金融市场上所从事的投机性交易都会引起国际短期资本流动。

短期资本流动种类多,而且非常复杂。一般具有以下特点:① 形式多样。短期资本除了借助于货币市场的各种信用工具进行流动外,还包括现金通货和银行活期存款等。② 与货币政策的执行关系密切。短期资本中的现金通货和银行活期存款属于狭义货币范畴,而其他短期证券和票据属于近似货币,因此,短期资本的流出或流入一国,对该国货币供应量产生直接影响,从而影响该国货币政策的执行。③ 期限短。短期资本在国际流动频繁、来去迅速。④ 流动性和投机性大。国际短期资本流动性大、投机性强,对国际金融市场的稳定影响很大,往往容易引起国际金融市场动荡,造成对汇率、利率的冲击。近年来,游离于贸易和生产的游资规模不断扩大,促使短期资本在国际流动更加频繁,日益成为影响国际金融市场的巨大力量。

(二) 长期资本流动

长期资本流动是指期限在一年以上或未规定期限的资本流动。长期资本流动主要有三种方式:直接投资、间接投资和国际借贷。

1. 国际直接投资

国际直接投资(**foreign direct investment, FDI**),是指投资者以生产资本在国外投资创办企业或与当地资本合营企业而进行的一种对外投资,其特点是控制企业的有关设施,并参与企业的管理决策。直接投资往往是和生产要素的跨国界移动联系在一起的,这些生产要素包括生产设备、技术和专利、管理人员等,因而,直接投资是导致资源分配的真实资本的移动。

直接投资又分为官方对外直接投资和私人对外直接投资,其中最为普遍的、对世界经济影响最大的,是私人对外直接投资。私人对外直接投资,通常是以跨国公司为载体来进行的。跨国公司有很多不同的名称,其中包括全球公司、世界公司、国际公司和多国公司等。并且,对跨国公司的定义也非常多。联合国将跨国公司定义为"在自己所在国以外拥有或控制着生产或服务设施的企业"。从定量角度讲,一个公司要想被视为跨国公司,它必须要满足一定的标准。例如,一个标准是开展业务的国家数量,虽然哈佛大学跨国公司项目组认为,跨国公司至少应在6个或更多的国家拥有子公司,但最典型的标准还是指在两个国家开展业务。另一个标准是国外收入占总收入的比重。虽然大家没有就这一比例达成共识,但通常引用的标准是25%到30%。

对外直接投资历来是一个相当敏感的问题。例如,战后一段时期内,美国和英国迫于国际收支的压力,常常限制资本外流;日本、西欧和加拿大则限制外资流入,以防止外国资本控制本国的资源;大多数发展中国家既担心外国人来投资,又担心外国人不来投资,因为他们一方面怕剥削,另一方面又怕不能充分获得外国的资本和技术。应该说这些担忧是有其原因的。因为国际直接投资不仅和一般国际资本流动一样,不仅会导致两国的资源配置趋于合理,从而彼此获益,同时也会产生消极的经济影响。下面我们分别从投资国(母公司所在的本土国)和被投资国(子公司所在的东道国)的角度,以国际收支和经济增长为准则,来分析国际直接投资所引起的利益得失。

从本国来看,对外投资在短期内造成资金外流,对国际收支是不利的。但经过一段时间以后,国外投资所赚的各种收益的回流,对国际收支又是有利的。跨国公司对外投资能带动相当一部分本国商品从母公司流向子公司,如资本设备、零配件、原材料和最终产品等,这对本国经济增长无疑是有利的。但生产资本外流可能加剧国内失业;技术外流,可能导致本国技术优势的丧失;投资收益的回流,可能增加本国对进口商品的要求。这些对本国经济增长显然又是不利的。总的来说,一般认为跨国公司的国外投资对本土国的国际收支和经济增长还是有利的,尤其是在带动商品出口方面。

再从子公司的东道国来看,外资流入在短期内对国际收支是有利的。但从长期来看,跨国公司子公司汇出的资金一定多于带入的资金,而且通常跨国公司所得总要大于东道国所得,这对国际收支又会产生不利的影响;此外,跨国公司并不一定能够促进出口,因为它是从全球范围来规划生产和销售活动的,出口问题要从它的全球目标着眼,而不是出于东道国的意愿。不过外来投资会给东道国带来一些间接利益,例如培训工人、提高管理水平、学习和模仿国外先进技术等,这些可以促进国民收入的增加;而国民收入的增加又可刺激国内储蓄和资本的形成,这对东道国的经济发展是有利的。但跨国公司一般只图自身利益,不会主动照顾当地利益;只希望利用廉价劳动力和资源进行生产,获取高额利润,而不会考虑当地技术进步和环境污染;这些对东道国的经济发展又是不利的。此外,最令东道国担心的是,跨国公司可能会形成对其经济一定程度的控制,甚至对当地的政治进行干预。综合起来看,外来直接投资对东道国的国际收支和经济发展是有利还是不利,要视不同国家的具体情况来定,因为这方面有成功的情况也有失败的案例。

由于外来直接投资可能会产生消极的经济影响,东道国政府必然要从本国的利益出发,采取一些限制性政策。发达国家一身两任,既为跨国公司本土国,又为外来投资东道国,这使得它对直接投资采取比较宽松的政策。发展中国家一开始对外来直接投资的限制比较严厉,以后又逐步放宽。通常对外来直接投资的限制政策有:① 部门限制,即东道国政府颁布法令,规定不准外国公司对关系国计民生或国家安全的重要部门进行投资;目的是要将外来投资纳入到本国民族经济的发展轨道。② 股权限制,这是指东道国政府将外国公司在投资企业股份中所占的比重控制在一定的水平之下,以使本国拥有控制权。③ 利润汇回限制,即东道国政府要求跨国公司的资本和利润汇出要符合本国有关外汇管制的条例,以控制一定时期的资金外流。此外,还有其他种种限制政策。但近些年来,发展中国家在这方面的限制已逐步减少或放松,这或许是因为发展中国家为吸引外资不得不实行一些优惠政策,也可能是因为发展中国家对外来直接投资的管理水平已经逐渐提高。

2. 国际间接投资

国际间接投资又称国际证券投资(portfolio investment),是指投资者在国际债券市场上购买中长期债券或在股票市场上买进上市的外国企业股票而进行的投资。由于投资者不参与企业的经营管理,对企业一般也没有控制权,因此,证券投资被称为间接投资。国际证券投资可以跨国界进行,即购买外国金融市场上的股票和债券(境外国际证券);也可以在本国范围内进行,即购买本国金融市场上出售的外国证券(境内国际证券)。通过购买国际证券,投资者可在证券的持有期内获得同其所承担的风险相称的收益。

证券投资与直接投资一样,其最终目的也是为了使资产增值。而且,证券投资尽管本身是一种间接投资,但在一定的条件下也可转化为直接投资,即当拥有某家企业的股份比重超过一定的界限时,就将被视为直接投资。以美国为例,当投资企业拥有10%的股权时,即符合直接投资的定义,这是因为美国公司的股份相当分散。具体而言,证券投资有以下几方面的特点:① 证券投资的方式是购买股票和债券,因而不像直接投资那样涉及真实资本的流动;② 证券投资比较灵活,持有证券可随时转让,从而收回投资资本,而以固定资产形式存在的直接投资其本金和利润的回收需要一定的时间;③ 证券投资的手续方便,限制性条件少,而直接投资的手续复杂,且会在一定程度上受到东道国的干预。

证券投资的对象比较广泛,各国的政府机构、国营及私营企业、社会团体或国际组织都可在证券市场上发行证券。证券投资的收益主要是通过债券的利息、股票的股息和红利等形式进行分配的,如果某人购买证券的目的不在于年终获取红利,而在于从证券买卖的价格差额中获利,从而进行短线投机操作,那么这一部分资本流动就不属于长期资本流动。

证券投资作为长期资本在国际的流动,可起到三方面的显著作用:

(1) 有利于国际收支的调节。逆差国可通过发行政府债券筹集资金来解决国际支付的困难;顺差国则可将盈余资金购买外国证券以作长期安排,并获得收益。比如,日本就是以大量购买美国债券的方式,让国际收支盈余的资金又流回到了美国。

(2) 通过政府债券的买卖维持汇率稳定。比如,在布雷顿森林体系下,各国政府和中央银行为了维持本国货币和美元的比价,在美元危机的风潮中,干预外汇行市,大量吸收美元,将其中大部分资金投资于美国的国库券。

(3) 促进了新兴工业的发展,并带动了本国和外国一些工业部门的增长。第二次世界大战以后,各国企业的规模迅速扩大,许多新兴工业部门,如化学、电子、能源、轻纺、建筑业等需要的资金急剧增加,证券投资的增长正好能够满足这方面的要求。

此外,证券投资在国际范围内促进长期资本的流动,从而加大了对发展中国家的资本输出,数以亿万计的国际资金成为许多国家发展经济的主要来源。

3. 国际借贷

国际借贷(international lending)主要是指期限在1年以上的政府贷款、国际金融机构贷款、国际商业银行贷款、国际租赁信贷以及中长期出口信贷。

(1) 政府贷款

政府贷款是指一国政府以其财政支出中的对外援助基金向另一国政府提供的优惠信贷。它是两国政府之间的双边信贷关系,涉及国家资金的收入和支出,因此,政府贷款一般是由各国政府经过一定的立法手续予以批准的。政府之间优惠性贷款的国际一般做法是,其中25%以上属于赠予成分，具有国际经济援助的性质，因而通常需以两国之间政治外交关系良好为前提；此外，这种贷款通常是西方发达国家对不发达国家提供的开发贷款，如日本的海外经济合作基金。

政府贷款的优越性表现在：① 贷款利率低、费用少。政府贷款分为无息贷款和计息贷款，即使是计息贷款，其利率一般也为年率3%左右，比商业贷款的利率低得多。② 贷款的期限长，且有宽限期。政府贷款一般是中长期信贷，期限长达二三十年，且有宽限期，一般为5年、7年或10年，在此期限内，允许付款人只付息不还款。但这种政府贷款金额不大，且实际上都或多或少地在政治、经济、外交乃至战略方面附加一些条件，因而一般称之为“约束性贷款”。政府贷款大多附有使用贷款的具体限制性规定，它通常是贷款国扩大商品输出的手段。例如，规定借款人必须将贷款的大部分用于采购贷款国的设备、物资和专利技术等。

（2）国际金融机构贷款

国际金融机构主要是指世界银行以及地区性金融组织，如亚洲开发银行、泛美开发银行、欧洲开发银行等，它们对其会员国或其他国家的贷款被称为国际金融机构贷款。世界银行的全称为国际复兴开发银行。世界银行集团由世界银行和它的四个附属机构国际开发协会和国际金融公司多边投资担保机构和国际投资争端解决中心共同构成。

① 世界银行贷款。世界银行对发展中国家提供低于市场利率的中长期贷款。期限可达25年，承诺费（指对已由世界银行承诺，但尚未支取部分的贷款征收的费用）为贷款的0.25%～0.75%，利率为随金融市场的利率水平每季度调整一次的浮动利率。世界银行的贷款方式有两种：一是按人均收入组别分配信贷资金，二是按不同的经济部门分配信贷资金。主要项目有：农业和农村发展所需项目、能源开发、社会公共事业以及工业项目。

世界银行贷款的特点是：第一，贷款用途广；第二，贷款期限较长，中长期借款总的平均期限约在6～9年间；第三，贷款数额不受加入国际货币基金组织的份额限制；第四，但贷款须由借款国政府担保，并必须与商定的建设项目相联系；第五，贷款的审核程序比较严格，且银行对贷款的使用、工程的进展、物资的保管和工程管理等方面都要进行监督。

② 国际开发协会贷款。国际开发协会主要向欠发达国家（least developed country，LDC）提供长期优惠贷款。国际开发协会贷款一般被称为“软贷款”，原因在于贷款条件优惠：贷款期限长达50年，而且免收利息（但每年要对未偿还部分征收0.75%的手续费和0.5%的承诺费）；贷款可以全部或部分用借款国本国货币偿还。与世界银行贷款相比，国际开发协会贷款的金额较小。自1987年起，国际开发协会对中国等发展中国家的贷款偿还期缩短为35年，宽限期仍为10年。由于低收入国家总是大大倚重农业，因此协会的信贷比较集中于农业开发项目，其次是用于投资期很长的项目或很难以收入来衡量的项目，如教育和人力资源的开发等。

③ 国际金融公司贷款。上述两种贷款都是以会员国政府为对象的，如对私人企业贷款，则需有政府机构担保。而国际金融公司专门对会员国私人企业的新建、改建和扩建等项目提供无需政府担保的资金，促进不发达国家中私营经济部分的增长和这些国家资本市场的形成与发展。贷款期限一般为7～15年，还款时需以原借入的货币偿还贷款利息，贷款利

息视资金风险和预期收益等因素决定，一般高于世界银行。

④ 亚洲开发银行贷款。该贷款分为普通资金贷款（硬贷款）、亚洲开发基金贷款（软贷款）和技术援助赠款。普通贷款偿还期为10～30年，包括2～7年的宽限期。从1986年下半年起，贷款利率为浮动利率，每半年调整一次，承诺费为0.75%。普通贷款以项目贷款为主，这与世界银行贷款类似，主要项目为农业、能源、交通、通讯等基础设施和社会发展等。贷款一般要用所借的货币来偿还。亚洲开发银行开发基金贷款主要来自发达国家的赠款及银行为最穷的成员国提供优惠贷款而拨出的资金（亚洲开发银行规定使用这一贷款的国家的人均收入应在670美元以下）。技术援助赠款来自成员国中发达国家和发展中国家对技术援助的捐赠。

（3）国际商业银行贷款

国际商业银行贷款是一国借款人在国际金融市场上向外国银行借入货币资金的业务活动。这种银行贷款一般不与出口项目联系，也不限定用途，即借款人可以自由运用贷款资金。如果借款金额大、时间长，往往就需要采用银团贷款。银团贷款又称辛迪加贷款，通常是一家银行牵头，若干家银行共同参与组成国际性银行集团来向借款人提供贷款。国际商业银行贷款的利率一般根据国际金融市场的具体情况确定，通常是在伦敦同业拆放利率（London Interbank offered Rate，LIBOR）的基础上再加上适当的利差；贷款期限一般在10年以下。

（4）出口信贷

出口信贷是指一国银行为了支持和扩大本国大型机械设备和成套设备的出口，而向本国出口商或外国进口商提供的中长期信贷。出口信贷是当今世界各国为支持和扩大本国出口，增强本国商品的出口竞争能力，争夺国际市场而采用的一种中长期信贷方式。这种贷款与商品贸易相联系。出口信贷的具体做法是，由出口国银行对本国出口商或外国进口商（或银行）提供低利率的贷款，贷款利差由出口国政府补贴，并由出口国的官方或半官方信贷保险机构，如美国的信贷担保部ECG（出口信贷担保，export credit guarantee），担保信贷风险。其特点是：① 贷款指定用途，只能用于购买出口国的出口商品；② 贷款利率低于市场利率，利差损失由出口国政府补贴；③ 期限一般为5～8年，最长不超过10年。

出口信贷又可分为买方信贷和卖方信贷两种形式。卖方信贷是由出口商开户银行向出口商（卖方）提供的信贷，出口商利用这笔资金代进口商垫付货款，允许进口商以后分期偿还，因此它相当于延期付款；买方信贷是指由出口方银行直接向进口商（买方）或进口方银行（买方银行）提供的信贷，买方信贷一般需由进口方银行担保，进口商用这笔资金向出口商现汇付款，以后再分期归还出口方银行的贷款。买方信贷为目前国际上采用的出口信贷的主要形式，它主要用于大型成套设备的出口和大型工程项目的投资等。由于中长期信贷的金额大，期限长且风险大，一般都与国家的信贷保险相联系，即实行出口信贷国家担保制。

（5）国际租赁

国际租赁是一种以实物形态提供信贷的方式。提供租赁的一方，以货币资本购进承租方所需的外国机器设备，根据双方签订的租约，承租人向出租人缴纳租金而获得设备使用权。国际租赁是一种新兴的信贷方式，目前在西方工业国家已广泛开展，据统计，目前美国已有 80% 的企业采取租赁方式来添置设备以扩大生产规模，而在日本这个比例则高达 90%。

对承租人来说，国际租赁的优点在于，他可以获取百分之百的融通资金，就如同一笔长期贷款，并且既可以避免因购买设备而造成大量资金积压，又可以同时更新设备，运用新技术；而且与货币信贷相比，其长处在于进退自如，即经营顺利时，可以进一步买下原租赁的设备，放手生产；经营失意时，则可不再租赁设备，没有为闲置设备寻找出路的烦恼，因而这种信贷方式在激烈的金融业竞争中深受客户的欢迎。但国际租赁也有缺点，例如，承租人要支付高于金融市场贷款利率的租金，成本较高；而且，承租人对设备只有使用权而无所有权，未经出租人同意，不得擅自搬移租用的设备，相对不便。

三、国际资本流动的产生与发展

国际资本流动的产生和发展是与资本主义的发展相联系的。早在 16 世纪，就有一些国家开始对外投资，不过那时的投资规模和范围都很小。19 世纪末，国际资本流动得到比较迅速的发展。到第一次世界大战前夕，各种形式的国际投资总额已达到 40 亿英镑。第一次世界大战和 1929—1933 年的世界经济危机，使得国际资本流动的增长速度降低，一些年份甚至出现绝对下降。直到第二次世界大战前夕，各主要资本主义国家的对外投资总额才略有增加，这时对外投资主要被少数资本主义国家所垄断，绝大部分资本投向亚洲、非洲、拉丁美洲殖民地和经济不发达的国家，其流向与殖民制度有密切的联系，即宗主国多把资本输往殖民地或其控制的势力范围。第二次世界大战后，一些国家资本积累日益丰富，利用相对过剩的资本向国外投资和贷款，一方面可以生息获利，另一方面可以解决本国的国际收支顺差问题；而经济落后国家也需要资金来开发本国资源，发展本国经济，或弥补国际收支逆差，因而，资本的国际流动变得十分频繁，规模越来越大，内容也不断增多，方式趋于多样化，在国际经济关系中的地位与作用也日益增强。

四、国际资本流动的原因

从国际资本的供给来看，国际资本的提供者都是一些富裕的发达国家，这些发达国家经济增长速度放慢，国内投资日益萎缩，投资收益下降，出现了大量过剩资本；有些发达国家财政赤字难以消除，于是增加货币发行量，这就加剧了国际资本膨胀；欧洲货币市场的不断发展，吸引了大量的国际游资，并加速了国际资本的流通；浮动汇率制使从事外汇投机的货币数量迅速增长，促进国际资本市场的进一步扩大。这些都使国际资本的供给变得充裕。

从国际资本的需求来看，对于发展中国家来说，资本是一种非常稀缺的资源，资本的来源主要靠本国储蓄来实现，但如果储蓄率无法维持本国经济的发展，这个缺口只能由外资弥补。一般来说，长期资本的形成主要靠国内储蓄，短期资本的供给来自于国际资本。发展中国家由于国内收入少，储蓄不多，只有利用外资来加速经济增长和技术进步，以促进国内长期资本的形成，这就使国际资本的需求持续保持旺盛。

一方面国际剩余资本供给充裕，另一方面国际资本需求旺盛，这是国际资本流动的基本

原因。国际资本流动具体受以下几个因素的影响:

(一)对高额利润的追求

资本投入的首要目标是赚取利润。除了贸易支付和政府间贷款、国际金融组织贷款外,其他类型的国际资本流动都是为了追求高额的利润。哪里能获得高额的利润,资本就流向哪里,尤其是长期资本的流动更是如此。不同的国家和地区,由于劳动力价格、原材料价格、运输成本、市场条件和政策环境等都有很大的差异,因而同样的资本投入额所产生的利润额并不相同,这就造成了资本由利润率低的国家和地区向利润率高的国家和地区流动的趋势。

(二)国际风险因素

国际资本流动的一个重要原则就是安全性,即资本在任何地方投入都应考虑到资本本身的风险。国际风险是指跨越国境从事信贷、投资和金融交易可能蒙受损失的风险。投资者在进行国际投资时,风险因素分析是投资评估的必不可少的环节。一般情况下,投资者在收益率一样时,总是愿意持有风险较小的资产;而在风险相同时,则总是追求收益率更高的资产形式,这就是在风险与收益率关系之间的最一般选择。不管资本是投入本国还是投入外国,如果那里的政局动荡,有可能随时造成资本受损甚至被没收,那么即使眼下利润率很高,也应该把资本转移到其他安全的国家和地区。另外,如果资本投入的国家经济形势恶化,通货膨胀严重,货币汇率有明显的贬值或下浮趋势,不仅导致利润率下降,而且还可能亏损从而危及本金,那么资本也应该向别的安全的国家和地区转移。上述这两种情况都造成了国际资本的流动。

(三)汇率因素和利率因素

利率和汇率是市场经济运行中的两大经济杠杆,对国际资本流动的方向和规模有十分重要的影响。利率的高低在很大程度上决定了金融资产的收益水平,汇率的高低与变化改变了资本的相对价值。利率与汇率之间的关系是:一国提高利率,其货币汇率就上浮;一国利率下降,汇率就下浮。利率和汇率成正比关系,两者同升,有利于资本内流;两者同降,使资本外流。此外,国际收支的状况也会通过汇率对资本的国际流动产生影响:如果一国国际收支大量顺差,使外汇的供给大于需求,则外币贬值,本币对外汇率上浮,外国对本币的需求增加,从而导致资本外流;如果一国国际收支持续逆差,使外汇的需求大于供给,则外币升值,本币对外汇率下浮,本国对外币的需求增加,就会导致资本内流。

(四)经济政策因素

一国政府为了吸引或控制国际资本的流入或流出所制定的经济政策对国际资本流动的影响很大。另外,一国政府的经济发展计划、货币政策、财政政策等也会对国际资本流动产生影响。

第二节 国际资本流动的影响与控制

一、国际资本流动的影响

西方经济理论认为,资本流动对资本输出国和资本输入国,以至对整个世界经济都是有利的，其理由是不同生产要素通过资本流动在国际合理配置，这对输入国与输出国的国民收入都会有促进的作用，从而将促进整个世界经济。战后国际资本流动的规模异常庞大，流向和结构等方面也发生了重大的变化。从实际情况来看，这种变化对资本输出国和输入国，以及整个世界的影响是较为复杂的，既有有利的一面，也有不利的一面。

（一）对资本输出国的影响

对资本输出国的有利影响是可以带动商品输出：或者是与出口信贷相联系，推动机械设备等资本性商品的出口；或者是绕过贸易伙伴国的保护主义壁垒，保护和拓展本国商品的出口市场。如日本、联邦德国以及发展中国家中的东南亚和拉美经济较发达国家就是典型的例子。对于发达国家的资本输出来说，还有疏通过剩资本出路、谋取利息利润的好处。

对资本输出国的不利影响是，如果资本输出国本身的投资需要量较大，过多地输出资本将会促使利率上升，不利于国内经济增长，甚至随着资本输出而将本来在国内增加投资可以得到的改进产品质量和生产技术等经济效益也转移到了资本输入国。战后美国和英国都曾有这种情况发生。此外，资本输出过多，还会增加风险，例如战后发展中国家债务危机曾使发达国家贷款银行承受风险损失，即属此例。

（二）对资本输入国的影响

对资本输入国的有利影响是促进或加快输入国的经济发展。资金和技术都较紧缺的国家通过引进外资并加以妥善管理和使用能获得显著效益。日本经济的起飞就得益于引入外国的先进技术。据有关资料记载，从第二次世界大战后到70年代，日本共输入资本900亿美元，占总投资额的3%～5%，取得了技术进步和经济飞跃的显著效益。1956—1964年，日本年均经济增长率为10.1%，其中技术进步因素约占48%；1951—1970年，出口年均增长率为18.1%，高于其他发达国家。此外，输入资本还有助于国际收支的平衡。

但是，短期内资本流入规模过大会带来许多问题：第一，资本大量流入会导致本币升值，从而使得本国出口减少，产出和就业下降；第二，资本流入使得资本项目顺差增加的同时，必然会加大经常项目的逆差；第三，资本大量流入会导致本国的货币供给迅速上升，从而会带来通货膨胀。为了降低资本大量流入所带来的不利影响，一些国家采取了多种对策。

（三）对世界经济的影响

资本流动能促进全球经济效益的提高，调节各国国际收支的平衡，或者缓和某些国家的内部或外部冲击，例如，国际市场价格巨大波动、经济衰退、自然灾害等。至于资本流动对全球经济的消极影响，第二次世界大战以后，最为突出的是：在资本空前膨胀且金融高度发展的形势下，资本流动尤其是短期资本的流动，已成为国际市场动荡不安的主要因素，使各国投资和贸易都大大地增加了成本和效益的不确定性，给政府制定和执行货币金融政策也增加了难度。

二、国际资金借贷的福利效应

（一）静态福利模型

如果世界经济形势是稳定的和可预见的，如果借贷者们充分履行其义务，那么，从全球范围看,国际借贷可以有效地优化资源配置,促进人类福利增长。这里以两个典型国家本国与外国为考察对象,本国代表一个可获利投资机会较多但缺少资金的国家,外国代表一个拥有丰裕的资本但国内缺少投资机会的国家。用图 6-1 来说明两者之间资金借贷所导致的静态福利效应。

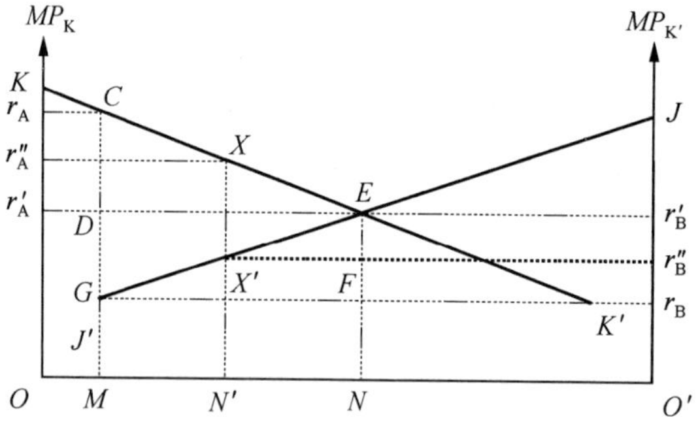

图 6-1　国际资金借贷的静态福利模型

假设在两国间不存在任何妨碍资金借贷的成本和障碍,则畅通无阻的资金渠道会推动资金自外国流向本国,最终,两者的利率差异趋于消失。如图 6-1 所示,横坐标表示两国的资金供给,轴长 OO' 代表双方资金总量;纵坐标表示资金的边际产出,即利息率。由于收益递减规律的作用,两国的资本边际产出曲线(实际利率曲线) KK' 和 JJ' 分别向下倾斜。在两国开放其资本市场之前,所有的借贷活动都限于在各自国内进行。资金的稀缺使得本国的国内投资资金只能达到 OM ,实际利率则高达 r_A ,其产量为边际产出曲线以下、位于 CM 左侧的四边形面积 $KCMO$;相反,相对充裕的资金供给使外国的资金所有者互相竞争,实际利率被压至低水平的 r_B ,此时,外国的国内投资资金是 $O'M$,其产量以面积 $JGMO'$ 来度量。两者相加,世界的总产量是 $KCMO + JGMO'$ 。

现在假设,对国际融资活动不存在任何壁垒,那么,外国的资本所有者和本国的企业就有强烈的动机进行合作,外国资金所有者会选择把部分资金投放到高收益的本国。随着借贷活动的继续,本国的资本存量逐渐增大,外国的资本存量逐渐减少,最后达到新的均衡状态。在均衡点 E 上,两国的实际利率差别消失: $r'_A = r'_B$,即有数量 MN 的资金从外国流向本国。本国内产量增至面积 $KENO$,外国国内产量减少至面积 $JENO'$ 。但是,由于原先投资于外国的低盈利水平的资金转移到收益高的本国,世界资源配置改善,世界产出趋于最大。

资本自由流动的实现给世界带来了显而易见的利益,这种利益在两国的分割使各自的国民总福利得以增进。本国通过借入资金,其产量增加面积 $CENM$,但由于相当于面积 $DENM$ 的收益要以利息的形式偿付外国,所以本国的净利益为三角形面积 CED ;外国借出资金,导致国内产量减少 $EGMN$,但其可获额外利息收入 $DENM$,两相抵补,仍可以取得正值的净利益三角形 DEG ;加总之后,整个世界的获益水平为面积三角形 CEG 。

在两国内部,因国际借贷的自由化而出现净获益者和净受损者。外国贷款人因以 r'_B 的利率而不是 r_B 的利率贷款而获利,但外国国内借款人却蒙受损失,因为来自国外借款人的竞争迫使其支付较高的利率去举借所有新的贷款。在本国,借款人因能以低利率 r'_A 借到贷款而获利，但国内贷款人则可能不得不面对国外资金的竞争而失去往日以高水平利率 r_A 放贷的收益。

在现实经济运行中，国际资金流动总要受到或多或少的限制，这些限制或者出于市场的原因，或者来自人为的因素。例如，因担心汇率波动或偿债信用等风险，资金所有者不愿向国外贷款；政府出于经济甚至政治上的考虑直接对资金流动实行管制等。所以，国际的资金借贷一般都难以达到充分自由的程度。反映在图 6-1 上，借贷市场不是均衡于利差得到消除的 E 点，而是在一个流动程度较低的水平上达到均衡。国际借贷的开展，致使量值为 MN' 而不是 MN 的资金由外国流入本国，本国利率水平从 r_A 降至 r''_A，即 X 点，外国利率水平从 r_B 升至 r''_B，即 X' 点，但两者仍旧存在（$r''_A - r''_B$）的利率差距，而不是利差完全消失。对于此种情形，可以采用相同方法分析其福利效应，得出的结论也是相似的：国际资金借贷，不管其程度如何，总能增进整个世界福利，但在两国内部其中一些利益集团因此而受益，而另一些集团则受损。

（二）宏观或动态经济效应

国际资金流动的影响往往深入到社会经济的各个层面，从时间上看，有些影响或许是短期的，有些影响则可能是长期的。因此，用动态眼光、从多重侧面考察国际借贷的经济效应就显得十分必要。

1. 对经济稳定性的影响

政治、经济环境变动或诸如此类的事件，都可能引起无法预料的国际资金流动，这是各国经济容易遇到且难以控制的一种冲击，这种冲击由于会引起货币供应量骤增或骤减而存在造成国内经济动荡的危险。资金突然流入致使投放于经济的货币供应量增加，导致利率下降并使支出扩大，其可能出现的最终后果是通货膨胀；反之，资金流出具有使货币供应量外流的危险，从而引起经济衰退。当然，冲击程度还取决于一国实行的汇率制度，但可以预见，在易于发生变化不定的资金流动的情形下，不论是对于流出国还是对于流入国，其宏观经济的稳定性都有可能受到考验。

2. 对资本积累的影响

资本积累最终取决于经济增长速度和储蓄水平，因而一国生产能力和生产效率的状况是其日后进行大规模资本积累的起点。一般来说，当一国拥有过剩劳动和良好投资机会但资金匮乏时，如果它能从国外借得资金，那么就可以利用这些资金扩大国内投资，或者利用这些宝贵的外汇进口新的资本品并取得相应的技术援助，于是便可开拓新的投资项目，一旦投资项目投产运行，国家便获得现实的生产能力，除偿还债务外，这些投资项目所赚取的利润成为未来国内资本积累的重要源泉。此外，资金流入往往与技术输入相伴而行，技术援助通过改善人力资源的形式来确保流入资金的充分有效利用，促进经济增长。因此，这种与资金流动相联系的弥补人力资源缺口的过程也是增强国内资本积累能力的过程。

对于资金流出国，从表面上看，资金的外流降低了国内投资水平，然而，由于这些国家资本存量充足，投资机会有限，所以国内投资的边际收益缺乏吸引力，若将部分资金贷往国外，所获取的利息可能高于国内投资的利润，日后，当这些利息收入转化为资本时，其资本积累非但没有受到损害，反而得到增加。

3. 对经济国际化的影响

传统的自我封闭型经济的瓦解在很大程度上与资本的国际流动相联系。历史上，资本的输出为资本主义世界经济体系的形成做出了特殊的贡献；今天，作为经济沟通的重要渠道，资金流动仍然是推动经济国际化的主要力量之一。通常，国际资金流动至少在以下两个方面对于一国经济的国际化发挥作用：

（1）国际借贷是一项技术性强的事业，受到各种国际惯例的约束，并需遵循严格的程序和规则来进行，因此，一个国家在进入国际资本市场时，必须在国内金融政策和金融体制上做出相应准备，例如，改革会计制度，以及银行业务的标准化等，所有这些措施都有利于国内金融市场与国际接轨。

（2）在进行跨国借贷时，资金所有者尤其重视投资风险，所以，一国欲在国际市场上筹措资金，必须付出努力让贷款人相信其资金是安全的并能按约定到期得到偿付及利息，而且，资金的使用常常还需接受贷款人监督，因此，一国在使用外来资金时，可能会在管理思想和管理体制上进行一定的变革，吸纳国外先进的管理经验和管理方法，这同样是一国经济走向国际化的重要步骤。

三、国际直接投资与东道国经济

为使分析简便，我们假设：① 本国经济处于长期充分就业状态；② 本国国际收支处在均衡状态；③ 本国贸易条件保持不变；④ 规模报酬保持不变；⑤ 没有外部经济；⑥ 没有税收。

如图 6-2，东道国初始的资本存量为 *AB*，资本价格即资本的边际产值为 *AD*，该国的总产出为 *FABC*，其中资本总收入 *ABCD*。由于假设只有资本和劳动两种要素投入以及规模报酬不变，根据耗尽性分配定理，资本收入和劳动收入将把产出分配殆尽，因此劳动的总收入为总产出减去资本的总收入，即 *FDC*。

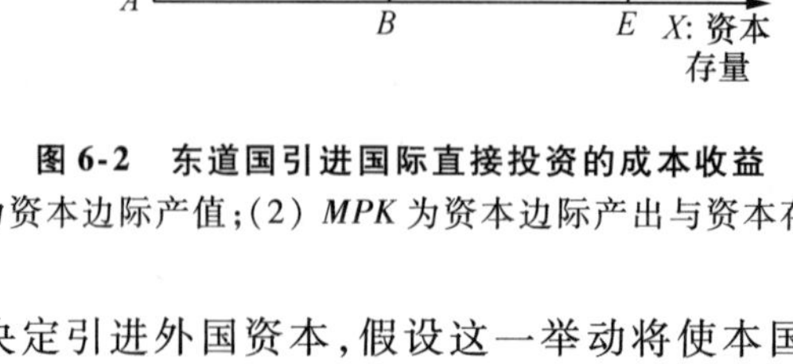

图 6-2　东道国引进国际直接投资的成本收益

注：（1）*X* 为资本存量，*Y* 为资本边际产值；（2）*MPK* 为资本边际产出与资本存量的关系曲线。

现在，东道国政府决定引进外国资本，假设这一举动将使本国资本存量从 *AB* 增加到 *AE*。随着东道国资本存量的增加，资本相对丰富，故资本的价格（边际产值）会下降。从图

6-2 中可以看出,资本的边际产值从 *AD* 下降到 *AH*,这时资本总收入也从 *ABCD* 增加为 *AHGE*,其中 *AHIB* 为本国资本收入,*BIGE* 为外国资本收入。在资本价格下降的同时,本国劳动收入从 *FDC* 增加为 *FHG*。因此,本国资本收入减少的部分为 *HDCI*,而劳动收入增加的部分为 *HDCG*,用 *HDCG* 减去 *HDCI* 可得东道国净收益为 *ICG*。由此可见,东道国通过引进外国资本不仅可以加快本国经济发展,还可以带来净国民福利增加,因而这一举措对东道国是非常有利的。

如果进一步放松以上假设条件,东道国净福利增加值会更大。比如,放松没有税收的假设条件,东道国还可通过对外国资本收益征税而增加国民收入。此外,如果外国资本是以直接投资形式进入东道国,还会产生各种各样的外在经济,即带来一系列的溢出效应,如新技术、新经营方式、新经营管理理念等,都将对本国生产效率产生积极的影响。这些积极影响可以概括为以下几个方面:

(一) 国际直接投资的资源转移效应

国际直接投资的资源转移效应主要包括:东道国资本供给增加效应,国外先进技术输入效应,以及跨国公司先进管理方式输入效应。这些效应可能为正,也可能为负,最后所产生的净效应究竟是正还是负,主要取决于东道国的引进策略与管理外国资本的能力。

在引进外国资本的初期,东道国的资本供给会增加,但是当外国资本利用所得利润进行再投资时,外国资本的资本供给效应就为零,如果外国资本将其在本国获得的利润投资于其他国家,那么这一效应还将为负。同样,当外国直接投资输入的技术对于东道国来说是一种不适应的技术时,或者外国直接投资进入到东道国以后采取的是封闭式管理而不是本地化经营,那么此时的资源转移效应可能为负。

(二) 国际直接投资的贸易与收支效应

一国的进出口贸易构成国际收支的经常项目,一个缺少外汇的国家就像一个缺少储蓄的国家一样,本国经济增长会因此受到阻碍。

外国资本进入的初期,东道国可以从资本项目中一次性得到大量的国际收入,有可能实现国际收支资本项目的顺差。但随之而来的将是外国资本向其远在他国的母公司支付红利、利息、特许费用及管理费等引起的不间断的外汇流出,将有可能导致国际收支资本项目的逆差。这称为国际直接投资的收支效应。

国际直接投资的贸易效应主要是由国际直接投资主体引起的,即国际直接投资主体跨国公司进入后的贸易效应如何主要取决于该公司的贸易结构是怎样的。如果该跨国公司是出口导向的,那么它将增加东道国的出口贸易量与国际收支的经常项目收入;如果该跨国公司是进口替代型的,那么东道国的进口贸易量可能减少,其国际收支可望得到改善;如果该跨国公司是具有强烈的进口倾向的,那么东道国的进口贸易量会大大增加,其国际收支会趋于恶化。这称为国际直接投资的贸易效应。

从以上两个方面的分析来看,东道国应积极引进那些具有出口导向性的跨国公司,以便通过经常项目的长期顺差来弥补资本项目的长期逆差,进而达到本国国际收支平衡,实现稳定宏观经济的目的。

（三）国际直接投资的市场结构效应

国际直接投资的市场结构效应主要是指进行国际直接投资的跨国公司进入东道国以后，对东道国经济而言是增强了竞争还是破坏了竞争，这主要取决于以下三个因素：① 进入国家类型。如果进入的是发达工业化国家，有可能产生竞争效应；反之，则相反。② 进入方式。如果以新建企业方式进入东道国，有可能产生竞争效应；如果通过收购或兼并方式进入东道国，则可能减少竞争。③ 东道国政府反托拉斯法（反垄断法）的严厉程度。如果东道国政府的反托拉斯法是非常严厉的，跨国公司进入后产生的主要是竞争效应；反之亦然。

（四）国际直接投资的主权效应

跨国公司对东道国经济主权方面的影响通常被看作是东道国吸引外资的一种成本。跨国公司具有其特有的国际性，子公司的投资、采购、雇用、贸易政策取决于母公司的战略决策，公司内部贸易可能使东道国在贸易中受损，进而促成或者加剧东道国经济的依赖性。

同时，跨国公司的行为还会影响到东道国对其经济的控制能力，削弱东道国经济政策的效果。跨国公司可能不会对东道国的宏观经济政策做出积极的反应，这是因为其经济实力的强大，在与东道国政府谈判过程中往往处于有利的地位。

总之，资本的国际流动意味着生产力、技术、设备、管理经验的跨国流动，也意味着市场的转移和市场份额的变化，同时，资本国际流动还意味着资源在国际更为合理的配置，突破了各个国家因自身资源禀赋差异而无法获得资源最佳配置的障碍，实现资源相对最优配置，从而提高劳动效率，促进经济发展。20 世纪 60 年代以来的东亚经济的快速增长就是通过引进资本和技术实现的。当然，国际资本流动也会给母国和东道国经济发展带来一些问题，比如资本输出国大量的对外投资可能带来“产业空心化”和经济增长缓慢等问题；资本输入国利用外资不当有可能引发债务危机等。

四、控制国际资本流动的方法

控制国际资本流动的方法很多，针对资本流动的特点，不同国家可以采取相应的控制方法。当今世界，各国控制资本流动的主要方法有以下几种：

（一）实施外汇管制

各国对投机性的短期资本流动往往采取外汇管制的措施。目前大多数国家实行管理浮动汇率制，在必要时对外汇市场进行干预，干预的主要目的在于控制资本流动，尤其是投机性的资本流动。一些国家还实行非常严格的外汇管制，非经中央银行批准，一律不准从事任何外汇买卖，在这种情况下，资本流动自然受到绝对的控制。

（二）制定法规和政策

各国政府可以采用财政金融方面的法规和政策干预国际资本流动。例如，各国金融当局（主要是中央银行）采取提高或降低贴现率的政策，促使资本流入或流出，或采取在外汇市场买进或抛售外汇的干预政策，来维持和稳定其货币汇率，打击投机性资本流动。例如，美国 1963 年 7 月实施“利息平衡税”，目的是为了限制对外贷款。美国联邦储备银行还曾颁布《Q 项条例》，规定美国商业银行吸收非居民存款的最高利率；《M 条例》规定美国商业银行对国外银行的负债需缴存累进的存款准备金。这些条例都有限制资本流入的作用。目前，美国规定商业银行对海外银行一笔贷款不得超过该贷款银行资本额的10%；日本和瑞士曾经规定，贷款期限在1年以上的要经政府批准，这些规定的目的都是要限制资本的流动，以防止国际收支状况的恶化。

（三）提供限制性贷款

一些国家的银行及一些国际金融机构，提供的对外贷款都指定贷款的用途，实行"专款专用"，这实质上是一种限制国际资本流动的方式。目前，经济合作与发展组织（OECD）成员国对其他国家提供的出口信贷，把信贷与出口商品联系起来，便是所谓的限制性贷款。世界银行提供的贷款，按规定必须用于指定的工程项目，不能移作他用，这也是专款专用性贷款。

（四）限定还债能力

国际贷款要受到偿还能力的限制。目前国际上广泛采用的衡量偿还能力的标准之一是外债清偿比率，简称偿债率，即年还本付息额与年外汇收入之比。

第二次世界大战以后，一直到1955年，发展中国家偿债率一般都低于5%。到1965年，这一偿债率已提高到10%以上。目前又提高到20%～25%。20%的偿债率是一条界线，有人称之为危险线，超越这条危险线，说明借款国的还债能力有问题，不能再向它提供贷款，资本流动自然也就受到限制。

然而，当年偿债率并非唯一的依据。由于借款国每笔债务的利率、期限等条件不同，实际还本付息额年年不同，使一些借款国年度之间的偿债率变化较大，所以有人提出，不仅要看一国当年的偿债率，也要参考该国今后若干年的偿债率。衡量一国还债能力还要参考外汇储备与进口额的比率及借款国对外债务余额与出口收汇的比率等标准。

（五）政策协调

引起短期资本流动的主要因素是各个金融市场的利率差和汇率波动，如果各国金融政策能协调一致，可使各国利率不至于相差悬殊，汇率不至于暴涨暴跌，从而有利于对短期资本流动进行控制。1961年设立的经济合作与发展组织的"第三工作小组"，旨在使各大国经常非正式地商讨政策，巴塞尔中央银行行长的例行会议也旨在协调各国的金融政策，但收效甚微。主要原因有两方面：一是各国问题不同，情形各异，它们不愿牺牲国内政策目标进行协调，特别是许多国家着重通过运用金融政策来稳定国内经济，不愿受外部环境的限制；二是在实行固定汇率的后期，由于国际收支严重失衡，资本大量流动，所以政策的协调及运用利率差别的做法都无济于事。不过浮动汇率制度下，政策协调取得了一定的进展，西方国家先后几次在外汇市场上联合干预，对限制资本流动和稳定国际金融秩序起到了一定的作用。

总之，虽然各国金融当局对资本流动或多或少采取一些限制性措施，但效果不很明显。这就要求各国进一步加强合作，促进那些有利的资本流动，而限制那些起破坏作用的投机性流动，以改进全球性的资源分配，提高经济效益。

本章小结

1. 国际资本流动是指资本在国际的转移。换言之,就是各国为了某种经济目的进行交易而产生的资本跨越国家的界限、从一个国家转移到另一个国家的活动。

2. 国际资本流动按流动期限划分,可分为短期资本流动和长期资本流动。短期资本流动是指期限为一年或一年以内的资本流动,主要通过各种信用工具来进行。信用工具主要包括政府短期债券、可转让银行定期存单、银行票据、商业票据及银行活期存款凭证等。长期资本流动是指期限在一年以上或未规定期限的资本流动。长期资本流动主要有三种方式:直接投资、间接投资和国际借贷。

3. 国际资本流动具体受利润率、国际风险、汇率和利率、经济政策等因素影响。

4. 国际资本流动的变化对资本输出国和输入国以及整个世界的影响是较为复杂的,既有有利的一面,也有不利的一面。

5. 国际资金借贷总能增进整个世界福利,其中一些利益集团因此而受益,而另一些集团则受损。

6. 东道国通过引进外国资本不仅可以加快本国经济发展,还可以带来净国民福利增加。除此之外,国际直接投资还会产生各种各样的外在经济,即带来一系列的溢出效应,包括资源转移效应、贸易与收支效应、市场结构效应。

7. 各国控制资本流动的主要方法有实施外汇管制、制定法规和政策、提供限制性贷款、限定还债能力、政策协调等。

案例　向强者挑战——百事可乐的市场竞争战略

只要还没有失败就坚持下去的想法是错误的,在当今经济社会中,知道要失败就要赶快改变战略,否则早晚会完蛋。

——百事可乐公司前总裁　韦恩·卡拉维

【案例简述】

世界上第一瓶可口可乐于1886年诞生于美国,距今已有上百年的历史。这种神奇的饮料以它不可抗拒的魅力征服了全世界数以亿计的消费者,成为“世界饮料之王”,甚至享有“饮料日不落帝国”的美誉。但是,就在可口可乐如日中天之时,竟然有另外一家同样高举“可乐”大旗,敢于向其挑战的企业,它宣称要成为“全世界顾客最喜欢的公司”,并且在与可口可乐的交锋中越战越强,最终形成分庭抗礼之势,这就是百事可乐公司。

【案例详解】

新可乐挑战老可乐

世界上第一瓶百事可乐同样诞生于美国,那是在1898年,比可口可乐的问世晚了12年。它的味道同配方绝密的可口可乐相近,于是便借可口可乐之势取名为百事可乐。

由于可口可乐早在10多年前就已经开始大力开拓市场,到百事可乐诞生时早已声名远扬,控制了绝大部分碳酸饮料市场,在人们心目中形成了定势,一提起可乐,就非可口可乐莫属,百事可乐在第二次世界大战以前一直不见起色,曾两度处于破产边缘,饮料市场仍然是可口可乐一统天下。尽管1929年开始的大危机和第二次世界大战期间,百事可乐为了生存,不惜将价格降至5美分/镑,是可口可乐价格的一半,以至于差不多每个美国人都知道"5分镍币可以多买1倍的百事可乐"的口头禅,百事可乐仍然未能摆脱困境。

在饮料行业,可口可乐和百事可乐一个是市场领导者,一个是市场追随者(挑战者)。作为市场追随者,有两种战略可供选择:向市场领导者发起攻击以夺取更多的市场份额;或者是参与竞争,但不让市场份额发生重大改变。显然,经过近半个世纪的实践,百事可乐公司发现,后一种选择连公司的生存都不能保障,是行不通的。于是,百事可乐开始采取前一种战略,向可口可乐发出强有力的挑战,这正是第二次世界大战以后阿尔弗雷德·斯蒂尔、唐纳德·肯特、韦恩·卡拉维等"百事英才"所做的。

百事可乐的一代

这时有一个对百事可乐的发展非常有利的环境。第二次世界大战后,美国诞生了一大批年轻人,他们没有经过大危机和战争洗礼,自信乐观,与他们的前辈们有很大的不同,这些小家伙正在成长,逐步会成为美国的主要力量,他们对一切事务的胃口既大且新,这为百事可乐针对"新一代"的营销活动提供了基础。

但是,这一切都是在1960年百事可乐把它的广告业务交给BBDO(巴腾-巴顿-德斯廷和奥斯本)广告公司以后才明白过来的。当时,可口可乐以5:1的绝对优势压倒百事可乐。BBDO公司分析了消费者构成和消费心理的变化,将火力对准了可口可乐"传统"的形象,做出种种努力来把百事可乐描绘成年轻人的饮料。经过4年的酝酿,"百事可乐新一代"的口号正式面市,并一直沿用了20多年。10年后,可口可乐试图对百事可乐俘获下一代的广告做出反应时,它对百事可乐的优势已经减至2:1了。而此时,BBDO又协助百事可乐制定了进一步的战略,向可口可乐发起全面进攻,被世人称为"百事可乐的挑战"。其中两仗打得十分出色。

第一个漂亮仗是品尝实验和其后的宣传活动。1975年,百事可乐在达拉斯进行了品尝实验,将百事可乐和可口可乐都去掉商标,分别以字母M和Q做上暗记,结果表明,百事可乐比可口可乐更受欢迎。随后,BBDO公司对此大肆宣扬,在广告中表现的是,可口可乐的忠实主顾选择标有字母M的百事可乐,而标有字母Q的可口可乐却无人问津。广告宣传完全达到了百事可乐和BBDO公司所预期的目的:让消费者重新考虑他们对"老"可乐的忠诚,并把它与"新"可乐相比较。可口可乐对此束手无策,除了指责这种比较不道德,并且吹毛求疵地认为人们对字母M有天生的偏爱之外,毫无办法。结果,百事可乐的销售量猛增,与可口可乐的差距缩小为2:3。

第二个漂亮仗是杰克逊的广告片。1983年年底,BBDO广告公司又以500万美元的代价,聘请迈克尔·杰克逊拍摄了两部广告片,并组织杰克逊兄弟进行广告旅行。这位红极一时的摇滚乐歌星为百事可乐赢得了年轻一代狂热的心，广告播出才一个月，百事可乐的销量就直线上升。据百事可乐公司自己统计，在广告播出的一年中，大约97%的美国人收看过，每人达12次。

几乎与此同时，百事可乐利用可口可乐和包装商们的利益纷争，以及联邦贸易委员会对饮料行业特许包装体制的反对，争取过来数家包装商，并且让可口可乐公司遭受了一次非常公开的挫折。1984年5月，负责官方饮料供应的快餐连锁店汉堡王公司因不满其饮料官方供应商可口可乐转向其竞争对手麦当劳公司，于是交给百事可乐一纸合同，让它为全美2300家汉堡王快餐店提供3000万升饮料，仅此一项每年为百事可乐增加3000万美元的收入。汉堡王的"倒戈"令百事可乐获益匪浅。

百事可乐只有30多岁的经理约翰·斯卡利坚信："基于口味和销售两个原因，百事可乐终将战胜可口可乐"。这一预言现在终于变成了现实。在百事可乐发起挑战之后不到3年，美国《商业周刊》就开始怀疑可口可乐是否有足够的防卫技巧和销售手段来抵御百事可乐的猛烈进攻。1978年6月12日，《商业周刊》的封面赫然印着"百事可乐荣膺冠军"。A. C. 尼尔森关于商店里饮料销售情况的每月调查报告也表明：百事可乐第一次夺走了可口可乐的领先地位。

色彩：红与蓝

实际上，可口可乐和百事可乐的商标设计可能最能反映二者的特色和定位。

可口可乐选用的是红色，在鲜红的底色上印着白色的斯宾塞体草书"Coca-Cola"字样，红白相间，用色传统，显得古朴、典雅而又不失活力，白字在红底的衬托下，有一种悠然的跳动之态，草书则给人以连贯、流线和飘逸之感。

百事可乐则选择了蓝色，在纯白的底色上是近似中国行书的蓝色字体"Pepsi Cola"，蓝字在白底的衬托下十分醒目，呈活跃、进取之态。众所周知，蓝色是精致、创新和年轻的标志，高科技行业的排头兵IBM公司就选用蓝色为公司的主色调，被称为"蓝色巨人"，百事可乐的颜色与它的公司形象和定位达到了完美的统一。

从真空地带着手

百事可乐不仅在美国国内市场上向可口可乐发起了最有力的挑战，还在世界各国市场上向可口可乐进行挑战。

与国内市场完全一样，在大部分国外市场百事可乐因为可口可乐的先发优势已经没有多少空间。百事可乐的战略就是进入可口可乐公司尚未进入或进入失败的"真空地带"，当时公司的董事长肯特经过深入考察调研，发现苏联、中国及亚洲其他国家、非洲还有大片空白地区可以有所作为。

肯特的至交，美国总统尼克松帮了百事可乐大忙。1959年，美国展览会在莫斯科召开，肯特利用他与当时的美国副总统尼克松之间的特殊关系，要求尼克松"想办法让苏联领导人喝一杯百事可乐"。尼克松显然同赫鲁晓夫通过气，于是在各国记者的镜头前，赫鲁晓夫手举百事可乐，露出一脸心满意足的表情。这是最特殊的广告，百事可乐从此在苏联站稳了脚跟，这对百事可乐打入苏联起了很大的推动作用。但是，百事可乐虽然进入了苏联市场，却未能实现在苏联建立工厂、垄断可乐在苏联销售的计划。于是，1975年，百事可乐公司以帮助苏联销售伏特加酒为条件，取得了在苏联建立生产工厂并垄断其销售的权力，成为美国闯进苏联市场的第一家民间企业。这一事件立即在美国引起轰动，各家主要报刊均以头条报道了这条消息。

在以色列，可口可乐抢占了先机，先行设立了分厂，但是，此举引起了阿拉伯各国的联合抵制。百事可乐见有机可乘，立即放弃本来得不到好处的以色列，一举取得中东其他市场，占领了阿拉伯海周围的每一个角落，使百事可乐成了阿拉伯语中的日常词汇。

70年代末，印度政府宣布，只有可口可乐公布其配方，它才能在印度经销，结果双方无法达成一致，可口可乐撤出了印度。百事可乐的配方没有什么秘密，因此它乘机以建立粮食加工厂、增加农产品出口等作为交换条件，打入了这个重要的市场。

在与可口可乐角逐国际市场时，百事可乐很善于依靠政界，抓住特殊机会，利用独特的手段从可口可乐手中抢夺市场。

百事可乐在拓展国际市场时，一直将尼克松视为它的秘密武器。60年代尼克松竞选惨败后，百事仍然积极对其给予支持，肯特先生以年薪10万美金的报酬，聘请尼克松为百事公司的顾问和律师。尼克松则利用自己的关系周游列国，兜售百事可乐，并且在竞选美国总统成功后，任命肯特为总统经济政策顾问，使其有机会影响经济政策，借以创造百事可乐在世界市场与可口可乐竞争的有利地位。

另一种多元化

由于饮料行业的激烈竞争，为了规避风险，可口可乐和百事可乐不约而同地选择了多元化经营。但是，多元化为两家公司带来的收益大相径庭，百事可乐在这场特殊的角逐中再次战胜了可口可乐。

自70年代开始，可口可乐公司大举进军与饮料无关的其他行业，在水净化、葡萄酒酿造、养虾、水果生产、影视等行业大量投资，并购和新建这些行业的企业，其中包括1982年1月，公司斥资7.5亿美元收购哥伦比亚制片厂的巨额交易。但是，这些投资给公司股东的回报少得可怜，其资本收益率仅1%。直到80年代中期，可口可乐公司才重新集中精力于主营业务，结果利润出现直线上升。

百事可乐就幸运多了。它从60年代起就试图打破单一的业务种类，迅速发展其他行业，使公司成为多元化企业。从1977年开始，百事可乐进军快餐业，它先后将肯德基食品公司(KFC)、必胜客(Pizza-hut)意大利比萨饼和特柯贝尔(Taco Bell)墨西哥餐厅收归麾下。百事可乐这次的对手是快餐大王麦当劳公司。肯德基、必胜客和特柯贝尔在被百事可乐兼并前，都只是一些忽冷忽热的餐馆，仅仅在自己狭小的市场内略有优势。百事可乐兼并它们之后，立即提出："目标和对手不应再是城里另一家炸鸡店、馅饼店，而应是伟大的麦当劳！"于是，百事可乐又在快餐业向强手发起了挑战。

当时正是美国通货膨胀不断高涨的年代，麦当劳的食品价格也随着物价不断上涨，百事可乐看准时机，以此为突破口，开始了它的攻势。公司不断设法降低成本，制定了“简化、简化、再简化”的原则（这不是指食品的制作和质量，而是指尽量减少非食品经营支出）。如预先做好部分食品，在店外烧烤牛肉，尽量减少厨房用地，降低人工成本；修改菜单，将制作快的菜放在前面，以加快流通速度等。结果销售额很快达到以前的两倍，而员工只有以前的一半。由于收入迅速增加，成本大大降低，利润猛增，此时百事公司在快餐业已经能够与麦当劳抗衡，并且带动了百事可乐饮料的销售。

百事可乐还首创快餐业“送货上门”的新型营销方式。当时百事可乐公司的总裁卡拉维说：“如果只等着忙碌的人们到餐厅来，我们是繁荣不起来的。我们要使炸鸡、馅饼的供应像看时间那样方便。”

百事可乐质优、价廉的食品和高效、多样的服务赢得了顾客的青睐，销售额年年创纪录，很快成为世界上最赚钱的餐饮公司。许多老牌快餐公司在百事可乐咄咄逼人的攻势下败下阵来，甚至麦当劳也受到了巨大的威胁。70年代末80年代初，麦当劳公司的年利润率为8%，而百事公司的年利润率却高达20%。

百事可乐终于在它诞生92周年的时候赶上了竞争对手。1990年，两种可乐平分市场，在零售方面百事可乐甚至超出了1亿多美元。该年度A.C.尼尔森公司对美国、欧洲和日本的9000名消费者进行了调查，排出了世界上最有影响的10大名牌，百事可乐和可口可乐均获此殊荣，分列第6位和第8位，百事可乐已经实现了成为全世界顾客最喜欢的公司的梦想。2006年，百事可乐公司全球销售额为359.438亿美元，位列2006年世界500强第175位，荣登饮料行业企业世界冠军；可口可乐只能屈居亚军，销售额只有197.27亿美元，排名在346位。

百事可乐和可口可乐之间的双雄战早已打得不可开交，百事可乐在其中令人称道的是它勇于挑战的勇气和它的市场竞争手段。最终，百事可乐取得了一席之地。

当我们把眼光投向世界，尤其是以世界500强为代表的大型跨国公司的时候，我们深切地感到：中国的企业与它们相比是何等的渺小，但是，竞争是不可回避的，中国企业必须学习百事可乐的精神，勇于面对世界级强手。实际上，并不是一点机会没有，与新兴的小企业相比，规模巨大、历史悠久的企业也存在致命的弱点，百事可乐就抓住可口可乐管理机构调整和人事纠葛带来的良机，向可口可乐发起有力的冲击，并取得了赫赫战果。

当然，我们最应该学习的是百事可乐如何向强手挑战。百事可乐在美国挑战可口可乐的主要方式，是其卓然超群的市场定位和对销售渠道的控制。在可口可乐一统天下的年代，针对青少年对碳酸饮料的强大需求及未来的购买潜力，百事可乐将自身定位于“创新、年轻并富有活力”，这对60年代的美国年轻人极具号召力，并且控制了销售渠道中的包装公司，因此能够异军突起。独特的定位往往能帮助市场追随者开拓市场，例如，在可口可乐和百事可乐鏖战可乐市场的时候，七喜将自己定位为非可乐，也迅速打开了销路。

在国际市场上，百事可乐的竞争策略也很独特，它看准时机，占领了可口可乐的“真空地带”，不仅避免了后入劣势和两败俱伤的局面，还在大片地区形成了垄断。百事公司对麦当劳等快餐公司的挑战主要是有针对性地"提供质优、价低的产品，高效、多样的服务，并不断创新"。百事公司眼光独到、精准，策略切中要害，深合顾客心理和需求，因此能够行之有效。

最近，非常可乐、汾煌可乐、中华可乐纷纷出台，掀起中国的可乐大战。在向以可口可乐为代表的强手挑战中，应当学习当年百事可乐的精神，特别是要学习百事可乐的竞争手段，找准定位，做好市场营销。

但是，这三种可乐除了强调自己是国货外，似乎没有其他创意。以汾煌可乐为例，电视上播得比较多的是汾煌可乐的两则广告——《打抱不平篇》和《龙舟篇》。前者的内容是：手中的汾煌可乐被抢走后，小男孩无可奈何，这时成龙见义勇为，抢回可乐，小男孩对成龙的功夫佩服得五体投地，又将手中的汾煌可乐抛出，要求再来一次。后者的内容是：大家扛起龙舟下水，人们挥汗如雨，这时一罐汾煌可乐出现了，成龙打开它，仰头痛饮，然后来了一句话："汾煌可乐，大家齐欢乐"。专家评论说，前一则广告似乎是在为成龙的功夫而非汾煌可乐做广告，将可乐换成玩具一点不影响其完整性；后一则也无非是这样一种诉求：汾煌可乐能解渴，特别是大汗淋漓时，但与其他可乐并没有两样。这两则广告的问题都在于：定位不准、不深，没有特色。

其实，这正是汾煌可乐对自己产品定位把握不定的表现，其他两种可乐也是一样。在洋可乐横行的时代，宣扬"中国人自己的可乐"当然能够赢得部分顾客，因而非常可乐首先以此为诉求，确实取得了一定成效。但是，消费者关心的不仅仅是国货，而是它们与洋可乐相比，有什么新颖独特的地方，并且能否接受并喜欢，显然，这就不单是"国货"二字能达到的。如果非常可乐营销得法，能够充分利用"娃哈哈"对儿童的影响，培养未来"娃哈哈的一代"也并非无稽之谈。现在，在我国台湾，占软饮料市场60%以上市场份额的不是可口可乐，也不是百事可乐，而是一家当地饮料企业，它的诀窍也是独特的市场定位和对销售渠道的牢牢控制。

这正是我们需要向百事可乐学习的。

资料来源：向阳. 向强者挑战——百事可乐的市场竞争战略[J]. 中国高新区，2008(91).

练习与思考

1. 什么是国际资本流动？它与资本输出输入、对外资产负债、资金流动有什么关系？
2. 什么是短期资本流动？它有哪些具体方式？
3. 什么是长期资本流动？它有哪些具体方式？
4. 试述国际资本流动的原因。
5. 试述国际资本流动对资本输出国、资本输入国的影响。
6. 试述国际资金借贷的福利效应。
7. 试述国际直接投资对东道国的影响。
8. 试述控制资本流动的主要方法。

第七章

跨国公司与国际直接投资理论

本章提要

在国际经济活动中，跨国公司具有多方面的影响，跨国公司是国际投资、国际贸易、国际金融和国际技术转让活动的主要组织者和参与者。本章首先阐述跨国公司的含义与类型、产生与发展、新特点与新动向等，然后再介绍跨国公司国际直接投资理论。

本章结构图

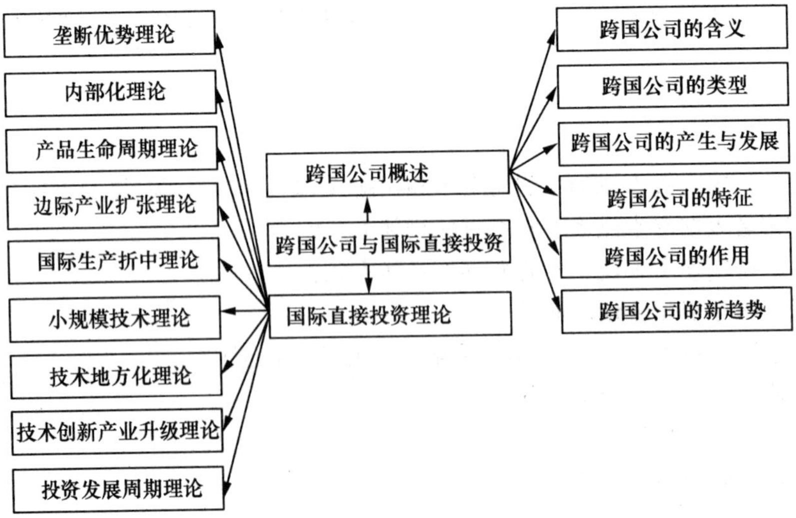

学习目标

- 重点掌握跨国公司的含义、类型、特征和作用，垄断优势理论、内部化理论、国际生产折中理论、比较优势理论等国际直接投资理论。
- 掌握小规模技术理论、技术地方化理论、投资发展周期理论。
- 了解跨国公司发展的新趋势及跨国公司投资理论的新发展。

第一节　跨国公司概述

一、跨国公司的含义与类型

（一）跨国公司的含义

国际上对跨国公司有许多叫法，如全球公司、国际公司、多国公司等，各种机构和学者根据不同的标准对跨国公司下了各种各样的定义，现将给跨国公司下定义的三种主要标准简单介绍如下：

1. 结构标准

在结构标准（structural criteria）体系下，跨国公司应该满足下面几个条件中的至少一个：(1) 在两个以上的国家经营业务；(2) 公司的所有权为两个以上国籍的人所拥有；(3) 公司的高级经理人员来自两个以上的国家；(4) 公司的组织形式以全球性地区和全球性产品为基础。

2. 业绩标准

业绩标准（performance characteristics criteria）是指凡是跨国公司，其在国外的生产值、销售额、利润额、资产额或雇员人数必须达到某一个百分比以上，百分比具体应为多少目前并无统一的认识，实践中采用25%作为衡量标准的情况较多。

3. 行为标准

行为标准（behavioral characteristics criteria）是指跨国公司应该具有全球战略目标和动机，以全球范围内的整体利益最大化为原则，用一视同仁的态度对待世界各地的商业机会和分支机构。

综合各种观点，可以认为：**跨国公司（transnational corporations，TNCs）**是指这样一种企业，它在两个或两个以上的国家进行直接投资，从事生产经营活动，国外的业绩达到一定比例，有一个统一的中央决策体系和全球战略目标，其遍布全球的各个实体分享资源和信息并分担相应的责任。

（二）跨国公司的类型

从不同的角度，跨国公司可以被划分成不同的类型，主要有如下几种：

1. 按法律形式划分，跨国公司可以分为总分公司型和母子公司型

总分公司型的组织模式，适用于银行与保险等金融企业的跨国经营；母子公司型的组织

模式,则比较适合工业企业。

2. 按经营项目的重点划分,跨国公司可以分为资源开发型、加工制造型和服务型

资源开发型的跨国公司主要以采矿业、石油开发业和种植业为主;加工制造型跨国公司主要从事最终产品和中间产品的制造,如金属制品、钢材、机械、运输设备和电信设备等;服务型跨国公司是指从事非物质产品生产,在贸易、金融、运输、通信、旅游、房地产、保险、广告、管理咨询、会计法律服务、信息等行业和领域内从事经营活动,提供各种服务的跨国公司。

3. 按决策机构的策略取向划分,跨国公司可以分为民族中心型、民族多元型、全球战略型

民族中心型跨国公司的所有决策主要考虑母公司的权益;民族多元型跨国公司的决策以众多子公司的权益为主;全球战略型跨国公司的决策以公司的全球利益为主,这种类型的决策较为合理,目前为大多数跨国公司所采用。

4. 按公司内部的经营结构划分,跨国公司分为横向型、垂直型和混合型

横向型跨国公司多数是产品单一的专业性跨国公司,在该类型公司内部没有多少专业分工,母子公司基本上都制造同类型的产品或经营同类型的业务;垂直型是指公司内部母公司和子公司之间以及子公司相互之间分别制造同一产品的不同零部件,或从事不同工序的生产,通过公司内部的产品转移,将整个生产过程相互衔接起来;混合型一般是经营产品多样化的跨国公司,根据各产品的生产特点,母公司与子公司、子公司与子公司之间有的是垂直型分工,有的是横向型分工。

5. 按生产经营的空间分布范围划分,跨国公司可以分为区域型和全球型

区域型跨国公司的活动范围主要局限在特定区域;全球型跨国公司则以整个世界市场作为其生产经营活动的空间。

6. 按跨国公司诞生的早晚和企业开展跨国经营时间的先后,跨国公司可分为先发型和后发型

先发型跨国公司是在国际范围内一个行业中最早开展国际化经营的企业,并且企业的核心技术基本上是自己研究开发的,这类跨国公司的典型代表是欧洲和美国的跨国公司。后发型跨国公司是后来者,企业开始进行国际化经营时,国际市场中该行业内已充满了跨国公司,另外,企业的一些核心技术主要是从外国引进的,这类跨国公司主要以韩国、新加坡和中国等国家与地区的跨国公司为代表。

二、跨国公司的产生与发展

跨国公司是国际直接投资活动的主要承担者,世界上大部分的国际直接投资业务都是由跨国公司进行的。跨国公司产生于18世纪经济全球化开始发展和世界市场逐步形成的时期。截至目前,跨国公司的产生与发展主要经历了以下三个阶段:

(一) 第一次世界大战以前的萌芽阶段

跨国公司已有百余年的历史。在历史上,新航线和新大陆的发现,扩大了国际商业活动

的空间和范围。特权贸易公司(如英国东印度公司、英国皇家非洲公司、英国哈德逊湾公司、英资汇丰银行、荷兰东印度公司等)这种新的企业组织形式的出现,意味着以往商人的个人冒险家事业的消亡以及现代企业的诞生。这些公司开始以经营贸易和航运业为主,后来逐步扩大到银行等金融业。它们属于掠夺性经营的殖民地公司,遭到了当地居民的强烈反对。1856年英国正式颁布股份公司条例,随后一批股份公司出现,这标志着对世界经济产生重要影响的资本主义现代企业问世了。

欧洲工业革命以后,机器生产被广泛采用,对廉价原材料产生了大量需求,于是那些股份公司改变海外经营策略,由非生产性投资转向大规模的生产性投资,在海外探采矿藏、开发土地、修建铁路、建设港口和发展加工制造业。这类投资的增加,催生了现代跨国公司的雏形。早期跨国公司通过对外直接投资,在海外设立分支机构或子公司,从事跨国生产和贸易。当时具有代表性的制造业对外投资的项目有:1865年德国弗里德里克·拜耳公司在美国纽约的奥尔班尼开设了一家制造苯胺的工厂;1866年瑞典制造甘油和炸药的阿佛列·诺贝尔公司在德国汉堡开设了一家制造炸药的工厂;1867年美国胜家缝纫机公司在英国的格拉斯哥创办了缝纫机装配厂进行生产;1876年,日本成立了第一家综合商社——三井物产公司;1885年,英国最大的油脂食品公司尤尼莱佛公司的前身英国利华兄弟公司在西非和所罗门群岛投资开发椰子种植园。后来,美国的威斯汀豪斯电气公司、爱迪生电灯公司、伊斯特曼·柯达公司、美孚石油公司等也纷纷走向海外市场设厂,将其新产品和新技术在国外投资生产和应用,开展国际化经营,成为现代跨国公司的先驱。

当时对外直接投资的特征主要是:投资集中于铁路、采矿业和制造业;投资地区主要为落后地区;投资重心由各自的殖民地陆续向一些欧洲国家和美国扩展。总的说来,资本输出的兴起为跨国公司的形成奠定了物质基础。当然,第一次世界大战以前在世界范围内从事跨国经营的企业数量还较少,对外直接投资额也不大,跨国公司处于萌芽阶段。

(二) 两次世界大战之间的逐渐发展阶段

第一次世界大战以后,对外直接投资有了相当快的增长,比一战前增加了两倍,制造业吸引了更多的国际直接投资,制造业的跨国公司发展迅速,越来越多的西方大公司开始在海外建立子公司。据统计,在这个阶段共有1441家西方国家的公司进行了对外直接投资。这一时期,美国跨国公司的发展较快,在国外直接投资的比重逐渐超过英国而居世界首位。然而,由于战争、经济危机和国家管制,跨国公司虽然有了一定的发展,但整体发展速度仍然较慢。

(三) 第二次世界大战以后至今的迅猛发展阶段

第二次世界大战结束以来,科学技术取得了突飞猛进的发展,世界经济一体化程度不断提高,经济全球化趋势加强,这使得对外直接投资在深度和广度上迅速发展,跨国公司的数量和规模大大增加,对外直接投资的作用和影响已经超过对外间接投资。根据联合国原跨国公司中心的资料,发达国家跨国公司母公司在1968年有727家,子公司27300家;到1980年增加到母公司10727家,子公司98000家。根据联合国贸易与发展会议公布的《2010世界投资报告》的最新资料,截至2008年年底,全球约有82000家跨国公司母公司,它们的海外分支机构达780000家。在2008年,跨国公司母公司及其海外分支机构创造的国内生产总值占全世界的10%,它们的出口占全世界的1/3,雇员有8000多万;全球FDI(foreign direct investment,对外直接投资)流入的总存量达到近15万亿美元。

如今,跨国公司的规模已经相当巨大,如美国埃克森美孚石油公司2008年的销售额达4595亿美元,而当年泰国、尼日利亚和智利的国内生产总值分别仅为1679亿美元、1124亿美元和1152亿美元。在全球七万多家跨国公司中,按海外资产排列的最大的100家跨国公司影响最大,尽管它们只占当年全球跨国公司总数的0.13%,但是全部跨国公司所拥有的海外资产、海外销售和海外雇员有相当一部分集中在它们手中。2008年,世界上最大的100家跨国公司的海外资产、海外销售和海外雇员分别占所有跨国公司海外资产、海外销售和海外雇员的11%、17%和13%。其中排在最前面的10家跨国公司所拥有的海外资产高达1.9万亿美元,约占100家最大跨国公司海外总资产的36%。这表明海外资产、国际生产和销售的集中程度很高,且主要掌握在大跨国公司手里。按海外资产排列的2012年全球最大的50家非金融类跨国公司的情况如表7-1所示。目前,全球跨国公司主要分布在发达国家,特别是美国、日本和欧盟这个习惯上被称为"经济三角"的国家与地区。当然,伴随着经济的发展和企业实力的增强,来自发展中国家和地区的跨国公司也越来越多。

跨国公司的迅猛发展大大推动了资本国际化和生产国际化的进程,促进了各种生产要素在国际的移动与重新合理组合配置。可以说,跨国公司是推动经济全球化的主要力量之一。

表7-1 2012年全球最大的50家非金融类跨国公司的情况

海外资产排名	公司名称	母国/地区	资产(百万美元)		销售额(百万美元)		就业(人)	
			海外总资产	总资产	海外销售额	总销售额	海外就业	总就业
1	General Electric Co.	美国	307 938	360 325	75 640	144 796	171 000	305 000
2	Royal Dutch Shell Plc.	英国	270 247	300 193	282 930	467 153	73 000	87 000
3	BP Plc.	英国	233 193	376 841	300 216	375 580	69 853	85 700
4	Toyota Motor Corp.	日本	214 507	227 107	170 486	265 770	126 536	333 498
5	Total SA	法国	214 349	333 795	180 440	234 287	62 123	97 126
6	Exxon Mobil Corp.	美国	199 003	217 031	301 840	420 714	46 361	76 900
7	Vodafone Group Plc.	英国	175 057	271 607	62 065	70 224	78 599	86 373
8	GDF Suez	法国	158 865	232 982	78 555	124 711	110 308	219 330
9	Chevron Corp.	美国	158 046	409 257	132 743	222 580	31 508	62 000
10	Volkswagen Group	德国	133 445	185 493	199 129	247 624	296 000	533 469
11	EniSpA	意大利	132 686	138 212	85 867	163 566	51 034	77 838
12	Nestlé SA	瑞士	132 231	226 878	96 849	98 468	328 816	339 000
13	EnelSpA	意大利	128 310	185 601	65 966	109 098	37 588	73 702
14	E. ON AG	德国	115 913	122 621	117 973	169 764	40 535	72 083

续表

海外资产排名	公司名称	母国/地区	资产(百万美元)		销售额(百万美元)		就业(人)	
			海外总资产	总资产	海外销售额	总销售额	海外就业	总就业
15	Anheuser-Busch InBev NV	比利时	112 239	114 573	36 013	39 758	109 566	117 632
16	ArcelorMittal	卢森堡	111 570	139 252	83 996	84 213	185 319	244 890
17	Siemens AG	德国	110 142	144 811	87 236	101 604	250 000	369 000
18	Honda Motor Co Ltd.	日本	109 657	153 044	95 792	118 983	118 923	187 094
19	Mitsubishi Corp.	日本	103 015	330 582	49 052	243 401	18 915	63 058
20	EDF SA	法国	99 490	215 408	38 840	93 470	30 412	154 730
21	Daimler AG	德国	95 780	142 667	121 546	146 892	108 724	275 087
22	Deutsche Telekom AG	德国	92 494	185 798	42 392	74 758	113 502	232 342
23	Pfizer Inc.	美国	88 677	174 266	35 900	58 986	56 841	91 500
24	BMW AG	德国	87 203	171 521	83 102	98 764	77 396	105 876
25	Telefonica SA	西班牙	85 721	103 715	60 300	80 139	215 917	272 598
26	Hutchison Whampoa Ltd.	中国香港	84 045	193 406	24 222	31 339	206 986	250 000
27	Wal-Mart Stores Inc.	美国	83 965	127 962	126 751	446 950	800 000	2 200 000
28	Iberdrola SA	西班牙	83 944	135 994	22 994	43 955	19 103	31 338
29	Nissan Motor Co Ltd.	日本	83 781	108 537	90 789	115 991	88 224	157 365
30	Fiat S. p. A.	意大利	81 748	132 708	98 550	107 900	152 978	214 836
31	Sanofi	法国	79 798	83 113	34 201	44 913	55 709	111 974
32	Xstrata Plc.	瑞士	76 945	192 366	28 487	31 618	41 163	43 323
33	Ford Motor Company	美国	75 543	79 369	57 834	134 252	89 000	171 000
34	Anglo American Plc.	英国	71 624	117 144	26 800	28 761	100 000	106 000
35	ConocoPhillips	美国	71 512	514 847	29 066	57 967	4 837	16 900
36	CITIC Group Corp.	中国内地	71 127	140 511	9 923	51 659	30 806	140 028
37	Statoil ASA	挪威	70 685	124 216	27 661	121 327	2 842	23 028
38	Novartis AG	瑞士	70 341	149 422	55 967	56 673	68 296	127 724
39	General Motors Co.	美国	65 471	70 448	65 319	152 256	108 000	213 000
40	Hon Hai Precision Industries	中国台湾	64 659	117 573	128 650	132 429	810 993	1 290 000
41	Rio Tinto Plc.	英国	64 221	132 244	49 044	50 967	31 778	61 305
42	Procter & Gamble Co.	美国	62 284	129 273	51 045	83 680	92 418	126 000
43	BHP Billiton Group Ltd.	澳大利亚	59 565	116 577	66 908	72 226	27 040	46 370

续表

海外资产排名	公司名称	母国/地区	资产(百万美元)		销售额(百万美元)		就业(人)	
			海外总资产	总资产	海外销售额	总销售额	海外就业	总就业
44	RWE AG	德国	58 419	119 213	29 776	65 250	29 936	70 208
45	International Business Machines Corp.	美国	57 322	65 247	68 237	104 507	332 213	466 995
46	BG Group Plc.	英国	57 149	121 347	15 881	18 933	4 702	5 713
47	Johnson & Johnson	美国	55 896	56 294	37 394	67 224	74 926	127 600
48	SABMiller Plc.	英国	55 139	108 768	28 720	34 487	57 049	71 144
49	Hewlett - Packard Co.	美国	54 563	61 018	78 217	120 357	216 763	331 800
50	Unilever Plc.	英国	338 157	685 328	60 846	65 961	137 000	172 000

资料来源:United Nations Conference on Trade and Development. World Investment Report 2012[R]. Geneva:UNCTAD,2013.

三、跨国公司的特征

世界上的跨国公司多种多样,有从事制造业的跨国公司,也有从事服务业的跨国公司;有规模巨大的跨国公司,也有数以万计的中小型跨国公司;有发达国家的跨国公司,也有发展中国家的跨国公司。但无论什么类型的跨国公司,和国内公司相比,由于赖以存在的条件和环境等方面的差异,它们一般都具有以下四个特征:

(一)国际化经营战略

跨国公司不同于国内公司,首先就在于其战略的全球性。虽然跨国公司开始时都是在母国立足,把它作为向国外扩张的基础,但跨国公司的最终目标市场决不限于母国市场,跨国公司的战略是以整个世界为目标市场的。跨国公司为了获取资源、占领市场、保持垄断优势等,在世界各地投资设立分支机构,进行国际化的经营。国内外投资与经营环境的差异会给企业的生产经营活动带来不同的影响,企业要运用自己所拥有的各种资源,主动地应对环境的各种变化,以实现企业跨国经营的目标。实际上,国际化经营就是企业与国际环境相互作用的过程。国际化经营是跨国公司的一个最主要的特征,如果没有国际化经营,尤其是如果没有作为国际化经营第二层次的国际直接投资,那么跨国公司也就名不符实了。

(二)在全球战略指导下的集中管理

跨国公司虽然分支机构众多,遍布全球,但诸如制定价格、生产计划、投资计划、研究与开发计划和利润分配等重大决策均由母(总)公司制定,各分支机构执行。而指导总公司作出决策的是跨国公司的全球战略,即将所有的分公司、子公司视为一个整体,以全球的观点而不是地区观点来考虑问题。因此,跨国公司在全球范围内整体长远利益的最大化是其制定政策的出发点和归宿。一切业务经营主要根据整个公司在全球范围内获得最大利益、市场情况和总的发展作出决策,所考虑的不是一时一地的得失,而是整个公司在全球的最大利益,跨国公司将自己视为一个全球公司,而不再是某个国家的公司。这种高度集中的一体化管理，保证了生产经营网点的合理分布以及资源的合理配置，避免了重复生产和销售中的自相竞争，减少了资源浪费。

（三）明显的内部化优势

由于跨国公司在多个国家设有分支机构，在宏观管理上又采用集中领导，因此各个分支机构之间、母公司与分支机构之间关系密切，相互协作，互相配合。这突出地体现在制定内部划拨价格、优先转让先进技术和信息资源共享上，这些做法使得跨国公司具有国内公司所不具备的独特的竞争优势；这也部分地解释了为什么一国企业达到一定规模后就要向外扩张，向跨国公司的方向发展。交易成本和市场失效的存在，促使跨国公司将交易内部化，即建立内部市场来取代外部市场。实际上，也只有通过这种内部交易，跨国公司才能作为一个国际化生产体系而正常运转。跨国公司内部交易在国际贸易中占有相当大的比重。

（四）以直接投资为基础的经营手段

以对外直接投资为基础开展生产经营活动是跨国公司与传统国内公司相区别的最根本特征。一般来说，跨国公司向国外市场渗透可以有三种方式，即商品输出、无形资产转让（如技术贸易、合同制造等）和对外直接投资。随着竞争的加剧，向外输出商品为主的做法已满足不了世界市场的需要，跨国公司已越来越多地利用对外直接投资来代替传统的商品输出，与出口相比，海外直接生产更符合跨国公司全球战略的需要和最大限度地扩大赢利的目的。当然，跨国公司以对外直接投资为其经营发展的基础，并不意味着对外直接投资是跨国公司唯一的经营活动方式，进出口贸易、技术转让、间接投资等也都是跨国公司经营活动的内容。

四、跨国公司的作用

跨国公司作为当今世界经济的一个重要力量，对国别经济和全球经济的发展发挥了巨大的作用，这些作用以积极的方面为主。当然，在一些国家的一些方面，有时跨国公司也产生了一些消极作用。下面主要分析一下跨国公司的积极作用。

（一）跨国公司是世界经济增长的引擎

以对外直接投资为基本经营手段的跨国公司已发展成为世界经济增长的引擎：跨国公司通过对研究与开发的巨大投入推动了现代科技的迅猛发展；跨国公司的内部化市场促进了全球市场的扩展，跨国公司在传统的外部市场之外，又创造出了跨越国界的地区或全球联网的新市场——内部化市场；跨国公司的发展加速了世界经济集中化的倾向；跨国公司在生产、投资、就业、出口、技术转让等方面均在世界上占有重要的地位。

（二）跨国公司加快各种生产要素的国际移动，优化了资源配置

跨国公司通过进行一体化国际生产和公司间贸易，可以形成配置和交换各国不同生产要素的最佳途径，并可利用世界市场作为组织社会化大生产、优化资源配置的重要手段。以价值增值链为纽带的跨国生产体系的建立和公司间内部贸易的进行已成为跨国公司提高资源使用效率的有效方法。对于整个世界经济而言，跨国公司的发展推动了各种生产要素在国际的移动与重新组合配置，扩大了国际直接投资、国际贸易和国际技术转让的规模，推动了经济全球化的进程和国与国之间经济合作活动的开展，使各个国家的经济越来越紧密地结合在一起,为国际经济的不断发展和繁荣作出了贡献。

(三)跨国公司对资金的跨国流动起到了促进作用

一方面,跨国公司的对外直接投资促进了资金的跨国流动。在国外建立的全资或控股的子公司与母公司经常有大量的资金往来。比如,子公司向母公司上缴利润、母公司向子公司追加投资等。

另一方面,跨国公司的对外间接投资也会促进资金的跨国流动。跨国公司拥有大量的股票及债券等金融资产,这些金融资产的流动,随着计算机和通信技术的快速发展,速度与以前相比明显加快。

除此之外,跨国公司业务的发展还推动了银行的国际化经营,跨国公司需要其母国的银行在其子公司所在的国家中开展业务,并为其子公司提供各种金融服务,这就会使该银行的国外业务量迅速增加。

(四)跨国公司推动了国际贸易规模的扩大和贸易结构的改变

跨国公司对国际贸易的促进作用主要体现在两个方面:其一是外资企业对东道国出口的直接贡献;其二是由国际直接投资进入所引起的当地企业的产品出口努力(包括当地企业在外资企业的竞争压力下所采取的产品出口努力)、跨国公司的当地采购和零部件分包安排等。跨国公司不仅通过外部市场促进贸易的自由化,更通过内部市场促进贸易自由化。据联合国贸发会议的统计,目前约有 1/3 的国际贸易属于跨国公司的内部贸易,这说明跨国公司的内部贸易为当今国际贸易的发展作出了贡献。

内部贸易的发展不仅改变了国际贸易的原有范畴,而且使得当今的国际贸易进一步向中间投入品和知识产品推进。也就是说,跨国公司不仅促进了国际贸易量的扩大,而且促进了国际贸易结构的改变。

(五)跨国公司对母国和东道国的发展发挥了积极作用

对于跨国公司母国来说,跨国公司的对外直接投资,扩大了资本输出、技术输出、产品输出和劳务输出,增加了国民财富,同时也在一定程度上增强了对接受投资国的影响。

对于接受跨国公司投资的东道国来说,引进跨国公司的同时也引进了发展经济所必需的资本、先进的技术和管理理念,增加了就业机会,扩大了出口,提升和优化了产业结构,繁荣了经济。

(六)跨国公司的发展加快了经济全球化的进程

跨国公司通过其国际化的投资、生产、销售、研究与开发等跨国经营活动,有利于国际贸易的自由化、资金流动的加速化、资源配置的最优化,从而促进了经济的全球化。第二次世界大战以来,跨国公司的壮大和世界经济的发展相伴而行,相互促进。随着经济全球化趋势的不断增强,跨国公司必将在其中扮演一个更加重要的角色。

五、跨国公司发展呈现出的一些新趋势

自 20 世纪 90 年代以来,世界政治经济格局和科技出现了一系列根本性的变化,这些变革极大地改变了跨国公司的经营环境、竞争规则和创造价值的方式,因此,跨国公司呈现出

以下新的发展趋势：

（一）发展战略和业务领域回归高度专业化

传统的跨国公司理论认为，多元化经营是跨国公司一种重要的扩张战略，大型的跨国公司都是多种产品、多种技术和多种市场的。20 世纪 80 年代是欧美跨国公司多元化经营的鼎盛时期。近些年来，许多跨国公司纷纷从多元化经营回归专业化经营，集中发展自己的核心产业。所谓**归核化**（**refocusing**），其要点是跨国公司把自己的业务集中在最具竞争优势的行业上；把经营重点放在核心行业价值链上自己优势最大的环节上；强调**核心竞争力**（**core competence**）的培育、维护和发展；对非核心业务实施战略性**外包**（**outsourcing**）。实施归核化的根本目的是为了突出主业，提升企业的竞争力。实施归核化战略的主要措施有：出售和撤销、收购及剥离、分拆和战略性外包。美国的通用电气公司和芬兰的诺基亚公司是近年来实行归核化战略获得成功的典型例子。

（二）跨国并购日益成为跨国公司对外直接投资的主要手段

经济全球化打破了原有的国家与国家不同市场之间的界限，使得跨国公司的经营进入全球性经营战略时代，由此导致的新趋势使跨国公司必须以全球市场为目标争取行业领先地位，在本行业的关键因素上追求全球规模，追求实现全球范围内的最低成本生产和最高价格销售，追求提高全球市场占有率和取得全球利润，以同业跨国战略兼并和强强联合作为追求全球规模经济的主要手段。由于跨国并购方式具有迅速打进国外市场、扩大产品种类、充分利用现有营销渠道、获得目标公司的市场份额等优点，跨国公司在对外直接投资中倾向于更多地采用并购的方式。例如，20 世纪 80 年代的全球跨国并购总额年均只有几百亿美元，但进入 90 年代中期以来，全世界的企业兼并形成了历史上的第五次浪潮，到 2000 年全球企业跨国并购金额高达 1.14 万亿美元，超过 10 亿美元的跨国并购案件达 175 宗。从 2001 年开始，伴随全球跨国投资的减少，全球跨国并购金额有所下降。但最近几年全球跨国并购投资开始回升，2004—2006 年全球跨国并购金额分别为 3806 亿美元、7163 亿美元和 8805 亿美元，2006 年超过 10 亿美元的跨国并购案达 172 宗；2009 全球跨国并购金额大幅下降，全球跨国并购金额压缩为 2300 亿美元，跨国并购案减少至约 4000 宗。随着大规模的跨国并购活动，跨国公司也更加重视股市融资，重视提高本企业的市场资本价值。

（三）实行当地化战略

在 20 世纪 80 年代，只有少数的跨国公司提出并实施当地化战略，随着 20 世纪 90 年代越来越多的跨国公司实施这一战略，至 90 年代末当地化战略已经成为跨国公司全球战略中的一大趋势。跨国公司的当地化战略主要体现在入乡随俗和把自己当成一个当地公司看待上。当地化的主要内容包括：经营管理当地化、投资融资当地化、管理人员当地化、研发当地化、品牌当地化、公司文化当地化等。

（四）跨国化程度不断提高

跨国化程度由跨国公司在国外的资产值与其总资产值之比、国外销售额与总销售额之比及国外雇员数与总雇员数之比这三个比例的平均值来衡量。20 世纪 90 年代以来，发达国家和发展中国家跨国公司的跨国化指数均有较大提高。根据联合国贸易与发展会议公布的

《2010 世界投资报告》的最新资料，以 2005 年为例，世界最大 100 家跨国公司的平均跨国化指数为 59.9%；到了 2008 年，世界最大 100 家跨国公司的平均跨国化指数增至63.4%。世界上跨国化指数排名第一的公司是加拿大从事传媒业的汤姆生公司(Thomson Corporation)，其跨国化指数高达 97.2%。跨国化程度的不断提高说明跨国公司对国际市场的依赖日益增强，它们的赢利也越来越多地来自于国外。

（五）战略联盟成为跨国公司的重要发展模式

20 世纪 90 年代以来，由于科技进步和生产国际化程度的提高，跨国公司为了集中科技资源，实现优势互补，降低风险，扩大业务活动，共同分担研究和开发费用，越来越倾向于建立公司间的战略联盟。借助战略联盟弥补各自在技术、市场和竞争力方面的不足，加强在全球范围内的竞争能力和竞争优势，以便对新出现的技术变革和市场机遇作出及时反应。这种现象在高科技领域尤为突出，在跨国公司战略联盟中研究与开发型占了 80%。目前，大约有 60% 的跨国公司已经建立了战略联盟。

（六）对外直接投资加速向服务业和高附加值的技术密集型行业倾斜

服务需求的不断增长，带来了全球现代服务业(第三产业)的快速发展。服务业连接着生产、消费和就业，在整个国民经济中发挥着重要的作用；同时，由于服务业的投资涉及面广，影响范围大，因而能比制造业获得更高的投资收益。这些年来，许多发展中国家逐步调整利用外资的政策，扩大市场准入，鼓励跨国公司进入商业、金融、保险、房地产、运输、旅游、公共设施等行业，加之 20 世纪 90 年代以来信息技术的突飞猛进发展，互联网络的迅速延伸和扩展，以及服务活动的贸易性不断提高，都在一定程度上增加了跨国公司在发展中国家服务业的投资比重。高科技行业的广阔市场前景也吸引着跨国公司的目光。应当说，制造业跨国公司的服务化趋势进一步推动了跨国公司向第三产业和技术密集型行业增加投资的速度。

（七）开始采用新型的管理体制和组织结构

技术、经济和文化等方面的巨大变化以及跨国公司在全球的迅猛发展，使得传统的金字塔形的管理体制无力应付许多新问题，例如，多层次等级结构和各自为政的管理体系导致无法有效利用重要而丰富的信息资源。20 世纪 90 年代以来，基于互联网和现代信息技术的新型管理体制与组织结构在许多大公司中开始得到应用，新型管理体制以扁平化、分权化和管理总部小型化为特征，它允许人力资源、信息等在跨国公司母公司及其设在全球的子公司网络内跨国界、跨行业自由流动，它强调信息的开发与共享，使同量的信息为更多的子公司所共有，大大减少了子公司独立开发信息的成本。跨国公司对互联网的发展采取了积极的欢迎态度，并且纷纷“触电上网”，发展电子商务，制定并实施本企业的网络发展战略。

（八）研究与开发(R&D)更趋国际化

跨国公司一改以往以母国为技术研究和开发中心的传统布局，根据不同东道国在人才、科技实力以及科研基础设施上的比较优势，在全球范围内有组织地安排科研机构，从事新技术、新产品的研究与开发工作，从而促使跨国公司的研究与开发活动朝着国际化、全球化的方向发展。R&D 的国际化从另一个角度看也就是 R&D 在东道国的当地化。目前的研发对外直接投资主要集中在欧、美、日等发达国家的跨国公司。美国跨国公司的研发活动已经日趋国际化。日本丰田汽车制造公司在日本、英国、美国、德国等地建立了跨国联网的 R&D 体系，在每一次新产品研制时，由美国负责车型设计，德国负责内部设计，英国负责传动系统设计，而丰田公司总部除了进行诸如动力装置的设计外，还负责协调各 R&D 部门的关系。国外研发机构和技术创新网络的建立既有利于利用东道国的科技研发资源，也可以大大提高跨国公司创新资源的使用效率。

（九）发展中国家的跨国公司蓬勃发展

跨国公司产生于发达国家，绝大部分跨国公司的母国是发达国家，世界上 100 家最大的跨国公司多数来源于发达国家，这说明长期以来跨国公司成了发达国家的“专利”，但近些年来这种格局正在发生改变，来源于发展中国家和地区的跨国公司的数量越来越多。发展中国家跨国公司数量的增加主要是以下几个因素作用的结果：首先，发展中国家和地区经济实力的不断增强，如中国、印度、巴西、马来西亚等；其次，发展中国家和地区企业国际竞争力的提高；再次，石油和矿产等原材料价格的不断攀升；最后，经济全球化的深入发展推进了发展中国家与地区的市场化及开放化，为企业的成长和壮大创造了良好的环境。近几年，在联合国贸易与发展会议公布的年度《世界投资报告》中，都要列举来自发展中国家与地区的 100 家跨国公司，由此可以看出发展中国家与地区跨国公司的地位已越来越重要。按海外资产排列的 2011 年发展中国家和地区最大的 50 家非金融类跨国公司的情况见表 7-2。

表 7-2　2011 年发展中国家和地区最大 50 家非金融类跨国公司的情况

海外资产排名	公司名称	母国或地区	资产（百万美元）		销售额（百万美元）		就业（人）	
			海外总资产	总资产	海外销售额	总销售额	海外就业	总就业
1	Hutchison Whampoa Ltd.	中国香港	77 291	92 788	23 477	30 023	206 986	250 000
2	CITIC Group	中国内地	71 512	514 847	9 923	51 659	30 806	140 028
3	Hon Hai Precision Industries	中国台湾	52 198	57 451	114 285	117 992	810 993	961 000
4	Vale SA	巴西	48 045	128 728	49 475	60 389	17 522	79 646
5	China Ocean Shipping (Group) Company	中国内地	40 435	52 230	19 454	29 579	7 355	130 000
6	Petronas-Petroliam Nasional Bhd	马来西亚	38 907	150 435	43 228	72 853	8 653	43 266
7	Cemex S. A. B. de C. V.	墨西哥	34 601	39 191	11 792	15 208	32 068	44 104
8	AméricaMóvil SAB de CV	墨西哥	32 694	67 590	38 315	53 553	86 480	158 694
9	Vimpel Com Ltd.	俄罗斯	29 829	54 039	11 280	20 262	34 479	65 950
10	China National Offshore Oil Corp.	中国内地	29 802	112 887	19 786	75 518	3 367	98 750

续表

海外资产排名	公司名称	母国或地区	资产（百万美元）		销售额（百万美元）		就业（人）	
			海外总资产	总资产	海外销售额	总销售额	海外就业	总就业
11	Lukoil OAO	俄罗斯	29 159	91 192	108 976	133 650	18 144	120 300
12	Singapore Telecommunications Ltd.	新加坡	26 394	33 026	9 822	15 064	10 497	23 176
13	Petróleos de Venezuela SA	委内瑞拉	24 403	182 154	46 489	124 754	7 400	121 187
14	Samsung Electronics Co., Ltd.	韩国	24 052	135 120	124 939	148 880	119 753	221 726
15	Hyundai Motor Company	韩国	22 697	95 051	23 670	70 196	29 125	86 428
16	Wilmar International Ltd.	新加坡	22 235	39 656	34 534	44 710	87 653	90 000
17	Jardine Matheson Holdings Ltd.	中国香港	21 486	58 297	28 291	37 967	217 556	330 000
18	PetroleoBrasileiro SA	巴西	19 604	322 332	13 184	145 969	8 033	81 918
19	Qatar Telecom	阿联酋	19 498	28 098	7 183	8 718	14 588	16 657
20	Formosa Plastics Group	中国台湾	18 960	98 896	15 470	74 719	24 530	102 677
21	Noble Group Ltd.	中国香港	17 761	19 943	80 732	80 732	13 477	14 000
22	Tata Steel Ltd.	印度	17 079	28 396	20 308	27 612	36 393	77 871
23	Tata Motors Ltd.	印度	17 063	27 951	23 172	34 417	19 047	58 618
24	China National Petroleum Corp.	中国内地	16 954	475 700	8 671	326 790	31 442	1 668 072
25	Quanta Computer Inc.	中国台湾	16 576	22 276	32 748	37 924	79 983	108 872
26	CapitaLand Ltd.	新加坡	16 205	27 198	1 548	2 403	10 500	12 000
27	Abu Dhabi National Energy Co PJSC	阿联酋	15 988	31 226	4 379	6 585	2 161	2 800
28	Gazprom JSC	俄罗斯	15 789	394 727	91 434	161 164	25 900	404 400
29	Gerdau SA	巴西	15 415	26 992	12 075	21 166	19 304	42 820
30	MTN Group Ltd.	南非	15 167	22 348	10 595	16 861	17 686	24 252
31	Bharti Airtel Ltd.	印度	14 910	30 290	4 460	14 856	6 460	13 124
32	CLP Holdings Ltd.	中国香港	14 217	27 595	7 697	11 772	2 057	6 316
33	Genting Bhd	马来西亚	13 656	17 118	3 849	6 385	35 356	47 077

续表

海外资产排名	公司名称	母国或地区	资产（百万美元）		销售额（百万美元）		就业（人）	
			海外总资产	总资产	海外销售额	总销售额	海外就业	总就业
34	Sinochem Group	中国内地	13 112	40 563	54 861	70 994	7 994	47 022
35	DP World Ltd.	阿联酋	12 994	18 758	1 094	2 978	15 561	30 000
36	First Pacific Company Ltd.	中国香港	12 500	12 612	5 684	5 684	73 542	73 582
37	New World Development Ltd.	中国香港	12 200	29 437	2 273	4 230	14 123	45 000
38	Oil and Natural Gas Corp Ltd.	印度	12 110	44 675	4 422	30 410	3 896	32 826
39	Steinhoff International Holdings Ltd.	南非	12 084	14 777	4 883	6 161	30 338	48 840
40	China Resources Enterprises Ltd.	中国香港	11 606	14 635	13 020	14 153	190 000	200 000
41	Sun Hung Kai Properties Ltd.	中国香港	11 466	53 088	720	8 046	6 242	35 000
42	YTL Corporation Bhd	马来西亚	11 298	15 874	4 708	5 905	5 771	7 800
43	Zain	科威特	10 756	11 803	3 507	4 783	6 003	6 500
44	Flextronics International Ltd.	新加坡	10 422	11 034	27 996	29 388	155 297	159 000
45	Hindalco Industries Ltd.	印度	10 292	19 556	12 800	16 792	11 481	20 000
46	Li & Fung Ltd.	中国香港	10 228	10 920	18 900	20 030	25 106	29 624
47	POSCO	韩国	9 626	68 075	13 491	62 203	5 480	34 936
48	Shangri-La Asia Ltd.	中国香港	9 598	9 973	1 647	1 912	27 552	28 900
49	Sasol Ltd.	南非	9 399	25 982	10 379	20 389	4 793	33 708
50	Fomento Economico Mexicano SAB	墨西哥	9 308	18 824	5 841	16 223	40 012	177 470

资料来源：United Nations Conference on Trade and Development. World Investment Report 2012[R]. Geneva：UNCTAD，2013.

第二节　国际直接投资理论

第二次世界大战后，跨国公司的迅速崛起及其对外直接投资的迅速发展引起了学者们的关注，他们从不同角度对跨国公司进行研究，提出了多种关于跨国公司对外投资的理论。由于这些理论主要研究跨国公司的对外直接投资行为，因此有时也被称为对外直接投资理论或国际直接投资理论。下面对其中一些有代表性的理论进行简要介绍。

一、垄断优势理论

垄断优势理论(monopolistic advantage theory)是最早研究对外直接投资的独立理论,它产生于20世纪60年代初,在这以前基本上没有独立的对外直接投资理论。1960年,美国学者斯蒂芬·海默(Stephen Hymer)在他的博士论文《国内企业的国际经营:对外直接投资研究》中首先提出了以垄断优势来解释对外直接投资的理论。此后,海默的导师查尔斯·P. 金德尔伯格(Charles P. Kindleberger)在《对外直接投资的垄断理论》等文章中又对该理论进行了补充和系统阐述。由于两人从理论上开创了以国际直接投资为研究对象的新的研究领域,故学术界将他们二人并列为这一理论的创立者。后来,又有一些学者对垄断优势理论作了发展和补充。由于该理论主要是以产业组织学说为基础展开分析,因此也被称为产业组织理论分析法。

(一)垄断优势理论的内容

垄断优势理论的主要内容涉及以下四方面:

1. 以不完全竞争的假设为理论分析前提

不完全竞争是指在这种市场结构中,存在众多生产者,它们生产和销售同类产品,但具有差异性,这种差异性表现在产品的质量、性能、档次、规格、品牌和商标等诸多方面。在不完全竞争的市场条件下,存在着价格和非价格竞争。海默认为,任何关于跨国经营和直接投资的讨论都涉及垄断问题,而垄断优势是市场不完全竞争的产物。

2. 垄断优势的分类

垄断优势理论把跨国公司从事对外直接投资所凭借的垄断优势分为以下几类:

(1)来自产品市场不完全的垄断优势。如跨国公司拥有的产品差异化能力、知名品牌、销售技术和渠道、获得资金的便利条件或其他市场特殊技能以及包括价格联盟在内的各种操纵价格的条件。

(2)来自要素市场不完全的垄断优势。如技术要素(优势可来自专利、技术诀窍等知识产权,技术的专有和垄断既可以使跨国公司的产品与众不同,又可以限制竞争者进入市场,充足的研发费用加快了大公司的技术创新步伐)、资本要素(跨国公司可凭借其拥有的较高金融信用等级在资本市场上以较低的成本、较多较快地筹集到资金)、管理技能和信息等方面。

(3)来自规模经济的垄断优势,包括跨国公司内部和外部规模经济优势。大企业为谋求规模经济而投入的巨额初始资本,对欲加入市场与之竞争的新企业来说无疑是一道难以逾越的门槛,但同时伴随着很大的风险。另外,跨国公司可以利用国际专业化生产来合理配置生产经营的区位,避免母国和东道国对公司经营规模的限制,扩大市场占有份额。

(4)来自政府干预的垄断优势。东道国和母国政府可以通过市场准入、利率、税率、外汇及进出口管理等方面的政策法规对跨国公司的直接投资进行干预,跨国公司可以从政府提供的税收减免、补贴、优先贷款等方面的干预措施中获得某种垄断优势。

前三种市场不完全性能使企业拥有垄断优势,第四种市场不完全性能使企业通过对外直接投资利用其垄断优势实现价值增值。

海默还分析了产品和生产要素市场的不完全竞争对对外直接投资的影响。在市场完全竞争的情况下,国际贸易是企业进入国际市场或对外扩张的唯一方式,企业将根据比较利益原则从事进出口活动。但在现实生活中,市场是不完全的,这种不完全性是指竞争是不完全的,市场上存在着一些障碍和干扰,如关税和非关税壁垒、少数卖主或买主能够凭借控制产量或购买量来影响市场价格、政府对价格和利润的管制等。正是上述障碍和干扰的存在严重阻碍了国际贸易的顺利进行,减少了贸易带来的益处,从而导致企业利用自己所拥有的垄断优势通过对外直接投资进入国际市场。

3. 利率不能解释对外直接投资

海默认为,要研究跨国公司必须区分直接投资与证券投资,这两种投资的区别主要在于“控制”,即对国外企业的控制权。传统经济理论以利率的差异说明资本的国际流动。金德尔伯格指出,证券资本流动是利率差异作用的结果,而直接投资则是对利润差异的反应,是一种伴随着投资企业长期控制的资本流动。客观上,直接投资与证券投资的流向是相反的。在海外大量资金流入纽约金融市场,购买美国各种有价证券的同时,美国公司也在大量进行对外直接投资。这种交叉流向的存在说明利率本身并不能完全解释对外直接投资活动。

4. 直接投资与垄断的工业部门结构有关

海默研究了美国企业对外直接投资的工业部门构成,发现对外直接投资和垄断的工业部门结构有关。他认为,跨国公司拥有的垄断优势是它们开展对外直接投资的决定因素。美国从事对外直接投资的企业主要集中在具有独特优势的少数部门,如汽车、石油、电子、化工等制造业,行业分布的集中程度十分明显。美国企业走向国际化的主要动机是为了充分利用自己独占性的生产要素优势,以谋取高额利润。海默认为,其他国家的对外直接投资也与部门的垄断程度较高有关。海默的垄断优势论是产业组织理论在国际生产领域的扩展。海默认为,完全竞争是一种纯粹的情况,现实中存在较多的市场条件是不完全竞争。正是跨国公司拥有某种垄断优势,使其在跨国经营中立于不败之地。愿意而且能够从事对外直接投资并由此获利的企业,必须具有一种或若干种当地厂商所缺乏的独占优势,这些优势足以抵消跨国竞争和国外经营所引起的额外成本。

(二) 垄断优势理论的贡献与不足

作为国际直接投资和跨国公司主要理论之一的垄断优势理论的贡献主要表现在以下几个方面:

首先,海默用垄断代替了完全竞争,并将国际直接投资与间接投资(证券投资)区别开来进行研究,第一次把资本国际流动的研究从流通领域转向生产领域,这是一种“突破”。垄断优势和不完全竞争是他的基本命题,后人循着这一思路加以补充发挥,使跨国公司理论更加完备,上述命题的内涵虽屡有变化,但始终是跨国公司理论体系的两块基石。可以说,海默是真正意义上的跨国公司理论的开创者,为后来的理论奠定了基础。

其次,海默垄断优势论与新古典贸易和投资理论的最大区别是把跨国公司视为国际生产的主体,而不仅仅是国际交换的主体。在强调跨国公司对其海外生产的有效控制这一重要特征以外,海默在他的论文中着重论述了将外国直接投资看做转移中间产品(如技术、管理、营销、组织)的手段,正是这些中间产品的跨国界转移使企业成为跨国公司,并利用自己的垄断优势从事海外生产活动。

再次,海默明确提出了企业从事跨国经营的必要条件之一是"企业的所有权优势",这一分析思路对其他直接投资理论的发展产生了深刻的影响,在外国直接投资理论发展史上具有很高的学术地位。邓宁和拉格曼等学者认为:海默富有成果的论文的巨大贡献,在于它摆脱了新古典贸易金融理论在思想上的束缚,把对跨国公司的研究引入了产业组织理论的分析之中。

当然,垄断优势理论也有缺陷和不足,主要表现在:第一,该理论只是进行了经验的分析与描述,缺乏抽象的实证分析,因而其结论缺乏普遍意义;第二,该理论不能解释生产部门跨国化的地理布局问题和服务业企业跨国投资行为的区位选择问题;第三,这一理论将市场的不完全性着重放在对结构性市场缺陷的理解上,而缺乏对信息不对称、市场外部性等方面的理解和运用;第四,它以美国制造业跨国公司为研究对象,强调寡头垄断行业企业的垄断优势对海外投资的决定作用,不能完全适用于解释其他发达国家的行为(如日本在20世纪60—70年代开始的对外直接投资活动),更无法解释发展中国家企业的对外直接投资问题。

自垄断优势理论问世以来,不少西方学者沿着"市场结构—企业行为—行为结果"这一产业组织理论分析模式,论述不同的垄断优势来源,丰富了该理论的内容。有代表意义的如哈里·G.约翰逊的占有能力论(Harry G. Johnson,1970)、R. E.凯夫斯的产品差异论(R. E. Caves,1971)、弗雷德里克·T.尼克博克的寡占反应论(Frederick T. Knickerbocker,1973)和斯蒂芬·梅纪的信息占有论(Stephen Magee,1977)等。

二、内部化理论

内部化理论(the theory of internalization)也称市场内部化理论,它是20世纪70年代以后西方跨国公司研究者为了建立所谓跨国公司一般理论所提出和形成的理论,是解释对外直接投资的一种比较流行的理论。这一理论主要是由英国学者皮特·J.巴克利(Peter J. Buckley)、马克·卡森(Mark Casson)和加拿大学者艾伦·M.拉格曼(Allan M. Rugman)共同提出来的。巴克利和卡森在1976年合著的《多国企业的未来》及1978年合著的《国际经营论》中,对跨国公司的内部化形成过程的基本条件、成本与收益等问题作了明确的阐述,使人们重新审视内部化概念。1979年,卡森在《多国企业的选择》中对内部化概念作了进一步的理论分析。拉格曼在《在多国企业内部》一书中对内部化理论作了更为深入的探讨,扩大了内部化理论的研究范围。

内部化是指在企业内部建立市场的过程,以企业的内部市场代替外部市场,从而解决由于市场不完整而带来的不能保证供需交换正常进行的问题。企业内部的转移价格起着润滑剂的作用,使内部市场能如外部市场一样有效地运转。跨国企业是企业内部化超越国界的表现。

内部化理论认为,由于市场存在不完整性和交易成本,企业通过外部市场的买卖关系不能保证企业获利,并导致许多附加成本,因此,企业可以进行对外直接投资,建立企业内部市场,即通过跨国公司内部形成的公司内市场,克服外部市场上的交易障碍,弥补市场机制不完整缺陷所造成的风险与损失。该理论认为,市场不完全并非由于规模经济、寡占或关税壁垒,而是在于某些**市场失效**(**market failure**)、某些产品的特殊性质或垄断势力的存在。

内部化理论建立在三个假设的基础上:一是企业在不完全市场上从事经营的目的是追求利润的最大化;二是当生产要素特别是中间产品的市场不完全时,企业就有可能以内部市场取代外部市场,统一管理经营活动;三是内部化超越国界时就产生了跨国公司。

市场内部化的过程取决于四个因素:一是**产业特定因素**(**industry specific factor**),指与产品性质、外部市场结构和规模经济等有关的因素;二是**区位特定因素**(**region specific factor**),指由于区位地理上的距离、文化差异和社会特点等引起交易成本的变动;三是**国家特定因素**(**country specific factor**),指东道国的政治、法律和经济制度对跨国公司业务的影响;四是**公司特定因素**(**firm specific factor**),指不同企业组织内部市场的管理能力。

在这几个因素中,产业特定因素是最关键的因素。因为,如果某一产业的生产活动存在着多阶段生产的特点,那么就必然存在中间产品(原材料、零部件、信息、技术、管理技能等),若中间产品的供需在外部市场进行,则供需双方无论如何协调,也难以排除外部市场供需间的摩擦和波动,为了克服中间产品市场的不完全性,就可能出现市场内部化。另外,企业的组织管理能力也直接影响内部化的效率,因为市场交易内部化是需要成本的。例如,由于组织规模扩大而使管理费用增加和效率降低,交通、通信费用开支扩大等。只有组织能力强、管理技术先进的企业才有能力使交易内部化的成本低于外部市场交易的成本,这样内部化才有意义。

以知识为代表的中间产品是企业内部化的动力。巴克利和卡森认为,随着生产分工的深化,**中间产品**(**intermediate products**)在生产中的重要性大大提高。中间产品不仅种类复杂繁多,而且性能、质量的要求更高,这些中间产品不只是半成品,较为常见的是结合在专利权、人力资本之中的各种知识。企业经营日益重视销售、研究与开发、金融资产管理等,所有这些活动相互依赖,知识等中间产品的流动又使它们相互连接起来。一般说来,企业协调其经营活动需要一整套中间产品市场,但某些中间产品市场却是不完全的,其表现为缺乏某些市场以供企业之间交换产品;或者市场效率低,导致企业通过市场交易的成本上升。市场不完全性使得企业不能有效地利用外部市场周转中间产品,协调经营活动,因此追求最大利润的厂商必须对外部市场实行内部化,即建立企业内部市场,利用企业管理手段协调企业内部资源的配置,避免市场不完全对经营效率的影响。

产品所有权的交换是外部市场交易成本高的主要原因。市场内部化避免了所有权交换引起的利益摩擦,从而可避免市场交易成本、提高经营效率。知识产品(包括知识、信息、技术、专利、专有技术、管理技能、商业信誉)本身的特殊性质使企业以内部市场代替外部市场,从而获得企业的竞争力。知识产品具有以下几个特点:第一,知识、技术、技能的研究与开发投资大、耗费时间长,知识的开发和应用在一定时期内具有“自然垄断”的性质。虽然差别定价和歧视性定价是实现知识价值的主要形式,但是,现有的专利制度不允许歧视性定价行为,故知识产品内部化是企业获得超额利润的主要途径;第二,知识的形成需要长期的研究与开发,在研究项目结束以前的任何阶段,如果该企业打算出售这种知识,难以确定可能获得的价值,并且,由于难以估价,企业更愿意以内部转移定价来实现知识的流动和价值;第三,知识产品具有公共产品性质,由于公共产品的消费是“共享”的,它对于某一人或企业的供给并不减少对他人的供给,某一人或企业的享用并不妨碍他人的享用,如果将知识产品提供给某个企业或个人,就不可能或至少要花很大的成本才能阻止其他人从中受益,知识产品的内部市场转移,可避免技术泄漏的潜在风险,保证跨国公司的技术垄断;第四,知识产品市场存在着买方不确定性,由于信息不对称,买卖双方对知识产品的评价往往不一致,买方对知识产品的价值缺乏充分的认识,不愿意支付令卖方完全满意的价格,这样,将知识产品内部化是避免卖方风险的必要途径。上述这些特点说明:知识产品内部化可以给跨国公司带来巨大的收益。这些收益主要来自:创造内部未来市场,建立歧视性价格体系,降低谈判成本,消除买方不确定性,减低政府干预的影响等等。

毫无疑问,市场内部化过程也是有成本的,主要包括四个方面:一是市场分割的成本,主要指内部化分割外部市场后带来的企业规模经济收益下降;二是附加的企业内部交流成本,内部化要求交易保密,严防信息泄漏,需要增加安全开支,这种交流成本随着集团内部公司间地理距离和社会、语言、心理障碍的扩大而增加;三是东道国对外国企业的政治歧视,也会给跨国公司的海外经营带来政治风险;四是内部市场的管理成本,实行市场内部化,扩大了企业经营范围,增加了人力和财力,加大了企业的管理费用。

内部化理论是西方学者跨国公司理论研究的一个重要转折。内部化理论力图克服现存的各种外国直接投资理论的缺陷,从跨国公司内部资源配置机制的形成过程出发,研究外部市场对公司内部资源配置效率的影响,从而对跨国公司对外直接投资的决定因素作出新的解释。内部化理论的分析方法是传统微观经济理论与交易成本理论的结合,这表现为:内部化理论从单个厂商的行为着手,接受古典经济理论中关于厂商追求最大限度利润的假设;利用成本收益的比较分析来说明跨国公司对外直接投资的基础。

内部化理论的主要贡献表现在:第一,内部化理论的一个重要贡献是它区分了中间产品与最终产品的市场不完全性,并把分析的基点放在中间产品市场不完全性上,这对发达国家企业间的相互投资活动作出了有利的解释,当然,内部化理论不仅适用于解释发达国家的对外投资,也可用于发展中国家;第二,内部化理论有助于说明各种类型跨国公司形成的基础,例如,知识产品市场内部化形成了研究与开发同生产及销售一体化的跨国公司,原料加工及提炼等多阶段生产过程的内部化形成垂直一体化的跨国公司,各国货币制度、汇率与利率的差异以及各国政府对国际资金流动的控制与调节引起了跨国银行的发展;第三,内部化理论把市场的不完全性归结为市场机制内在的缺陷,并从中间产品的性质与市场机制的矛盾来论证内部化的必要性,把内部化说成是解决上述矛盾的途径,使企业得以合理配置资源,提高经济效益,从而也有助于达到“帕累托最佳状态”,使经济福利趋于最大化;第四,海默等人以垄断引起的市场不完全竞争作为跨国公司出现的前提,认为市场不完全竞争乃是垄断排斥竞争所致,而内部化理论则正好相反,内部化是为了消除市场的不完全性。另外,海默强调技术等垄断优势对跨国经营的重要意义,内部化理论则强调企业管理的重要性,只有不断提高企业协调和管理的能力，才能使交易成本最小化，保证跨国经营的优势。

内部化理论的不足之处有两点：一是内部化理论虽具有综合性，但不少学者指出它并未涵盖一切，仍不足以称为跨国公司投资理论的"通论"，如它不能解释对外直接投资的地理方向和跨国经营的布局，常为重视区位因素的学者所批评。二是在内部化理论中，分析的重点是生产组织的一般形式，而海默和弗农对跨国公司垄断行为特征的分析不见了，应该说这是内部化理论的一个缺憾。

三、产品生命周期理论

产品生命周期理论（the theory of product life cycle）是美国哈佛大学教授雷蒙德·弗农（Raymond Vernon）在1966年发表的《产品周期中的国际投资与国际贸易》一文中提出的。在该文中，他十分重视创新的时机、规模经济和不稳定性等因素的重要性。弗农认为，美国企业对外直接投资的变动与产品的生命周期有密切的联系，他把国际直接投资同国际贸易和产品的生命周期结合起来，利用产品生命周期的变化，解释美国战后对外直接投资的动机与区位的选择。这一理论的基本结论主要有三点：一是伴随着产品生命周期的演进，比较优势表现为一个动态转移的过程，国际贸易与国际投资的格局随着比较优势的转移而发生变化；二是每个国家都可以根据自己的资源条件生产自己具有比较优势的、一定生命周期阶段上的产品，并通过交换获得利益；三是对外直接投资的动因和基础不仅取决于企业拥有的特殊优势，而且取决于企业在特定东道国所取得的区位优势，只有这两个方面优势同时具备，才能使直接投资最终发生。

产品生命周期理论既可以被用来解释新产品的国际贸易问题，也可以被用来解释对外直接投资。从理论渊源上来讲，产品生命周期理论与约瑟夫·阿洛伊斯·熊彼特（Joseph Alois Schumpeter）的经济发展理论（1912）、S. B. 林德（S. B. Linder）的偏好相似论（1961）、迈克尔·V. 波斯纳（Michael V. Posner）的技术差距模型（1961）、G. C. 哈夫鲍尔（G. C. Hufbauer）的创新与模仿理论（1965）有着一定的联系。

具体来说，这一理论的基本思想是：在新产品的整个生命周期内，生产和销售产品所需要的生产要素是在不断变化的。当新产品被引入时，通常需要大量的研究与开发费用和人力资本含量高的劳动力，当这一产品的生产技术日渐成熟而走向大规模生产时，产品变得日益标准化，需要标准化的技术和大量的非熟练劳动力，结果技术和资本富裕的发达国家在最初开发这一产品上的比较优势逐步弱化，优势逐步转移到劳动力相对富余且成本相对低廉的其他国家。在此基础上，比较优势的这种动态转移通常伴随着技术创新国与其他国家之间的国际贸易和对外直接投资活动。

产品生命周期理论由20世纪60年代的产品生命周期模型和70年代经过修正的产品周期模型组成。

（一）20世纪60年代的产品生命周期模型

弗农把一种产品的生命周期划分为创新、成熟和标准化三个阶段，不同的阶段决定了不同的生产成本和生产区位的选择，决定了公司应该有不同的贸易和投资战略，同时也决定了不同类型国家在产品生命周期各阶段的不同行为。该理论的基本假设有:① 需求取决于收入水平;② 企业的交流成本随着企业与市场间距离的扩大而迅速增加;③ 技术市场是不完全竞争市场;④ 技术创新是一个间断和突变的过程。

在产品创新阶段,由于创新国垄断着新产品的生产技术,因此,尽管价格偏高也有需求,产品的需求价格弹性很低,生产成本的差异对公司生产区位的选择影响不大,这时最有利的安排就是在国内生产。企业主要利用产品差别等竞争手段,或力图垄断技术与产品生产来占领市场。这一阶段,新产品的需求主要在国内,至于其他经济结构和消费水平与美国类似的国家(如西欧国家)如果对这种新产品有需求,则美国企业主要通过出口而不是直接投资来满足这些国家的市场需求。

在产品成熟阶段,产品逐渐标准化,最有效的生产工序已经形成,产品的生产技术基本稳定,市场上出现了仿制品和替代品,在国内市场需求扩大的同时市场竞争也日趋激烈,新产品生产企业的技术垄断地位和寡占市场结构被削弱。此时,产品的需求价格弹性逐步增大,降低成本对提高竞争力的作用增强,因而如何降低生产成本成为企业考虑的首要因素。为此,企业一方面通过规模经济来降低成本,通过价格竞争来维持和占领国际市场;另一方面,在国内竞争日趋激烈、日趋饱和以及国外市场对这类产品的需求不断扩大的条件下,创新国企业开始进行对外直接投资,在国外建立子公司进行生产,投资地区一般是那些消费水平与创新国相似但劳动力成本略低于创新国的地区。到国外投资办厂的另一个好处就是可以避开进口国的关税与非关税壁垒。

在产品标准化阶段,产品的生产技术、工艺、规格等都已完全标准化,产品已完全成熟。创新国企业的技术优势已经丧失,企业之间的竞争更加激烈,竞争的焦点和基础是成本和价格,因此,企业将在世界范围内寻找适当的产品生产区位,通过对外直接投资将产品的生产转移到工资最低的国家和地区,一般是发展中国家和地区,以降低生产成本,继续参与市场竞争。最初的创新国将从发展中国家进口最终产品以满足国内需求,原来新产品的生产企业也将由于产品生命周期的终结而必须转向另一新产品的研究和开发。

(二) 20 世纪 70 年代经过修正的产品生命周期模型

在 20 世纪 70 年代初,弗农认识到了他所提理论的一些缺陷,于是,他在 1971 年《国家主权面临困境:美国企业的跨国扩散》及 1974 年的《经济活动的区位》等文章中修正了自己的理论。他强调跨国公司的寡占行为对产品生命周期产生了影响,为了建立和维持自己的寡占地位,防止竞争对手进入其寡占的市场,跨国公司在不同的阶段采取不同的措施。经过修改,弗农将产品生命周期重新划分为"创新寡占阶段"、"成熟寡占阶段"和"衰老寡占阶段"等三个阶段。

在创新寡占阶段,企业不惜支出高昂的研究与开发费用,雇用大批研究人员,集中于母国进行新产品的研究与开发工作,并不断向市场推出新产品,或者对现有产品采取差异化改进以维护其垄断地位。由于各国经济和社会等资源禀赋条件的不同,所形成的企业特定优势也有不同,例如,美国公司具有满足高收入需求和节省劳动的产品的创新与研制方面的比较优势,欧洲公司则集中创新节省土地和原材料的产品,日本公司主要创新节省原材料的产品。在这个阶段,弗农认为把生产地点放在发明创造国仍然有强大的经济动因,以便把生产过程同研究与开发、市场购销活动协调起来,因此,技术创新是进入寡头垄断市场的主要障碍。

在成熟寡占阶段,随着产品趋向标准化,率先推出新产品的企业已逐步丧失其原有的创新领先地位,但还可以依靠高度集中化和发挥规模经济,阻止其他企业快速进入市场,因而仍能保持相当的寡占地位,这时规模经济构成寡占优势的基础。各国跨国公司一般采取两种战略来维持各自的市场份额:一是采取相互牵制战略,即跨国公司各自到对方的主要市场上设厂经营,以避免竞争对手在自己的市场上削价竞争;二是采取盯住战略,即当领先的公司开辟新市场时,同一行业的寡头成员亦紧紧跟上,以维持寡占均衡。

在衰老寡占阶段,产品标准化使原先的寡占者已丧失其特殊的优势,有的已被淘汰出市场,有的不得不采取产品差异化或组织卡特尔实行协调定价来维持部分市场,但这些都不足以保持原有的生产格局。由于市场进入障碍减弱,企业面临着竞争压力,生产区位的选择更多地取决于成本因素,而不是市场距离或出于寡占反应。结果,一些生产成本高的企业不得不退出该行业,其他掌握某种特殊资源的企业要么转而生产其他产品,要么因获得某些外部效应而继续生产。

(三) 产品生命周期理论的贡献与不足

1. 贡献

产品生命周期理论的贡献主要表现在以下几个方面:

第一,它弥补了古典贸易理论静态分析的局限。该理论首次从比较优势的动态转移角度将国际贸易和国际投资活动结合起来进行分析,从整体上考察企业的跨国经营行为,为当时的跨国公司理论增添了动态分析即时间因素。该理论认为,随着产品生命周期的演进,比较优势呈现为一个动态转移的过程,贸易格局和投资格局随着比较优势的转移而发生变化;每个国家都可以根据自己的资源条件,生产具有比较优势的、一定生命周期阶段上的产品,并通过交换获得利益。

第二,将产品生命周期与企业所拥有的垄断优势和东道国的区位优势联系起来展开分析。作为直接投资理论,产品生命周期模型把企业的所有权优势与东道国的区位优势结合起来,说明国际生产格局的形成。它揭示了对外直接投资的动因和基础不仅取决于企业拥有的比较优势,而且取决于企业在东道国所能获得的区位优势,只有这两种优势的结合,才能给投资者带来利益。企业对外直接投资是为了替代出口,是由于技术垄断地位被削弱和国内外竞争条件发生变化,劳动力成本和市场信息是影响企业海外投资区位选择的最重要因素。

第三,为分析制造业跨国公司的成长提供了一个有力的工具。这一理论把美国的宏观经济结构、美国企业的产品创新取向以及美国跨国公司海外生产的动机和选址三者较好地联系了起来,一方面解释了美国跨国公司从事对外直接投资的特点,另一方面也说明了这些公司先向西欧再向发展中国家投资的原因。

第四,将国际贸易理论与国际直接投资理论统一起来研究。产品生命周期理论既是贸易理论也是投资理论,这种将贸易与投资结合起来分析的方法,对以后的理论尤其是邓宁的国际生产折中理论产生了很大的影响。

2. 缺陷与不足

当然,这一理论也存在一些缺陷和不足,主要有:

第一,该理论只是进行经验的分析与描述,缺乏抽象的实证分析。由于缺乏抽象的实证分析,使得其缺乏普遍意义。例如,它不能很好地解释没有明显产品生命周期阶段的产品及为海外市场专门设计的产品的对外直接投资行为;还有,该理论适用于解释企业最初作为一个投资者进入国外市场的情况,但不能解释跨国公司的投资行为。

第二,该理论把产品生命周期的三个阶段割裂开来,视它们为互相独立的。但实际上,在企业现实的生产经营业务中这几个阶段是有机联系的。

第三,该理论仅仅考察了美国跨国公司的情况,但对于分析其他国家和地区的跨国公司,有很大的局限性。

四、边际产业扩张理论

边际产业扩张理论有时也称为比较优势理论,是日本一桥大学小岛清教授(Kiyoshi Kojima)在20世纪70年代提出来的。从第二次世界大战后到20世纪70年代中期,日本理论界接受和流行的对外直接投资理论主要是海默和金德尔伯格的垄断优势理论以及弗农的产品生命周期理论。但后来,日本理论界提出了不同的看法,认为上述两个理论只研究了美国跨国公司的对外直接投资问题,而没有考虑其他国家对外直接投资的特点,不能解释日本的对外直接投资问题,因此,应创立符合日本国情的对外直接投资理论,用以说明和指导日本企业的对外直接投资活动。在此背景下,小岛清在其于1979年出版的《对外直接投资论》和1981年出版的《跨国公司的对外直接投资》及《对外贸易论》等书中提出了新的观点。

小岛清的投资理论有三个基本命题:第一,国际贸易理论中的赫克歇尔-俄林模型(H-O定理)的基本假设是合理的,即资源禀赋或资本-劳动要素比例的假设是对的,但在运用其分析对外直接投资时,可使用比资本更广义的**经营资源**(**managerial resources**)的概念来代替资本要素。第二,凡是具有比较成本优势的行业其比较利润率也较高,建立在比较成本或比较利润率基础上的国际分工原理不仅可以解释国际贸易的发生,也可以说明国际投资的原因,小岛清甚至认为可以将国际贸易和对外直接投资的综合理论建立在比较优势(成本)的基础上。第三,日本式的对外直接投资与美国式的对外直接投资是不同的。

小岛清认为,由于各国的经济状况不同,因此,根据美国对外直接投资状况而推断出来的理论无法解释日本的对外直接投资。日本的对外直接投资与美国相比有四点明显的不同:一是美国的海外企业大多分布在制造业部门,从事海外投资的企业多处于国内具有比较优势的行业或部门,而日本的对外直接投资主要分布在自然资源开发和劳动力密集型行业,这些行业是日本已失去或即将失去比较优势的行业,对外投资是按照这些行业比较成本的顺序依次进行的;二是美国从事对外直接投资的多是拥有先进技术的大型企业,而日本的对外直接投资以中小企业为主体,所转让的技术也多为适用技术,比较符合当地的生产要素结构及水平,对当地发展具有比较优势的劳动密集型产业、增加就业和扩大出口等都有积极的促进作用;三是美国对外直接投资是贸易替代型的(反贸易导向),由于一些行业对外直接投资的增加而减少了这些行业产品的出口,与此相反,日本的对外直接投资行业是在本国已经处于比较劣势而在东道国正在形成比较优势或具有潜在的比较优势的行业,所以对外直接投资的增加会带来国际贸易量的扩大,这种投资是贸易创造型的(顺贸易导向);四是美国公司设立的海外企业一般采用独资形式,与当地的联系较少,类似"飞地",而日本的对外直接投资多采用合资形式,注意吸收东道国企业参加,有时还采用**非股权安排方式(non-equity arrangement)**。

小岛清把对外直接投资的动机划分为三种类型:一是自然资源导向型动机,这主要指为了开发油田、矿产品、林业、水产资源等自然资源而在东道国当地建立企业的情况,投资国的目的是为了克服国内的资源"瓶颈"(短缺)现象,投资的流向多为资源丰裕国,从而形成制造品与初级产品生产国之间的垂直专业分工;二是市场导向型,这种直接投资以扩大产品销售的市场份额为目的,即对出口产品市场的开辟进行到一定程度以后,在当地直接建立企业、从事生产,技术优势、规模经济、贸易壁垒因素都是导致以开辟市场为目的的直接投资的动力;三是生产要素导向型,在生产要素中,同资本相比,劳动力的流动有很多法律上的限制,土地则是基本不能流动的,为了追求这些丰富的生产要素,有些跨国企业特别向劳动力资源和土地资源丰富的国家进行投资。

比较优势理论的基本内容是:对外直接投资应该从本国已经处于或即将处于比较劣势的产业(边际产业)开始,且依次进行。这些产业是指已处于比较劣势的劳动力密集部门或者某些行业中装配或生产特定部件的劳动力密集的生产环节或工序相关产业。即使这些产业在投资国已处于弱势,但在东道国却拥有比较优势。凡是在本国已趋于比较劣势的生产活动都应通过直接投资依次向国外转移。

小岛清认为,国际贸易是按既定的比较成本进行的,根据上述原则所进行的对外投资也可以扩大两国的比较成本差距,创造出新的比较成本格局。据此,小岛清认为:日本的传统工业部门很容易在海外找到立足点,传统工业部门到国外生产要素和技术水平相适应的地区进行投资,其优势远比在国内新行业投资要大。直接投资具有两个根本性特征:第一,直接投资不单是资本的流动,而是包括资本、技术、经营知识的总体转移,出资部分多数是以机器设备、技术等生产资料的形式进行价值转移,再加上工人的技术培训、经营管理、市场销售等技能的转移,这些才是直接投资的基本内容,所以,小岛清认为应该把直接投资视为"包括销售问题的先进生产函数的移植"。从这个意义上说,直接投资就是以两国存在着不同的生产函数为前提的,接受投资即意味着接受投资国的先进生产函数,从而使本国的生产函数得到提高。第二,直接投资是资本、技术、经营管理知识的综合体由投资国的特定产业部门的特定企业,向东道国的同一产业部门的特定企业(独资或合资企业)的转移,它不同于单纯的货币资本流动,即不是作为流动性很高的一般生产要素投入东道国,因此也不会同该国的国内资金一起再分配到其他产业部门,直接投资所带来的先进的生产函数,将逐渐和普及固定下来,使整个产业的生产函数发生改变。

对于小岛清提出的对外投资中的比较优势理论,有以下几点值得关注:

第一,小岛清是第一个从比较优势的角度将贸易和投资作为一个相互关联的整体进行考察分析的学者。他以日本企业的对外直接投资为研究对象,提出了直接投资活动怎样促进一国产业结构升级,并促进贸易发展的问题。小岛清把国际直接投资分为美国式贸易替代型和日本式贸易创造型,并提出对外直接投资应该从投资国比较劣势的边际产业开始,且依次进行。这一观点在直接投资理论界引起了强大的反响和争论,从此也确立了小岛清在直接投资理论中的地位。

第二,小岛清对国际直接投资根本特征的认识比较深刻。小岛清认为直接投资的根本特征就是"资本、技术、管理经验和营销技巧等知识的总体转移",把直接投资看做先进生产函数的移植。这种观点有利于促进跨国公司与东道国政府部门的合作。

第三,小岛清指出投资国转移技术的当地适用性问题是直接投资能否促进贸易的关键环节之一,这个观点对发展中国家发展对外直接投资和培育自己的跨国公司非常重要。近些年来,包括中国在内的发展中国家的对外直接投资迅速增加,但发展中国家的企业普遍缺乏先进技术和垄断优势,要想在东道国站住脚,培育自己的跨国公司,就必须在适用技术上做文章,投资地点也应注意选择与自己技术水平相应的国家,只有这样才能提高投资的成功率。

批评者认为,尽管小岛清提出的对外直接投资理论在学术界产生了很大的反响,但该理论本身存在着一些含糊不清和相互矛盾的地方,主要包括:① 他把对外直接投资划分为日本式的贸易创造型和美国式的贸易替代型,这无论在理论上还是在现实的经济生活中,都存在一定的片面性。他所说的日本式贸易创造型投资,主要以 20 世纪 60 年代末和 70 年代初日本向东南亚等地区进行的资源开发型或劳动密集型产业的投资为依据,但是后来日本企业海外直接投资出现与美国型直接投资趋同的趋势,即由垂直型为主演变为水平型为主,因此,只能说该理论仅是反映了日本在战后某个时期对外直接投资的特点,并不具有普遍的意义。② 他认为美国式的对外直接投资理论主张美国应先在国外生产"新产品",这也是值得商榷的。例如,产品生命周期理论认为"新产品"应先在国内生产,技术成熟或标准化后再逐步向其他发达国家和发展中国家转移。③ 比较优势理论全盘接受了新古典学派关于完全竞争的假设,忽视了垄断因素在对外直接投资中的作用,这与国际投资的现实不符。

五、国际生产折中理论

国际生产折中理论(the eclectic theory of international production)又称国际生产综合理论,是 20 世纪 70 年代由英国里丁大学国际投资和国际企业教授约翰 · H. 邓宁(John H. Dunning)提出的。邓宁是当代著名的研究跨国公司与国际直接投资的专家,他的代表作是于 1981 年出版的《国际生产和跨国公司》,该书汇集了一系列阐述其折中理论的论文。

(一) 国际生产折中理论的主要内容

国际生产是指跨国公司对外直接投资所形成的生产活动。邓宁认为,导致其提出这一理论的原因主要是两个。其一是二战后尤其是 20 世纪 60 年代以后国际生产格局的变化。

在60年代以前,国际生产格局是比较单一的,那时以美国为基地的跨国公司在国际生产中占有重要地位,国际生产主要集中在技术密集的制造业部门和资本密集的初级工业部门,投资主要流向西欧、加拿大及拉美国家,海外子公司大多采用独资形式。进入60年代以后,国际生产格局出现了复杂化的趋势,西欧和日本的跨国公司兴起,发达国家间出现相互交叉投资现象,一些跨国公司开始向新兴工业化国家(地区)和其他发展中国家投资,一些发展中国家的企业也开始加入到对外直接投资的行列之中,合资形式成为海外企业的主要形式。其二是缺乏统一的国际生产理论。传统的理论只注重资本流动方面的研究,而缺乏将直接投资、国际贸易和区位选择综合起来加以考虑的研究方法。在邓宁看来,他的理论将企业的特定垄断优势、国家的区位与资源优势结合起来,为国际经济活动提供了一种综合分析的方法,从而弥补了过去的不足,所以他的理论也可称为综合理论。

邓宁认为,自20世纪60年代开始,国际生产理论主要沿着三个方向发展:一是以海默等人的垄断优势理论为代表的产业组织理论;二是以阿利伯的安全通货论和拉格曼的证券投资分散风险论为代表的金融理论;三是以巴克利和卡森等人的内部化理论为代表的厂商理论。但这三种理论都是从一个侧面研究跨国公司对外直接投资的基础,对国际生产和投资的解释具有一定的片面性,没有把国际生产与贸易或其他资源转让形式结合起来分析,特别是忽视了对区位因素的考虑。国际生产折中理论吸收了上述三个理论的主要观点,并结合区位理论解释跨国公司从事国际生产的能力和意愿,即解释它们为什么在对外直接投资、出口和许可证安排(技术转让)这三个参与国际市场的方式中选择对外直接投资。

国际生产折中理论认为,一个企业要从事对外直接投资必须同时满足下述三个条件:第一,企业在供应某些特定的市场时,拥有对其他国家企业的所有权优势,这些所有权优势主要表现在拥有某些无形资产,并且至少在某个时期内拥有这些资产是该企业排他性的权利。第二,当第一个条件得到满足时,对拥有这些优势的企业来说,它自己使用这些优势必须要比把这些优势转让给外国企业更为有利,换句话说,企业通过扩大自己的经营活动,将这些优势的使用内部化,要比通过与其他独立企业的市场交易更为有利。第三,如果上述两个条件得到满足,那么,对该企业来说,把这些优势与至少某些国外要素投入结合起来加以利用,必须有利可得。否则,就没有必要进行国外生产,对国外市场的供应只需靠出口来解决。

邓宁将以上三个条件概括为所有权优势、内部化优势和区位优势。

第一,**所有权优势(ownership specific advantages)**主要是指企业所拥有的大于外国企业的优势。它主要包括技术优势、企业规模优势、组织管理能力优势、金融和货币优势及市场销售优势等。邓宁认为,对外直接投资和海外生产必然会引起成本的提高与风险的增加,在这种情况下,跨国公司之所以还愿意并且能够发展海外直接投资,并获得利益,是因为跨国公司拥有一种当地竞争者所没有的比较优势,这种比较优势能够克服国外生产所引起的附加成本和政治风险,他把这种比较优势称为所有权优势,这些优势要在跨国生产中发挥作用,就必须是这个公司所特有的,并且能够在公司内部自由移动,跨越一定的距离。

第二,**内部化优势(internalization specific advantages)**是指企业在通过对外直接投资将其资产或所有权内部化过程中所拥有的优势,也就是说,企业将拥有的资产通过内部化转移给国外子公司,可以比通过交易转移给其他企业获得更多的利益。一家企业拥有了所有权优势,还不能导致它必然进行对外投资活动,因为它可以通过其他途径发挥和利用这些优势。一般而言,企业有两个途径发挥利用这些优势:其一,将所有权资产或资产的使用权出售给别国企业,即把资产的使用外部化;其二,企业自己利用这些所有权资产,即把资产的使用内部化。企业到底是选择资产内部化还是选择资产外部化取决于收益的比较。由于外部市场是不完善的,企业所拥有的各种优势进行外部化使用有丧失的危险,因而,为了保持垄断优势,企业就存在对其优势进行内部化使用的强大动机。国际直接投资就是企业利用它的所有权优势直接到国外办厂开店,建立企业内部的国际生产和运营体系的过程。

实际上,内部化优势就是指企业克服市场失效的能力。在邓宁的理论中市场失效分为两类:一类是结构性市场失效,是指由非完全竞争所导致的市场缺陷,这种市场缺陷可以产生垄断租金,如关税壁垒和非关税壁垒所引起的市场失灵;另一类是交易性市场失效,是指交易公平原则不能有效地发挥作用的状况,如交易渠道不畅,为实现交易而需付出高昂的费用等。具体而言,邓宁认为在以下情况出现时,企业倾向于实行内部化:避免交易成本和谈判成本;避免为保护知识产权所需的成本;买者不确定;不允许价格歧视存在;需要卖方保护产品质量;弥补市场失灵的缺陷;有利于防止政府干预(配额、关税、价格歧视和税收歧视等);保证供给条件稳定;控制市场范围等。

第三,**区位优势(location specific advantages)**是指可供投资的地区在某些方面较国内优越。在邓宁看来,一家企业具备了所有权优势,并有能力将这些优势内部化,还不能完全解释直接投资活动,还必须加上区位优势,这是因为企业在进行国际生产时必然受到区位因素的影响,只有在国外区位优势大时,企业才可能从事国际生产。区位优势是指东道国所特有的政治法律制度和经济市场条件。它包括两个方面:一是指东道国要素禀赋所产生的优势,如自然资源、地理位置、人口、市场结构及其规模、收入水平;二是指东道国的政治法律制度、经济政策、基础设施、教育水平、文化特征等。区位因素直接影响着跨国公司对外投资的选址和整个国际生产体系的布局。

如果一家企业同时具有上述三个优势,它就可以进行对外直接投资。这三种优势的不同组合,还决定了企业进入国际市场和从事国际经济活动的不同方式(参见表7-3)。这种三位一体的组合有时也被称为"OLI模式"(OLI paradigm, ownership location internationalization paradigm)。

表7-3 企业进入国际市场的方式选择

进入国际市场的方式	所有权优势(O)	内部化优势(I)	区位优势(L)
许可证安排	✓	×	×
出口	✓	✓	×
对外直接投资	✓	✓	✓

(二)国际生产折中理论的贡献与不足

1. 理论的贡献

国际生产折中理论的特点和贡献在于:

第一,它对已有的国际直接投资理论进行了归纳融合,达到了一个新的高度。国际生产折中理论吸收借鉴了此前20年中出现的新的国际直接投资理论,采用了折中和归纳的方法,对各家之长兼容并包,并在区位理论方面作出了独到贡献。折中理论被认为是迄今为止最完备的国际投资理论。邓宁的贡献在于综合地吸收其他理论关于跨国公司对外直接投资决定因素的分析,从中归纳出三组变量,并利用这些变量解释跨国公司对外直接投资所应具有的各种条件。而且,他的理论并非对其他理论所分析变量的简单归纳,而是将它们系统地联系起来,从跨国公司国际生产的高度,讨论这些变量对于对外直接投资的作用。例如,海默认为垄断优势是对外直接投资的决定因素,而邓宁认为,这只是跨国公司国际生产的基本物质条件。内部化理论指出垄断优势必须内部化,但在邓宁看来,这两个因素的结合仍不能决定跨国公司必须采取对外直接投资方式,还要加入区位因素进行分析。

第二,它与国际直接投资的所有形式都有联系,涵盖和应用范围广。国际生产折中理论有时也被称做OLI模式,因其概括性、综合性和应用性强而获得了对外直接投资"通论"之称。这一理论目前已成为世界上对外直接投资和跨国公司研究中最有影响的理论,并被广泛用来分析跨国公司对外投资的动机和优势。

第三,它能够较好地解释企业选择进入国际市场三种主要方式的原因。国际生产折中理论较好地解决了西方国际经济学界面临的一个理论难题,即如何运用统一的理论解释整个国际经济活动,也就是对出口贸易、许可证安排(技术转让)与对外直接投资作出统一的解释。国际生产折中理论在这一点上取得了突破,具有重要的理论意义。

第四,它将OLI模式同各国的经济发展阶段与人均收入水平联系起来进行动态化分析,扩展性地提出了"投资发展周期"学说。投资发展周期学说对发展中国家不同经济发展阶段资本流入与流出特征的分析比较符合实际,具有实际参考价值。

第五,对服务业跨国企业对外直接投资问题进行了较有说服力的论证。国际生产折中理论结合服务业的特点,运用OLI模式分析法,较客观地说明了服务业的对外投资问题。其他理论对于服务业跨国投资问题均不能作出令人满意的解释:垄断优势论未能说明服务业跨国化的选址问题;产品生命周期论不符合服务业跨国化发展的过程,如金融和保险等行业的跨国化并未发生产品周期中的各个阶段的交替;小岛清的比较优势论可用于说明一个时期日本企业的对外直接投资状况,但不适用于服务业,因为许多服务企业开展对外投资时并未在国内丧失优势。

对于国际生产折中理论今后的发展方向和研究重点,邓宁认为主要应在以下五个方面有所创新和建树:① 用博弈论和网络分析方法进一步扩展OLI模型;② 国际生产折中理论的动态化;③ 对跨国公司海外生产不同市场进入方式及其演变的分析;④ 有关跨国公司减少海外投资的问题;⑤ 跨国公司对东道国和母国的经济影响。

2. 理论的不足

第一,这个理论的创新性不够。批评者认为,国际生产折中理论虽能满足解释多方面问题的需要,但终究不是另辟蹊径的新论。它的特色就是"折中",它不仅沿用了西方经济学中的厂商理论、区位理论和产业组织理论等,而且吸收了国际经济学中的各派思潮,包括垄断优势论、寡占反应论、产品生命周期论和内部化理论等,还纳入了生产要素禀赋理论,目的是创建一个关于国际贸易、对外直接投资和许可证安排三者统一的理论。恰恰如此,国际生产折中理论不过是以其他多种理论为基础而发展出来的一个复合结构。1983 年,爱德华·陈(Edward Chen)在《多国公司、技术与就业》一书中评价国际生产折中理论时写到:这在某种意义上并非什么理论,尽管它的解释能力很强,但这种能力仅仅是由于它几乎囊括了其他各种直接投资理论。

第二,著名学者巴克利在 1985 年所著的《多国企业的经济理论》一书中认为,国际生产折中理论有若干未解决的问题:① 对三类优势要素的分类体系和相互关系及其动态发展未交代清楚,缺乏相关内容;② 把所有权优势分离出来单独存在是否恰当,这在逻辑上是多余的,因为内部化理论已提出了产业(行业)、国别、企业三类特定因素,已足以解释一切,至于区位因素,则内部化理论也已提及"**空间成本节约(spatial cost saving)**"的概念,将它包含在了企业特定因素之中。

以上我们分析和介绍了国外学者在研究国际直接投资时提出的五种主要理论。它们主要是从微观和企业的角度来研究跨国公司从事对外直接投资的决定因素、动机、竞争优势、制约条件及其方式等。

除此之外,在 20 世纪 90 年代以前还有一些学者提出了其他一些国际直接投资理论,如投资诱发要素组合理论、寡占反应理论、产业内双向直接投资理论、纵向一体化直接投资理论、横向一体化直接投资理论、核心资产论、投资与贸易替代论、最佳对外投资课税论、区位论、通货区域论和资本化率理论等。这些理论有的是从微观角度展开研究,有的则是从宏观角度研究和分析国际直接投资现象,力图找到东道国为什么要利用外资、资本为什么要发生国际移动等问题的答案。国际直接投资理论是在 20 世纪 60 年代从国际间接投资(国际证券投资)理论中独立出来的,理论的发展源于实践的发展和丰富,可以相信,随着各国对外直接投资活动的不断开展和跨国公司影响的进一步扩大,有关这方面的理论研究也必将不断有所创新和发展。

六、小规模技术理论

小规模技术理论是由美国学者 L. 威尔斯(L. Wells)针对发展中国家的对外直接投资提出的。该理论注意到发展中投资母国对发展中国家跨国公司的"特定优势"的影响,认为发展中国家跨国公司的技术优势具有十分特殊的性质,是投资母国市场环境的反映。具体来说,发展中国家跨国公司具有如下三点优势:

一是小规模技术优势。由于发展中投资母国大多市场规模不大、需求多样化,从而迫使发展中国家的企业不得不将引进的技术加以改造,使其生产技术更具有灵活性,提供品种繁多的产品,以适应本国小规模、多样化的市场需求,从而具有小规模技术的特征。这些经过改造的小规模技术成为发展中国家跨国公司到类似市场开展对外直接投资的特殊优势之一。

二是当地采购和特殊产品优势。威尔斯发现,当发达国家的技术转移到发展中国家后,往往需要对其加以改造,以便适应发展中国家当地的原料供应和零部件配套生产的能力,而这一优势同样成为发展中国家企业对外直接投资的特殊优势之一。另外发展中国家的对外直接投资往往还带有鲜明的民族特色,能够提供具有民族文化特点的特殊产品,在某些时候这甚至可以成为压倒性的经营优势。

三是物美价廉优势。发展中国家跨国公司之所以有可能做到物美价廉,主要原因有二:① 与发达国家相比,发展中国家的劳动力成本普遍较低;② 发展中国家跨国公司的广告支出较少。

威尔斯的小规模技术论的贡献在于:将发展中国家跨国公司的竞争优势与其投资母国自身的市场特征结合起来,能够解释发展中国家对外直接投资的部分行为。但该理论也存在明显的缺陷,如威尔斯始终将发展中国家在技术上的创新活动局限于对现有技术的继承和使用上,从而限制了该理论的适用范围。

七、技术地方化理论

S. 拉奥(S. Lall)在对印度跨国公司的竞争优势和投资动机进行了深入研究之后,提出了关于发展中国家跨国公司的技术地方化理论。和小规模技术理论一样,技术地方化理论也是从技术角度来分析发展中国家跨国公司竞争优势的。

所谓技术地方化,是指发展中国家跨国公司可以对外国技术进行消化、改进和创新,从而使得产品更适合自身的经济条件和需求。拉奥强调,发展中国家跨国公司的这种创新过程是企业技术引进的再生过程,而非单纯的被动模仿和复制。所产生的技术在小规模生产条件下具有更高的经济效益,且效果会由于民族或语言等因素而得到加强。另外,拉奥还认为当发展中国家的国内市场较大、存在特殊的市场需求的情况下(如消费者的不同口味和购买力),发展中国家的跨国公司有可能填补这些市场,从而使其产品具有一定的竞争力。

八、技术创新产业升级理论

英国学者 J. 坎特威尔(J. Cantwell)和 P. E. 托兰惕诺(P. E. Tolentino)对发展中国家对外直接投资问题进行了系统的考察,提出了发展中国家技术创新产业升级理论。

技术创新产业升级理论强调技术创新是国家、产业、企业发展的根本动力。与发达国家跨国公司的技术创新活动有所不同,发展中国家跨国公司的技术创新活动具有明显的“学习”特征,换句话说,这种技术创新活动主要利用特有的“学习经验”和组织能力,掌握和开发现有的生产技术。坎特威尔和托兰惕诺认为,不断的技术积累可以促进一国经济的发展和产业结构的升级,而技术能力的不断提高和积累与企业的对外直接投资直接相关,它影响着发展中国家跨国公司对外直接投资的形式和增长速度。

九、投资发展周期理论

英国学者邓宁将一国的吸引外资能力和对外投资能力这两方面与其经济发展水平结合起来,提出了投资发展周期理论。该理论是其国际生产折中理论在发展中国家的运用和延伸。邓宁认为,在一定的经济发展条件下,一国的利用外资和对外投资是紧密相关的两个发展过程,并且指出,一国的海外投资地位与其人均国民生产总值呈正比关系,随着人均国民生产总值的逐步提高,一国的对外直接投资先落后于外商对该国的直接投资,而后赶上并超过。

投资发展周期理论是少有的从宏观经济角度分析发展中国家对外直接投资的理论。虽然该理论存在局限性,但它从理论上指出了发展中国家对外直接投资发展的一般规律,即一国的对外直接投资与该国所处的经济发展阶段和人均 GDP 水平有正向关系。

十、跨国公司投资理论的新发展

20 世纪 90 年代以来,跨国公司对外直接投资活动的规模进一步扩大,方式不断推陈出新,出现了一些新的特点和趋势。对此,理论界进行了分析概括,提出了一些新的观点和见解。

(一) 新资源基础论

新资源基础论(new resource based theory)也称知识基础论,该理论认为,竞争优势主要表现为知识,知识使跨国公司具有特定优势,知识的转移是直接投资的关键所在。该理论的代表人物是 H. G. 约翰逊(H. G. Johnson)。约翰逊认为,知识包含各种技术、诀窍、管理与组织技能、销售技能等无形资产。知识的学习和创造以及企业家精神是企业最重要的内生资源,企业的成长和扩展,直至进行对外直接投资,发展跨国经营和成长为跨国公司,都是上述内生资源优势作用的结果。知识资产的生产成本高,但直接投资利用知识资产的边际成本却非常低,甚至接近于零,且知识资产可以同时向跨国公司的不同海外分支机构转移,因此,更加降低了跨国公司知识资产的转移成本。但当地企业在获取同类知识资产时则需要付出全部成本。

(二) 产业集群理论

近年来,国际直接投资的集群布局现象日趋显现,这种产业集群有以大企业为主体的,也有以中小企业为主体的,有分布在发达国家的,也有分布在发展中国家的。产业集群理论(industrial clustering theory)有时也称为产业集聚理论或企业扎堆理论,其代表人物包括 M. 波特(M. Porter)、P. R. 克鲁格曼(P. R. Krugman)和 B. A. 伦德瓦尔(B. A. Lundvall)等。该理论还认为,今天的跨国公司对东道国的战略性资产更感兴趣,这种战略性资产主要指高新技术、知识以及高素质的人力资源,跨国公司希望通过获得这些战略性资产来增强自己的核心优势,而这些资产往往集聚在特定的地区和环境中,使得跨国公司纷纷去投资,从而产生了集群现象,这也是跨国公司追求资源的必然结果。这种解释比较适用于发达国家的产业集群,如美国硅谷的信息产业集群。对于发展中国家或地区出现的产业集群,如印度班加罗尔软件产业集群和中国台湾计算机产业集群,该理论的解释是:产业或企业的集群布局可以实现服务或生产的配套,创造出一种产业配套环境,实现外部规模经济,大大节省原材料和零部件的运输与仓储等物流成本,从而寻找到新的降低成本和提升产品竞争力的源泉。产业集群布局在中国已经出现,如北京经济技术开发区的“星网工业园”等。

（三）非股权安排理论

非股权安排形式的国际投资是指外国投资者（如跨国公司）并没有在东道国企业中占有股权，而是通过与东道国企业签订有关技术或管理等方面的合同，取得对该东道国企业的某种控制管理权。在 20 世纪 90 年代以前，跨国公司主要是通过股权安排对其国际化的生产和销售体系实施控制、整合与指挥，故以前的理论研究也主要以**股权安排**（**equity arrangement**）为核心展开。20 世纪 90 年代以后，跨国公司与其他企业间的非股权安排或非股权联系出现，并取得迅速发展，其形式包括许可证合同、管理合同、特许经营合同、销售合同、技术援助或技术咨询合同、工程承包交钥匙合同、国际战略联盟、制造合同和分包合同等。非股权安排越来越为跨国公司所青睐，形成了目前股权安排与非股权安排同时并存和发展的格局。

非股权安排理论（non-equity arrangement theory）认为，跨国公司所具有的核心优势的特性是一些跨国公司选择非股权安排以及进行国际战略联盟的内在原因。这些特性可以概括为：① 独特性。独特性是指优势的不易模仿性、不可交易性和不可分割性，这几个特点可以通俗地概括为学不到、买不来和拆不开。② 绝缘性。跨国公司的核心优势之所以能够长久地保持，主要是由于一种**绝缘机制**（**isolating mechanism**）在发生作用。这种绝缘机制包含两个方面。第一个方面是模仿障碍，包括模仿的法律限制，在获得资源和吸引客户方面享有的特殊权利，对历史条件和历史传统的依赖，在一定的社会环境和企业组织系统中长期培育获得的特定优势。第二个方面是先发优势，主要指先行制定技术标准和技术规范而产生的**路径依赖与锁定**（**path dependence and lock in**）。③ 整体性。整体性是指某些独特的知识、技术诀窍和能力等是在跨国公司特定的组织系统中，通过集体学习和长期培育而形成的，它已经沉淀在企业文化当中，渗透在企业运作的各个环节，所以具有整体性。④ 隐含性。隐含性是指跨国公司具有的知识、技术诀窍和能力往往是隐含的，难以用语言文字传递和包装出售。

（四）优势获取论

优势获取论（advantage seeking theory）也称战略资产寻求论，该理论的代表人物是邓宁。1993 年，邓宁出版了《全球经济与跨国公司》一书，在该书中邓宁首次提出了 FDI 的**战略资产寻求型**（**strategic asset seeking**）动机。1998 年，邓宁进一步将一国企业开展对外直接投资的动机分为两大类：一类是优势扩张型，另一类是战略资产寻求型。优势扩张型的对外投资是以本国企业具有的所有权特定优势为基础和前提，开展对外投资的动机主要是扩张企业的所有权优势，寻求海外的自然资源、销售市场或提高资产的使用效率。战略资产寻求型海外投资的动机是为了获取东道国的战略性资产，寻求能补充自己已有优势的资源和能力，如技术、知识、管理技能和高素质的人力资源等，以增强企业的核心优势，在对外投资中培育、强化和提高企业自身的竞争优势。一国企业不仅要获得另一国企业在技术上和营销上的协同作用，还要获得和吸收其创造出来的资产，特别是国外竞争者、供应者和客户的知识性资产，对外投资不仅是母国企业利用其已有的所有权的特定手段，而且也是增大这些优势的工具。传统的优势扩张型投资理论认为企业应首先具有某种优势，然后才能开展对外直接投资，而战略资产寻求型投资理论主张企业在对外投资中培育和强化优势，把优势的增强看成是一个动态的过程，是一个追求的目标，而不是一个既有的结果。

降低成本、获取自然资源、克服贸易壁垒、利用规模经济，这一切对于寻求战略资产的对外投资者的吸引力比较小，而优良的物质和人力基础设施，有利于企业并购和联盟的商业环境，以及著名品牌和独特的技术专利，这一切的吸引力要更大些。借助战略资产寻求理论，人们可以认识到为什么发展中国家或新型工业化国家的企业要到发达国家去投资。这些国家的企业对发达国家开展直接投资，不完全是因为它们具有某种可以在发达国家利用的所有权优势，而主要是它们意图获取发达国家的技术或技能。当它们发现东道国企业具有的这些技术或技能更为优越，或者在母国的某一产品市场根本不存在时，它们就会开展对外直接投资。

（五）外包生产理论

外包生产理论（the theory of original equipment manufacture）也称贴牌生产或外部求援理论。**外包生产（original equipment manufacture）**直译为“原始设备制造”或“贴牌生产”，缩写为 OEM，有时也用外部求援（outsourcing）代替。与 OEM 相应的还有 ODM（original design manufacture），即原始设计制造。当前，有大量跨国公司通过国际投资发展制造业或服务业的外包业务，OEM 已经发展成为跨国公司的一种重要经营战略和海外投资途径，有相当多的外包业务都是在跨国公司母公司与海外分支机构以及跨国公司的分支机构之间进行的。外包生产与归核化有关，归核化强调一元化和集中化，强调把公司的业务归拢到有竞争优势的行业，把经营重点放到价值增值链上最重要的环节，重视核心竞争能力的培养、保护和发挥，重视战略性外包。例如，美国著名的体育用品经销商 NIKE 公司，几乎没有一间自己的生产车间，其产品主要通过外包生产来解决。

近年来，外包业务发展出现了几个新趋势：① 从本土走向海外，出现离岸外包（off bank OEM）。美国本土 90% 企业的 60% 的软件开发业务已经外包给了印度，将非核心业务包给擅长这类业务的海外企业，将核心业务留在本国。② 从制造业走向服务业。外包是从制造业起步的，最初，外包主要是制造企业为了降低成本、提高效益而采用的将产品的非关键部分通过分包合同转让给别的公司或海外公司来做的一种经营方式，现在已经扩展到以信息为主的服务业，典型的是软件开发，还有公司的办公室文案、人力资源管理、库存管理、财务会计、客户服务中心、售后服务电话支持系统等，另外，大型零售商店等服务企业也开始积极发展外包业务。③ 从劳动密集走向技术密集。外包业务开始从低附加值到高附加值演进，从技术含量低的领域发展到高新技术领域。④ 从公司弱小的标志演变成提高绩效的手段。外包已经不是公司弱小的标志，而成为提高组织绩效的重要方法。

本章小结

1. 跨国公司是指这样一种企业，它在两个或两个以上的国家进行直接投资，从事生产经营活动，国外的业绩达到一定比例，有一个统一的中央决策体系和全球战略目标，其遍布全球的各个实体分享资源和信息并分担相应的责任。

2. 跨国公司的迅猛发展大大推动了资本国际化和生产国际化的进程,促进了各种生产要素在国际的移动与重新合理组合配置。可以说,跨国公司是推动经济全球化的主要力量之一。

3. 垄断优势理论是20世纪70年代一种阐明当代跨国公司在海外投资具有垄断优势的理论。此理论认为,考察对外直接投资应从"垄断优势"着眼,市场的不完全性是对外直接投资的根本原因,同时跨国公司的垄断优势是对外直接投资获利的条件。

4. 内部化理论又称市场内部化理论,是西方跨国公司研究者为了建立跨国公司理论时提出和形成的理论观点,是当前解释对外直接投资的一种比较流行的理论。内部化理论的主要观点可概括如下:由于市场的不完全,若将企业所拥有的科技和营销知识等中间产品通过外部市场来组织交易,则难以保证厂商实现利润最大化目标;若企业建立内部市场,可利用企业管理手段协调企业内部资源的配置,避免市场不完全对企业经营效率的影响。企业对外直接投资的实质是基于所有权之上的企业管理与控制权的扩张,而不仅仅在于资本的转移,其结果是用企业内部的管理机制代替外部市场机制,以便降低交易成本,拥有跨国经营的内部化优势。

5. 产品生命周期是产品的市场寿命,即一种新产品从开始进入市场到被市场淘汰的整个过程。该理论认为:产品生命是指产品的营销生命,也就是要经历一个开发、引进、成长、成熟、衰退的阶段。而这个周期在不同的技术水平的国家里,发生的时间和过程是不一样的,期间存在一个较大的差距和时差,正是这一时差,表现为不同国家在技术上的差距,它反映了同一产品在不同国家市场上的竞争地位的差异,从而决定了国际贸易和国际投资的规律。

6. 日本学者小岛清教授根据日本国情,结合本国特色发展了国际直接投资理论。1978年在其代表作《对外直接投资》一书中系统地阐述了他的对外直接投资理论——边际产业扩张理论。该理论认为,对外直接投资应该从本国已经处于或即将处于比较劣势的产业,即边际产业开始,并依次进行。

7. 国际生产折中理论认为,内部化、所有权优势,再结合区位优势,将产生最大的对外投资优势。所有权优势是国际直接投资的前提和抵消跨国经营成本的先决条件,在此基础上,内部化优势决定是内部化,还是出售,区位优势是决定国内利用还是国外利用。这三种优势是产生国际直接投资缺一不可的条件。

8. 小规模技术理论被西方理论界认为是发展中国家跨国公司研究中的早期代表性成果。该理论认为,发展中国家跨国公司的竞争优势主要表现在三方面:拥有为小市场需要服务的劳动密集型小规模生产技术,在国外生产民族产品,产品低价。

9. 技术地方化理论认为发展中国家跨国公司的技术特征尽管表现为规模小、使用标准化技术和劳动密集型技术,但这种技术的形成却也包含着企业内在的创新活动。

10. 技术创新产业升级理论强调技术创新是国家、产业、企业发展的根本动力。与发达国家跨国公司的技术创新活动有所不同,发展中国家跨国公司的技术创新活动具有明显的"学习"特征。

11. 投资发展周期理论是邓宁的国际生产折中理论在发展中国家的运用和延伸。该理论认为，在一定的经济发展条件下，一国的利用外资和对外投资是紧密相关的两个发展过程，一国的海外投资地位与其人均国民生产总值呈正比关系，即海外投资地位随着人均国民生产总值的提高而逐步提高。

案例一　万向2.56亿美元“迎娶”A123

【案例简述】

在经历了5个多月的努力后，好事多磨的万向集团收购美国锂电池公司这场跨国收购案，终于接近尾声。从万向集团总部获悉，美国当地时间2013年1月28日晚，美国外国投资委员会(CIFUS)正式宣布，同意万向集团收购美国A123系统公司(A123 Systems)。

万向集团将与A123就该项收购进行交割，预计近期完成。这再次成为中国民营企业成功收购美国知名公司的标志性事件，而万向也表示将在传统制造业基础上加快向清洁能源产业发展。

【案例详解】

美国A123系统公司到底是家什么公司？为什么会吸引民企大佬万向的目光？

据介绍，A123于2001年在麻省理工学院成立，被《财富》杂志评为“15家即将改变世界的公司”之一。2009年其在美国纳斯达克交易所上市，曾被称为美国规模最大、技术最先进的锂电池制造商。A123的吸金能力很是惊人。上市前，A123两次调高发行价，并扩大发行规模，即使如此，上市情况也好于预期。上市两天，公司股价即大幅上涨了54%。受资本市场追捧的A123最终筹集到3.8亿美元，同时，它还获得美国政府2.49亿美元的资助。

在对电动汽车有着远大梦想的万向看来，他们看中的是A123的锂电池技术。A123提供的锂离子电池以高功率和高能量密度、寿命长和卓越的安全性能领先于锂离子电池市场，其技术面向的产品领域为下一代交通运输、电网储能和消费应用产品。而增加A123砝码的，还因为其拥有通用、宝马、菲斯克和上汽等客户，业务版图覆盖中美两大市场。

可就是这样一家明星公司，三年时间就陷入了困境。美国市场对电池及混合动力汽车的需求疲软，给像A123这样的电池供应商带来了很大的经济压力。2012年3月，A123公司又因电池召回事件，经营陷入危机。就在此时，万向集团提出了投资动议，之后经多次协商，双方于2012年8月16日签订了战略投资协议。

虽然万向与A123你情我愿，但这一场投资并非一帆风顺。A123公司因无法满足协议规定的相应条件取得后续投资，当年10月向美国破产法院提交了破产申请，美国江森自控、德国西门子、日本NEC等企业先后参与竞标。

12月8日，万向集团在A123公司破产拍卖中以2.566亿美元价格击败美国江森自控和日本NEC的联合竞标，成功拍下该公司除政府及军工业务外的所有资产。万向集团相关负责人昨天透露，根据收购交易内容，万向将收购A123公司汽车、电网储能和商业业务资产，不仅包括其所有的技术、产品、客户合同以及其在美国密歇根州、马萨诸塞州、密苏里州的所有工厂设施，同时也包括A123在中国的阴极粉制造工厂以及与上汽合资的上海捷新动力电池系统有限公司股权等。

作为中国最大的汽车零部件企业，1999年以来，万向就开始了清洁能源产业研发，并已在大功率、高能量聚合物锂离子动力电池、一体化电机及其驱动控制系统、整车电子控制系统、汽车工程集成技术等方面取得了显著成果，拥有1.2亿安时锂离子动力电池、2000台套电动力总成的产业能力。此次收购将进一步确立万向集团在全球清洁能源产业的领先优势，控股A123是万向进入国际主机厂配套，打开美国电动车市场并增加在中国市场话语权的捷径。

资料来源：中国网(www.china.com.cn)

案例二 吉利并购沃尔沃案

【案例简述】

2010年3月28日21时，浙江吉利控股集团有限公司与美国福特汽车公司在瑞典哥德堡正式签署最终股权收购协议。经过一年多的艰苦谈判，中国民营企业吉利终于以18亿美元的代价，获得了具有80多年历史的豪华汽车品牌沃尔沃轿车公司(简称沃尔沃轿车)100%的股权以及相关资产(包括知识产权)。

此股权收购协议还有待国内监管部门的审批。在对退休金缺口、负债、现金和运营资金核算的基础上对收购价格进行常规性的调整后，吉利和福特2010年第三季度完成交割。吉利集团将保留沃尔沃轿车在瑞典和比利时现有的工厂，同时也将适时在中国建设新的工厂，使得生产更贴近中国市场。

【案例详解】

吉利并购沃尔沃意义重大。首先，吉利并购沃尔沃对吉利控股集团本身发展具有重要意义。第一，吉利将100%拥有沃尔沃轿车品牌，同时拥有沃尔沃轿车的9个系列产品、3个最新平台的知识产权，接近60万辆产能、自动化程度较高的生产线，以及2000多个全球销售网点及相关的人才和重要的供应商体系。第二，有利于迅速做大吉利的产销规模。2009年，吉利总营业收入为42.89亿元，而沃尔沃轿车的总收入约合人民币1000亿元，总收入超过吉利20倍。其次，吉利作为中国发展最快的汽车制造商之一，也是中国汽车行业领先的民营企业。此次成功签订并购沃尔沃轿车协议，是中国汽车产业实现技术跨越的一条捷径，有利于提高中国汽车产业的软实力。同时可以帮助改变中国汽车在国际市场上的形象，有利于扩大本土汽车品牌的影响力，尽快走向国际市场。再次，对中国民营企业开展海外并购有积极的示范效应。在国际金融危机冲击下，许多国外企业的资产价值被低估，是中国企业出手的好时机。通过海外并购，可以用较低的成本获取到具有核心竞争力的国际品牌、核心技术和国际营销渠道。吉利成功签订并购协议，将激励中国民营企业开展海外并购的积极性。

值得注意的是，吉利仍将面临诸多挑战。吉利并购沃尔沃协议的签订只是一个开始，以后的路还很长很艰巨。海外并购交易的完成只是第一步，而交易完成后的整合则非常漫长而且非常艰苦。衡量海外并购是否成功，并不是看并购交易是否能够完成，而是看完成交易之后的数年内是否能够实现有效整合、平稳运行并实现赢利、提升价值。在运营方面，吉利将面临艰难的挑战。吉利承诺沃尔沃研发总部、生产基地仍留在瑞典，沃尔沃品牌保持独立之后，工会的对立情绪才明显缓解。在具体运营中，吉利基本没有海外销售汽车的经验，更不用说在瑞典这样一个相隔万里、与中国迥然不同的国家运营的经验。吉利全球地位的缺乏，及其过去生产低端车的名声，对于运营沃尔沃这样一个高端汽车产品和品牌，要保持其在质量和性能方面的良好声誉存在不少挑战。中国的管理文化与西方企业文化不容易衔接，普遍缺乏国际管理的经验。在资金方面，吉利公司还需大规模融资。沃尔沃轿车需要吉利公司能在并购后保证充足的研发投入，从而延续其世界顶级安全汽车制造商的业界地位。此次并购协议签订，并购资金为 18 亿美元，依据洛希尔公司的估值结果，预计海外运营部分还需资金 10 亿美元。福特在 1999 年斥资 64.5 亿美元收购沃尔沃轿车，当时制造卡车的沃尔沃集团正要剥离轿车业务。当时这块业务处于盈利状态，但自那以来一直亏损。目前，吉利并未说明它准备如何为这宗交易融资，但据内部消息称，吉利将通过公司自有资金、国有企业和国有机构以及银行这三方面进行融资。在市场方面，吉利公司还面临不确定性。美国、瑞典、德国、英国、俄罗斯为沃尔沃轿车的主要市场。2009 年，沃尔沃全球销量 33.48 万辆，同比下降 10.6%；中国销量 2.24 万辆，同比增长 88%。正常年景，沃尔沃的全球销量都在 40 万辆左右，最高时曾达 47 万辆，其重点市场历来是欧美而非中国。

根据相关统计，被并购方产品在并购后主要销售到中国市场，那么中国并购方就能够凭借自己对中国市场的熟悉和对中国市场的掌控能力来防止销售下滑，甚至可能进一步扩大销售，从而弥补海外损失。吉利成功签订并购协议，很大程度上是因为沃尔沃看中中国市场的增长潜力。中国汽车市场能否在今后为沃尔沃轿车的发展提供足够大的空间而成为其重点市场还有诸多不确定因素。

在技术方面，吉利公司将有较长的吸收消化过程。吉利本次收购是对福特公司拥有的沃尔沃轿车的全部股权进行收购，包括沃尔沃轿车分布在全球的两间工厂和全部产品的知识产权，研发机构、全国销售中心、仓储中心等。但是，据福特首席财务长布思说，知识产权协议是福特与沃尔沃之间签署的，其他公司使用相关技术将会受到限制（显然他说的其他公司是指吉利公司）。此外，福特和吉利另外签署了覆盖知识产权的协议，这样做是为了帮助沃尔沃当前业务规划的展开。其实这主要是为了缓和一种担忧：福特与沃尔沃联合开发的技术，将很快落入一家中国公司手中，而这家中国公司预计又将在欧洲、北美市场对福特构成直接竞争。

资料来源：莫苗苗. 吉利并购沃尔沃的案例分析[J]. 企业技术开发，2012(5).

案例三　中海油收购尼克森:助推中国企业走出去

【案例简述】

加拿大政府2012年12月7日宣布,决定批准中国海洋石油有限公司以151亿美元收购加拿大尼克森公司的申请。至此,中海油完成了中国企业在海外的最大宗收购。

中海油计划收购海外石油公司由来已久,2005年中海油计划收购美国优尼科公司,却因强大政治阻力而失败。7年后,中海油终于在加拿大成功并购。根据收购协议,中海油支付151亿美元现金收购尼克森100%流通的普通股和优先股,同时还要接过尼克森高达43亿美元的债务。在此之前,很多人为中海油的这项新收购捏了把汗,因为该笔交易的达成需要得到加拿大、美国以及欧洲等多国政府的审批。从2012年7月23日中海油宣布与尼克森公司达成最终协议至今,这起收购案在政府审批过程中持续了近五个月的时间。加拿大政府两次宣布延长审批时间,在美国资本市场中曝出的内幕交易问题更一度为这起收购蒙上阴影。纵然如此,中海油并未因此动摇收购尼克森的信心。中海油下决心收购尼克森是长期决定的结果,并不会为此而改变收购计划。中海油对这项收购充满信心,非常看好尼克森的团队。

【案例详解】

收购尼克森之后,中海油将进一步拓展其海外业务及资源储备,以实现长期、可持续的发展。尼克森分布在加拿大西部、英国北海、墨西哥湾和尼日利亚海上等全球最主要产区的资产中包含了常规油气、油砂以及页岩气资源。该公司的优秀资产组合不仅是对中海油的良好补充,同时也使中海油的全球化布局得以增强。中海油是我国最大的海上油气生产商,此次收购完成之后,中海油在陆地的石油资源比例将得到大幅提升。尼克森2012年第二季度的平均日产量为20.7万桶油当量,2011年中海油全年平均日产量为90.9万桶油当量。倘若这起收购案完成之后,中海油日均油气产量有望提升近23%。

不仅如此,尼克森丰厚的资源储备也将成为中海油的囊中之物。截至2011年底,尼克森拥有9亿桶油当量的证实储量及11.22亿桶油当量的概算储量,还拥有以加拿大油砂为主的56亿桶油当量的潜在资源量。此外,上游油气资源不断扩充,有助于中海油进一步拓展下游炼化和成品油销售渠道。目前中海油在山东已经收购了多家地方炼厂,并在山东设立了成品油销售分公司,以扩大销售网络。

加快走出去步伐,增强企业国际化经营能力,培育一批具有世界水平的跨国公司已成为中国经济界的共识。同时,随着中东局势的不稳定性,美国、欧盟等国家对伊朗和叙利亚的石油禁运,致使中国不得不考虑拓展其他石油市场,而北美很有可能成为中国海外能源收购的新热土。走出国门意味着机遇,也同样会遇到危险。在能源领域的收购不仅仅是资金的问题,政治风险以及之后的运营风险也是应慎重考虑的因素。中国社科院亚太研究所所长李向阳提醒:由于目前发达国家资产价格有所缩水,对外资进入政策也更为宽松。但看准了低点后成功抄底只是第一步,日后管理经营的难度会很大。我国企业走出国门之后,国际化理念和组织管理方面的能力需要进一步提升。

资料来源:郭金凤、朱芳影、康永红.中海油成功收购尼克森案例分析[J].财务与会计,2013(6).

练习与思考

1. 什么是跨国公司?它主要有几种类型及具备什么特征?
2. 试述跨国公司的作用。
3. 试述跨国公司发展的新趋势。
4. 简述垄断优势理论的主要内容并进行评价。
5. 简述内部化理论的主要内容并进行评价。
6. 简述产品生命周期理论的主要内容并进行评价。
7. 简述边际产业扩张理论的主要内容并进行评价。
8. 简述国际生产折中理论的主要内容并进行评价。
9. 简述小规模技术理论的主要内容并进行评价。
10. 简述技术地方化理论的主要内容并进行评价。
11. 简述技术创新产业升级理论的主要内容并进行评价。
12. 简述投资发展周期理论的主要内容并进行评价。

国际贸易政策篇

第八章

国际贸易政策——关税

本章提要

根据国际贸易理论,一国对对外贸易应采取不干预的态度,但现实中,出于各种原因,大多数国家都会对对外贸易采取种种干预手段。总的来说,干预手段主要包括两大类:关税和非关税壁垒。本章主要对关税的含义、分类及其经济效应进行介绍分析。

本章结构图

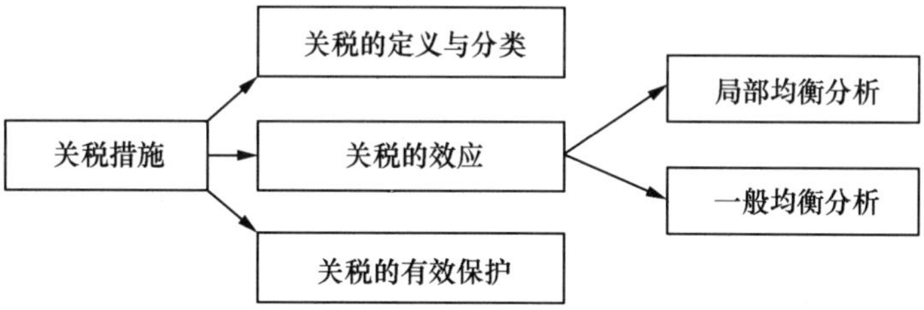

学习目标

- 重点掌握关税的定义与分类、关税效应的局部均衡分析、最优关税率与有效保护率。
- 掌握大国和小国的关税效应的区别。
- 了解关税结构。

国际贸易政策是各国干预对外贸易的手段和措施。从我们前面几章介绍的国际贸易理论来看,无论是传统贸易理论,还是现代贸易理论,基本上都主张自由贸易,因而,各国也就不应该有对外贸易政策的存在。但实践中,各国都存在不同程度的对外贸易干预,即有各种形式的贸易干预手段和措施。由于存在政府对对外贸易的干预,所以这些手段和措施都属于非自由贸易政策。

实际上各种干预手段和措施,即对外贸易政策,其基本思想都来自于重商主义的"奖出限入",即鼓励出口、限制进口的贸易观。但从更为全面的角度来看,一个国家的对外贸易政策应该包括四个方面:限制进口、鼓励出口、鼓励进口和限制出口。当然后两种情况对于一个国家的影响相对要小一些,人们并不是很重视。我们分析的重点也只放在限制进口和鼓励出口这两种情形。

一国政府要对对外贸易进行干预,最为简便的方法就是对进出海关的货物征收关税。本章就是对这一问题进行分析。但经过关贸总协定(GATT)和世界贸易组织(WTO)的不断努力,各国的关税税率不断下降,并基本达到了一个非常低的水平,因此,以此来干预对外贸易的作用变得非常有限。于是各国的干预对外贸易的非关税措施,即非关税壁垒变得越来越重要,其种类繁多且更为隐蔽。我们将在第九章对其进行阐述。

第一节　关税的含义与分类

一、关税的含义

关税(tariff,customs duties)是一个国家或地区的行政管理机构(通常是海关),对于进出其关境的贸易商品所征收的一种税负。①

从税收的角度看,关税的纳税主体一般是进出口商,纳税的标的物是进出口的商品。进出口商一定会把所缴纳的关税转嫁给消费者或商品的生产者(出口情况下,是商品的生产者;进口情况下,是商品的消费者),所以税负的实际承担者是商品的消费者或生产者。由此,关税应该是间接税,而不是直接税。

二、关税的分类

(一)按照关税征收的对象划分

1. 进口税

进口税(import tariff)是对进口商品征收的赋税。征税多少称之为税率。理论上,对从不同国家或地区进口的同样商品(例如,29寸彩色电视机)应该征收相同税率的无差别关税。但实践中,绝大多数国家都采取差别关税,即根据商品来自不同的国家或地区,分别按

---

① 严格说来,关税应该是一个独立的关税区对进出该关税区的货物征收的一种税负。因而,关税区管辖的范围,即关境,和一国主权范围的国境是不相等的。例如,我国内地、台湾地区、香港特别行政区和澳门特别行政区都有各自的独立海关,并各自是独立的关税区。

照特别关税、普通关税或普遍优惠关税等来征收关税。通常我们所说的关税，一般是指进口税。

在特殊情况下，在已经征收进口税的基础上，还需要临时加征特殊的关税，这种关税称为进口附加税。例如，若出口方存在倾销的行为，进口方为了保护本国或本地区的相关行业，可以在 WTO 的允许下，根据需要在某一段时期内针对存在倾销行为的商品征收反倾销关税。反倾销税就是临时性的进口附加关税。

2. 出口税

通常情况下，一个国家或地区会对进口商品征收关税以限制进口，但有时为了限制出口，也会对出口商品征收关税，即出口税(export tariff)。大部分发达国家已经不再征收出口税。我国对不少商品依然征收出口税。

3. 过境税

在 1978 年中美建立外交关系之前，中国内地的商品不能直接出口到美国，而是先出口到中国香港地区，然后再由中国香港地区出口到美国。这种情况下，中国香港地区充当的是过境贸易(又称转口贸易)的角色。若中国香港地区对来自中国内地的商品征收关税，就属于过境税(transit duties)。大部分国家都不再征收过境税，代之以相关的管理费或服务费等。

(二) 按照关税征收的方法划分

1. 从量税

从量税(specific tariff)是根据贸易商品的数量、重量、体积、面积等物理量征收一定数量的税。例如，进口 1 辆普通小汽车征收 1 万元关税。

2. 从价税

从价税(ad valorem tariff)是根据贸易商品的价格征收一定比例的关税。例如，对价值 8 万元的普通小汽车征收 10% 的进口关税，则应交关税 0.8 万元。

3. 选择税

选择税(selective tariff)是在从量税和从价税的基础上，依据具体需要选择其中一种关税作为征税依据。通常情况下会选择较高的一种。例如上述情况下，应该选择对普通小汽车征收 0.8 万元的关税。

4. 混合税

混合税(compound tariff) 也是以从量税和从价税为基础，以一定比例的从价税和一定比例的从量税来征收关税。例如上述情况下，以 60% 的从量税和 40% 的从价税征收关税，应对 1 辆普通小汽车征收 0.92 万元混合税。

(三) 按照关税的征收目的划分

1. 财政关税

财政关税(revenue tariff)是指以增加财政收入为目的的关税。财政关税一般税率较低，若太高，进口商品自然会减少，从而得不得增加财政收入的目的。在国际贸易发展初期，许多国家都以增加财政收入作为主要目的。目前，绝大多数国家的关税收入占本国财政收入的比重已非常低，增加财政收入已经不是国家征收关税的主要目的。另外，对本国不生产的产品征收进口关税，其主要目的也是增加财政收入。

2. 保护关税

目前，大多数国家征收保护关税(protective tariff)的主要目的是为了保护本国的劣势产业。征收关税提高了进口商品在本国的销售价格，降低了其竞争力，从而达到保护本国产业的目的。为了达到保护的目的，理论上，关税税率应该越高越好。但 GATT 和 WTO 都反对各国采取高关税的方式保护本国产业，并规定了成员国的最高加权平均关税税率。所以，事实上，关税对各国保护本国劣势产业的作用已经受到很大抑制。

第二节 关税效应的局部均衡分析

对进出口商品征收关税，会产生各种经济效应。本节主要分析进口关税的各种效应。对于进出口产品征收关税，首先会影响到产品的价格，进而影响到资源的配置，最终是国内利益和国家间利益的重新分配。按照本书前面所介绍的分析工具，可以采取局部均衡和一般均衡两种分析方法，并可以得到同样的结论。① 本节主要采取局部均衡分析方法，并且在分析过程中要用到微观经济学的生产者剩余和消费者剩余的概念。

另外，对进口产品征收关税，因关税是间接税，会导致国内相同产品的价格上升。国内某一产品价格上升，对于国际市场同一产品价格的影响分为大国和小国两种情况，因此我们将对这两种情况分别进行分析。

一、小国的关税效应分析

国际贸易理论中所谓的**小国**(**small nation**)，是指一个国家某商品的进出口额占国际市场的份额非常低，以至于该国的进口额或者出口额不管发生多大变化，对国际市场价格都不会产生任何影响。这种情况下，该国就是某商品的小国，也被称为国际市场的某商品的价格接受者，也即在自由贸易的情况下，该国某商品的国内价格始终和国际市场价格一样。

(一) 关税的价格效应

小国情况下，如果一个国家对进口商品征收关税，因为进口税是间接税，进口商为了转移税负，一定会提高进口商品在国内的销售价格，从而导致国内价格上升，这是关税的价格效应(price effect)。

如图 8-1 所示，横轴表示产量和消费量，纵轴表示价格。假设本国的电脑是劣势产品，国内的供给曲线是 S，需求曲线是 D，封闭条件下本国的电脑价格是 S 和 D 相交点所对应的价格，其价格明显高于国际市场价格 P_w，这反映了本国电脑行业的劣势。如果本国开放市场且对外进行自由贸易，则本国电脑的国内价格会变成和国际市场价格一样，即价格为 P_w，此时对本国电脑产业的发展显然不利，本国的电脑产量下降到了 G 点对应的 Q_1，而本国的电脑消费量是 H 点对应的 Q_2，本国的电脑进口量为 Q_2 和 Q_1 之差，即 GH 部分。

---

① 本书主要介绍局部均衡分析方法。关税的一般均衡分析可参考李坤望等的《国际经济学》第七章。李坤望. 国际经济学(第三版)[M]. 北京：高等教育出版社，2005.

假设本国政府采取关税的手段来保护本国处于劣势电脑产业，并采用从量税，对进口的每单位电脑征收 t 元关税。又假设本国电脑和外国电脑同质，则本国电脑价格在征收关税后会上升到 P_t，且 $P_t = P_w + t$。这就是征收关税带来的价格效应。

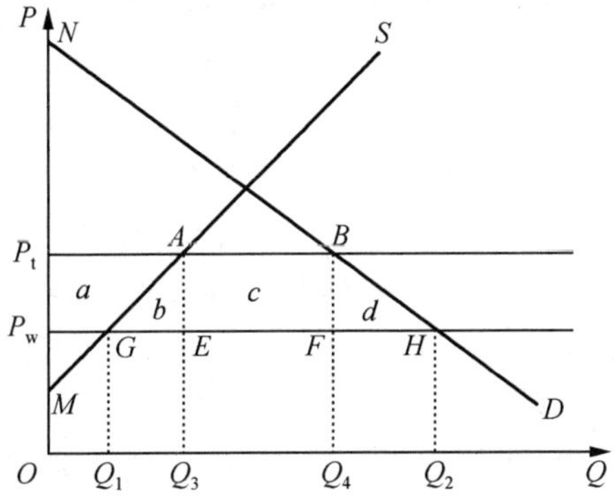

图 8-1　小国征收关税的局部均衡分析

（二）关税的生产效应

征收关税后，本国电脑价格上升到了 P_t，此时，本国电脑产量从 Q_1 上升到了 Q_3，这就是关税的生产效应(production effect)。该效应也体现了关税所起到的保护作用。

关税的生产效应使本国的电脑产业因受到保护而利益增加，其变化可以通过生产者剩余的变动来说明。如图 8-1 所示，自由贸易时，本国生产者剩余是三角形 P_wGM 的面积，征收关税后则变为三角形 P_tAM，增加了梯形 P_tAGP_w 部分，即 a。明显，本国的电脑生产者是征收关税的受益者。

（三）关税的消费效应

本国对电脑征收关税后，本国的电脑消费量从 Q_2 下降到 Q_4，这就是关税的消费效应(consumption effect)。

关税的消费效应使本国消费者利益下降，其变化可以通过消费者剩余的变动来说明。如图 8-1 所示，自由贸易时，本国消费者剩余是三角形 NHP_w 的面积，征收关税后则变为三角形 NBP_t，减少了梯形 P_tBHP_w 部分，即$(a+b+c+d)$。明显，本国的电脑消费者是征收关税的受损者。从图 8-1 可以观察到，国内电脑生产者利益的增加是以牺牲更多消费者的利益为代价的。

（四）关税的税收效应

通过征收关税，本国政府得到了税收收入，从而财政收入增加，这就是关税的税收效应(revenue effect)。如图 8-1 所示，征收关税后，本国电脑进口量从(Q_2-Q_1)下降到(Q_4-Q_3)，即 AB 部分，比自由贸易时的 GH 部分下降了。

政府从每单位进口电脑征收 t 元的关税，进口电脑总量是 AB，所以政府得到的总关税收入为矩形 ABFE 面积，即 c。

（五）关税的净福利效应

在本国征收关税的过程中，涉及的经济行为主体为生产者、消费者和政府，其中生产者

利益增加了 a,消费者利益下降了$(a+b+c+d)$,而政府增加了 c,因而本国总福利水平的变化为:$(a+c)-(a+b+c+d)=-(b+d)$,这就是关税的净福利效应(net welfare effect),即小国情况下征收关税,本国总福利水平是降低的。

关税的净福利效应说明,采取关税措施保护本国的劣势产业,虽然能够起到保护作用,从而使本国劣势产品的生产者利益增加,但该利益的增加是以消费者付出更大的利益为代价的,所以,本国总福利水平下降。这也体现了征收关税导致的本国国内利益的再分配。

具体来看本国净福利下降了 $-(b+d)$,其中 b 部分称为生产扭曲,d 部分称为消费扭曲。b 部分之所以被称为生产扭曲,是因为本国通过征收关税来保护劣势产业,使本国资源从本国的优势产业转移到该劣势产业,从而使其产量增加,这种状况显然造成了资源配置的低效率或扭曲;d 部分之所以被称为消费扭曲,是因为与自由贸易相比,本国消费者不得不以更高的价格来消费更少的产品。

值得注意的是,在图 8-1 中,我们假设生产者剩余、消费者剩余和政府关税收入三个部分是可以直接进行比较的,即我们采取的是“一元一票制”,也就是说这三个部分单位面积表示的福利大小,我们假设是一样的。

二、大国的关税效应分析

国际贸易理论中所谓的**大国**(**large nation**),是指一个国家的某商品进出口额占国际市场的份额足够大,以至于该国的商品进口额或者出口额只要发生变化,对国际市场价格就会产生影响。这种情况下,该国就是某商品的大国,也被称为国际市场的某商品的价格制定者。

基于这样的前提,我们依然用局部均衡分析方法来对大国的关税效应进行分析。

(一)大国与小国关税价格效应的区别

如图 8-2 所示,假设本国是电脑的进口大国,即本国进口电脑的数量占据国际市场足够大的比重,进口数量的变化能够影响国际市场价格 P_w。其他条件与小国情况一样。在大国的情况下,依然假设本国对进口每单位电脑征收 t 元的关税。

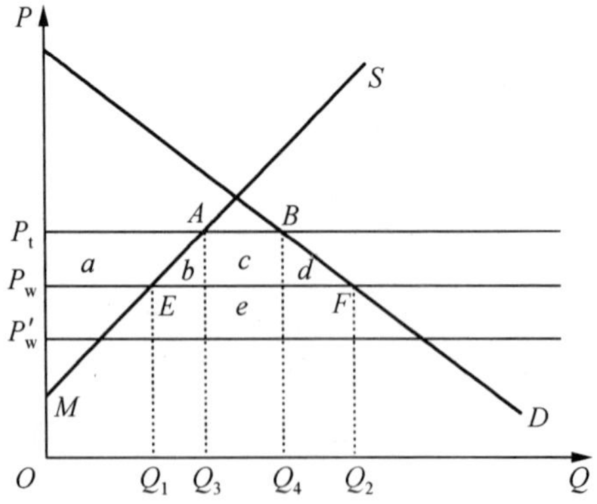

图 8-2 大国征收关税的局部均衡分析

因为本国对电脑征收进口关税，国内电脑价格就会上升，假设上升到 P_t。国内电脑价格上升，导致国内电脑产量增加，消费量下降，最终进口量下降到 $(Q_4 - Q_3)$，即 AB 部分。本国电脑的进口在国际电脑市场上是对电脑的需求。本国电脑进口量下降，从国际市场上看则是电脑需求量的下降，在其他条件不变的情况下，国际市场的电脑供给量不会发生变化，而本国又是电脑的进口大国，因此，就会影响国际市场的电脑价格。这种情况下，国际市场的电脑价格会下降。我们假设国际市场的电脑价格由 P_w 下降到 P'_w。此时，本国同小国情况下相比，尽管同样征收 t 元的关税，价格上涨的幅度也同样是 t 元，但最终的价格 $P_t = P'_w + t$（小国情况下 $P_t = P_w + t$）。

这一价格的变化，其含义是：大国情况下，本国所征收的每单位电脑的 t 元关税，由国内消费者和出口国的生产者共同承担。如图 8-2 所示，总的税负，由国内消费者承担 c 部分，而由出口国生产者承担 e 部分。本来 e 部分是国内消费者承担的，现在转由出口国生产者承担，因而等同于本国福利水平增加了 e。

由于本国电脑在国际市场上的大国地位，其进口需求量下降，导致国际市场的电脑价格下降。从贸易条件角度来看，假设本国出口商品价格不变，此时进口商品价格下降，这视为贸易条件的改善。所以，本国 e 部分利益的增加，实际上是贸易条件改善带来的福利水平的提高。

（二）大国关税的净福利效应

如图 8-2 所示，大国情况下，本国对电脑征收关税后，生产者剩余增加了 a（注意，大国情况下的 a 和小国情况下的 a 面积不同，但不影响大国情况下分析的结论。消费者剩余、政府关税收入也类似），消费者剩余下降了 $(a+b+c+d)$，政府得到的关税收入为 c，此外，本国贸易条件改善得到利益 e，所以，大国情况下征收关税的净福利效应为：$(a+c+e)-(a+b+c+d)=e-(b+d)$。

显然，大国情况下，本国对进口商品征收关税，其总福利水平的变化是不确定的。究竟是提高还是降低，这取决于 e 与 $(b+d)$ 部分的面积孰大孰小。

（三）大国条件下的最优关税（optimal tariff）

观察图 8-2，可以发现，随着本国对电脑征收关税 t 的增加，本国贸易条件改善并不是越来越好。

最初，e 部分是扁平状态，此时 P_w 和 P'_w 之间的差距不大，因此随着 t 的增加，e 部分的面积会逐步扩大（尽管此时 e 的宽度在逐步缩小，因为本国进口量在下降，即 AB 的距离在逐步缩小）。但随着本国关税 t 的提高，此时 P_w 和 P'_w 之间的差距在扩大，但本国进口量在减少，所以，e 部分面积一定会在 t 达到定值后最大化，然后开始减小。最终，当 t 足够大时，其他国家向本国出口不再合算，它们不会再向本国出口，此时本国进口量为 0，则 e 部分就不存在了。这时，相当于本国不再有对外贸易，本国贸易回到了封闭状态。

与此同时，$(b+d)$ 则基本上与 e 的变化相反，即 t 很小的时候，其值相对较大，但随着 t 的变化，$(b+d)$ 会逐步变小，到了一定值后又会逐步扩大。

基于上述变化，可以得知，一定存在一个最优的 t（但不是最大值），会使 $e-(b+d)$ 的值最大化。此时的t被称为最优关税,如果以税率表示,就是最优关税率①。

(四) 小国与大国条件下贸易政策的选择

通过前面的分析,小国条件下,如果对进口商品征收关税,本国最终的净福利水平是下降的,因此,最佳的贸易政策应该是不征收关税,即自由贸易。

但大国条件下,本国对进口商品征收进口关税,从理论上看,本国的净福利水平有可能提高,因为 $e-(b+d)$ 有可能大于 0,而且还存在最优关税,使本国净福利水平能够最大化。这很容易得出这样的结论:大国条件下,征收关税,即干预自由贸易是最合理的选择。该结论似乎为一国政府干预本国对外贸易提供了证据,但进一步推敲,该结论不一定成立。

大国条件下,e 部分是本国贸易条件改善带来的利得,$(b+d)$ 部分是本国生产扭曲和消费扭曲,而 e 部分的取得,是以出口国不作出任何反应为前提的。一旦出口国也采取相应的措施进行报复,e 部分就将不复存在,而整个国际市场秩序却会因为参与贸易的各个国家的关税措施和报复措施而严重失常,各国势必两败俱伤。而本国,也因为征收关税导致资源配置的扭曲,以及利益的非正常再分配。所以,大国条件下,对自由贸易进行干预是否是最佳选择,仍然值得思考。

第三节 关税效应的一般均衡分析

第二节采用局部均衡分析方法对小国和大国两种情况下,进口国对进口商品征收关税的各种效应进行了分析。局部均衡分析方法只能够从进口商品这一局部来观察和分析进口关税所导致的各种效应,而不能够全面体现进口关税对整个经济,尤其是出口行业的影响,因而,有必要采取一般均衡分析方法作进一步的分析。本节只对小国条件下本国征收进口关税进行一般均衡分析。

假设小国条件下,本国劳动力相对丰富,资本相对稀缺,电脑是资本密集型产品,鞋是劳动密集型产品,且仅生产这两种产品,依据传统贸易理论本国生产电脑具有比较劣势,生产鞋具有比较优势。

如图 8-3 所示,横轴表示本国鞋的产量,纵轴表示本国电脑的产量,TT' 表示本国的生产可能性曲线。

自由贸易时,本国出口鞋,进口电脑,鞋的相对价格为 P_w,生产点为 Q,消费点为 C,过 C 点的无差异曲线反映了本国自由贸易时的福利水平。

如果本国需要对电脑产业进行保护,从而征收关税,则国内电脑的相对价格就会上升,鞋的相对价格就会下降,假设此时鞋的相对价格为 P_t,则 P_t 代表的价格线比 P_w 代表的价格线要平缓,因此,国内生产者面对新的相对价格,对生产会进行调整,最终调整到新的生产均衡点 Q_t。这一过程中,与自由贸易相比较,鞋的产业优势被弱化,产量下降,而电脑的产量上升,进口量下降,从而达到了保护的目的。

---

① 严格的数学推导可以参看相关的其他教材。大国情况下,最优关税率等于出口国供给价格弹性的倒数;小国情况下,出口国的供给价格弹性为无穷大,所以,最优关税率应该为 0,本国利益达到最大化。

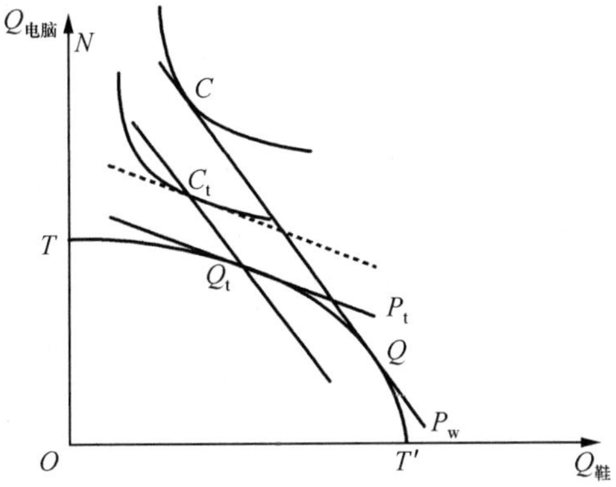

图 8-3　小国征收关税的一般均衡分析

因为本国是进口商品小国，进口电脑数量的下降不会导致整个国际市场的电脑价格变化，也就是征收关税后，本国面临的贸易条件并没有改变。因此，作为一个国家，代表总体福利水平的新的消费均衡点应该是在通过 Q_t点，并与 P_w平行的直线上。该消费均衡点的具体位置，理论上说，应该是由无差异曲线和经过 Q_t且与生产可能性曲线相切时斜率为 P_t直线表示的收入约束线来共同决定。当无差异曲线和该约束线相切时，消费者福利最大化。综上，新的消费均衡点应满足两个条件：第一，它应该是在经过生产点 Q_t且斜率等于 P_w的直线上，表示本国的贸易条件不变；第二，它应该是无差异曲线和收入约束线相切的一点，代表消费者福利最大化。符合这两个条件的点，按理说应该是 Q_t点。但由于本国征收的关税 t 归本国所有，Q_t并没有考虑本国到本国的关税收入，所以，若考虑本国关税收入，本国总福利水平应该是在 Q_t的基础上，往上平行移动关税收入 t 的幅度，即无差异曲线和图 8-3 中虚线相切的 C_t的位置。

从图 8-3 中也可以观察到，和自由贸易时的无差异曲线位置 C 相比，征收关税以后的无差异曲线位置下降到了 C_t，表明征收关税导致本国总福利水平下降了，这和局部均衡所得出来的结论是一致的。出现这种情况的原因，是本国具有比较优势的产品在对外贸易中，尽管贸易条件没有发生变化，但产量下降了，部分资源从比较优势产业转移到了比较劣势产业，导致资源配置效率的下降。

第四节　关税有效保护率与关税结构

如前所述，各国征收关税的主要目的是为了保护本国相关产业。在具体实践中，一个行业产业链有可能非常长，例如，最终产品的形成往往需要大量的中间产品或零部件投入，而这些中间产品或零部件也可能来自于进口。因此，在对最终产品征收关税的同时，一个国家对该产品所需要的中间产品或者零部件也可能同时征收了关税，进而导致最终产品成本结构的变化，从而影响到最终产品的附加值。在这种情况下，对最终产品所征收的关税所起到的保护作用，显然要受到对中间产品或零部件所征收关税的影响。本节主要针对该情况进行分析。

一、名义保护率

本国对进口商品征收关税并对本国同样产业(进口替代产业)的保护作用,是通过国内价格上升来体现的。本国价格上升幅度越大,对国内的进口替代产业的保护程度越高。这种保护程度,我们可以用名义保护率(nominal rate of protection,NRP)来衡量,其计算公式如下:

$$NRP = \frac{P_t - P_w}{P_w} \tag{8-1}$$

名义保护率实际上就是征收关税后,本国进口替代产业价格上涨的百分比。式(8-1)中,P_w是本国自由贸易时,即不征收进口关税时,本国进口替代产品(进口商品)的价格;P_t是征收关税以后,本国进口替代产品的价格。若对每单位进口商品征收的关税是 t,则 $P_t = P_w + t$。所以,名义保护率实际也等于 t 与 P_w之商。

例如,若本国自由贸易时,电脑价格为 5000 元,对进口的电脑征收 500 元关税,则本国征收关税后本国电脑价格为 5500 元,根据式(8-1),名义保护率为 10% 。

通过上例,我们也可以知道,名义保护率实际上也是对电脑征收的关税税率。所以,通常我们所说的对进口商品征收的关税,就是该商品的名义保护率,即名义上的保护程度。

二、有效保护率

(一) 有效保护率的含义

名义保护率考察的是关税的保护程度,是以国内价格上升的幅度为依据的。但这种方式对关税实际起到的保护程度的判断,过于片面。为了全面反映关税的保护程度,需要从另外一个角度用有效保护率来进行判断。有效保护率(effective rate of protection,ERP)是以国内最终产品附加值的增加率来衡量的。

例如,一台电脑,需要投入许多零部件。所有零部件经过加工组装后,成为电脑。在这个过程中,附加值在提高。假设本国进行的是自由贸易,一台电脑,所有零部件的价值总和为 4000 元,电脑的国内价格(也是国际价格)为 5000 元,则电脑的附加值 $V = 5000 - 4000 = 1000$ 元。[①]

在开放条件下,一国电脑的生产,其所需的零部件可能来自全球不同国家,即所谓的全球筹供,以使投入成本最小化。在这种情况下,一国电脑生产若处于比较劣势,需要进行关税保护,电脑附加值的变化,就不仅仅取决于对电脑本身征收关税的多少,还要取决于电脑零部件是否需要进口,以及对进口的那部分零部件征收关税的多少。因为对进口的电脑零部件征收关税的高低,直接影响到电脑的成本构成,进而影响到附加值。

假设本国电脑处于生产劣势,需要通过关税进行保护,如征收 10% 的从价税,即名义保

---

① 注意,附加值不是利润,因为零部件的总价值并不能代表所有的成本。

护率为10%；此时，每台电脑的国际市场价格是5000元，则每台电脑征收500元的关税，电脑的国内价格上升为5500元。同时，对零部件进口，本国也征收关税，假设一台电脑所有零部件的价值总和为4000元，平均关税税率为5%，则其投入品总成本 $C = 4000 + 4000 \times 5\% = 4200$ 元。征收关税后，本国电脑的附加值 $V' = 5500 - 4200 = 1300$ 元。

综上，在对进口产品征收关税后，如果对中间投入品也同时征收关税，其附加值将发生变化。有效保护率正是从这个角度来全面反映关税的有效保护程度的。

（二）有效保护率的计算

通过上面的分析，我们对有效保护率的含义有了初步的了解。有效保护率也称为实际保护率，是指对某一产品征收关税的情况下，与自由贸易相比较，某一产品附加值变动的百分比。例如上例中，附加值的变动百分比为：(1300 - 1000)/1000 = 60%，也即有效保护率为60%。从这一计算中我们发现，名义保护率和有效保护率之间存在较大的差别。

如果将上述案例一般化，可以得到有效保护率的计算公式如下：

$$\text{ERP} = \frac{T_j - V_j}{V_j} \tag{8-2}$$

式(8-2)中，V_j表示自由贸易下某一产品（或行业）j 的附加值；T_j表示对进口产品和中间产品都征收关税的情况下，j 产品的附加值；$(V_j - T_j)$ 表示两种情况下的附加值变化的绝对量。$(V_j - T_j)/V_j$表示征收关税后附加值的变动率，这和有效保护率的定义吻合。

（三）有效保护率与关税结构（tariff structure）

从上面的例子中，我们已经看到关税的名义保护率和有效保护率之间的差别。接下来，假设本国对电脑征收关税的税率10%不变，即名义保护率不变，我们观察一下对零部件征收不同关税情况下，有效保护率的变化。

1. 假设对零部件征收10%的关税

此时，投入品总成本 $C_2 = 4000 + 4000 \times 10\% = 4400$ 元，征收关税后的附加值 $V_2' = 5500 - 4400 = 1100$ 元，有效保护率 $\text{ERP}_2 = (1100 - 1000)/1000 = 10\%$。此时，名义保护率和有效保护率相同。

2. 假设对零部件征收15%的关税

此时，投入品总成本 $C_3 = 4000 + 4000 \times 15\% = 4600$ 元，征收关税后的附加值 $V_3' = 5500 - 4600 = 900$ 元，有效保护率 $\text{ERP}_3 = (900 - 1000)/1000 = -10\%$。

3. 假设对零部件征收20%的关税

此时，投入品总成本 $C_4 = 4000 + 4000 \times 20\% = 4800$ 元，征收关税后的附加值 $V_4' = 5500 - 4800 = 700$ 元，有效保护率 $\text{ERP}_4 = (700 - 1000)/1000 = -30\%$。

通过上述计算，可以观察到，如果名义保护率不变，但对中间投入品征收的关税逐步提高，则有效保护率逐步下降，并可能为负值。当对最终产品和中间投入品征收的关税税率相同时，有效保护率和名义保护率相同。

上述结论对于一国在以保护本国产业为出发点制定具体的关税税率具有一定的指导意义。如果一国的征税目的在于保护最终产品，那么就应该依据产品加工程度，对原材料、半成品和最终产品征收不同税率的关税,加工程度越低,税率应该越低,这样才有利于提高对最终产品的实际保护程度。这种现象,被我们称之为关税结构升级。如果从原材料到最终产品,中间有较多的产业链,因此对原材料实行低关税或免征关税,然后依据加工程度逐步提高关税税率,到最终产品征收较高关税,这种关税结构也被形容为“**瀑布式**”(**tariff escalation**)关税结构①。

本章小结

1. 国际贸易政策是各国干预对外贸易的措施。一国政府要对对外贸易进行干预,最为简便的方法就是对进出海关的货物征收关税。关税是一个国家或地区的行政管理机构对于进出其关境的贸易商品所征收的一种税负。

2. 按照关税征收的对象划分,关税分为进口税、出口税、过境税;按照关税征收的方法划分,关税分为从量税、从价税、选择税、混合税;按照关税的征收目的划分,关税分为财政关税、保护关税。

3. 如果一个小国对进口产品征收关税,一定会提高进口商品价格在国内的销售价格,从而导致其国内价格上升,国内产量上升,消费量下降,财政收入增加,本国总福利水平下降。

4. 如果一个大国对进口产品征收关税,价格效应、生产效应、消费效应同小国征收关税方向相同,只不过程度不同。此外,大国征收关税因为能够改善贸易条件而使得净福利效应不确定,其数值取决于贸易条件改善效应和关税无谓损失的大小。

5. 最优关税是使 $e-(b+d)$(参见图 8-2)的值最大化。此时的 t 被称之为最优关税,如果以税率表示,就是最优关税率。

6. 有效保护率是以国内最终产品附加值的增加率来衡量的。如果一国征税的目的在于保护最终产品,那么就应该依据产品的加工程度,对原材料、半成品和最终产品征收不同税率的关税,加工程度越低,税率应该越低,这样才有利于提高对最终产品的实际保护程度。这种现象,被我们称之为关税结构升级。

案例　中美轮胎特保案——针对中国最大的特保案

【案例详解】

2009 年 4 月 20 日,依照美国《1974 年贸易法》“第 421 条款”,美国钢铁工人协会向美国国际贸易委员会(ITC)提出了针对中国输美商用轮胎的特殊保障措施案申请。

2009 年 6 月 29 日美国国际贸易委员会以中国轮胎扰乱美国市场为由,建议美国在现行进口关税(3.4% ~4.0%)的基础上,对中国输美乘用车与轻型卡车轮胎连续三年分别加征 55%、45%和 35%的从价特别关税。根据程序,2009 年 9 月 11 日,美国总统巴拉克·奥巴马决定对中国轮胎特保案实施限制关税为期三年。美国总统奥巴马在北京时间 2009 年 9 月

① 朱彤等. 国际经济学[M]. 武汉:武汉大学出版社,2010:125.

12 日宣布，对从中国进口的所有小轿车和轻型卡车轮胎实施为期三年的惩罚性关税。白宫发言人罗伯特·吉布斯说，对从中国进口的轮胎实施的惩罚性关税税率第一年为35%，第二年为30%，第三年为25%。

2010 年 12 月 13 日，WTO 驳回中国提出的美国对其销美轮胎征收反倾销惩罚性关税的申诉，仲裁小组表示美国在 2009 年 9 月对中国销美轮胎采取“过渡性质保护措施”征收惩罚性关税未违反 WTO 规定。2011 年 9 月 5 日，WTO 裁定中国败诉。①

根据这种情况，中国也作出了果断的回应。中华人民共和国商务部 2009 年 9 月 13 日毅然作出决定，对美国部分进口汽车产品和肉鸡产品启动反倾销和反补贴立案审查程序。中国政府 2009 年 9 月 14 日正式就美国限制中国轮胎进口的特殊保障措施启动了世界贸易组织争端解决程序。

商务部新闻发言人姚坚在 2009 年 9 月 12 日就此发表谈话时指出：“美国的做法是严重的贸易保护主义行为，此举不但违反了 WTO 规则，也违背了美在 G20 金融峰会上的有关承诺，中方将保留包括诉诸世贸组织在内的一切正当权利。”

外交部发言人姜瑜表示：“美方不顾中方严正立场，决定对中国输美乘用车轮胎产品采取特保措施，我们对此表示强烈不满和坚决反对。美方这一做法违反了其在 20 国集团金融峰会上作出的有关承诺，是对贸易救济措施的滥用，是严重的贸易保护主义行为，将给中美经贸合作造成损害，也不利于推动世界经济早日复苏。”

美国轮胎工业协会执行主席罗伊利特菲尔德表示，这一决定不会促进美国就业，只会让轮胎生产商将厂房转移到其他低成本的国家。美国贸易组织副总干事哈拉在接受一家中国媒体采访时表示，美国政府的举动可以说是一项限制性的措施。对中国进口轮胎加征关税，对问题的解决毫无帮助，对贸易往来也没有什么益处。美国罗格斯大学经济学教授托马斯·普吕萨对新华社记者说，美国借助轮胎特保措施每保住一个就业岗位，结果将会损失 25 个就业岗位，美国总计将因此损失 2.5 万个就业岗位，这种保护主义行为对当前失业率居高不下的美国劳动力市场是雪上加霜。美国康奈尔大学贸易政策教授埃斯瓦尔·普拉萨德说，奥巴马这一带有保护主义色彩的举措是一个“危险的策略”，奥巴马为了让几个工会组织满意，却将中美关系推到争端加剧的危险阶段。普拉萨德指出，如果中美间的贸易摩擦升级，就有可能破坏全球贸易体系，并使全球经济刚开始出现的脆弱复苏夭折。

资料来源：money.163.com/special/00253 JQE/zmlt.html

练习与思考

1. 什么是关税？关税如何分类？
2. 试用图形分析小国征收关税的各种效应（局部均衡分析）。

---

① “特定产品过渡性保障机制”和“特殊保障措施”，因中国产品出口至 WTO 成员国且严重损害其相关产业时，可单独针对中国使用。从中国入世开始实施，有效期为 12 年，至 2013 年 12 月 11 日结束。

3．试用图形分析小国征收关税的各种效应(一般均衡分析)。

4．试用图形分析大国征收关税的各种效应(局部均衡分析)。

5．什么是有效保护率？其计算公式是什么？

6．假设中国对进口小汽车的关税税率为150%，国内典型汽车制造商的成本结构和部件关税如下表所示：

成本项目	钢板	发动机	轮胎
占汽车价格比重	20%	40%	10%
关税税率	50%	100%	40%

(1) 计算对中国小汽车行业的名义保护率和有效保护率；

(2) 如果钢板、发动机、轮胎的关税分别为10%、30%、5%，计算小汽车的名义保护率和有效保护率；

(3) 从上面的计算中，可以推出哪些关于有效保护率的一般结论？

7．设中国是汽车进口的小国，对汽车的需求和供给分别为：

$$D_c = 2000 - 0.02P \quad S_c = 1200 + 0.02P$$

并设国际市场上汽车的价格为10000美元，请用数字和图形说明下列问题：

(1) 贸易前，中国汽车的产量和价格；

(2) 自由贸易下，中国汽车的产量及进口或出口量；

(3) 自由贸易对国内消费者、厂商和整个社会的福利影响。

8．设中国是汽车进口的小国，对汽车的需求和供给分别为：

$$D_c = 2000 - 0.02P \quad S_c = 1200 + 0.03P$$

并设国际市场上汽车的价格为10000美元，请用数字和图形说明下列问题：

(1) 自由贸易下，中国汽车的产量及进口或出口量，自由贸易对国内消费及厂商的福利影响；

(2) 中国对每辆汽车征收3000美元的进口税后，国内汽车的产量及贸易量；与自由贸易相比，消费者和厂商的福利变化。

第九章

国际贸易政策——非关税壁垒

本章提要

配额是典型的非关税壁垒，所以，本章首先对配额进行了分析。严格说来，凡是阻碍自由贸易进行的各种手段和措施都可以认为是贸易壁垒，所以，出口补贴尽管是对出口进行干预的措施，但也是重要的非关税壁垒，本章第二节将对出口补贴进行分析。反倾销本来是进口国面对倾销所采取的合理保护措施，也是 WTO 允许的，但越来越被发达国家滥用，从而成为贸易壁垒形式之一。除此之外，还有众多其他形式的非关税壁垒。

本章结构图

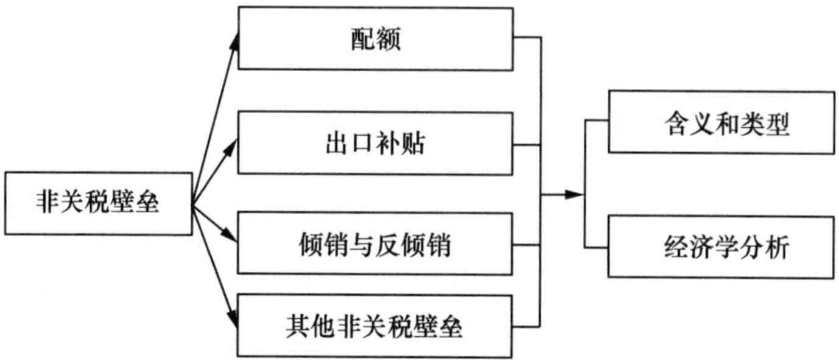

学习目标

- 重点掌握配额的含义与种类；对配额进行局部均衡分析，并与关税进行比较；倾销的含义、界定、类型及分析；持久性倾销的局部均衡。
- 掌握配额经济利益分配的不同方法及其结果；出口补贴福利效应的局部均衡分析。
- 了解其他非关税壁垒的各种形式。

从上一章的分析，我们已经知道，各国征收关税的主要目的是为了保护本国的相关产业。征收关税后会提高进口产品的价格，从而降低其竞争力，阻碍其进口，所以，我们有时候也将关税称之为关税壁垒。

在世界范围内的对外贸易不断发展的初期，各国保护本国的手段都普遍使用关税这种形式，有时候关税甚至高得非常离谱，从而对国际贸易形成了严重的障碍。为此，关税与贸易总协定和后来的世界贸易组织一直致力于降低成员国的关税水平。经过 GATT 的前七轮谈判，各国平均关税税率普遍下降，并达到一个非常低的水平。这样，通过关税壁垒来保护本国相关产业的作用已经非常有限。针对这种情况，各国纷纷采用了非关税的措施来保护本国产业，这些措施被称为非关税壁垒。尽管 WTO 严格限制各国使用非关税壁垒，但实践中非关税壁垒层出不穷，总数达到 1000 多种。

第一节 配　　额

配额属于最典型的非关税壁垒，所以，这一节重点对此壁垒进行分析。配额主要针对进口产品，但特定情况下也针对出口产品。另外，配额往往和许可证同时使用，从而发挥其作用。

一、非关税壁垒的含义与特点

（一）非关税壁垒的含义及主要类型

除关税以外所有其他限制自由贸易的各种措施都是**非关税壁垒**（**non-tariff trade barriers**），其中绝大多数是针对进口产品。

如前所述，由于世界贸易组织对其成员国的关税总水平有严格的限制，所以各国将贸易保护措施逐步转向非关税壁垒，导致了非关税壁垒花样不断翻新[①]。尽管 WTO 对非关税壁垒的限制比关税要严厉得多，但由于非关税壁垒自身的特点，使 WTO 有关限制非关税壁垒的措施往往显得效果不佳。

---

① 根据 WTO 的规定，其发达国家成员国平均关税总水平应低于 4%，发展中国家成员国应低于 15%。至 2009 年，我国关税总水平已经下降到 9.8%。

非关税壁垒总数达 1000 多种，而且还在不断增加当中，但主要可以分为 13 种类型，即通关环节壁垒、对进口产品征收歧视性的国内税费、进口禁令、进口许可、技术性贸易壁垒、动植物检疫检验标准、贸易救济措施、歧视性政府采购、出口限制、补贴、服务贸易壁垒、与贸易有关的知识产权保护措施以及其他非关税壁垒。

进入 21 世纪以来，绿色贸易壁垒、劳工标准和动物福利等正在成为新的对发展中国家非常不利的非关税壁垒。

（二）非关税壁垒的特点

非关税壁垒和关税壁垒相比较，具有以下三个方面的明显特征：

1. 非关税壁垒比关税壁垒具有更大的灵活性和针对性

通常，关税属于国家税收的一种，税率的制定、调整与变更往往要通过一定的立法程序和手续，由立法机关来批准。国际市场风云变幻，外贸政策时效性非常强，而由立法机关来调整关税，程序严格，节奏缓慢。所以，当国际市场发生变化，需要做出及时调整的时候，若需要通过关税调整来应对是很难奏效的。再者，某一产品关税税率一旦确定，对本国以外的所有其他国家就完全一样，但对本国产品有威胁的往往只是来自某些特定国家，然而，关税并不能就此做出区别对待，其保护的针对性就较差。而非关税措施的制定与实施则通常由行政管理部门采用简单的行政程序，制定起来比较迅速，因此能随时针对某国和某种商品采取或更换相应的限制进口措施，从而迅速灵活并有针对性地达到限制进口的目的。

2. 非关税壁垒比关税壁垒更能起到保护作用

上一章我们已经分析了关税壁垒的作用机制是通过征收关税来提高进口商品价格，进而削弱其竞争能力来达到保护本国相关产品的目的。这种保护作用具有间接性，而且很多情况下还未必起作用。例如，本国对某些进口产品存在强烈的偏好，这时通过价格的上升就很难起到抑制进口的作用。另外，如果其他国家通过技术进步等方式不断降低生产成本，也能够弥补关税上升导致的竞争力下降。所以，关税的保护作用是有局限的。

而非关税壁垒则局限相对较少。例如汽车的进口配额，进口国可以预先限定进口的数量，假设为 10 万辆，超过这一限额就完全禁止进口，这样，无论本国偏好如何，或出口国成本下降到何种程度，都不会影响本国对汽车产品的保护。

3. 非关税壁垒比关税壁垒更具隐蔽性和歧视性

各国关税税率是由立法机关制定，一旦确定，就会及时予以公布，因而公开透明，而且，如前所述，某产品税率一旦确定，对所有国家都是一样的，WTO 不允许进口国针对某一具体国家制定特殊的关税税率，所以关税壁垒没有歧视性。而非关税壁垒就不同。例如，在海关报关等环节设立繁多的手续，表面上看似乎并不限制产品进口，其实通过这种方式拖延进口时间，提高进口成本，就属于隐形的贸易壁垒。再比如某国进口汽车配额为 10 万辆，可根据不同国家汽车对本国汽车产品竞争有威胁的程度来分配进口额度，凡对本国有威胁的国家，给予较少的配额，就会起到较好的保护作用。所以，非关税壁垒更具有隐蔽性和歧视性。

正因为非关税壁垒具有以上特征，因而在保护进口国利益方面更有效，也更容易对国际贸易秩序产生不良影响，阻碍国际贸易的自由进行，因而成为 WTO 反对和限制的主要目标。

二、配额的含义与种类

（一）配额的含义

配额（**quota**）从字面意思看是分配额度的意思，这个额度指金额或者数量。配额可以是**出口配额**（**export quota**），也可以是**进口配额**（**import quota**），一般指进口配额。所以，配额是一国为保护本国产品，规定的一定时期内对进口产品的数量或金额上的限制。

要限制产品的进口，需要有凭证，所以，配额经常和进口许可证配合使用。

（二）配额的种类

1. 绝对配额

绝对配额（absolute quota）是指进口国按照配额规定进口产品，超过配额则完全禁止进口。按照配额分配的方式来看，绝对配额可以分为全球配额和国别配额。**全球配额**（**global quota，unallocated quota**）是指进口国在分配某一产品进口额度时，不具体分配到某国，而是根据进口商申请次序进行发放，直到发放完毕为止。**国别配额**（**country quota**）则将进口额度直接分配到具体的国家。

2. 关税配额

关税配额（tariff rate quota）是指，在规定的额度内，给予进口商低关税、优惠关税或者零关税，但超过额度，依然可以进口，只不过要征收非常高的关税或者罚款，从而起到限制而不是禁止进口的作用。

三、配额经济效应的局部均衡分析

（一）配额的局部均衡分析

进口国采取配额方式限制进口，其经济效应也可以通过局部均衡方法加以分析。我们依然以本国进口电脑为例来加以说明。

1. 配额的局部均衡分析

如图 9-1，相关假设与第八章大致相同，但不同的是，假设本国为了保护本国的劣势产品电脑，采取的保护措施不是征收关税，而是采用了配额，即规定本国进口的电脑数量，即配额 q 为 AB 部分，假设 $q=40$ 万台。而自由贸易情况下，本国进口量是 GH 部分，假设为 80 万台。显然，为了达到保护的目的，进口配额低于自由贸易时本国的进口量。进一步假设自由贸易时每台电脑价格 $P_w=5000$ 元，在用关税进行保护时，每台进口电脑征收 1000 元关税，则 $P_t=6000$ 元。

图 9-1 中，S 是国内的供给曲线，S_q 是采取配额情况下，国内供给与进口配额形成的国内市场总供给，即 $S_q=S+q=S+40$。而 S_f 则是自由贸易下国内供给 S 与进口的 80 万台电脑形成的国内市场总供给，即 $S_f=S+80$。两种情况下，国内的需求不变，即需求曲线都是 D。

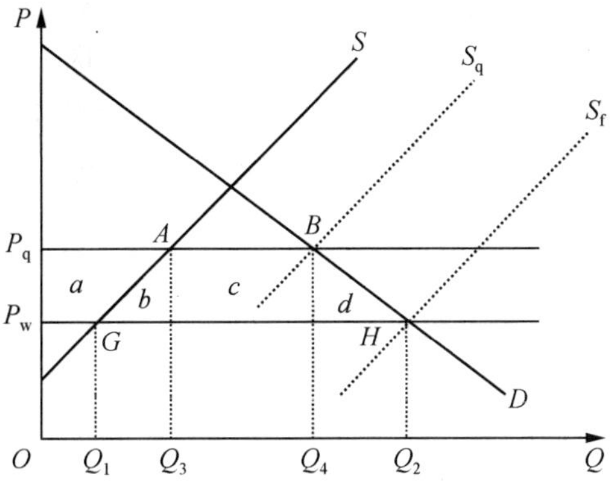

图 9-1 配额的局部均衡分析

2. 关税与配额价格上升机制的区别

征收关税情况下,本国价格上升 1000 元,其原因为关税是间接税,进口商为转移税负,一定会提高国内电脑价格,从而使国内电脑价格上升,且上升的幅度与关税相同。

在采用配额的情况下,本国电脑价格也会上升,但价格上升的机制不同。如图 9-1,在自由贸易情况下,本国价格水平和国际市场价格相同,均为 $P_w=5000$ 元,从供求关系来看,实际上应该是本国的总供给曲线 S_f 与需求曲线 D 的相交点 H 决定了 P_w;而采取配额的情况下,由于配额是 40 万台,低于自由贸易时的 80 万台,所以国内的总供给曲线左移到 S_q,此时,国内需求曲线 D 与总供给曲线 S_q 的相交点 B 决定的国内价格为 P_q。因为需求没有变化,供给曲线左移,国内价格上升。配额的数量 AB 恰好与征收每台 1000 元关税时本国进口数量相等,因而采取配额情况下价格上升幅度也是 1000 元,即 $P_q=6000$ 元。

3. 配额的经济效应分析

假设上述情况是小国情况下进行的。本国采取配额方式保护电脑产业,导致国内价格由 P_w 上升到 P_q。由于价格上升,导致了消费者利益、生产者利益以及配额支配人的利益变动。前两者的变化和关税情况完全一样,如图 9-1,消费者剩余下降 $(a+b+c+d)$ 部分,生产者剩余增加 a 部分。

不同的是,关税情况下,政府得到关税收入 c,但配额情况下,不存在关税。配额往往是配合许可证使用的。政府部门发放一台电脑许可证,可以以 5000 元的价格进口电脑,该电脑在国内销售价格为 6000 元,因而理论上一个电脑许可证可以得到 1000 元的收入。图 9-1 中的 c 部分便是所有配额许可证的价值。谁能够支配配额,或者得到许可证,就可以得到这部分利益但不管谁最终获得,这部分利益留在了国内。

综上所述,配额的净福利效应为:$(a+c)-(a+b+c+d)=-(b+d)$。

(二)配额与关税的净福利效果

初看起来,配额和关税情况下净福利效果并无区别,但实际上还是存在两个方面的差别,只是局部均衡模型难以体现出来。

其一,当国内电脑市场不是完全竞争时,例如寡头垄断情况下,若采取关税的手段,相比于自由贸易,国内垄断的就会因为外国产品的进口而收到抑制。尽管关税对国内电脑行业起到了一定保护作用,但寡头垄断的力量无从发挥,因为这种情况下,本国寡头垄断企业无法将国内电脑价格提高到6000元以上。但若本国采取配额的方式,而国内市场又是寡头垄断,因为超过40万台进口额后本国不再进口,此时,国内寡头垄断企业就完全可以将价格提升到6000元以上,从而导致比关税情况下更为扭曲的资源配置。

其二,若支配配额得到的收入 c 能够被非常有效率地进行分配,则与关税情况下的关税收入 c 没有差别,但问题是配额情况下的 c 往往是非效率分配。

总之,与关税相比较,配额给进口国带来的资源配置扭曲情况要更糟糕。

四、配额的分配

配额一般是和许可证同时使用,谁获得配额的许可证,谁就可以获得 c 部分利益。配额是由政府相关行政管理部门制定的,理论上政府应该控制全部配额,并得到 c 部分利益。但其实不然,因为政府的行政部门,在市场经济条件下,是不允许直接从事进出口交易的,配额一定会分配给需要配额的进口商。因而配额如何分配,就涉及 c 部分利益的再分配。通常,配额有以下几种分配的方式:

(一) 公开拍卖

公开拍卖,也称为竞争性拍卖,就是政府通过公开拍卖方式来转让配额。例如一台电脑的进口配额,理论上政府通过公开拍卖方式可以获得1000元的财政收入。在这种情况下,政府获得的配额拍卖收入应该和征收关税情况下相同,所以,配额的经济效应和关税的经济效应完全相同。但拍卖过程中,会有管理、拍卖程序相关方面的成本,加之参与拍卖的进口商肯定也要得到一部分利益,所以,一台电脑配额的1000元利益,就在政府、进口商以及拍卖方之间分摊,政府得到的收入肯定会低于1000元。即便是这样,也还算比较理想的方式,毕竟政府会得到 c 当中的绝大部分。

但现实中,由于管理部门人手不够等各种原因,政府并不会将所有进口产品的配额都采用拍卖来进行分配,大多数配额都以其他方式进行分配。

(二) 排队申请

从管理的角度,政府行政管理部门通常会采取排队申请的方式来分配配额。在这种情况下,管理配额的行政管理部门要求进口商按照需要提出申请,并根据申请的先后顺序排队进行发放。所以,这种方式也称为资源使用申请。

既然在配额的情况下,进口额低于自由贸易的额度,所以,进口配额肯定是稀缺的,而且,获得进口配额就意味着获得利益,因此,愿意得到配额的进口商会很多。采取这种方式,其弊端至少有两个:第一,政府将本该属于财政收入的 c 部分利益无偿给予了进口商,这是不公平的分配;第二,这种方式很容易诱导进口商进行“寻租”活动,滋生腐败。

(三) 按需分配

这种分配方式是政府行政管理部门不是按照排队方式分配配额,而是将配额分配给从申请者中挑选出来的真正需要配额的进口者。这种方式主要用在进口商品属于生产所需要的零部件或原材料等情况。例如,生产汽车的厂商需要进口发动机,若本国采取了配额方式保护本国发动机的生产，因此，需要进口发动机的厂商只好向政府行政管理部门申请进口发动机的配额，而政府行政管理部门会制定相关评估指标，对厂商的需求进行评估，并裁定将配额分配给最需要的厂商。

这种方式看起来似乎有一定的合理性，但实践中会导致更大的资源配置扭曲。假设一台发动机配额的利益是10000元，按照这种分配方式，获得发动机配额的厂商实际上相当于每辆汽车会得到10000元的补贴，因此会诱导厂商扩大生产规模，以便获得更多的进口发动机配额，而没有补贴的情况下，这种扩大生产规模可能是亏损的，也就是无效率的。所以，这种方式不仅将 c 部分利益转移给了生产厂商，而且导致了资源配置的更大扭曲。

（四）固定分配

这种分配方式是政府行政管理部门按照特定的标准，将进口配额分配给某些进口商。例如，我国石油行业相关产品的进口权只给予国营大型企业，如中国石油化工总公司和中国石油进出口总公司等企业。这种方式无疑是最糟糕的一种分配方式，因为c部分的转移存在最大的不公平。

第二节　出口补贴

狭义地理解，一般限制进口的措施阻碍了外国产品自由进入本国，所以称之为贸易壁垒；但广义地看，针对出口的一些政府行为，最典型的就是出口补贴，它鼓励了更多本国产品的出口，破坏了公平竞争，因此也被纳入非关税壁垒。鼓励出口有生产补贴和出口补贴两种方式，前者对凡是生产的产品均给予补贴，后者只给予出口的产品补贴，在国内销售的产品则不给予补贴。本节主要对出口补贴进行分析。

一、出口补贴的含义及方式

（一）什么是出口补贴

出口补贴（export subsidy）是指本国政府对于有竞争优势的出口厂商，为了鼓励其出口更多产品，给予直接或间接的补助。很显然，这是一种政府干预市场正常运行的行为。

（二）出口补贴的方式

出口补贴有直接补贴和间接补贴两种方式。直接补贴是政府根据出口数量多少直接给予出口企业以现金、津贴或奖励。间接补贴是政府给予出口企业财政税收上的优惠等，例如减免所得税，提供低息贷款，提供信息服务等，从而达到间接帮助和鼓励出口企业的目的。

二、出口补贴的经济效应

对于出口补贴的经济效应分析，也应该分为大国和小国两种情况。一国政府对本国企业出口补贴会导致本国出口量增加，如果该国是该出口产品的大国，则会导致该产品的国际市场价格下跌；若是小国，则国际市场价格不变。这里采用局部均衡分析方法，只分析小国的情况。

(一)出口补贴的生产、价格和消费效应

如图 9-2 所示,假设本国生产鞋有比较优势,出口鞋。横轴表示产量(消费量),纵轴表示价格,S 和 D 分别是本国的供求曲线,P_w 为鞋的国际市场价格。在封闭条件下,本国的鞋价格由国内供求共同决定,即 S 和 D 两条曲线相交点 M 所对应的价格,该价格要低于 P_w,体现了本国在鞋的生产上具有比较优势。

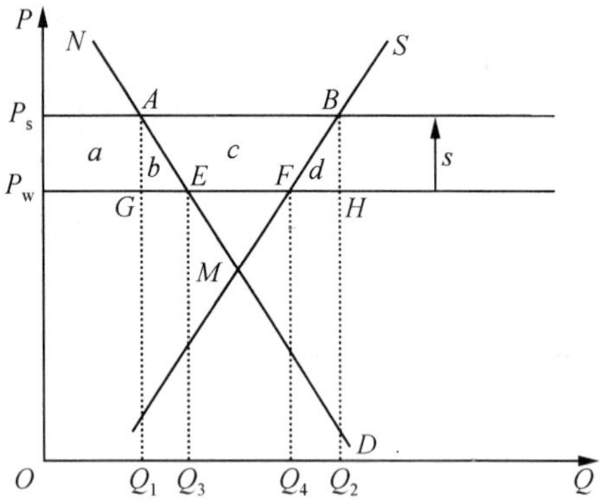

图 9-2　小国出口补贴的局部均衡分析

自由贸易情况下,本国出口量应该是 EF 部分,即 Q_3Q_4。若本国政府认为鞋的出口量还不够,对每出口 1 双鞋给予 s 元的补贴,这样,本国生产鞋的厂商实际上每双鞋得到的收入变为 $P_s = P_w + s$,鞋的生产量会变为 B 点所对应的 Q_2。

此时国内鞋的销售价格也会上升到 P_s,因为在国外销售一双鞋可以得到 P_s 收入,所以,国内的鞋都会尽量销售到国外,国内鞋的供给必定下降,在其他条件不变的情况下,国内鞋的价格就会上升,并直到上升为 P_s 为止。因此,国内的鞋的消费量就会变为 G 点对应的 Q_1,所以,本国鞋的出口量就会由 Q_3Q_4 上升到 Q_1Q_2,从而达到了增加出口的目的。

(二)出口补贴的净福利效应

出口补贴导致了国内价格上升,因此,生产者剩余增加了图中的$(a+b+c)$部分,消费者剩余则下降了$(a+b)$部分。政府进行补贴需要支出,相当于负的收入。因为每双鞋需要补贴 s 元,而且补贴后出口量是 Q_1Q_2,所以政府总支出为长方形 $ABHG$ 部分,即$(b+c+d)$。

在出口补贴过程中,本国的净福利变化为:$(a+b+c)-(a+b)-(b+c+d)=-(b+d)$。对比关税的净福利效果,二者基本相同。在这里,$b$ 代表生产扭曲,d 代表消费扭曲。消费扭曲与关税情况下并无区别,不再赘述,生产扭曲则应稍加注意。此时,由于出口补贴,本国鞋的产量扩大,表面看起来是资源流向了本国的优势行业,资源应该得到更有效配置了,其实则不然。在自由贸易下,本国鞋的生产已经是边际成本等于边际收益,实现了资源的最佳配置。若政府对市场进行干预,给予厂商补贴,使其边际收益上升到 P_s,这一边际收入上升不是市场行为,而是政府给予的额外补贴,从而诱使厂商扩大产量,而扩大部分的产量其边际成本要高于市场获得的边际收益,因而是低效率的。所以,在政府补贴情况下,尽管增加的是本国优势行业的产量,该产量增加依然是资源配置的扭曲。

三、出口补贴与生产补贴的区别

为了同样达到鼓励出口的目的，本国政府还有另外一种选择，即对本国的生产进行补贴，也就是只要生产鞋，都给予每双鞋 s 元的补贴。

如图 9-2 所示，在生产补贴的情况下，厂商生产每双鞋的收入依然为 $P_s = P_w + s$，所以，本国鞋的产量同样会由 Q_4上升到 Q_2，生产者剩余增加$(a+b+c)$。此时，由于生产就可以得到补贴，所以，厂商不一定将鞋销售到国外，因此，国内鞋的价格水平不会发生变化，国内消费者的消费量为 Q_3，消费价格依然为 P_w，因而消费者剩余不变。这时，出口量为 Q_3Q_2，出口也增加了。但此时政府的支出变为$(a+b+c+d)$，生产补贴的净福利效果为：$(a+b+c)-(a+b+c+d)=-d$。

相比于出口补贴，生产补贴不会带来消费者剩余的下降，所以，理论上，一个国家如果要达到增加出口的目的，应该选择生产补贴而不是出口补贴。但在实践中，由于前者补贴数量更多，政府支出更大，所以往往选择出口补贴。

四、出口补贴与反补贴

一国政府对本国出口企业给予补贴，实际上是干预了产品的市场价格，从进口国看来，这是一种不公平竞争行为，所以世界贸易组织原则上反对出口补贴，并允许进口国在一定条件下，对出口补贴国采取报复措施，即反补贴。

进口国要采取反补贴措施，通常要符合三个条件：第一，出口补贴确实存在；第二，出口补贴对进口国造成了损害，或者有潜在的巨大威胁；第三，前两者之间要存在因果关系。另外，世界贸易组织对于反补贴的措施要求使用关税措施，即对得到出口补贴的进口产品实施临时附加关税，而且反补贴的幅度不能超过补贴的幅度。

第三节　倾销与反倾销

理论上说，所有倾销都属于不公平竞争行为，所以，进口国有权力对存在倾销行为进行报复，即进行反倾销。但实际上，并不是所有的倾销行为都对进口国造成了很大的损失，对于有些倾销行为，进口国完全没有必要大张旗鼓地采取反倾销报复措施。实践中，反倾销往往被滥用，尤其是被发达国家滥用，反而成为重要的非关税壁垒之一。本节主要对倾销及反倾销进行分析。

一、倾销的含义与界定

倾销（dumping）从字面意思看是以高低不同价格销售的意思。从国际贸易角度看，倾销就是以低于本国正常价格将产品出口到国外销售，属于价格歧视的一种，也是不公平竞争的一种形式，所以，进口国通常会反对出口国倾销，并可能采取报复的措施。

根据世界贸易组织《倾销与反倾销协定》，其对倾销的界定为：第一，出口国以低于本国正常价格出口产品;或以低于第三国的价格向某国出口;或以低于国际上同行业正常价格出口产品。

第一种情况下,之所以要规定是低于正常价格,是因为某些特殊情况下,例如出口国国内存在奔腾式通货膨胀,国内价格自然极高,到国外自然会以低价销售,这种情况就不是正常情况,所以,以低价出口,不应该算作倾销;第二种情况,是指某些产品在国内并不销售,全部用于出口,这时,某进口国要判断其是否倾销,只能找该国向第三国出口的价格为依据;第三种情况,是指某些产品只出口到某特定国家,无第三国可借鉴,此时则依据国际市场同行业正常价格为依据,一般是以成本加上正常利润作为正常价格。

二、倾销的类型与持久性倾销的分析

商品倾销(dumping)是指出口国家的出口厂商以低于国内市场的价格,甚至低于商品生产成本的价格,在国外市场抛售商品,打击竞争者以占领国外市场。

商品倾销通常属于商业行为,但是随着国家垄断资本主义的发展,一些国家会设立专门机构对外直接进行商品倾销。例如美国政府设立商品信贷公司,高价在国内收购农产品,但是却按照比国内价格低一半的价格在国外倾销农产品。

由于倾销的具体目的和时间的不同,商品倾销可分为如下几种:

(一)偶然性倾销

偶然性倾销(sporadic dumping)通常是因为销售旺季已过,或因公司改营其他业务,将国内市场上不能售出的“剩余货物”以倾销方式在国外市场抛售。这种倾销会对进口国的同类生产造成不利影响。但由于时间短暂,进口国家通常较少采用反倾销措施。

(二)间歇性或掠夺性倾销

间歇性倾销(intermittent or predatory dumping)是指倾销商品以低于国内价格甚至低于成本的价格,在某一国外市场上打垮或摧毁了大部分或所有竞争对手,取得垄断地位之后再提高价格。其目的是占领、垄断和掠夺国外市场,获取高额利润。具体来说,有的是为了打垮竞争对手,以扩大甚至垄断其产品的销路;有的是为阻碍当地同类产品或类似产品的生产和发展,以继续在当地市场维持其垄断地位;有的是为了在国外建立和垄断新产品的销售市场等等。这种倾销对进口国家利益有严重的损害,因此许多国家都采取反倾销税等措施给予抑制。

(三)长期性倾销

长期性倾销(long-run dumping)的做法是长期以低于国内的价格,在国外市场出售商品。由于这种倾销具有长期性,其出口价格至少应高于边际成本,否则货物出口将长期亏损。因此,倾销者往往采用“规模经济”的方法,扩大生产以降低成本;有的出口商还可通过获取本国政府的出口补贴来进行这种倾销。

(四)对持久性倾销的局部均衡分析

我们采用局部均衡分析方法对厂商持久性倾销行为进行分析。假设中国企业海尔有限责任公司(下面简称海尔)所处的家电行业是垄断竞争行业,海尔出口部分产品到美国,并按照利润最大化原则进行持久性倾销。如图 9-3，纵轴表示价格，横轴表示产量，右半部分表示中国市场，用来描述海尔在中国市场上的行为，左半部分表示美国市场，用来描述海尔在美国市场的行为。为了分析方便，所以将两个市场的局部均衡合并到一个图形上。图中相关变量以 C 为下标的表示中国国内市场，以 A 为下标的表示美国市场。其中，D_C 为海尔在中国市场的需求曲线，MR_C 为其在中国市场的边际收益线。D_A 是海尔在美国市场的需求曲线，MR_A 为其在美国的边际收益线。因为海尔所属的家电行业是垄断竞争行业，所以，海尔面临的需求曲线向右下方倾斜。又因为海尔的产品如果出口到美国后，其面临的竞争程度比在国内要大得多，故其需求曲线比在国内要平缓（即需求价格弹性要大得多）。正因为有这样的差别，才使海尔具备采取差异价格策略的可能性。MC 为海尔的边际成本曲线，因为是同一家企业，所以不管是在中国还是在美国，其边际成本曲线相同。另外，MC 曲线本来是一条 U 型曲线，为了分析图形简便，我们截取 U 型曲线的最底部，并假设其为直线，但这并不影响最终我们分析的结论。下面，我们对海尔的市场行为进行分析。

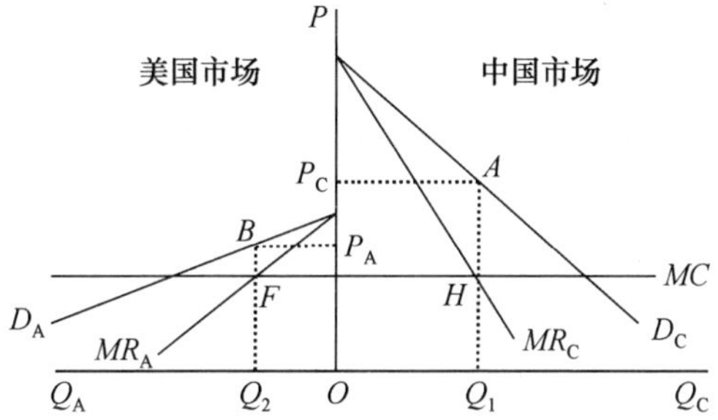

图 9-3　持久性倾销的局部均衡分析

垄断竞争厂商在边际成本 = 边际收益时实现理论最大化。从图 9-3 中观察，海尔在中国市场，按照利润最大化的原则，$MR = MC$ 即为两条曲线相交点 H 点，此时，可以得到利润最大化的产量 Q_1。因此 Q_1 则是海尔的供给量，利润最大化条件下它不再变化，所以以 Q_1 为垂直线就是海尔的供给线，该供给线与海尔的需求曲线 D_C 相交点 A 点决定了海尔在中国市场的价格 P_C。总之，在中国市场上，为实现利润最大化，海尔产品的销售量为 Q_1，其价格为 P_C。

而在美国市场上，按照上述同样的原则，海尔的供给量为 Q_2，以此点所作垂直线形成的供给曲线与 D_A 的交点是 B，其对应的价格是 P_A。

因为 P_C 高于 P_A，所以，海尔形成了在美国市场的倾销。当然，通过分析我们也知道，海尔之所以这样做，其目的是为了实现利润最大化。

当然，从实践的角度看，海尔要形成持久性倾销，必须具备三个条件：第一，海尔本身所属行业是非完全竞争行业；第二，两个市场的需求价格弹性要有差别；第三，市场必须分割，否则，在自由贸易情况下，海尔出口到美国的产品，因其价格低，可能会返销到国内。如果中国对来自美国的家用电器征收进口关税并达到一定的程度，返销就不再合算，从而将中国市场和美国市场分割开。现实中，如果一个企业能够成功地进行持久性倾销，也可能引发走私等行为。

三、反倾销与反倾销税

出口国的倾销行为对于进口国同类企业是不公平的竞争，所以，会遭到进口国的抵制。进口国所采取的抵制措施和手段，就是**反倾销**（**anti-dumping**）。

从倾销的类型上看，并不是所有的倾销都需要采取反倾销的报复措施。偶然性倾销、持久性倾销对于进口国并没有多大的不利，各国应该抵制的是掠夺性倾销。不管哪种类型的倾销，如果要采取反倾销的报复措施，按照世界贸易组织的要求，原则上要符合三个方面的条件：第一，倾销客观存在；第二，倾销给进口国同类企业带来实质性的损害或潜在的巨大威胁；第三，前两者之间存在因果关系。

如果符合反倾销的条件，进口国可以针对倾销产品采取报复措施。报复措施包括关税和非关税两大类，WTO 允许和鼓励进口国采取关税的措施，即根据倾销的幅度，征收相应的反倾销税，即在原有的关税的基础上，征收报复性的惩罚关税，但规定出口国倾销行为不存在时，反倾销税就必须取消。所以，反倾销税和反补贴税一样是一种临时性的附加关税。

第四节　其他非关税壁垒

除了本章前三节所重点分析的配额、出口补贴、反倾销等形式以外，还有为数众多花样繁复的其他非关税壁垒。当然对其一一列举既不可能，也没有必要，本节择其要者进行介绍。

一、歧视性政府采购

政府财政支出用于购买仪器设备等物资时，往往会集中统一采购，旨在通过规模经济效益，降低采购成本，并可提高透明度，加强监管等。若所采购的产品涉及进口产品，则大部分国家规定同等情况下优先购买本国产品，从而形成对进口产品的歧视，这就是歧视性政府采购（discriminatory government procurement policy）。

歧视性政府采购无疑属于非关税壁垒，但因其购买主体是一国政府，且动用的是财政支出，故世界贸易组织尽管不鼓励这种行为，但也认为无可厚非。所以，专门针对歧视性采购行为的世界贸易组织的《政府采购协议书》是诸边协议，而非多边协议，且成员国自愿申请加入①。

在自由贸易情况下，若国外产品较本国产品质优价廉，采用歧视性采购无疑会导致资源配置扭曲，本国净福利水平下降②。

---

① WTO 所有成员国都必须无条件一揽子签署的协议为多边协定，部分成员国自愿签署的协议为诸边协议。截止到 2010 年，签署《政府采购协议》的国家为 41 个，我国也于 2008 年年初向 WTO 递交了申请书，目前尚不是正式成员。

② 海闻等. 国际贸易[M]. 上海：上海人民出版社，2003：282-283.

二、对外贸易国家垄断

对外贸易国家垄断是指国家只允许国营企业，或者国家指定的企业从事对外贸易。历史上许多国家都存在不同程度的对外贸易国家垄断的情况，我国目前对于石化产品、粮油产品等国家认为非常重要的产品的对外贸易依然采取国家垄断的形式。

这种情况下，一国的进出口的数量和价格均由政府有关机构控制，而不是由市场自由竞争决定，对市场交易行为进行干预并存在诸多不公平的现象，因此是非关税壁垒重要的表现形式之一。其实施的结果，自然也会导致资源配置扭曲及本国净福利水平下降。

三、国产化程度要求

生产汽车、电脑等产品需要许多零部件，若本国不能全部生产这些零部件，或者本国零部件相对于国外产品具有劣势，则需要进口来解决。为保护本国的零部件生产，许多国家，其中主要是发展中国家，对于产品中的零部件国产化比例提出最低要求，这就是国产化程度要求（domestic content requirements）。

国产化程度要求虽然不直接干预进口，但间接起到了保护本国零部件、限制外国零部件进口的作用，因此也属于重要的非关税壁垒，也是 WTO 命令禁止使用的一种非关税壁垒。我国在加入世界贸易组织之前制定的《汽车工业产业政策》中就明文规定了国产化程度的要求，加入世界贸易组织之后就自动取消了①。

国产化程度要求其本质是强制本国相对落后的产业使用相对落后的零部件，从而不利于产品技术水平的提升，也严重影响了产品的质量，所以同配额等非关税壁垒一样会导致本国净福利水平下降。

四、烦琐的海关手续

进出口贸易的重要环节之一就是需要在海关办理各种手续。海关办理手续自然有一定的程序，并要求提供各类文件和信息，这其中有些是必不可少的，有些则可有可无。如果需要限制进口，海关则会规定复杂的程序，要求提供繁多的文件与无关紧要的信息，其目的无非是拖延进口的速度，甚至借口拒绝进口，总之是制造各种不便利条件，所以，是非常重要的非关税壁垒形式。

烦琐的海关手续，表面上看并不直接限制进口，但拖延时间、降低产品通关效率会直接提高进口产品的成本。烦琐的程序和证明文件等，本身就会提高成本，更为重要的是，货物延迟卸载、占用码头和仓库的费用非常高昂，会大大提高进口产品的成本。另外，对于许多鲜活产品来说，延误时间会导致致命的打击。

对于烦琐的海关手续这一非关税壁垒，世界贸易组织目前并无良好的对策来加以明确的限制。许多国家都主张把提供贸易便利条件而不是人为制造麻烦作为世界贸易组织下一

---

① 海闻等. 国际贸易[M]. 上海：上海人民出版社，2003：288.

轮谈判的重要议题。

五、技术壁垒

技术壁垒(technical barriers to trade,TBT)通常是通过各种标准来实现的。这些标准主要涉及三个方面:技术标准、卫生检疫检验标准及产品外观与包装标准。这些标准制定的出发点是为了生产安全、环境保护或者保障消费者健康等,但实施过程中经常出现过度化的现象,于是便成为技术壁垒,而且也是非关税壁垒当中最难以防范、对发展中国家最为不利的一类壁垒。从发展趋势来看,技术壁垒越来越多,有些也有非常正当理由,因此情况非常复杂。

(一)技术标准

制定技术标准(technical standard),有利于生产、流通和消费过程的规范,也有利于生产者和消费者的身体健康和安全。但实际运行过程中,技术标准日积月累越来越多,评定一种产品是否合乎技术标准也变得复杂和困难,对于进口产品来说,要达到相应的要求,自然阻力重重,因此其演变为技术壁垒是情理之中的事。从非关税壁垒的角度看,主要表现在下述两个方面:

1. 繁杂而严格的技术法规与技术标准。越是发达国家,往往为国民健康和安全考虑,所制定的产品标准就越严格,各种技术法规文件越细致。若进行国际贸易,各国之间技术标准和法规存在较大差别,但因发达国家处于主导和强势地位,加之技术上的领先优势,所以,它们往往成为最终游戏规则的制定者。一旦依照发达国家的技术标准和技术法规为准绳来衡量进出口产品,并强制推行,发展中国家肯定处于非常不利地位;而且,由于技术创新的速度日益加快,技术标准与技术法规时刻处于千变万化之中,更何况许多国家还默许地方和企业自行制定更为严格的标准和法规,这使得进口产品,尤其是来自于发展中国家的进口产品无所适从,即便努力达到了相关标准的要求,通常也会为此付出昂贵的代价,进而成本大幅提升,竞争力受到极大削弱,进口国以此作为非关税壁垒的目的成功达到。而这种非关税壁垒具有非对等性和隐蔽性,令进口国苦不堪言。

2. 复杂的合格评定程序。技术标准和技术法规成为非关税壁垒的具体体现之一就是复杂的合格评定程序。进口国以健康和安全为理由,要求进口产品严格遵循本国制定的技术标准和技术法规,而判断的依据则是通过严格的评定程序以后得到的质量认证或者合格资质。目前,世界上广泛采用的质量认定标准是ISO9000系列标准,此外,美、日、欧盟等还有各自的技术标准体系。例如,中国的家电产品要进入美国市场,不仅要求家电企业符合ISO9000相关标准,而且必须要提前申请美国家电企业相关标准的认证,取得资格后才能够出口到美国市场。这一过程,无疑把一大批中国企业挡在了美国市场门槛之外。所以,质量认证和合格评定对于市场的保护作用越来越突出,并受到发达国家的青睐。

(二)卫生检疫检验标准

从外国进口的产品,如果涉及动植物,则需要经过进口国海关的卫生检疫检验标准(health and sanitary regulation),若合格方可完成最后的进口。如果不通过上述程序,的确会带来健康与安全方面的问题。例如，进口的食品中可能含有过高的农药残留物，若随意进口，是对本国公民健康不负责任。又例如，进口的动植物等可能带来病毒、病虫害、有危害的外来物种等，若不加管理和控制，后果自然很严重。

但如果对于进口的动植物严格管制，只有通过非常严格的要求和标准的产品方可进口，就有吹毛求疵之嫌，并成为事实上的进口非关税壁垒。例如日本的《肯定列表制度》就是一种进口产品的技术标准，尤其是对进口的动植物检疫检验提出了非常苛刻的要求。新的《肯定列表制度》规定，对于进口大米需要检测的项目由原来的127项增加到579项，鸡肉检测由26项增加到363项，猪肉检测由30项增加到410项。对于如此繁杂的检测项目，日本还规定必须由日本的检测机构出具的证明才有效。

（三）产品外观与包装标准

大多数国家对于进口产品的外观，包括包装和标签，也有严格的规定。规定进口产品的外观与包装标准（packaging and labeling regulation），其目的是为了防止包装及其废弃物可能对生态环境、人类及动植物的安全构成威胁，许多国家颁布了一系列包装和标签方面的法律和法规，以保护消费者权益和生态环境。从保护环境和节约能源来看，包装制度确有积极作用，但它增加了出口商的成本，且技术要求各国不一，往往迫使外国出口商不断变换包装，失去不少贸易机会。

本章小结

1. 非关税壁垒是除关税以外所有其他限制自由贸易的各种措施和手段。与关税壁垒相比较，非关税壁垒具有更大的灵活性和针对性、更具隐蔽性和歧视性、更能起到保护作用。

2. 配额是一国为保护本国产品、规定在一定时期内对进口产品的数量或金额上的限制。配额分绝对配额和关税配额。

3. 出口补贴是指本国政府对于有竞争优势的出口厂商，为了鼓励其出口更多产品给予直接或间接的补助。

4. 生产补贴是本国政府为了同样达到鼓励出口的目的，对本国的生产进行补贴的行为。

5. 倾销就是以低于本国正常价格将产品出口到国外销售，属于价格歧视的一种，也是不公平竞争的一种形式，所以进口国通常会反对出口国倾销，并可能采取报复的措施。

6. 歧视性政府采购是指一国政府所采购的产品若涉及进口产品，规定同等情况下优先购买本国产品，从而形成对进口产品的歧视的行为。

7. 对外贸易国家垄断是指国家只允许国营企业或者国家指定的企业从事对外贸易。

案例一　波兰诉泰国II型钢材反倾销争端案

【案例简述】

1998年4月6日，波兰根据《反倾销协议》第17.3条规定和《谅解》第4条规定，向泰国提出协商请求，请求事项为：泰国对原产于波兰的H型钢（税则号是7216.33.0055）征收最终反倾销税。泰国、波兰于1998年5月29日进行了磋商，但未达成任何令双方满意的解决方案。

1999年10月30日，波兰依据《谅解》第4、6条，《反倾销协议》第17条要求成立专家小组审查该争议。1999年11月19日会议上DSB（dispute settlement body）根据波兰的要求组建了专家小组。此次会议上，争议双方明确了专家小组的审查范围（standard terms of reference）如下："根据波兰WT/DS122/2文件中所指的协议的相关规定，审查波兰向DSB递交的WT/DS122/2文件中所述事项并做出结论，以帮助DSB根据这些协议提出建议或作出裁决。"1999年12月20日，争议双方同意专家小组的组成人员如下：

主席：约翰·H.杰克逊先生

成员：罗伯托·阿泽维多先生，吉勒斯·西厄先生，欧盟、日本、美国保留第三方的权利。

专家小组于2000年3月7日—8日、2000年4月12日分别与争议双方召开了会议。专家小组于2000年3月8日与第三方召开了会议。2000年5月31日，专家小组将其期间报告送交争议双方。2000年6月9日和13日，波兰、泰国分别向专家小组递交了对期间报告的书面意见。2000年6月15日，双方分别递交了针对对方书面意见的评论。专家小组根据双方的书面意见及相互评论对期间报告作了修改，使之更加准确完善。

【案例详解】

争议起于泰国对原产于波兰的H型钢征收最终反倾销税。1996年6月21日，Siam Yamato Steel Co. Ltd（简称SYS），泰国国内唯一一家H型钢生产商，向泰国商务部递交了反倾销申请，请求对原产于波兰的H型钢征收反倾销税。1996年7月17日，波兰政府的一位代表与泰国商务部的官员会见。1996年8月30日，泰国商务部公告对原产于波兰的H型钢发起反倾销调查，并将公告内容通知了波兰驻曼谷大使馆和波兰受诉企业。之后，外贸事务部将倾销的调查期间（period of investigation，POI）确定为1995年7月1日至1996年6月30日，内贸事务部将损害的调查期间（POI）确定为1994年至1996年。

1996年10月18日，波兰根据《反倾销协议》第17.2条请求与泰国协商。1996年11月14日泰国给予波兰书面答复，答复中提及了在发起调查前泰国与波兰政府之间进行的磋商。泰国在答复中表示，1996年7月17日泰国、波兰政府人员进行的会面就是《反倾销协议》第5.5条中要求的对受诉国政府的正式通知。

1996年10月至12月期间，受反倾销调查的各方填好了反倾销问卷。1996年12月27日，泰国公告对原产于波兰的H型钢材征收临时反倾销税。1997年1月20日，泰国向波兰应诉企业Huta Katowice（简称HK公司，该公司是波兰唯一的H型钢生产商，同时其产品也对泰国出口）和Stalexport公司（一家波兰钢铁出口商）送交了有关肯定倾销与损害存在的初裁裁决和征收临时反倾销税的通知。

1997年2月7日和13日，波兰应诉企业提交了对初裁裁决的意见，并要求泰国召开一次听证会和披露有关信息材料。1997年2月19日，泰国外贸事务部回复了波兰企业。1997年2月20日和27日，泰国外贸事务部向波兰应诉企业送交了关于倾销和损害的信息披露。

1997年3月13日,泰国外贸事务部召集了一次听证,以使利害关系方陈述他们的观点。1997年4月16日至18日,泰国官员去波兰对应诉企业的答卷进行了实地核查。

1997年5月1日,泰国外贸事务部向波兰应诉企业和波兰政府送交了最终倾销和损害裁定建议稿的复印件。1997年5月13日,波兰应诉企业(通过他们的律师)提交了对建议稿的意见。1997年5月19日,泰国外贸事务部对该意见予以了答复。1997年5月26日,泰国外贸事务部发布公告,对原产于波兰的H型钢材征收最终反倾销税。1997年6月4日,泰国外贸事务部将征收最终反倾销税公告送交波兰政府。1997年6月20日和23日,波兰应诉企业致函泰国外贸事务部,就征收反倾销税的最终裁决发表了意见。1997年7月7日,泰国外贸事务部答复波兰应诉企业,表示波兰企业要求的信息材料早已披露给了波兰应诉企业。

- **双方在专家小组程序下的请求**

1. 波兰的指控

波兰要求专家小组认定泰国对原产于波兰的H型钢材征收反倾销税的行为违反了如下条款:

《反倾销协议》第3条及相应的《1994年关贸总协定》第6条,因为泰国在没有实质性损害存在的情况下对从波兰进口的H型钢材征收反倾销税;

《反倾销协议》第2条及相应的《1994年关贸总协定》第6条,泰国政府没有做出适当的倾销的认定,计算的倾销幅度不合理以及支持力不足;

《反倾销协议》第5条和第6条及相应的《1994年关贸总协定》第6条和《反倾销协议》第12条,泰国政府不合理地发起了调查,并且调查程序违反了《反倾销协议》第5条和第6条的程序要求和证据要求。

波兰认为,泰国政府对原产于波兰的H型钢材征收反倾销税的不合法行为导致了波兰在《反倾销协议》下享有的利益遭受了剥夺和损害。波兰进一步要求:专家小组应建议泰国立即将其反倾销措施与其在WTO协议项下承担的义务不一致之处进行改正。

2. 泰国的争辩

泰国在提交的第一次陈述中要求专家小组作出一个初步决定,驳回波兰根据《反倾销协议》第5条和第6条提出的申请,因为该申请不符合《谅解》第6.2条中的规定,即规定向专家小组提出的申请必须足够明确地反映问题(with sufficient clarity to present the problem clearly),而波兰却仅仅是罗列了第5条和第6条条款,并无进一步的说明。

在专家小组召集的第一次实质性会议的结束陈词中,泰国又进一步要求专家小组应先考虑驳回波兰根据《反倾销协议》第2条和第3条及相应的《1994年关贸总协定》第6条提出的申请,理由是该申请不符合《谅解》第6.2条的规定。

泰国要求专家小组驳回整个案件,并要求认定泰国遵守了《1994年关贸总协定》第6条和《反倾销协议》项下成员方的义务。

- **泰国向专家小组递交某些保密信息**

泰国在提交第一次陈述时,向专家小组请求提交一些含保密信息的材料,其中一些保密信息涉及SYS公司,一些涉及HK公司和Stalexport公司。泰国不想同时将这些保密信息披露给波兰或第三方,就援引了《反倾销协议》第17.7条,认为仅将倾销调查中的保密信息提交给专家小组是合适的。泰国表示他们有义务保护在倾销调查中各利害关系方提交的保密资料。虽然如此,泰国还是表示可以考虑采用一个附加专家小组工作程序,在该附加程序下将保密信息披露给各方,但该程序应确保在WTO所有其他诉讼程序(包括争端的上诉)中保密信息不被披露。

专家小组就泰国采用附加专家小组工作程序披露某些保密资料的建议征询波兰和第三方的意见,泰国、波兰和第三方都提交了他们各自的书面意见,之后专家小组召集泰国、波兰和第三方开会讨论附加工作程序。2000年3月1日,波兰表示接受建议的附加程序。2000年3月2日,各方就此达成协议,专家小组采用了"关于披露某些保密信息的补充工作程序"。补充程序一经采用,泰国就于当日向专家小组提交了保密资料并向波兰和第三方提供了复印件。专家小组特别警告各方严守保密义务,并严格监督他们的代表成员和工作人员严守保密义务。

在专家小组召集的第一次实质性会议上,专家小组认为从这次会议起,争议双方都有充足的时间准备自己的争论(第二轮陈述交换是三周之后、第二次会议是五周之后)和研究泰国提交的保密信息,因此,第一次会议不会严格限定争论范围。在第三方会议上,专家小组要求第三方应于2000年3月29日之前提交对保密信息的意见。

- **期间评审**

2000年5月31日,专家小组将其期间报告送交争议双方。2000年6月9日和13日,波兰、泰国分别向专家小组递交了对期间报告的书面意见。2000年6月15日,双方分别递交了针对对方书面意见的评论。专家小组根据双方的意见对报告的第2.3、7.46、7.216、7.239段做了非实质性的变动,以便更准确地反映事实。

- **关于先决问题的争议、判决及分析**

本案的先决问题是波兰的起诉是否达到了《谅解》第6.2条的受理标准,这是本案首先要解决的有关程序上的争议。

(一)泰国的争辩

泰国认为,要满足《谅解》第6.2条"提出问题的充分的确定性"的要求,则申请人应(Ⅰ)精确地指出受诉人违反了哪项特定的协议义务和(Ⅱ)受诉人违反该特定义务的事实情况。而波兰提出泰国违反的协议条文(《反倾销协议》第2、3、5、6条)涵盖了多个与倾销调查和裁决有关的义务,波兰"仅仅罗列"了条文,没有进一步的细节陈述,是不符合《谅解》第6.2条的要求的;并且,此外也不存在《谅解》第6.2条允许的例外情况,即没有"伴随情势"的存在。

泰国认为,波兰是故意地误导泰国,由于波兰申请书中的指控含糊,使泰国在抗辩时处于不利地位。在收到波兰的第一次陈述之前,泰国无法清楚地知道波兰的主要指控点在哪里,这导致泰国"无法采取任何行动准备其抗辩,如收集充足的事实材料;精确翻译重要相关文件(因为反倾销案件中存在大量繁杂的泰文文件,如无法锁定抗辩的关键点,难以选出该对哪些材料进行翻译);指定最相关的第一线执行官员帮助整理和解释。"泰国指出,第三方也是类似的观点,欧盟、美国、日本倾向于认为波兰根据《反倾销协议》第5条、第6条提出的申请不能达到《谅解》第6.2条的"充分的确定性"的要求。由于波兰的指控是如此含混、一带而过和令人困扰,未就精确的指控做出进一步的澄清,导致泰国缺乏抗辩的基础,泰国除了回答专家小组的问卷外别无他法。泰国援引了"韩国牛奶保障措施案",在该案中,上诉机构认为只有在诉讼程序中绝对不会发生不平等的情况下,专家小组才可以接受"仅仅列明条文"就算符合《谅解》第6.2条"充分的确定性"的要求。

泰国认为,尽管他直到第一次实质性会议的结束陈词时才提出波兰根据《反倾销协议》第2条、第3条及相应的《1994年关贸总协定》第6条的申请不符合《谅解》第6.2条规定,但这不应影响专家小组对波兰是否违反了《谅解》第6.2条的考查。

(二)波兰的论点

波兰争辩其指控足够准确,符合《谅解》第6.2条要求,特别从诸多"伴随情势"上来看,泰国对波兰的指控其实是心中有数的。波兰认为,首先,申请书上对该指控并非如泰国所言那样"仅仅列举"了相应条款。其次,波兰在之前的协商请求中对该指控有所论及,在反倾销调查过程中,波兰也就该指控事项多次向泰国提出,泰国应该知道波兰指控的是什么。上诉机构在"韩国牛奶保障措施案"中并没说"仅仅列举条文"必然是《谅解》第6.2条所指的"不充分"。而且,凡是不够清晰的地方波兰也通过之后的行为消除了。

波兰争辩,申请事项是否达到"充分的准确",要从整个情形(特别要考虑到"伴随情势")来看受诉人是否就指控的事实被误导了,且该误导是否使受诉人在抗辩时遭受了不公平。泰国并没有拿出有力的证据证明其遭受了程序上实质的不公平。即使申请事项在提出当时可能"不够充分的准确",但在后续的诉讼程序中,波兰已进行了"补救"。

波兰指出,泰国首次提出波兰根据《反倾销协议》第2条、第3条及相应的《1994年关贸总协定》第6条提出的指控不符合《谅解》第6.2条是在第一次会议的最后陈述之时,在"提出时间"上已经过期。

(三)事实情况

波兰申请成立专家小组的申请书中特别有如下内容:申请的事实背景在上述协商请求(WT/DS122/1)中已列明。明确地说,泰国对原产于波兰的H型钢材征收反倾销税,违反了《1994年关贸总协定》第6条和《反倾销协议》中对反倾销程序法和实体法上基本的要求。波兰抗议所针对的主要措施是:

1. 泰国政府在裁决波兰的进口产品造成了国内产业损害时,缺乏支持该认定的"确定的证据(positive evidence)",缺少对诸多因素的"客观的审查(objective examination)",这些未给予审查的因素包括进口数量、进口对价格的影响、进口产品对国内产业的相关影响等,违反了《1994年关贸总协定》第6条和《反倾销协议》第3条的规定。

2. 泰国政府在裁决倾销存在及计算出声称的倾销幅度过程中,违反了《1994年关贸总协定》第6条和《反倾销协议》第2条的规定。

3. 泰国在发起调查及实施调查过程中,违反了《1994年关贸总协定》第6条和《反倾销协议》第5条、第6条中关于程序和证据的规定。

上述总结意在简要地陈述本申请的法律基础，足够清楚地提出问题之所在，并不限制波兰今后在专家小组面前就以上内容做出进一步的阐述。

资料来源：杨荣珍.世贸组织争端解决案例(DS122)及其启示[J].国际商务(对外经济贸易大学学报)，2001,8.

案例二　奥康鞋业反倾销案

【案例详解】

2004年12月，意大利制鞋协会正式向欧盟委员会提出申诉，要求针对中国出口到欧盟的所有鞋类产品进行反倾销调查。

2005年，欧盟委员会参照巴西皮鞋生产成本，由于当时中国的制鞋成本明显低于巴西，认定从中国进口的皮鞋形成倾销，决定对此征收反倾销税。2006年10月7日，欧盟正式启动对原产于中国的皮鞋产品实施征收为期两年16.5%的反倾销税，中国涉案企业总数达到1200多家。

面对欧盟对华最大的反倾销案例，在大多数企业沉默之时，奥康等中国民营制鞋企业在沉默中爆发，宣布联合起诉，积极应对这场反倾销案。2006年12月28日，奥康鞋业等企业的上诉材料被正式递交至位于布鲁塞尔的欧盟法院。欧盟法院也正式受理了中国鞋企的诉讼请求，欧盟对中国发起诉讼调查后，有150多家企业应诉，欧盟委员会启动了WTO法和欧盟法都承认的抽样调查程序(《欧盟反倾销条例》的第17条关于抽样)，抽查了出口量排在前13名的企业。

抽样调查的含义是，欧盟委员会对这13家企业的调查结果适用于其他被调查企业，反倾销税的计算依据为抽样企业的倾销幅度的加权平均值。之后欧盟委员会选择了第三方参照国巴西的三家企业的数据作为"正常价值"。《欧盟反倾销条例》关于抽样的第17条规定是一个比较笼统的条款，欧盟在第三国的选择上有了很大的主观性。而根据关于市场经济地位的第二条规定，要求对每一家企业的"市场经济地位"问题都要做出审核。欧盟只抽取13家，既做倾销调查又做"市场经济地位"调查，这种做法是不合理的。在程序上，欧盟委员会要求所有当事人必须提供市场经济地位证明，但是在调查立案时，欧盟委员会对递交了资料的后140多家企业没有任何说法 。而且在整个调查程序中也没有向奥康或者其他任何非抽样企业作出过关于"不审核市场经济地位"的书面解释。

- **一审结果**

当地时间2009年11月19日上午，欧盟委员会就是否对中国皮鞋继续延长15个月的反倾销税向成员国征求意见。参与讨论的27个成员国中，15个国家反对延长反倾销税的计划，10个国家支持，两个国家弃权。这意味着该提案已被否决。但是，不久欧盟部长理事会议不顾多数成员国的反对，通过表决对中国和越南产皮鞋所征反倾销税再延长15个月，最迟将在2010年1月3日公布实施。

- **奥康积极应对**

2010年5月，一审败诉，在其他四家鞋企全部宣布放弃上诉的情况下，唯有奥康毅然决定上诉至欧盟高院。奥康在上诉书中称，欧盟《反倾销法》关于市场经济地位的条款和关于抽样的条款之间没有衔接，而欧盟委员会将这两个条款合并运用有不完善的地方，法院应该有一个明确的解释。

这一次，高等法院支持了奥康的主张，其主要依据有两点：第一，反倾销法第2(7)条只是一条关于"正常价值"如何确定的法律，而反倾销法第17条是一条关于使用抽样方法确定倾销幅度的法律，两条法律在内容和目的上均不同。此案中，显然欧盟委员会没有回复来自个别企业的单独MET(market economy treatment，市场经济待遇)申请，而是直接根据相关法条采用了抽样方法。第二，来自欧盟普通法院对一个同类案件作出的不同判决。2012年2月2日，在中国香港Brosmann鞋业等与欧盟的一桩诉讼案中，普通法院在其判决书中写道：根据相关法条，欧盟委员会有义务对一位贸易商的MET申请进行审核，该义务与倾销幅度以何种方法进行计算无关，且必须在调查启动的3个月内执行。

基于上述理由，2012年11月15日，高等法院判决普通法院2010年3月的一审判决是错误的，须驳回；取消相关反倾销税，令欧盟委员会承担双方的诉讼费用。

资料来源：赵晓娜. 抗辩6年奥康胜诉欧盟反倾销案[N]. 南方日报，2012-11-20(A16).

练习与思考

1. 什么是非关税壁垒？试述其具有的特征。
2. 什么是配额？什么是绝对配额？什么是关税配额？
3. 试用图形分析小国实行配额的经济效应，并与关税的经济效应进行比较分析。
4. 试用图形分析小国实行出口补贴的经济效应。
5. 什么是倾销？它有哪三种类型？
6. 什么是歧视性政府采购？
7. 什么是对外贸易的国家垄断？
8. 什么是国产化程度要求？
9. 什么是技术壁垒？

第十章

出口贸易政策

本章提要

许多国家实施保护贸易政策的时候，一方面常常利用关税措施或非关税措施对外国商品的进口进行限制与调节；另一方面会采取各种鼓励出口的措施，以扩大本国商品的出口，有的国家为了实现一些政治、经济和军事的目的，还会对本国某些特定商品实行出口管制。本章介绍的是鼓励出口的一些措施，包括经济、行政和组织方面的措施，同时也介绍相关出口管制措施。

本章结构图

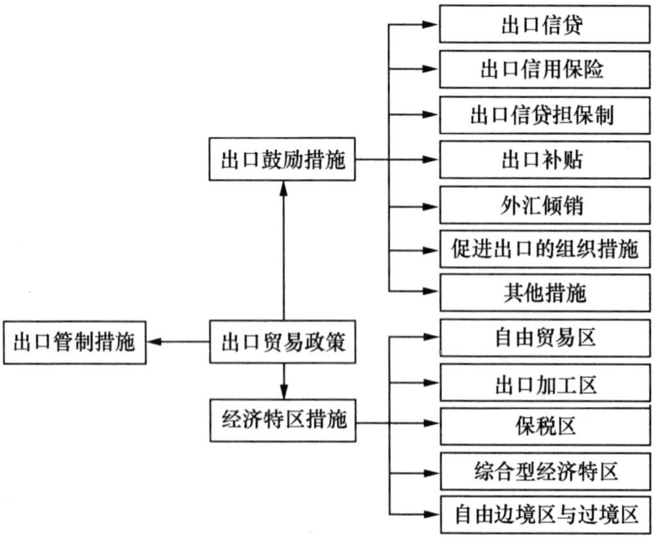

学习目标

◎ 重点掌握鼓励出口措施的基本含义及其具体特性，如出口信贷、出口补贴、出口信用保险、出口信贷担保、商品倾销、外汇倾销等等。

◎ 掌握各国为促进对外贸易而采取的经济特区措施。

◎ 了解出口管制的目的、形式、程序及限定的具体对象。

第一节　出口鼓励措施

各国鼓励出口的政策措施较多，其目的是为了扩大本国商品的出口，实质上这种做法属于重商主义的行为，具体做法包括以下几种：

一、出口信贷

（一）出口信贷的含义

出口信贷（export credit）是指一个国家为了鼓励商品出口，增强商品的竞争能力，通过银行对本国出口厂商或国外进口厂商提供的贷款。它主要面向金额较大、期限较长的商品，如成套设备、船舶等，这是鼓励本国出口商利用本国银行的贷款扩大商品出口的一种重要手段。

（二）出口信贷的种类

1. 按时间长短划分

（1）短期信贷（short-term credit）。一般指180天以内的信贷，有的国家规定信贷期限为1年。主要适用于原料、消费品及小型机器设备的出口。

（2）中期信贷（medium-term credit）。一般指为期1～5年的信贷。主要适用于中型机器设备的出口。

（3）长期贷款（long-term credit）。一般指5～10年甚至时间更长的信贷，主要适用于大型成套设备与船舶等商品的出口。

2. 按信贷关系划分

（1）卖方信贷（supplier's credit），又称出口卖方信贷，它是出口方的出口信贷机构或商业银行向本国出口商（即卖方）提供的贷款。这种贷款协议由出口商与银行签订。在国际贸易中，出口厂商与进口厂商的谈判如果涉及金额较大的商品贸易时（如机器设备、船舶等的出口），进口厂商一般要求采用延期付款或长期分期付款的办法来支付货款，并经常把其作为成交的一个条件，但此类付款方式实际上在一定时间里占用了出口厂商的资金，从而会影响到出口厂商的资金周转乃至正常经营。在这种情况下，就需要出口国银行对出口商提供信贷资金，卖方信贷便应运而生。因此，卖方信贷实际是指出口地的信贷机构或商业银行直接资助本国出口商向外国进口商提供延期付款，以促进商品出口的一种方式。

卖方信贷的一般做法是：在签订买卖合同后，进口商先支付金额为货款的5%～15%的订金，作为履约的一种保证金，在分批交货、验收和保证期满时，再分期支付10%～15%的货款，其余的货款按合同的约定在交货后若干年份内分期摊还，并付给延期付款期间的利息，所以，卖方信贷实际上是出口商从信贷提供银行取得贷款后，再向进口商提供延期付款的一种商业信用。

卖方信贷对进出口商有利也有弊。对出口商来说，卖方信贷使其获得了急需的周转资金，有利于其业务活动的正常开展。对进口商来说，虽然这种做法比较简便，便利了进口贸易活动，但却使支付的商品价格明显提高，因为出口商报价时，除出口商品的成本和利润外，还要把从银行借款的利息和费用以及外汇风险的补偿加在货价内，因此，利用卖方信贷进口的成本和费用较高，据测算，利用卖方信贷进口机器设备等，与用现汇进口相比，其价格可能要高3%～4%，个别情况下甚至可能高8%～10%。

（2）买方信贷（buyer's credit）。它是出口方银行直接向外国的进口商（即买方）或进口方的银行提供的贷款，其附带条件就是贷款必须用于购买债权国的商品。买方信贷的作用就是促进商品的出口，因此也称为**约束性贷款（tied loan）**。

买方信贷有两种方式：一是出口国贷款银行直接向进口国银行贷款，再由进口国银行为进口商提供的贷款，然后进口商用该笔贷款向出口商进行现汇支付；二是出口国贷款银行直接向进口商提供贷款，进口商用这笔贷款向出口商支付现汇贷款。以上两种方式，对出口商都比较有利，因为它既可以较快地得到货款，又避免了风险，便于其资金周转。由于买方信贷有很多优点，目前较为常用。

（3）混合信贷（tied-aid credit），是卖方信贷或买方信贷与政府对外援助或赠款相结合对外发放的一种贷款形式，因此有人又称其为挂钩援助贷款。混合贷款中的出口信贷由本国的出口信贷机构或商业银行提供，而援助资金完全由政府出资，其利率更低、期限更长、条件更优惠，对本国出口的支持程度更大，增强了本国出口商品的国际竞争力，更有利于促进本国商品特别是设备的出口。因此，混合信贷的形式近年来发展较快。

混合信贷可分为两种方式：一是两个协议的混合信贷，二是一个协议的混合贷款。前者是指对一个项目的融资，同时提供一定比例的政府贷款或赠款和一定比例的买方信贷或卖方信贷，但对政府贷款或赠款和买方信贷或卖方信贷分别签署贷款协议，各自规定其不同的利率、费率和贷款期限等融资条件。后者是指对一个项目的融资，将一定比例的政府贷款或赠款和一定比例买方信贷或卖方信贷混合成一个协议，因而只签一个协议，在协议中根据二者所占的比例，计算出一个混合利率、费率和贷款期限等融资条件。

（三）出口信贷的主要特点

第一，出口信贷必须联系出口项目，即贷款必须全部或大部分用于购买提供贷款国家的出口商品。

第二，出口信贷利率低于国际金融市场贷款的利率，其利差由出口国政府给予补贴。

第三，出口信贷的贷款金额通常只占买卖合同金额的85%左右，其余10%～20%由进口商先支付现汇。

第四,出口信贷的发放与出口信贷保险或担保相结合,以避免或减少信贷风险。

为了做好出口信贷,发达资本主义国家一般都设立专门银行,办理此项业务。除对成套设备、大型交通工具等商品的出口提供国家出口信贷外,还向本国私人商业银行提供低利率贷款或给予贷款补贴,以资助它们的出口信贷业务。战后,一些发达国家还使用"福费廷"(forfeiting)来鼓励大型生产设备等的出口。所谓"福费廷"是指在延期付款的大型生产设备贸易中,出口商把经进口商承兑的、期限在半年至五六年的远期汇票,无追索权地售予出口商所在地的银行或大金融公司,提前取得现金的一种资金融通的形式。由于它不受"君子协定"的约束,又满足了进出口双方的需要,因此,在国际贸易中这种方式也日益流行。

二、出口信用保险

(一) 出口信用保险的含义

出口信用保险(**export credit insurance**)是保险机构或保险公司对于出口贸易中出口商遭遇境外的商业风险或政治风险而遭受损失给予承保的一种特殊保险,是为出口商提供出口收汇风险的保障措施。

(二) 出口信用保险的类别

出口信用保险承保的风险类别,按风险的性质可分为以下两大类;

1. 国家风险

它是指在国际经济活动中发生的与国家主权行为相关的,超出债权人所能控制的范围,并给其造成经济损失的风险。如债务人所在国家由于政治原因、社会原因或经济与政策原因等,所造成的风险和损失。

2. 商业风险

商业风险又称买家风险,是指在国际经济活动中发生的与买家行为相关的、给债权人造成的经济损失和风险。其中包括:

(1) 买方宣告破产,或实际丧失偿付能力;

(2) 买方拖欠货款超过一定时间,通常规定为 4 个月或 6 个月;

(3) 买方在发货前单方中止合同或发生发货后不按合同规定提货付款;

(4) 因其他非常事件致使买方无力履约等。

上述的风险如按不同的期限又可分为短期出口信用保险和中长期出口信用保险。

三、出口信贷担保制

(一) 出口信贷担保的含义

出口信贷担保制(**export credit guarantee system**)是指国家为了扩大出口,对于本国出口信贷机构或商业银行向外国进口商或银行提供的信贷,由国家设立的专门机构出面担保,当外国债务人拒绝付款时,这个国家机构即按照承保的数额给予补偿。

(二) 出口信贷担保的类型

出口信贷担保按不同方式划分为不同的类型,主要有以下几种:

1. 按信贷融资阶段不同

(1) 出运前信贷担保,是指对出口商取得的发货前信贷资金支持提供担保。

(2) 出运后信贷担保,是指为了保障出口信贷机构或商业银行在出口货物出运后向出口商提供的贷款本息能按时足额偿还。

2. 按具体的承保方式的不同

(1) 个别交易贷款担保,是针对个别交易的担保,通常适用于金额大、信用期长的出口交易。

(2) 个别企业账户贷款担保,它负责赔偿出口信贷机构或商业银行在一定时期内(通常是一年)对某个出口商的所有出口贷款的风险损失。

(3) 银行直接出口贷款担保,它是指出口信贷机构或商业银行在一年内向客户发放的全部出口贷款承担赔偿责任。

3. 按融资对象的不同,可分为卖方信贷担保和买方信贷担保

4. 按融资期限的不同,可分为短期信贷担保和中、长期信贷担保

出口信贷担保机构的主要目的在于担保供款银行在海外的风险,以扩大商品出口,因此所收的费用一般不高,以减轻银行的负担。通常保险费率根据出口担保的项目、金额大小、期限长短和输往的国别或地区而有所不同。

总的来说,上述的出口信贷、出口信用保险和出口信贷担保业务,可以单独使用,但是在实践上由于出口商品特别是大型设备等在出口贸易中存在着较大的政治风险和商业风险,出口商只有在投保了出口信用保险或出口信贷担保后,才能较容易地得到出口信贷机构或商业银行的贷款,因此,在实际业务中,各国都将出口信贷和出口信用保险或出口信贷担保相结合起来使用,以达到鼓励出口的作用。

四、出口补贴

出口补贴(export subsidies),又称出口津贴,是一国政府为了降低出口商品的价格,加强其在国外市场上的竞争能力,在出口某种商品时给予出口厂商的现金补贴或财政上的优惠待遇。

(一) 出口补贴的方式

出口补贴的方式有两种:

1. 直接补贴

直接补贴(direct subsidies)是指出口某种商品时,直接付给出口厂商的现金补贴。第二次世界大战后美国和一些西欧国家对某些农产品的出口,就采取这种补贴。这些国家农产品的国内价格一般比国际市场价格高,按国际市场价格出口时就出现亏损,这种差价或亏损部分由该国政府给予补贴。出口补贴的幅度和时间的长短往往随着国内市场与世界市场之间的差价的变化而变化。有时为了鼓励某种商品出口,补贴金额甚至大大超过国际差价。

2. 间接补贴

间接补贴(indirect subsidies)是指政府对某些出口商品给予财政上的优惠,如政府退还

或减免出口商品的直接税、超额退还间接税、提供比在国内销售货物更优惠的运费等。

(二) 禁止使用出口补贴的情况

长期以来,各国对出口补贴问题争论不休。为此,乌拉圭回合谈判中达成的《补贴与反补贴协议》将补贴分为禁止使用的补贴、可申诉的补贴和不可申诉的补贴,并规定除农产品外任何出口产品的下列补贴,均属于禁止使用的出口补贴:

(1) 政府根据出口实绩对某一公司或生产企业提供直接补贴;

(2) 外汇留成制度或任何包含奖励出口的类似做法;

(3) 政府对出口货物的国内运输和运费提供了更为优惠的条件;

(4) 政府为出口产品生产所需的产品和劳务提供优惠的条件:

(5) 政府为出口企业的产品,全部或部分免除、退还或延迟缴纳直接税或社会福利税;

(6) 政府对出口产品或出口经营,在征收直接税的基础上,对出口企业给予的特别减让超过对国内消费的产品所给予的减让;

(7) 对出口产品生产和销售的间接税的免除和退还,超过用于国内消费的同类产品的生产和销售的间接税的免除和退还;

(8) 对于被结合到出口产品上的货物的先期积累间接税给予免除、退还或延迟支付,仍属于出口补贴之列;

(9) 超额退还已结合到出口产品上的进口产品的进口税;

(10) 政府或由政府控制的机构所提供的出口信贷担保或保险的费率水平极低,导致该机构不能弥补其长期经营费用或造成亏本;

(11) 各国政府或政府控制的机构以低于国际资本市场利率提供出口信贷,或政府代为支付信贷费用;

(12) 为公共利益的目的而开支的项目,构成了总协定第 16 条《补贴与反补贴协议》意义上的出口补贴。

五、外汇倾销

(一) 外汇倾销的含义

外汇倾销(**exchange dumping**)是指出口企业利用本国货币对外贬值的机会,进行商品倾销,以争夺国外市场的一种特殊手段。汇率是外币的价格,是联系国内外价格的桥梁,汇率变动直接影响进出口产品的价格。本国货币对外币贬值后,出口商品以外国货币表示的价格降低,从而提高了该商品的竞争能力,有利于扩大商品出口。

另一方面,外汇倾销使外国货币升值,提高了外国商品的价格水平,从而降低进口产品的国内市场竞争力,有利于控制进口规模。因此,货币贬值能够起到促进出口和限制进口的双重作用。

(二) 外汇倾销的条件

外汇倾销的上述效应具有滞后性、暂时性、有限性等缺点。要想行之有效必须满足下列条件:

1. 货币贬值的程度必须大于国内物价上涨的程度

货币贬值必然引起一国国内物价上涨。当国内物价上涨程度赶上或超过货币贬值的程度时，对外贬值与对内贬值差距就会逐渐消失，外汇倾销的条件也就不存在。但是，国内价格与出口价格的上涨是有一个过程的，并非本国货币一贬值，国内物价立即相应上涨，在一定时期内它总是落后于货币对外贬值的程度，因此垄断组织就可以获得外汇倾销的利益。

2. 其他国家不同时实行程度相当的货币贬值或采取其他报复性措施

如果其他国家也实行同幅度的贬值，那么两国货币贬值幅度就相互抵消，汇价仍处于贬值前的水平，而得不到货币对外贬值的利益。如果外国采取提高关税或高筑非关税贸易壁垒等，那么外汇倾销对扩大出口的作用会很小，有时甚至会减少出口。

3. 进口需求弹性和出口需求弹性都大于1

当进口需求弹性和出口需求弹性都大于1时，也就是说进口和出口需求都富有弹性的时候，外汇倾销的扩大出口和减少进口的作用才能够发挥。如果进口和出口需求都缺乏弹性，通过外汇倾销，国外消费者不会因为价格的下降而扩大需求数量，同时国内的消费者也不会因为价格的上升而减少太多的需求，那么外汇倾销促进出口、抑制进口的目的就不能达到。

六、促进出口的组织措施

（一）成立专门组织

政府通过成立专门组织，研究制定出口商品发展战略和具体的贸易政策，并协调政策的制定与落实的情况和有关部门之间的关系。如美国国际贸易委员会和日本的“最高出口会议”等就是专门的协调机构。

（二）建立商业情报网

为加强商业情报的服务工作，许多国家都设立了官方的商业情报机构，在海外设立商情网，负责向出口厂商提供所需的情报。例如，英国设立的情报服务处，装备有计算机情报收集与传递系统。情报由英国220个驻外商务机构提供，由计算机进行分析，包括近5000种商品和200个国家或地区市场情况的资料，供有关出口厂商使用，以促进商品出口。

（三）组织贸易中心和贸易展览会

贸易中心是永久性设施，提供陈列展览场所、办公地点和咨询服务等。贸易展览会是流动的展出，许多国家都十分重视这项工作。有些国家一年组织15~20次国外展出，费用由政府补贴。例如意大利对外贸易协会对它发起的展出支付80%的费用，对参加其他国际贸易展览会的公司也给予其费用30%~35%的补贴。

（四）组织贸易代表团出访和接待来访

许多国家为了发展对外贸易，经常组织贸易代表团出访，其出国的费用大部分是政府津贴。例如加拿大政府组织的代表团出访，政府支付大部分费用。许多国家设立专门机构来接待来访团体，例如英国海外贸易委员会设有接待处，专门接待官方代表团和协助公司、社会团体等来访工商界，从事贸易活动。中国经常借助于对外贸易促进会联系进出口企业走访、考察外部市场,这对我国整体外贸环境的改善起到了积极的促进作用。

(五) 对出口厂商施以精神鼓励

二战结束后,各国对出口商给予精神奖励的做法日益盛行,经常组织出口商的评奖活动,对出口成绩显著的出口商,由国家授予奖章和奖状,并通过授奖活动宣传他们扩大出口的经验。如日本政府把每年的 6 月 28 日定为贸易纪念日,每年的这一天,由通产大臣向出口成绩卓著的厂商颁发奖状,另外还采取了由首相亲自写感谢信的办法表彰出口成绩卓越的厂商。

七、其他措施

(一) 外汇分红

外汇分红是指政府允许出口厂商从其所得的出口外汇收入中提取外汇奖励给出口商用于进口,鼓励其出口积极性。

(二) 出口奖励

出口奖励是指政府对出口商按其出口业绩给予各种形式的奖励。其目的在于鼓励出口商进一步扩大出口规模,增加创汇能力。出口奖励一般采取现金奖励,也有外汇分红和出口奖励证等其他形式。出口奖励一般是按出口商在一定时期内的总出口额或总创汇额的一定比例对出口商予以奖励,而不论出口商是盈利还是亏损。

(三) 进出口连锁制

有的国家规定进出口商必须履行一定的出口义务,才能够获得一定的输入产品的权利;或者规定获得一定进口权利的进出口商必须承担一定的出口义务。通过进出口相联系的办法,具体采取有进有出、以进带出和以出许进的方式,目的还是扩大出口。

第二节　经济特区措施

经济特区是一个国家或地区在其关境以外所划出的一定范围内,建筑或扩建码头、仓库、厂房等基础设施和实行免除关税等优惠待遇,吸引外国企业从事贸易与出口加工工业等业务活动的区域。经济特区的目的是促进对外贸易发展、鼓励转口贸易和出口加工贸易、繁荣本地区和邻近地区的经济、增加财政收入和外汇收入。

经济特区的发展已有很长的历史。早在 16 世纪的欧洲已出现了自由港,其中最早的一个是 1547 年在意大利设置的热那亚自由港,它是通行自由港的雏形。到了帝国主义时期,一些发达资本主义国家,不仅在殖民地附属国继续设置经济特区,而且还在本国开辟经济特区,以便借助其优越的地理位置,发挥商品集散中心的作用,增加贸易利益。第二次世界大战后,许多国家为了加强本国的经济实力和扩大对外贸易,增设了更多的经济特区,以促进贸易的发展。

各国或地区设置的经济特区名目繁多,规模不一。概括起来主要有自由贸易区、出口加工区、保税区、综合型经济特区、自由边境区与过境区五种类型。

一、自由贸易区

自由贸易区(**free trade zone**)指在一个国家(或地区)领土之内,海关管辖界限以外,无贸易限制(或只对烟酒等少数商品实行贸易管制)的关税豁免区,允许外国货物自由免税进入该区,目的在于发展贸易和转口贸易。自由贸易区一般设在一个港口的港区或临近港口的地区,从历史上看它也是从自由港发展而来的,两者的功能在很大程度上也是重合的。目前全世界约有千余个自由贸易区,其中三分之二在经济发达的国家和地区。

世界各国设立的自由港与自由贸易区,一般具有以下这些方便之处:

(1) 自由贸易区货物进口、存放、加工、展销及再出口均不缴纳关税,不受配额限制,不受外汇管制,可免除大多数的统计申报,不受消费者权益保护法的限制。

(2) 自由贸易区一般都设在海港城市,以便给外商提供接近终点市场的货物储存和加工基地,然后转口销出。这样可减少运费、关税及其他费用。当某种货物由于配额限制而不能进入终点市场时,可先运入区内储存,等有了配额再转口。某些货物可先运入区内,待价而沽。

(3) 自由贸易区也是货物的展销窗口,比如汉堡、纽约、旧金山的储存仓库都附设有外国货物展览推销部。现在有许多国际性的公司利用自由贸易区作为展示场所,以便进一步进入当地市场。

(4) 厂商可在合适的免税区从事加工装配工作,既可省去税负,又能降低成本、运费、厂房租金、工资及保险费等。出口商可把自由贸易区作为争取分散在各地的外国客户的一个场所。在这里,除免除关税以外,经常还附带减免所得税,此外尚有廉价的土地、劳动力与厂房,并可从邻近国家获取进口原料,加工后再出口。加工的成品可到邻近的市场去销售。

二、出口加工区

出口加工区(**export processing zone, manufacture and export zone**)是一个国家或地区在其港口或邻近港口、国际机场的地方,划出一定的范围,提供基础设施及免税等优惠待遇,吸引外国投资,发展出口加工工业的特殊区域。出口加工区既提供了自由贸易区的某些优惠待遇,又提供了发展工业生产所必需的基础设施。设置出口加工区的主要目的是引进外资、先进技术和经营方法,利用本国劳动力资源与国际市场,发展出口加工工业,以扩大出口贸易,增加劳动就业与外汇收入,取得工业方面的收益,促进本地区和本国的经济发展。

出口加工区一般可以分为两种类型:一是综合性出口加工区,即在区内可以经营多种出口加工工业:二是专业出口加工区,即在区内只准经营某些特定的出口加工产品。目前世界各地的出口加工区,大部分是综合性出口加工区。

三、保税区

保税区(**bonded zone**)又称保税仓库区,是海关所设置的或经海关批准注册的特定地区和仓库。外国货物存入这些保税区内可以暂时不缴纳进口税,如再出口,也不缴纳出口税。

运入区内的货物也可以进行储存、改装、分类、混合加工与制造等。

根据职能不同,保税区可以分为以下几种:

(一)指定保税区

指定保税区是为方便报关,向外国货物提供的装卸、搬运或暂时储存的场所。一般都设在港口或国际机场附近。货物进入区内存储的期限较短,一般不超过一个月。

(二)保税仓库

保税仓库是由海关监管供储存暂未缴纳关税的进口应税货物的专门仓库。未经海关许可,不得将货物运出仓库,必须在缴纳关税及其他费用后才准许运入国内。如果重新出口,则不需纳税。这便于货主把握交易时机出售货物,有利于对外贸易业务的顺利进行和转口贸易的发展。

(三)保税工厂

保税工厂是由海关监督供外国货物进行加工、分类及检修保养业务活动的专门工厂。由于存储在保税工厂中的货物可作为原料进行加工和制造,可以适应市场需求,减少关税负担。

四、综合型经济特区

综合型经济特区(special economic zone, SEZ)是指一国在其港口或港口附近等地划出一定的范围,新建或扩建基础设施并提供减免税收等优惠待遇,吸引外国企业在区内从事外贸、加工工业、金融保险和旅游业等多种经营活动的区域。从1979年,我国先后在深圳、珠海、汕头、厦门和海南设立了这种经济特区。

综合型经济特区的一般特点是:特区规模大,经营范围广,是一种多行业、多功能的特殊经济区域,在经营出口业和对外贸易的同时,也经营旅游业、金融服务业、交通电信以及其他一些行业。

五、自由边境区与过境区

自由边境区(free perimeter),仅见于美洲少数国家,一般设在本国的一个省或几个省的边境地区,对于在区内使用的生产设备、原材料和消费品可以免税或减税进口,但如从区内转运到本国其他地区出售,则须照章纳税。外国货物可在区内进行储存、展览、混合、包装、加工和制造等活动,其目的在于利用外国投资开发边境地区的经济。

与出口加工区的不同,自由边境区的进口货物加工后大多数在区内使用,只有少数是用于再出口。设立自由边境区的目的是开发边境地区的经济。因此,有些国家对优惠待遇规定期限。当这些地区生产能力发展后,就逐渐取消某些货物的优惠待遇。

过境区(transit zone)是沿海国家为便利邻国的进出口货物,开辟某些海港、河港或边境作为货物过境区,在过境区可简化海关手续,免征关税或只征小额的过境费用。过境货物一般可在过境区作短期储存和重新包装,但不得加工。

小知识 10-1

中国保税港区相关知识

1. 什么是保税港区？

保税港区是经国务院批准设立的，在港口作业区和与之相连的特定区域内，集港口作业、物流和加工为一体，具有口岸功能的海关特殊监管区域。保税港区是海关按照我国国情实际需要，借鉴发达国家海关的先进管理经验，与国际通行做法相衔接，适应跨国公司运作和现代物流发展需要的新兴监管区域，是我国目前港口与陆地区域相融合的保税物流层次最高、政策最优惠、功能最齐全、区位优势最明显的监管区域，是真正意义上的境内关外，在形式上最接近自由贸易港的政策模式。

2. 保税港区具有哪些功能？

保税港区政策着眼于充分发挥区位优势和政策优势，发展国际中转、配送、采购、转口贸易和出口加工等业务，拓展相关功能。

——国际中转功能。目前中国的贸易进出口已经发展到 14 000 多亿美金，但在中国众多的港口城市当中没有具有成熟国际中转能力的港口，中国绝大部分的进出口货物都是通过周边国家进行输送，要想更好地参与国家间港口的竞争，首先就要拥有具有国际中转能力的枢纽港口。保税港区的建立首先就要担负起参与国家间港口竞争的功能，使我们自己拥有世界级的航运中心。

——国际配送功能。保税港区由于政策的支持和发展特点，已经具备了国际配送的要求。保税港区不但有现代化的港口，同时也拥有保税物流园区。在该园区内，世界各国的公司都可以开展国际配送的业务。

——国际采购功能。目前保税港区的优惠政策规定，国内货物进入保税港区港口或区内卡口即可享受出口退税政策。采购进港口保税区内仓储物流园区的国内货物，可以进行出口集运的综合处理或商业性的简单加工，向世界外分销；采购进区的进口保税货物，同样可以在进行商业性的简单加工后，再向国外分销；需返销国内市场的货物，按规定办理进口手续。将来企业入驻后，不但可以发展进出口贸易，同样也可以发展区内企业之间的贸易，以及保税港区企业和境外企业之间的贸易。

——国际转口贸易功能。在中国上千个港口开放城市当中，除了上海、天津、大连，目前还没有一个具有强大国际转口贸易功能的港口。现在保税港区的企业就可以从事转口贸易、交易、展示、出样、订货等经营活动。

——出口加工区功能。在保税港区陆上特定区域设立出口加工区，开展加工贸易。进口的原材料、零部件、元器件进港可予保税。保税货物和采购进区的国内货物可以在进口加工、装卸后出口。目前港区的众多优惠政策不是对现有的优惠政策简单叠加，而是从叠加中发挥更大的政策效应。

3. 保税港区具有哪些税收管理优惠政策？

保税港区享受保税区、出口加工区相关的税收和外汇管理政策。主要税收政策为：

——国外货物入港区保税；

——货物出港区进入国内销售按货物进口的有关规定办理报关手续，并按货物实际状态征税；

——国内货物入港区视同出口，实行退税；

——港区内企业之间的货物交易不征增值税和消费税。

4. 保税港区管理需要哪些基本要求？

保税港区实行封闭管理，港区和陆地区域参照出口加工区的标准建设隔离监管设施，货物和车辆通过时要有必要的监管设施和监管措施，并采取有效措施保证社会车辆通过通道。当地人民政府要严格按照土地利用总体规划确定具体位置，严格控制规划用地面积，依法履行用地报批手续，并拟定保税港区建设实施方案。实施方案经海关总署会同有关部门审核同意后，由当地人民政府组织隔离监管设施的建设，待条件具备后，由海关总署会同有关部门按照出口加工区的建设标准联合验收。

5. 申报保税港区需经历哪些基本程序？

——理论研究，可行性论证

——请示文件上报省级人民政府

——省级人民政府上报国务院

——国务院批转各部委阅办

——国务院办公厅批转海关总署牵头阅办。海关总署综合各部委意见形成的《关于建立 * * 保税港区的请示》文件，完成 10 部委会签工作，并正式上报国务院。

——国务院批复请示

6. 我国建设保税港区的基本情况

序号	批复时间	名称	规划面积（平方公里）	备注
1	2005.6.22	上海洋山保税港区	8.14	中国第一个保税港区
2	2006.8.31	天津东疆保税港区	10	
3	2006.8.31	大连大窑湾保税港区	6.88	
4	2007.9.24	海南洋浦保税港区	9.21	
5	2008.2.24	宁波梅山保税港区	7.7	
6	2008.5.29	广西钦州保税港区	10	
7	2008.6.5	厦门海沧保税港区	9.5092	
8	2008.9.7	青岛前湾保税港区	9.72	
9	2008.10.18	深圳前海湾保税港区	3.71	
10	2008.10.18	广州南沙保税港区	7.06	
11	2008.11.12	重庆两路寸滩保税港区	8.37	唯一一个位于中国内陆地区的保税港区，第一个采取“水港 + 空港”的保税港区

续表

序号	批复时间	名称	规划面积（平方公里）	备注
12	2008.11.18	张家港保税港区	4.1	江苏以及长江中下游沿线第一个保税港区，第一个位于县域口岸的保税港区
13	2009.9.22	烟台保税港区	7.26	全国第一家以出口加工区和临近港口整合转型升级形成的保税港区
14	2010.5.18	福州保税港区	9.2	

资料来源：baike.baidu.com/view/401551.htm

中国（上海）自由贸易实验区

中国（上海）自由贸易试验区（China（Shanghai）Pilot Free Trade Zone），简称上海自由贸易区或上海自贸区，是设于上海市的一个自由贸易区，也是中国内地境内第一个自由贸易区，将为上海带来十年发展红利。

2013年8月，国务院正式批准设立中国（上海）自由贸易试验区。该试验区成立时，以上海外高桥保税区为核心，辅之以上海外高桥保税物流园区、洋山保税港区和上海浦东机场综合保税区等共计4个海关特殊监管区域，总面积为28.78平方公里，是“四区三港”的自贸区格局，成为中国经济新的试验田，实行政府职能转变、金融制度、贸易服务、外商投资和税收政策等多项改革措施，并将大力推动上海市转口、离岸业务的发展。该项目立项的过程中曾遭遇阻力，但国务院总理李克强“力排众议”努力促成该项目通过。

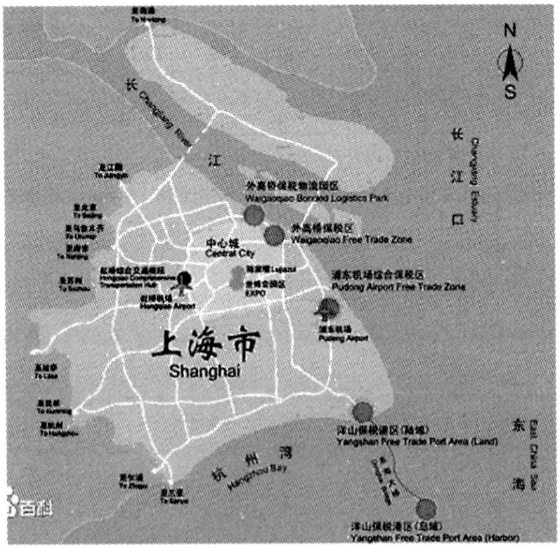

2013年9月29日，上海自由贸易区正式挂牌成立。2013年上海综保区将深化国际贸易结算中心试点运作、融资租赁功能全面发展、以期货保税交割功能促进大宗商品产业集聚、扩大保税船舶登记试点规模、推动机场区港一体化迈出实质性步伐、做大洋山保税港区

国际中转集拼业务、全面推进亚太营运商计划、探索“前店后库”联动模式、试点全球维修检测业务、研究建立具有离岸特点的国际账户。

资料来源：baike. baidu. com/view/10747818. htm? from_id = 12008139&type = syn&fromtitle

第三节　出口管制措施

世界各国的对外贸易政策一般都是鼓励出口和限制进口，但在某些特殊情况下，为了某种特定的目的，对某些商品的出口也实行一定程度的控制。

一、限制出口的目的和商品种类

（一）目的

1. 经济目的

发达国家为了保持技术上对其他国家的领先地位，对高新技术及相关产品的出口加以限制。一些国家为了缓和与进口国在贸易上的摩擦，在进口国的压力下，“自动”限制出口。一些国家为了保护本国工业，对国内工业所需的稀缺原材料、半成品的出口加以限制。有些国家为了保护国内市场，对一些关系国计民生的重要产品，也会限制出口。为了稳定出口商品价格，一些国家对本国出口量在国际市场份额占比较大的产品生产和出口加以统一计划和安排，以避免因本国出口商恶性竞争而压低商品价格。为了增加财政收入，一些发展中国家也对一些出口商品征收出口税。此外，为了稳定金融秩序，许多国家对黄金和白银的出口严加限制。

2. 政治目的

对实行战争侵略的国家实行制裁，而采取出口禁运措施，目的是迫使发动战争的国家停止侵略行为。一些国家采用出口禁运的措施，来制裁敌对国以迫使该国政府改变现行立场。

3. 军事目的

为了国际社会的和平，各国有义务对核武器制造技术、装备和原料的出口实行出口管制。同样，国际社会也禁止生化武器的研发和使用，有关生化武器及原材料的出口也应受到限制。一些发达国家为了保持军事上的优势，对本国战略物资、军火及先进的军事技术资料严格控制出口。

除上述目的外，基于国家对文化和生态环境保护等目的，对一些特殊商品的出口也实行管制。

（二）商品种类

出口管制的商品主要可分为以下几类：

1. 战略物资及其有关的先进技术资料。如武器、军事设备、军用飞机、军舰、先进的电子计算机及有关技术等。大多数国家对这类商品与技术均严格控制出口，这些商品必须领取出口许可证，方能出口。

2. 国内生产所需的原材料、半成品及国内市场供应不足的某些必需品，如英国的某些化学品、石油、药品、活牛、活猪；日本的矿产品、肥料、某些食品；瑞典的废金属、生铁等都控制出口。

3. 为了缓和与进口国在贸易上的摩擦，在进口国的要求或压力下，"自动"控制出口的商品，如发展中国家根据纺织品"自限协定"自行控制出口商品。

4. 为了有计划安排生产和统一对外而实行出口许可证制的商品，如我国属于出口许可证制项下的某些商品，有玉米、原油、人参、电扇、轮胎、机床等。

5. 为了实行经济制裁而对某国或地区限制甚至禁止出口的商品。

6. 对某些重要的文物、艺术品、黄金、白银等特殊商品，大多数国家都规定需特许才能出口。

二、出口管制的机构与措施

一般说来，执行出口管制国家的机构根据出口管制的有关法案，制定管制货单（commodity control list）和输往国别分组管制表（export control country group），然后采用出口许可证制，制定具体出口申报手续。现以美国为例加以说明。

美国出口管制由总统指令美国商务部执行，商务部设立贸易管理局具体从事出口管制工作。

首先，贸易管理局根据有关法案和规定，制定出口管制货单和输往国别分组管制表。在管制货单内列有各种需要管制的商品名称、商品分类号码、商品单位及其所需的出口许可证类别等。

其次，美国出门商出口受管制的商品时，必须向商务部贸易管理局申请出口许可证。美国的出口许可证分为一般许可证和有效许可证两类。

（一）一般许可证

根据上述的管制货单和输往国别分组管制表，如属于一般许可证（general license）项下的商品，按一般出口许可证的程序出口。一般来说这类商品的出口管理很松。为了便于出口，规定出口商出口这类商品，不必向商务部贸易管理局提出申请，只要在出口报关单上填明管制货单上该商品的普通许可证编号（processing code），经海关核实，出口手续就算办妥了。

（二）有效许可证

根据管制货单和输往国别分组管制表，如属于有效许可证（validated license）项下的商品，出口商必须向商务部贸易管理局申请有效许可证。出口商在许可证上按管制货单的项目填写商品名称、数量、商品管制编号，并详细说明输出商品的最终用途。如需再出口，须注明再出口国家名称和输往目的地的说明。此外，还要附上其他有关证件一起送上审批，经批准后，方能出口。

三、中国不断完善出口管制机制

2001 年美国"9·11"事件后，恐怖主义威胁上升，国际反恐、防扩散形势发生了重大变化，出口管制问题在全世界范围内都具有特别的敏感性，各国都一致认为有必要对敏感物项和技术的出口采取严格管制措施。

中国政府历来高度重视防扩散出口管理问题。1994 年颁布的《中华人民共和国对外贸易法》作为对外贸易领域的基本法律，明确规定了限制或禁止进出口的货物和技术种类。近年来，又先后颁布实施了《中华人民共和国监控化学品管理条例》、《中华人民共和国核出口管理条例》、《中华人民共和国军品出口管理条例》、《中华人民共和国核两用品及相关技术出口管制条例》。2002 年，我国相继颁布了《中华人民共和国导弹及相关物项和技术出口管制条例》、《中华人民共和国生物两用品及相关设备和技术出口管制条例》和《有关化学品及相关设备和技术出口管制办法》等法规。2004 年修订的《中华人民共和国对外贸易法》第 17 条明确规定："国家对与裂变、聚变物质或者衍生此类物质的物质有关的货物、技术进出口，以及与武器、弹药或者其他军用物资有关的进出口，可以采取任何必要的措施，维护国家安全。"至此，中国在防扩散出口管制方面的法规已涵盖了核、生物、化学和导弹等领域，形成了较为全面的敏感物项和技术出口管制体系。

这些法规的陆续出台，对于规范我国敏感物项的出口管制，落实国家防扩散政策，履行有关国际义务，维护国家安全、社会公共利益以及对外经济贸易活动的正常开展具有重要意义。

本章小结

1. 出口贸易政策可分为两类：一是鼓励出口政策，也称扩大出口政策；另一类是限制出口政策，也称出口管制。

2. 出口信贷是指一个国家为了鼓励商品出口，增强商品的竞争能力，通过银行对本国出口厂商或国外进口厂商提供的贷款。按时间长短划分为**短期信贷**、**中期信贷和长期贷款**；按信贷关系划分为**卖方信贷**、**买方信贷和混合信贷**。

3. 出口信用保险是保险机构或保险公司对于出口贸易中出口商遭遇境外的商业风险或政治风险而遭受损失给予承保的一种特殊保险，是为出口商提供出口收汇风险的保障措施。

4. 出口信贷国家担保制是指国家为了扩大出口，对于本国出口信贷机构或商业银行向外国进口商或银行提供的信贷，由国家设立的专门机构出面担保，当外国债务人拒绝付款时，这个国家机构即按照承保的数额给予补偿。

5. 出口补贴又称出口津贴，是一国政府为了降低出口商品的价格，加强其在国外市场上的竞争能力，在出口某种商品时给予出口厂商的现金补贴或财政上的优惠待遇。出口补贴有**直接补贴和间接补贴**两种方式。

6. 商品倾销是指出口国家的出口厂商以低于国内市场的价格，甚至低于商品生产成本的价格，在国外市场抛售商品，打击竞争者以占领国外市场。根据倾销的具体目的和时间的不同，商品倾销可分为**偶然性倾销**、**间歇性或掠夺性倾销**、**长期性倾销**。

7. 外汇倾销是指出口企业利用本国货币对外贬值的机会，进行商品倾销，以争夺国外市场的一种特殊手段。

8．经济特区是一个国家或地区在其关境以外所划出的一定范围内，建筑或扩建码头、仓库、厂房等基础设施和实行免除关税等优惠待遇，吸引外国企业从事贸易与出口加工工业等业务活动的区域。主要有自由贸易区、出口加工区、保税区、综合型经济特区、自由边境区与过境区五种类型。

9．一些国家，特别是发达资本主义国家，为了达到一定的政治、军事和经济目的，对某些商品，特别是战略物资与先进技术资料，实行限制出口或禁止出口，称为出口管制。

案例　中国保税区的发展

【案例详解】

保税区是指海关所设置的或经海关批准注册的具有保税加工、储运、转口功能的受海关监管的特定区域。保税区的主要功能是发挥港口优势，引进资金和先进技术，发展转口贸易，拓展国际贸易，开展为贸易服务的加工、整理、包装、储存、运输等业务，具有出口加工、转口贸易、保税仓储三大功能。

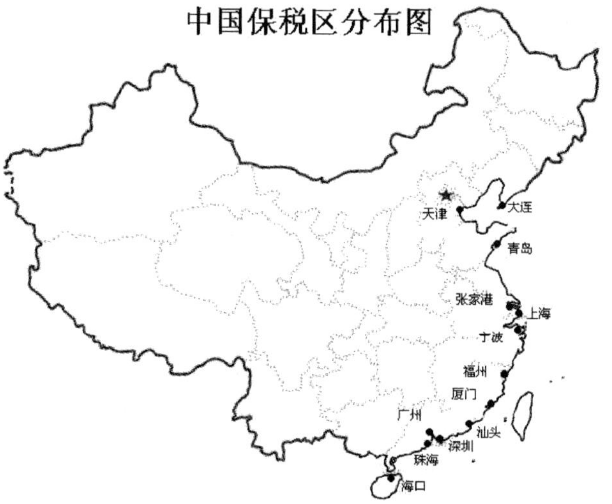

各保税区运作面积如下：　　（单位：平方公里）

大连	3.1	天津港	3.87
青岛	2.5	上海外高桥	7.52
张家港	4.1	宁波	2.3
福州	0.8	厦门象屿	0.6
广州	1.4	深圳福田	1.35
深圳沙头角	0.2	深圳盐田港	0.205
珠海	3	汕头	2.34
海口	1.51		

目前，经国务院批准设立的保税区共有15家，分别为上海外高桥保税区、天津港保税区、深圳福田保税区、沙头角保税区、盐田保税区、广州保税区、大连保税区、海口保税区、张家港保税区、福州保税区、宁波保税区、青岛保税区、厦门象屿保税区、汕头保税区、珠海保税区。

从保税区十多年的运作来看，15个保税区规模参差不齐，功能也不尽相同，总体看都偏重于贸易和加工，物流功能等相对薄弱。而且，一些优惠政策并没有落实到位。一些保税区在实际运作中并没有严格执行“境内关外”政策，相关优惠政策并没落到实处。这些保税区政策有很大的改革开放进展和相当的经济自由化程度，但总体上仍是“境内关外”的海关特殊监管区。

随着世界经济的发展尤其是经济全球化进程的加快，保税区这种形式已经满足不了中国更好地参与全球经济的需要。例如，越来越多的跨国公司在中国投资，其产品在研制、生产、销售等环节需要高度的国际化，迫切需要一个具备国际配送、国际采购、国际中转等功能，且货物能自由、高效流通的区域。而保税区功能较为单一。

与此同时，中国对外开放水平的全面提高，使保税区原来的政策和功能优势逐步弱化。加入世界贸易组织后，中国工业品的平均关税大幅降低，2001 年为 14.7%，2005 年降至约 9.5%，并取消所有的非关税措施，使保税区的关税效应不断减弱。

保税港区正以其最齐全的功能、最优惠的政策、最大的开放度，成为我国继保税区之后，最为特殊的外向型经济区域。“保税区”与“保税港区”，虽一字之差，但内涵相去甚远。

保税港区与保税区的区别主要体现在：

从发展形态上讲，保税港区是我国保税经济区域的高级形态；从功能上讲，保税港区叠加了保税区、出口加工区、保税物流园区各项功能政策；从发展趋向上讲，保税港区是未来我国建设自由贸易区的先行实验区；从运作模式上讲，保税港区实现了保税区域与港口的实质联动。

资料来源：刘辉群. 中国保税区向自由贸易区转型的研究[J]. 中国软科学，2005，5：114—119.

练习与思考

1. 什么是出口信贷？有哪些种类？试比较它们之间的异同。
2. 什么是出口补贴？间接补贴主要有哪几种？
3. 商品倾销有哪几种类型？企业进行商品倾销时应该如何弥补倾销商品时的亏损？
4. 一国进行货币贬值会对进出口有哪些影响？
5. 经济特区主要有哪些类型？各自具有哪些特征？
6. 什么是出口加工区？出口加工区通常有哪两种类型？
7. 出口管制的主要目的是什么？限制的主要商品类别是哪些？

第十一章

国际贸易摩擦

本章提要

贸易自由化是一柄双刃剑。一方面,贸易自由化在全球范围内扩展,扩大了国际贸易的深度和广度,使国际贸易比历史任何时期发展得都快;另一方面,贸易自由化也引起世界市场竞争的激化,带来国家利益与要素收入的重新分配,导致各国间的贸易摩擦。本章将着重分析贸易摩擦的含义、表现形式、特点、成因、影响及化解途径等内容。

本章结构图

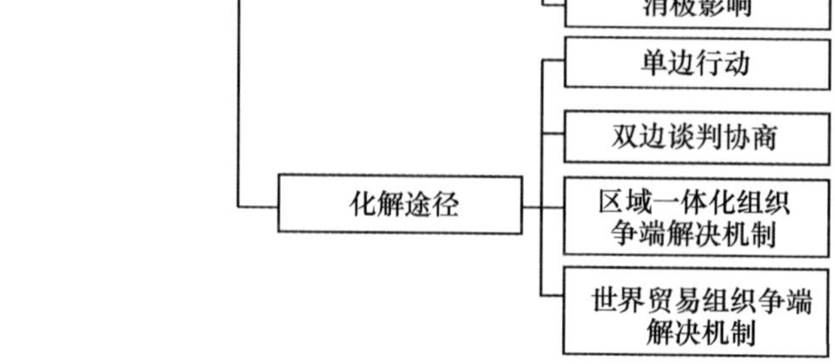

学习目标

- 重点掌握国际贸易摩擦的含义、表现形式及化解途径。
- 掌握国际贸易摩擦产生的原因与影响。
- 了解当代国际贸易摩擦的特点。

第二次世界大战结束以来,国际贸易得到了迅速的发展,其中的一个重要原因就是在世界贸易组织的推动下,全球多边贸易的壁垒不断降低,越来越多的国家加入到这个全球的多边贸易体系中来。但是,贸易壁垒的降低并不是全面的,在关税等传统壁垒不断降低的同时,新的更隐蔽的壁垒,如技术壁垒、环保标准等层出不穷,导致贸易摩擦日益增加。

第一节 国际贸易摩擦的概述

一、国际贸易摩擦的含义和表现形式

国际贸易摩擦(**international trade friction**)是指贸易当事国的一方基于某些理由,采取或意图采取某些措施,引起贸易当事国之间由于贸易利益上的冲突而产生的摩擦或纷争等事态。这些措施通常与保护主义措施相同,因而国际贸易摩擦通常表现为贸易保护主义。

对贸易摩擦,不同国家的认识存在很大的差异,因为它们可能根据不同的标准来判断贸易摩擦产生的根源。这说明各国在认识贸易摩擦的成因上总是难以一致的,在行动上也难以放弃本国的利益。从认识上看,进口国认为进口产品冲击其市场和产业,减少了该国的市场份额,降低其就业率,或造成进口国的国际收支不平衡,但出口国不认同这种看法。而从行动上看,进口国选择采取一定的贸易壁垒措施,限制进口对方的商品,这容易引起出口国采取贸易的报复行为。

在世界贸易组织为主的多边贸易体制下,成员国一方面可以享受多边贸易自由化的好处,另一方面又可援引世界贸易组织例外或保障措施来实施贸易保护。不过,不同时期世界贸易组织成员援引的例外或保障措施不同,引起国际贸易摩擦的主要表现形式发生变化。最常见的国际贸易摩擦表现形式,由 20 世纪 60—80 年代的配额及自愿出口限制,转变为 80 年代末期以来的反倾销,而目前技术性贸易壁垒日益盛行。

二、当前国际贸易摩擦的特点

(一)全球贸易摩擦数量迅速增加

在世界贸易组织框架下,传统的贸易保护措施逐渐被取消或受到多边贸易规则的约束和限制,贸易保护主义者可以使用的传统保护工具越来越少。但贸易保护主义、贸易保护的要求并没有消失。相反,在贸易自由化的大环境下,各国依然面临很强的贸易保护的诉求。而且,贸易自由化所面临的另外一个现实是各国不断在世界贸易组织框架内寻求合法的贸易保护手段。

在贸易迅速增长的同时,国际贸易摩擦也迅速增加。以诉诸世界贸易组织的贸易争端来看,在关税与贸易总协定于 1947 年建立直到 1995 年被世界贸易组织取代的 48 年间,关贸总协定争端解决机制受理的贸易争端案例总共才发生了 101 件,而世界贸易组织成立后,在 1995—2006 年的 12 年里就发生了 3390 件。当然,即使在世界贸易组织成立后的 10 多年里,世界贸易争端也并不是线性增加的。如表 11-1 显示,诉诸世界贸易组织的贸易摩擦事件在 1999 年达到 411 起的高峰后反而呈现出某种下降的趋势。当然,1999 年以后诉诸世界贸易组织的案例减少并不必然意味着国际贸易摩擦总量的减少,因为大量的贸易摩擦是在双边基础上发生并解决的,并没有诉诸到 WTO 争端解决机制。

表 11-1 全球历年贸易争端解决数量汇总

类别	1995	1996	1997	1998	1999	2000	2001	2002	2003	2004	2005	2006
反倾销	157	225	243	257	355	292	364	312	232	213	201	193
反补贴	10	7	16	25	41	18	27	9	15	8	6	8
保障措施	2	5	3	10	15	25	12	34	15	14	7	13
合计	169	237	262	292	411	335	403	355	262	235	214	214

资料来源:世界贸易组织网站(www. wto. org)

根据 2011 年 6 月世界贸易组织的贸易监督报告提供的数据显示,世界贸易组织成员实施的贸易限制措施的数量仍在缓慢增加,同时各国取消危机以来陆续采取的贸易限制措施的进展缓慢。在世界贸易组织成员采取的新的贸易限制措施中,边境措施(比如提高关税、实施非自动进口许可证要求的非关税措施、禁止进口等)占 42%,贸易救济措施占 36%,出口限制措施占 22%。2011 年 10 月,联合国贸发会议、世界贸易组织和经济合作与发展组织联合发布的二十国集团(G20)国家贸易投资评估报告指出,在报告期内(2011 年 5 月至 10 月中旬),没有证据表明这些国家新的限制贸易措施在减少,也没有证据表明这些国家正在积极地取消现有的限制,尤其是那些在金融危机初期开始实施的贸易限制措施。自 2008 年 10 月以来,各国采取的贸易限制或潜在贸易限制措施有 674 项,仅有 19% 被取消。与世界贸易组织的谨慎乐观相比,全球贸易预警组织(Global Trade Alert, GTA)在 2011 年 7 月发布的报告称,贸易保护主义势头正在上升,近半年多来,全球已实施 194 项保护主义措施,其中 80% 来自二十国集团(G20)国家。

表 11-2 G20 成员采取的贸易限制措施情况 单位:起

贸易限制措施类型	2010 年 5 月中旬—10 月中旬	2010 年 10 月中旬—2011 年 4 月	2011 年 5 月—10 月中旬
贸易救济	33	53	44
边境措施	14	52	36
出口措施	4	11	19
其他措施	3	6	9
合计	54	122	108

资料来源:世界贸易组织秘书处. Report on G20 Trade Measures[R]. 日内瓦:世界贸易组织秘书处,2011.

（二）全球贸易摩擦以反倾销为主要形式

1995 年达成的乌拉圭多边贸易协定，包含了 3 种（反倾销、反补贴、保障措施）临时保护措施。随着制定临时保护法和应用临时保护措施国家的增多，由临时保护引起的贸易摩擦成为一个全球现象。而在应用临时性保护措施引起的贸易摩擦中，保障措施成为最少使用的临时限制措施。1950 年至 1994 年期间，保障措施共计 150 起，其中，1950 年至 1984 年期间年均发起 3.6 起，1985 年至 1994 年期间下降为年均 3.2 起。相反，反倾销措施和反补贴措施的使用频率不断上升。20 世纪 80 年代初年均使用次数达到 92 起，80 年代末到 90 年代初年均使用次数高达 200 起左右。进入 90 年代中后期，1995 年至 2006 年反倾销调查数量达 3044 次，年均 254 次；反补贴 191 次，年均 16 次；而同期保障措施为 155 次，年均 13 次。

这一现象的主要原因包括：一是国际贸易中工业品贸易的比例不断上升，而工业品的生产与贸易大多具有不完全竞争市场特征，差别定价策略较普遍，因而反倾销的运用广泛。二是反倾销的使用方便、灵活，针对性强，因而使用成本较低。由于倾销被认为是“不公平竞争”行为，因而只要证明出口商发生了倾销并对国内产业造成了重大损害，反倾销行为就是合法的。三是在乌拉圭回合谈判中，虽然在反倾销协议中增加了“日落条款”及其他一些限制性规定，但并没有根本增加反倾销措施的使用成本。因此，反倾销措施与其他的世界贸易组织例外和保障措施相比，其成本相对较低。于是，反倾销成为主要的贸易保护形式。

（三）以反倾销为主要形式的全球贸易摩擦在全球范围内扩散

1980 年，只有 4 个国家发起反倾销调查，而且在 1985 年以前，世界所有的反倾销调查都是由美国、欧洲共同体（今欧盟）、澳大利亚及加拿大、德国等发达国家发起。20 世纪 80 年代后期，墨西哥加入了反倾销调查发起国行列，到 1990 年，反倾销调查发起国家数目上升到 10 个。20 世纪 90 年代初，其他的拉美国家，如阿根廷、巴西及哥伦比亚等国，也加入了反倾销调查行列。20 世纪 90 年代末，更多的中、低收入国家，如南非、埃及、秘鲁、菲律宾及印度尼西亚等国家也加入了反倾销调查行列。到 2000 年，世界发起反倾销调查的国家数上升到 38 个。从反倾销的主要发起国看，1985 年以前，世界所有的反倾销调查均为经济合作与发展组织国家所发起，到 20 世纪 80 年代末，高收入发展中国家开始加入反倾销调查行列，但他们发起的反倾销比例仅占世界反倾销总数的 9%。90 年代，高收入发展中国家发起的反倾销调查直线上升，到 90 年代末，这些国家发起的反倾销调查占总数的 30%。20 世纪 90 年代引人注目的倾向是低收入与中等收入发展中国家发起反倾销调查的上升。20 世纪 90 年代末，低收入与中等收入发展中国家发起的反倾销总数是 90 年代初反倾销总数的 10 倍。同时，经济合作与发展组织报告的反倾销案例直线下降，中低收入国家的反倾销发起数快速上升，弥补了经济合作与发展组织国家反倾销案例的降低，从而使 90 年代全球反倾销案例上升。而且，发起反倾销调查的国家更加广泛，不管是低收入的发展中国家还是高收入的发展中国家，都加入了反倾销行列，作为一个整体，发展中国家发起的反倾销数已占全球反倾销总数的 57%。

（四）反倾销行业集中，钢铁及其制品在反倾销调查中所占比例最大

世界贸易组织成立后，各国发起的反倾销调查中，贱金属、钢铁及其他制品占反倾销调

查总数的 29.3%，而贱金属、钢铁及其他制品裁定反倾销的案例占世界裁定反倾销总案例数的比例达 33.1%。由此可见，钢铁行业仍是世界反倾销调查的重点行业。世界第二大反倾销调查行业为化工产品，该类产品的反倾销调查占世界反倾销调查总数的 19.9%，裁定反倾销案例数占世界裁定案例数的 20%。总之，钢铁及化工产品的反倾销占世界反倾销总数的二分之一。其他遭遇反倾销调查最为严重的产业分别为塑料及橡胶制品（13.2%）、纺织品（6.9%）及纸张与纤维产品（4.4%），这几大类的产品遭遇的反倾销约占世界反倾销总数的四分之三。

从遭遇反倾销调查集中的行业看，国际贸易中遭遇反倾销调查的多是劳动与资源密集型产品，而甚少资本与高新技术密集型产品，考虑到发展中国家的出口结构大部分为劳动与资源密集型产品，这个结果表明，发展中国家的对外贸易环境还在不断恶化。

（五）服务贸易领域成为国际贸易摩擦新的战场

随着服务贸易的不断扩展，各国对服务贸易市场的争夺也日趋激烈。由于少数发达国家在金融、电信、咨询等服务业领域占有绝对优势，因此斗争主要表现在这些国家相互之间对市场的争夺以及发展中国家为保护本国服务业市场而与发达国家进行的斗争上。发达国家长期以来致力于加快金融、电信等服务领域的自由化，而发展中国家则要求给予更多的时间来适应发达国家提出的规则。

尤其值得注意的是，文化产品的贸易纠纷呈上升态势。例如，当今世界上，美国是唯一的超级大国，它依靠其经济、科技、军事上的优势，在全球推行其霸权，在文化领域也不例外。美国控制了世界 75% 的电视节目和 60% 以上的广播节目的生产与制作，每年向他国发行的电视节目总量达 30 万小时。许多第三世界国家的电视中美国的节目高达 60% ~80%，成了美国电视的转播站，而美国自己的电视节目中，外国节目仅占 1% ~2%。美国的电影生产总量只占世界电影产量的 6% ~7%，却占据了世界总放映时间的一半以上。由于文化产品不同于普通产品，它和一国民族文化的保存和繁荣息息相关，有关文化产品的国际贸易摩擦实际上是文化多元化与文化霸权的斗争渗透到经济领域后的反映。随着全球化的发展，国际政治、经济、文化的相互影响和相互渗透将更为深入，有关文化产品的国际贸易摩擦也将呈现更为复杂的形态。

（六）技术性贸易壁垒日益高涨

随着新一轮技术革命，如微电子和生物技术的兴起，技术法规与标准的重要性不断上升。因此，20 世纪 90 年代中后期，一些发达国家运用反倾销的频率呈下降趋势，技术性贸易壁垒日益高涨。

所谓技术性措施，是指一国政府与非政府机构以维护国家安全、保护人类与动植物安全与健康、保护环境、防止欺诈行为及保证食品安全与产品质量等为由采取的强制性与非强制性法规与标准。

技术性措施造成对贸易的阻碍就称为技术性贸易壁垒，它越来越成为重要的贸易保护工具。20 世纪 90 年代末期，技术法规与标准增长迅速，特别是在发达国家有取代反倾销之势。1995 年至 2006 年间，世界贸易组织成员国通报的技术性措施及卫生检疫措施（sanitary, and phytosanitary standard, SPS)共计 16067 件,其中 2006 年的通报量是 1995 年的 3.7 倍。技术性措施的分布指数从 1994 年的 31.9% 上升至 2004 年的 58.5%,其中发达国家的分布指数从 21.9% 上升至 50%,增长 3 倍多,发展中国家的分布指数从 34.4% 上升到 58.5%。

究其原因,主要包括:

1. 由于知识经济与信息经济的兴起,发达国家制定和实施技术性贸易壁垒的成本很低

首先,发达国家科技水平和检测手段先进,其制定和实施技术性贸易壁垒的成本相对较低;其次,发展中国家科技水平及检测手段落后,其不仅无法充分利用技术性贸易壁垒,也无法对其他国家实施有效的报复;更为重要的是,其他国家的企业或行业也可以运用并实施它,而反倾销等其他例外与保障措施则需一国管理部门来实施,这大大降低了技术性贸易壁垒的使用成本。

2. 技术性法规与标准成为一种新的更为隐蔽的贸易保护措施,运用范围十分广泛

许多技术性贸易壁垒打着“安全、健康、环保及劳工标准”等幌子,通常受到消费者的支持,因而其道德代价较低。技术性贸易壁垒应用广泛,它不仅可以存在于高新技术领域,而且在一些传统领域中同样可以应用;它不仅可以运用于有形商品,还可运用于服务贸易、投资、知识产权和环境保护等各个领域。

3. 技术性法规与标准的贸易限制效果明显

一方面,传统贸易壁垒如关税、运输与通讯成本等大幅度降低,使技术性法规与标准在决定国际竞争力方面更加重要。外国生产企业为满足进口国的技术要求必须增加投资、增加成本,从而降低其在出口市场上的竞争力,甚至无法进入。另一方面,收入提高和知识发展使人们更加关注优质的生活和工作条件,技术法规与标准成为影响消费者选择的一个重要因素。基于以上原因,技术性贸易壁垒越来越成为最受保护主义者欢迎的一种贸易保护措施。

(七)中国成为世界遭遇反倾销调查最多的国家

根据世界贸易组织反倾销数据库数据显示的世界遭遇反倾销调查最多的国家与地区的基本情况看,我国已成为出口产品受反倾销调查最多的国家。2000 年以前,对我国出口产品进行反倾销调查平均每年 30 起,到 2000—2008 年期间,平均每年高达 57 起。

对我国提出反倾销指控的国家也越来越多,已由最初以欧美发达国家为主逐步向发展中国家蔓延。遭受反倾销指控的产品种类不仅日趋广泛,而且涉案金额也越来越大。在 20 世纪 80 年代国外对华反倾销案件中,涉案金额超过 1 亿美元的案件可以说没有,涉案金额超过 1000 万美元的也不足 10 起;但到 90 年代之后,国外对华反倾销案件中,金额超过 1 亿美元的案件就有 15 起,特别是在 2006 年欧盟对华鞋类反倾销案件中,涉案金额更是高达 8.49 亿美元,堪称世界之最。2008 年,全球有 21 个国家对我国发起“两反两保”调查共 93 起,涉案金额高达 63 亿美元。2009 年,全球又有 19 个国家(地区)对中国发起贸易救济调查 103 起,涉案金额更是高达 120 亿美元,其中案件分布国家为:印度 21 起,美国 12 起,阿根廷 10 起,土耳其 6 起,加拿大、巴西、墨西哥、秘鲁、多米尼加、欧盟、俄罗斯、印度尼西亚、巴基斯坦、澳大利亚各 2 起,哥伦比亚、哈萨克斯坦、南非等国家各 1 起。

我们应当看到,伴随着贸易增长而来的贸易摩擦增加是中国国际竞争力提高的表现,是中国国际地位提高的必然结果。但是,贸易摩擦本身会带来成本和损失,如果不能妥善地解决,不利于我国对外贸易的进一步发展,也不利于我国国际地位的进一步提高。

第二节　国际贸易摩擦的成因与影响

一、国际贸易摩擦的成因

从表面上来看,导致国际贸易摩擦的原因,多是一方或双方采取了贸易保护主义政策。一国实施保护贸易政策具体的理由各式各样,比如,保护幼稚产业、平衡贸易差额、反对不公平待遇、维持国内就业、保护知识产权、保护生态环境、维护国家安全等,其中,有许多是非贸易因素,但大多是一些体现政策导向的理由。此外,也有用人文的或法规的信息不一致等说法对贸易摩擦加以解释。比如,不同国家(地区)的风俗、习惯、环保、技术标准,甚至检核、认证程序、法律服务不一样等造成误会或纠纷。有些是客观原因,有些则可能是借口,就是说不排除个别国家(地区)可能凭借某种垄断地位故意挑起事端。总之,国际贸易摩擦产生的原因可以概括为以下几点:

(一) 相关国家经济和战略意图所致

托马斯 · J. 普鲁萨(Thomas J. Prusa)和苏珊 · 斯克丝(Susan Skeath)研究了某些国家实施反倾销政策的经济和战略动机。他们利用过去 20 年的数据对全球范围内的反倾销案例及其趋势进行了批判性研究,试图说明反倾销层出不穷是由于经济和战略意图而导致。他们利用非参数方法,对采取反倾销措施的国家动机进行了分析。结果显示,在反倾销政策中,战略关注具有很强的驱动作用①。因此,不能把各国反倾销政策的强化仅仅归因于不公平贸易实践。

(二) 经济全球化和贸易自由化的必然结果

经济全球化和贸易自由化过程中必然伴随着国际贸易摩擦。生产的全球性和统一的世界市场在客观上要求各国具有趋同的制度、规则,甚至文化和风俗,而这在目前和相当长的未来是不可能实现的。因此,只要这些差异存在,国与国之间在增强相互联系之外,产生摩擦是不可避免的。可以说,经济全球化和贸易自由化的过程就是国与国之间不断发生碰撞、摩擦、妥协和调整的过程。

(三) 主要发达国家经济增长缓慢

主要发达国家经济发展缓慢是产生国际贸易摩擦的一个重要原因。因为这些国家是我国的主要贸易伙伴,我国加入世界贸易组织后,发达国家由于先前已承诺对中国开放市场,给其国内企业造成了压力。为了保护国内企业,很多发达国家便采取贸易争端的方式为其赢取发展的空间和时间。

---

① Thomas J. Prusa, Susan Skeath. Modern Commercial Policy, Managed Trade or Retaliation? [R]. Wellesley College, 2001.

（四）贸易保护主义

贸易保护主义是国际贸易摩擦的根本原因。在经济全球化推动和世界贸易组织的协调与约束下，世界各国的贸易政策都在向自由化的方向发展，但必须看到，贸易保护主义倾向在一些国家和地区还时有抬头，有时甚至呈加剧态势。某些发达国家为了确保本国在国际市场上的既得利益和市场份额，总是依据一定的贸易保护理论，采取某些限制进口或鼓励出口的行为。尤其是发达国家在经济不景气的情况下，常常利用世界贸易组织中某些模糊性规则打"擦边球"，设置技术性贸易壁垒，滥用反倾销措施和保障措施。从历史经验来看，世界经济发展状况的好坏与贸易保护主义呈负相关，即世界经济发展走强的时候，贸易保护主义呼声较弱；反之，世界经济走向衰退，则贸易保护主义呼声较高。世界经济的衰退导致贸易保护主义重新抬头。许多国家和地区为了保护本地市场，以保障人类健康、安全、卫生和保护环境为借口，大量采用新贸易保护主义政策。安全标准、质量标准等技术壁垒激增；"两反一保"、动植物卫生检疫等非关税壁垒不断呈上升趋势；新的道德标准、社会责任、劳工标准、环境标准等被一些国家和地区用作新的贸易保护主义手段。在一定程度上，全球国际贸易摩擦增多是世界经济萎缩以及新贸易保护主义抬头的一个缩影。

（五）国际产业结构不协调是国际贸易摩擦频发的深层次原因

按照古典国际分工理论，比较优势是国家间进行分工和合作的基础。在这种情形下，各国都能通过贸易发挥优势弥补不足。发达国家处于国际分工的顶端，主要从事高附加值产品的生产，而发展中国家处于国际分工的底层，主要从事低附加值产品生产，因此发生国际贸易摩擦的可能性较小。然而，由于经济发展的不平衡和经济利益的不一致，各国之间的产业分工并非是在完全竞争的市场上进行的。相反，由于交易背后的经济利益驱使，发达国家往往不会轻而易举地退出一些低附加值的传统产业领域，当发达国家在这些传统领域受到威胁时，仍会毫不犹豫地采取保护措施，进而引发国际贸易摩擦。另一方面，新兴工业国或后发国家出于技术赶超或独立自主的需要，实行进口替代工业化战略，增强了政府对贸易的干预。尤其是20世纪80年代以来，战略性贸易政策为各国所普遍接受。由于各国的政策介入能够改变其参与国际贸易的收益后果，往往招致外国相应的报复性政策措施，结果便会由于追求收益的重新分配而引起各国之间的国际贸易摩擦。

（六）贸易战略是引发国际贸易摩擦的内在原因

长期以来，许多国家在外贸战略上奉行"出口至上主义"，将更多的本国产品出口到国外市场，必然给世界市场带来冲击，在现实中产生了诸多弊端。而且许多国家企业在现有的贸易体制下过分偏好出口市场，但企业自身缺乏自律能力，政府有关部门对行业和产业状况缺乏有效的协调和管理，因而加剧了当前的贸易摩擦形势。

虽然贸易摩擦产生的原因呈多样性，但本质都是贸易保护主义，不同的只是保护的手段和目的以及引起保护的原因。

二、国际贸易摩擦的影响

在大多数人看来，国际贸易摩擦是只有弊害没有好处，事实上，贸易摩擦对进口国、出口国双方乃至整个世界经济都有着较大的影响,而这种影响包括积极和消极两个方面。

(一)贸易摩擦的积极作用

从积极方面来看,贸易摩擦对于提高劳动生产率,推动技术进步,保护进口国衰退产业、提高进口国社会福利等都有较为重要的意义。

1. 贸易摩擦可带动国内产业结构调整升级

在产业结构的分类中,有一种分类方法是按照各产业所投入的、占主要地位的资源的不同为标准来划分的,也就是说根据劳动力、资本和技术三种生产要素在各产业中的相对密集度,来把产业划分为劳动密集型、资本密集型和技术密集型产业。比如一国现在是以劳动密集型产业为主,并进行对外贸易,当遭遇贸易摩擦时,也就是国外对该国的劳动密集型产品进行限制,这样虽然不利于该国出口,但另一方面也恰恰促使国内进行产业结构的调整升级,这对出口国是有利的。从收入分配上看,遭到贸易摩擦产业的国内工人短期内会遭受损失,工资降低甚至被解雇,但是如果产业升级了,增长加快了,该产业甚至相关产业就将会需要更多的劳动力,而且只要工人的教育培训跟上了,劳动力素质提高了,他们的就业机会就会增加,收入也会增加。

因此以贸易摩擦为契机和动力,积极进行产业结构的调整,逐步淘汰低效率的国内产业,创造新的竞争优势,对一国经济的长期发展是极为有利的。

2. 贸易摩擦可促进一国的对外投资,加大投资力度

贸易摩擦的这种促进作用是因为摩擦产生的一个主要原因是一国对另一国的出口抢占了进口国的国内市场,对进口国的相关产业带来不利影响。因此,如果一国把产业转移到海外,就会缓解摩擦,并且对外投资所带来的好处更是多种多样的。对外投资,如企业在国外投资设厂从事生产和销售,可以绕开东道国的贸易壁垒,而且还可以向周边国家辐射,开发新的市场,并可以分享这些国家间经贸互惠协议带来的好处;同时也可以利用东道国的资源,确保原材料和能源的长期供给,并获取新技术,提升管理水平,获取全球性的销售网络等,从而得到更高的利润。

3. 贸易摩擦可促进"引进来"战略的实施,促进国内经济发展

一国与其他国家产生贸易摩擦后,其他国家必然要求该国开放国内市场、促进进口,而"引进来"战略正是开放的一种表现,并且"引进来"还可以带来先进的管理经验和资金,而且可以引进外国先进技术,系统地更新机器设备,开发新的技术和经营领域,这就会缓解国内资金短缺的问题,更可以促进技术进步。正如日本的"引进来"政策认为,国际上的其他国家对日本进行直接投资,将会给日本带来先进的技术和创新的经营理念,也会增加国内的就业机会,所以日本未把这种投资当成威胁,而是当成一种机遇,因而采取的相应对策是把日本建成对外国企业来说最有魅力的投资场所,使对日本的直接投资总额倍增。

4. 贸易摩擦可促使出口结构的调整,实施产品差异化和市场多元化战略

如果一国出口产品单一,且主要向一个或仅仅几个国家出口,则必然会对进口国的相关产业产生重大冲击,这样贸易摩擦将是不可避免的。然而,如果该国通过技术创新,不断研发新产品,使得出口产品品种增多,同时不断开发新市场,实现市场多元化,这不仅加大了出

口力度,还规避了市场单一化的风险,因此正是贸易摩擦的产生迫使一国的出口结构发生调整,这也将有利于该国经贸的长期发展。

5. 贸易摩擦可扩大内需

产品的生产就是为了销售,销售就需要市场,如果出口国只是把注意力放在对国外市场的销售上,大量的出口产品就会挤占国际市场份额,必然引起贸易摩擦。可是也正是因为摩擦而使得出口国不得不把对国外市场的关注转移到了国内市场,这就促使出口国要实施拉动内需的政策。促进国内消费、增加国内投资带来的好处不仅仅是缓解摩擦,更会因此提供更多的就业机会,提高人民的生活质量,从而提高整体国民的福利。因此贸易摩擦带来内需的扩张将会缓解生产过剩和最终消费需求不足之间的矛盾,进而确保经济快速、持续、健康的发展。

6. 贸易摩擦可暴露出外贸依存度过高的缺点

一国之所以会频繁与他国发生贸易摩擦,很重要的一个可能原因是外贸依存度过高,过分依赖其贸易伙伴。虽然外贸的快速发展能刺激有效需求,从而对促进 GDP 稳定增长发挥积极作用,但外贸依存度趋升的隐忧不容忽视。一旦对外贸易出现动荡,比如遭受制裁、遭遇贸易禁运等,就会严重影响该国经济,同时过高的外贸依存度会使一国经济所面临的国际经济和政治风险大大增加。而摩擦会警示人们降低依存度,降低一国经济的风险,从而有利于一国经济长期稳定的发展。

7. 贸易摩擦可促进技术标准体系的认证,并与国际接轨

进入 21 世纪,技术性贸易壁垒已经取代配额、许可证等非关税壁垒,成为贸易保护的主要手段。目前,全球贸易壁垒的 80% 是技术性贸易壁垒,国际贸易中以技术性贸易壁垒为形式的贸易摩擦呈上升趋势。如果一国的技术标准难以与国际上的标准对接,国外就将对该国实施技术性贸易壁垒,阻碍该国的出口,从而产生贸易摩擦。所以摩擦的出现将会加快一国技术标准体系的认证过程,如 SA8000 认证、FSC 标识、“绿色食品”认证等等。这将会使出口国加强国际经济技术合作,建立与国外权威认证机构的相互认可机制,对全球贸易的有序发展有积极的促进作用。

8. 贸易摩擦可加强企业社会责任建设

随着经济全球化的推进,西方发达国家越来越重视企业社会责任的建设。跨国公司也把它与商品的进出口直接挂钩,要求全球供应商都实施社会责任标准,与此同时,国外的消费者在投资和消费时也非常关注社会责任这个话题,并成为影响其购买的一个重要因素。因此当他国用企业社会责任对一国出口商品设置贸易壁垒、阻碍出口时,就会引起贸易摩擦。这时摩擦将不得不迫使企业加强社会责任的建设,这其中包括在员工权益、劳工标准、环境保护、企业的规范管理等方面的责任建设。这样一国可借摩擦之机改善国内企业的国际形象,迎合国际标准,而且对整个社会的发展也有积极的推动作用。

(二) 贸易摩擦的消极影响

贸易摩擦在人们眼中更多地表现为消极因素,这是因为:

第一,贸易摩擦往往是进口国经济因出口国大量出口而受到打击后,借助制度及政策之

便,发动的对出口国的报复行为。这些行为虽然有些为世界贸易组织制度所允许,但大多对出口国的限制带有强制性、惩罚性,是破坏自由贸易原则的。因而,贸易摩擦往往打断了出口国正常的出口活动及相关产业乃至整个国民经济的运转过程,阻碍出口国的经济发展,进而在总体上也不利于整个世界经济的繁荣。

第二,贸易摩擦对于进口国而言,虽然有一时的稳定、保护作用,但往往不能起到替代衰退产业转型、技术更新等活动的作用,只是延缓了该产业的衰退进程,并不能最终使其再度繁荣。事实上,许多发达国家一度频频出现贸易摩擦的产业并没有因此而强大起来,而是继续衰退下去。这也说明,贸易摩擦作为贸易保护主义政策的一个现实反映,其作用也有局限性。

综上所述,在经济全球化的进程中,贸易摩擦会最终促进各个国家之间的沟通,促进一国与其他国家的经济政策协调,加强多边贸易和发展全球经济,积极推动贸易自由化进程,进一步完善国际贸易体系,就未来世界贸易自由化的方向达成共识。因此,可以说国际贸易摩擦与经济全球化不是单纯的冲突、对抗,贸易摩擦对一国的经济也不是单纯的负面影响,而是一种互动的关系。所以我们应该理性地看待贸易摩擦,积极地利用贸易摩擦,力求在全球经济的发展中,寻求自身发展的同时达到与世界各国的共赢。

第三节　国际贸易摩擦的化解途径

一、单边行动与贸易摩擦化解

国家间贸易摩擦的产生,都是贸易对于两国经济的影响不平衡所引起的。只要这种不平衡存在,贸易摩擦就不可能根本消除。从国家层面上看,无论是发起摩擦还是应对摩擦,都不能只从单个产品、单个事件去考虑,而必须从整个国家的经济福利和长远发展去考虑。在缺乏一个强有力的国家间协调机制的情况下,一国只能通过单边行动尽可能地降低贸易摩擦发生的频率,减少摩擦造成的损失,将摩擦控制在一定范围内。具体的措施包括提高出口国产品的国际竞争力、促进产业结构的转型和升级、用对外直接投资替代出口等。当然,出口国也需要建立贸易摩擦的预警机制,甚至利用第三方力量来避免和化解摩擦。

虽然单边行动是化解贸易摩擦的主要途径,但现实中的单边行动往往效果不佳。之所以这样,是因为贸易摩擦的存在是由一国现有经济状况决定的,该经济状况在短期内很难有所转变,因而即使能够从单边行动上找到解决摩擦的根本途径,但该行动往往难以在短期内奏效。这样,双边谈判或多边机制就是必不可少的了。

二、双边谈判协商与贸易摩擦化解

双边谈判就是贸易摩擦的双方进行协商,以互利原则为前提,相互作出一定的让步,达成解决摩擦的协议。一般来说,贸易争端和摩擦的发生是一国不满贸易伙伴的贸易行为,或认为贸易损害了其本国的利益,而以摩擦和争端的形式阻碍贸易的发展并迫使贸易伙伴作出让步。在经济全球化和一体化不断深入的今天,两国之间经济和贸易的联系往来日益频繁,所以相互合作对于每一个国家都是有利的。从博弈论角度来说,合作是纳什均衡,但在给定贸易一方合作的情形下，摩擦和争端又是占优策略，这就是贸易的“囚徒困境”。这里，谈判的目的就是要解决该“囚徒困境”，以协商和相互威胁的形式改变博弈的收益矩阵，迫使双方达成合作的结果。总体来说，贸易谈判的结果对于贸易收益较小的国家是有利的，因为其威胁的力量较大。但在实际谈判过程中，也有很多谈判的策略、方法、措施，如果使用得当，能够起到较好的效果。双边谈判是解决国际贸易摩擦最直接也是最有效率的途径。只要贸易双方具有共同的利益，并且国际贸易使得双方都获益，则通过一定的妥协让步或安抚措施，摩擦和争端就能够化解；同时，双边谈判不需要遵循复杂的程序和规则，只要双方谈判达成一致，摩擦即可化解；另外，贸易摩擦实际是贸易双方之间的矛盾，只有当事双方通过协商和谈判而形成一致意见，才是最根本和直接的解决办法。然而，贸易摩擦直接涉及贸易双方各自的经济利益，所以双方都希望对方作出让步而自己不愿意承担损失，故双边谈判又往往很难有实质的进展，尤其是在贸易利益分配不对称较为严重的情形下，谈判更难取得实效。这意味着双边谈判虽然效率较高，但效果往往不是很好，并不能解决所有的贸易摩擦和争端。

三、区域一体化组织与贸易摩擦化解

在世界经济日益全球化的今天，一个重要的特征就是区域经济一体化进程不断加快，一体化组织不断增加。这主要是因为国际分工的发展使得世界经济相互依赖性加强，各国再也无法在封闭的状态下组织生产了。但是对于国际市场的过分依赖又加大了一国经济的风险，而区域经济由于各国地理位置的邻近，拥有一些共同的经济、社会利益，所以建立一体化组织不仅能够推动单个经济体的发展，还能够维护区域经济的安全和增强其整体实力。在解决贸易摩擦中，区域经济一体化也能够起到积极的作用，其效果可能会好于世界范围的多边贸易体系，这主要是由于区域经济一体化组织内各国联系更加紧密，因为他们有共同的利益以及相似的风俗文化习惯，并且其成员数量有限，达成一致更加容易。因而，组成区域一体化组织是解决贸易摩擦和争端的重要路径之一。

（一）欧盟贸易争端解决机制

欧盟(European Union, EU)的一体化程度是世界上最高的，它采用了“各权分立”的模式，其立法和决策机构是理事会，行政机构是委员会，咨询机构是议会，司法机构是欧洲法院。欧盟把司法制度引入区域内经济一体化的争端解决，通过建立具有独特地位的超国家因素的欧洲法院，使欧盟的经济一体化的法规具有强制性及司法保障。欧盟法可以直接适用于成员国的个人，而欧洲法院“兼有国际法意义上的国际法院和国内法意义上的宪法法院、行政法院和普通法院的性质”。它负责解释欧盟条约及欧盟法规、决定或指令等，确认欧盟法规的合法性，解决各成员方之间、欧盟各机构之间、欧盟与各成员方之间、法人之间和个人之间涉及 EU 事务的争议，根据有关合同中的仲裁条款受理仲裁案件，应欧盟理事会或委员会的要求提供咨询意见等。

拥有司法审判权、司法审查权以及初步裁决权的欧洲法院，其判决对各成员国具有强制力。欧盟形成了区域经济一体化争端解决的司法模式，这不仅在一定程度上解决了欧盟经济一体化中的争端，而且维护和促进了欧盟的经济一体化，极大地促进了区域经济一体化的法律制度乃至全球的经济一体化。不过欧洲法院的管辖权仅限于《罗马条约》所规定的范围,其他案件则由成员国的国内法院管辖。

（二）东南亚国家联盟贸易争端解决机制

东南亚国家联盟(Association of Southeast Asian Nations,ASEAN)的争端解决机制由1996年的《争端解决机制议定书》规定。随着东南亚国家联盟的发展,改革和加强争端解决机制的呼声越来越高。2003年10月东南亚国家联盟第9次首脑会议决定加强东南亚国家联盟的机构建设,特别是争端解决机制的建设。2004年11月29日东南亚国家联盟签署了新的争端解决机制议定书,即《东南亚国家联盟促进争端解决议定书》,取代1996年的《争端解决机制议定书》。东南亚国家联盟争端解决机制在一定程度上受到世界贸易组织争端解决机制的影响,设立了磋商、专家组和上诉程序。2004年11月的修改,更细化了专家组和上诉程序。具体而言,东南亚国家联盟的争端解决机制可分为以下三个阶段:

1. 磋商

成员国之间如有争端应尽力通过磋商解决。这种磋商要求应书面通知高级经济官员会议(Senior Economic Officials Meeting,SEOM),被要求磋商方应在收到要求的10天内作出答复,并在收到磋商要求的30天内进行磋商。在紧急情况下,应尽力加速磋商。在这期间还可进行斡旋、调停。

2. 专家组

如果磋商不成,控告方可向高级经济官员会议书面提出成立专家组的要求。专家组应在45天内成立,并在自成立起的60天内向高级经济官员会议提交报告。特殊情况下,可额外增加10天。专家组作出决定的过程是保密的。高级经济官员会议应在专家组报告提交的30天内通过报告,除非SEOM一致决定不通过报告,或当事方通知高级经济官员会议将对专家组报告上诉。有实质利益关系的第三方有机会参加专家组程序。

3. 上诉

上诉机构由东南亚国家联盟经济部长会议(AEM)设立。上诉机构由7人组成。每一个案子由3人审理。上诉机构人员任期4年,可连任一次。上诉机构一般应在60天内作出上诉报告,最迟不得超过90天。上诉机构报告应由高级经济官员会议通过,并由当事方无条件地接受,除非高级经济官员会议一致不通过。当事方一般应在60天内遵从上诉机构的裁决。如果一方不遵从上诉裁决,可向另一方提供补偿;另一方也可中止减让。

整个争端解决的时间不得超过445天,争端解决的地点在东南亚国家联盟秘书处。东南亚国家联盟还专门设立了争端解决机制基金,由各成员国出资,东南亚国家联盟秘书处管理该基金。基金用于专家组、上诉机构、东盟秘书处相关行政费用。

四、世界贸易组织争端解决机制与贸易摩擦化解

世界贸易组织争端解决机制的法律渊源主要涉及《争端解决程序与规则谅解》(Understanding on Rules and Procedures Governing the Settlement of Disputes, DSU,以下简称为DSU)和除DSU外的世界贸易组织协定其余部分、《1947年关贸总协定》管理与解决争端的惯例和

有关习惯国际法等。DSU 是世界贸易组织争端解决机制的主要和直接的法律依据。它总共包括 27 条和 4 个附件。主要内容涉及世界贸易组织争端解决机制的作用、成员(国)的一般义务、适用范围、管理机构、一般原则、基本程序、特殊程序等。世界贸易组织协定的其余部分、《1947 年关贸总协定》管理与解决争端的惯例和有关习惯国际法,是世界贸易组织争端解决机制的重要法律渊源,它们为 WTO 争端解决机制提供了更加广泛的法律基础。

(一) 世界贸易组织争端解决机制的宗旨

世界贸易组织争端解决机制的法律基础 DSU 确定了其宗旨是:提供一种有效、可靠和规则取向的制度,以便在多边框架内解决因使用世界贸易组织协定所产生的各种争端。其直接目的在于保证争端获得积极的解决,为多边贸易体制提供安全保障和提高其可预见性。

(二) 世界贸易组织争端解决机制的职能

根据其宗旨和目标,世界贸易组织争端解决机制主要有两大职能。第一,维护世界贸易组织各成员国依据世界贸易组织协定所享有的各项权利并监督其履行所承担的各项义务;第二,按照国际公法解释的习惯规则,澄清世界贸易组织协定的各项现行规定。但在行使职权时,世界贸易组织争端解决机制不得损害各成员根据世界贸易组织协定或诸边贸易协定通过决策程序谋求权威解释该协定条文的权利,而且其作出的各种建议和裁定也不得增加或减损世界贸易组织协定所规定的各项权利和义务。

(三) 世界贸易组织争端解决机制的原则

和平解决国际争端是现代国际法的一项基本原则,也是贯穿世界贸易组织争端解决机制整体的一项根本原则。世界贸易组织争端解决机制及其活动不得违背这一基本原则,在对这一基本原则进一步补充和完善的基础上,世界贸易组织争端解决机制逐步形成了一些更加具体明确的一般原则。

协议就争端解决机制的基本原则作出了规定,主要包括:

1. 平等原则

所有成员享有和承担同等的诉讼权利和义务,遵守同样的规则和程序。任何一个成员都不享有各项协议和协定之外的特权。

2. 多边原则

各成员承诺,如果他们认为其他成员正在违反贸易规则,并因此使本方受到贸易侵害,将使用多边争端解决机制,而不是采取单边行动,并遵守议定的程序,尊重有关的裁决。

3. 统一程序原则

关于世界贸易组织所有协议和协定发生的争端都适用统一的争端解决程序。

4. 协商原则

世界贸易组织成员都是拥有独立主权的国家或在贸易政策上拥有自主权的单独关税区,在解决各方贸易争端时,世界贸易组织鼓励各方采取友好协商的方法来解决争端。因此,世界贸易组织争端解决机制把协商程序规定为一个必经的程序。

5. 自愿调解与仲裁的原则

按照 DSU 规定,协商程序是一个必经程序,而其后的调解程序和仲裁程序则应建立在各当事方自愿的基础上，亦即所规定的“斡旋、调解和调停”程序、仲裁程序等并非必经的程序。

6. 快捷原则

DSU 对每一个程序都规定了时限，以便争端得到迅速解决。

7. 有效原则

DSU 规定了“否定式共识”或称“反向一致”(negative consensus)的表决方式，即在当事方请求设立专家小组、专家小组提出解决争端建议并形成裁决、采纳上诉机构报告、当事方请求采取报复措施等重要程序上，除非争端解决机构各成员一致同意不予采纳，否则将自动获得通过。这实际是一种“准自动通过”(quasi-automatic adoption)程序，大大提高了解决争端的效率。

8. 授权救济原则

如果违约方不执行争端解决机构的裁决或执行措施无法达到效果，则受损方可以要求争端解决机构授权实施报复，以获得法律救济。

(四) 世界贸易组织争端解决机制的基本程序

世界贸易组织争端解决机制提供了三种解决争端的主要方式：第一，磋商；第二，斡旋、调解和调停；第三，第三方裁决，即争端解决机构的裁决。其中，磋商方式是必须采取的方式，只有在进行了磋商但磋商失败的情况下，当事方才能申请第三方裁决。斡旋、调解和调停并非必须采取的方式，而应建立在当事方自愿的基础上，并且可以贯穿整个争端解决过程，可随时进行，也可随时结束。

1. 磋商

这是一个必经程序。DSU 规定，争议各方首先要通过磋商解决争议。当一成员认为另一成员违反或不符合马拉喀什协议(WTO 规则)，而使自己遭受损害时，可要求对方进行磋商，同时应通知争端解决机构(dispute settlement body，DSB)和有关理事会或委员会。被要求磋商的成员应在接到磋商请求之日后的 10 天内作出答复，并应在接到请求之日后不超过 30 天的时间进行磋商。磋商应在被要求方接到磋商请求之日后 60 天内完成，DSU 规定 60 天的期限是希望争端各方在此期限内能够通过外交磋商的友好方式解决争端。如果该成员方在接到请求之日后 10 内没有答复，或在接到请求之日后 30 天内没有进行磋商，或在接到磋商请求 35 天后双方均认为达不成磋商一致，或者在接到磋商请求之日后 60 天内未达成磋商一致，投诉方可以向 DSU 提出申请成立专家组。争议各方也可不通过磋商，直接要求成立专家小组。一方提出磋商要求时，应说明对方违反了世界贸易组织哪一个协议的哪一个条款，提出法律根据。若某一第三方认为正在进行的磋商与自己的贸易利益有关，也可以第三方的身份参加磋商。但第三方须在得到磋商通知之日后 10 天内通知磋商当事各方参加磋商的请求，若磋商各方认为该问题与第三方没有贸易利益关系，也可以拒绝第三方参加磋商。

如果双方磋商失败，他们也可以要求世界贸易组织总干事进行斡旋、调解和调停。

2. 斡旋、调解和调停

斡旋(good offices)是指第三方促成争端当事方开始谈判或重开谈判的行为。在整个过程中，进行斡旋的一方可以提出建议或转达争端一方的建议，但不直接参加当事方的谈判。

调解（conciliation）是指争端当事方将争端提交一个由若干人组成的委员会，该委员会通过查明事实，提出解决争端的建议，促成当事方达成和解。

调停（mediation）是指第三方以调停者的身份主持或参加谈判，提出谈判的基础方案，调和、折中争端当事方的分歧，促使争端当事方达成协议。在 DSM（dispute settlement mechanism）中，斡旋、调解或调停是争端当事方经协商自愿采用的方式。争端的任何一方均可随时请求进行斡旋、调解或调停，这些程序也可以随时终止。一旦终止，申诉方可请求设立专家组。如斡旋、调解或调停在被诉方收到磋商请求后的 60 天内已经开始，则申诉方只能在该 60 天届满后请求设立专家组。但是，如争端当事方均认为已开始的斡旋、调解或调停不能解决争端，则申诉方可以在该 60 天内请求设立专家组。在争端进入专家组程序后，如争端当事方同意，斡旋、调解或调停程序也可同时继续进行。世界贸易组织总干事可以以其所任职务身份进行斡旋、调解或调停，以协助成员方解决争端。

3. 专家组审理

（1）专家组（panel）的成立和授权

① 专家组的成立。在磋商未果，或经斡旋、调解和调停仍未解决争端的情况下，投诉方可以向 DSB 提出成立专家组的请求。一旦此项请求被列入争端解决机构会议议程，专家组最迟应在这次会后的争端解决机构会议上予以设立，除非争端解决机构一致决定不成立专家组。

② 专家组的组成。专家组通常由 3 人组成，除非争端当事方在专家组设立之日起 10 天内同意设立 5 人专家组。专家组的成员可以是政府官员，也可以是非政府人士，这些成员均以个人身份工作，不代表任何政府或组织，世界贸易组织成员不得对他们作出指示或施加影响。如果自决定设立专家组之日起 20 天内，争端当事方仍未能就专家组的人员组成达成一致，应任何一个争端当事方的请求，世界贸易组织总干事在与争端解决机构主席、有关理事会或委员会主席及争端各方磋商以后，任命最合适的人选。这些规定避免了当事各方在专家组人员组成问题上可能出现的无休止的争论。

③ 专家组的职权范围。DSU 第 7 条第 1 款用标准格式规定了专家组的职权范围。即根据争端各方所援引协定或协议的规定，对申诉方的请求予以审查，并提交调查报告，以协助争端解决机构提出建议或作出裁决。在专家组成立后 20 天内，若争端各当事方对专家组的职权有特别要求，争端解决机构也可以授权其主席与争端各方磋商，在遵守 DSU 第 7 条第 1 款规定的前提下，确定专家组的职权。

（2）专家组的审理程序

在案件的审理过程中，专家组要调查案件的相关事实，对引起争议的措施是否违反相关协定或协议作出客观评价，就争端的解决办法提出建议。专家组一旦设立，一般应在 6 个月内（紧急情况下 3 个月内）完成全部工作，并提交最终报告。如专家组认为不能如期提交报告，则应书面通知争端解决机构，说明延误的原因和提交报告的预期时间，但最长不得超过 9 个月。应申诉方的请求，专家组可以暂停工作，但期限不得超过 12 个月，如超过 12 个月，设立专家组的授权即告终止。通常情况下,专家组首先听取争端各方陈述和答辩意见。然后,专家组将报告初稿的叙述部分(事实和理由)散发给争端各方。在专家组规定的时间内,争端各方应提交书面意见。待收到各方的书面意见后,专家组应在调查、取证的基础上完成一份中期报告,并向争端各方散发,再听取争端各方的意见和评议。争端各方可以书面要求专家组在提交最终报告前对中期报告进行审查,如有此要求,专家组应与争端各方举行进一步的会谈。如专家组在规定时间内未收到争端各方对中期报告的意见,则中期报告应视为专家组的最终报告,并迅速散发给各成员方。为完成最终报告,专家组有权从他们认为适当的任何个人或机构获取资料和专门意见。对于争端中涉及的科学或技术方面的问题,专家组可以设立专家评审组,并要求他们提供书面咨询报告。如争端当事方以外的成员认为该争端与自身有实质性的利益关系,则在向争端解决机构作出通知后,可以以第三方身份向专家组陈述意见,并有权获得争端各方提交专家组首次会议的陈述材料。

(3)专家组报告的通过

DSU 第 16 条规定,在报告散发给各成员 20 天后,DSB 可考虑审议通过专家组的最终报告。对报告有反对意见的成员方,应至少在召开审议报告会议 10 天前,提交可供散发的书面反对理由。在最终报告散发给各成员方 60 天内,除非争端当事方正式通知 DSB 他们的上诉决定,或争端解决机构经协商一致决定不通过该报告,否则该报告应在争端解决机构会议上通过。

4. 上诉机构审理

上诉机构(appellate body)的设立,是世界贸易组织较关贸总协定在争端解决机制方面的又一个创新,其目的是使当事方有进一步申诉案情的权利,并使 WTO 争端解决机制更具有准确性与公正性。

(1)上诉机构的组成及职权范围

DSU 第 17 条规定,争端解决机构设立常设上诉机构,受理对专家组最终报告的上诉。常设上诉机构由 7 人组成,通常由其中的 3 人共同审理上诉案件。上诉机构成员由争端解决机构任命,任期 4 年,可连任一次。为保证上诉机构的权威性和公正性,其成员应是法律、国际贸易和 WTO 协定或协议方面的公认权威者,并且具有广泛的代表性。上诉机构成员不得从属于任何政府,也不得参与审议可能对他们有直接或间接利益冲突的争端。上诉机构只审理专家组报告所涉及的法律问题和专家组所作的法律解释。上诉机构可以维持、修改或推翻专家组的结论。

(2)上诉机构对案件的审理

上诉机构的审议,自争端一方提起上诉之日起到上诉机构散发其报告之日为止,一般不得超过 60 天。如遇有紧急情况,上诉机构应尽可能地缩短这一期限。上诉机构如果认为不能在 60 天内提交报告,则应该将延迟的原因及提交报告的预期时间书面通知争端解决机构,但最长不得超过 90 天。

(3)上诉机构报告的通过

争端解决机构应在上诉机构报告散发后的 30 天内通过该报告,除非争端解决机构经过协商一致决定不予通过。

5. 争端解决机构裁决的执行及其监督

专家组报告或上诉机构报告一经通过，其建议和裁决即对争端各当事方产生约束力，争端当事方应该无条件地接受。

（1）裁决的执行

DSU 第 21 条规定，在专家组或上诉机构报告通过后 30 天内举行的争端解决机构会议上，有关成员应将执行争端解决机构建议和裁决的意愿通知该机构。有关建议和裁决应该迅速执行，如果不能迅速执行，则应该确定一个合理的执行期限。“合理期限”由有关成员提议，并须经过争端解决机构批准；如未能够获得批准，由争端各方在建议和裁决通过后 45 天内协商确定期限；如果经过协商也无法确定时，则由争端各方聘请仲裁员确定。如果被认定违反了世界贸易组织的有关规定的被诉方未能在合理的期限内执行争端解决机构的建议和裁决，则被诉方应申诉方的请求，必须在合理期限届满前与申诉方进行补偿谈判。补偿是指被诉方在贸易机会、市场准入等方面给予申诉方相当于它所受损失的减让。根据 DSU 第 22 条第 1 款的规定，补偿只是一种临时性的措施，即只有当被诉方未能在合理期限内执行争端解决机构的建议和裁决时方可采用。如果给予补偿，应该与世界贸易组织有关协定或协议一致。

（2）授权报复

如申诉方和被诉方在合理期限届满后 20 天内未能就补偿问题达成一致，申诉方可以要求争端解决机构强制对被诉方进行报复，即中止对被诉方承担的减让或其他义务。如果同一协议中的减让仍无法弥补因对方违背义务所带来的损失，受侵害方还可要求争端解决机构授权中止同一协议中其他部门中的减让，甚至其他协议中的减让。也就是说，报复措施通常应在与案件直接有关的领域中实施，但经争端解决机构同意，也可在其他领域实施，即可以采取交叉报复或跨部门报复。

WTO 争端解决时间表和机制程序的分析，可以用表 11-3 和图 11-1 作出直观的表达。

表 11-3　WTO 争端解决时间表

程序阶段	大约时间
磋商、调解	1 个月
建立专家组并任命其成员	45 天
最终报告提交争端各方	6 个月
最终报告提交 WTO 各成员	3 个星期
DSB 通过报告（如无上诉）	1 个月
总计（如无上诉）	1 年
上诉机构报告	2 ~ 3 个月
DSB 通过上诉机构报告	1 个月
总计（如上诉）	1 年零 3 个月

注：表中每一阶段大约时间为目标数字，DSU 对此的规定是灵活的。

资料来源：WTO. Trading into the Future (2nd edition revised). April 1999: 39.

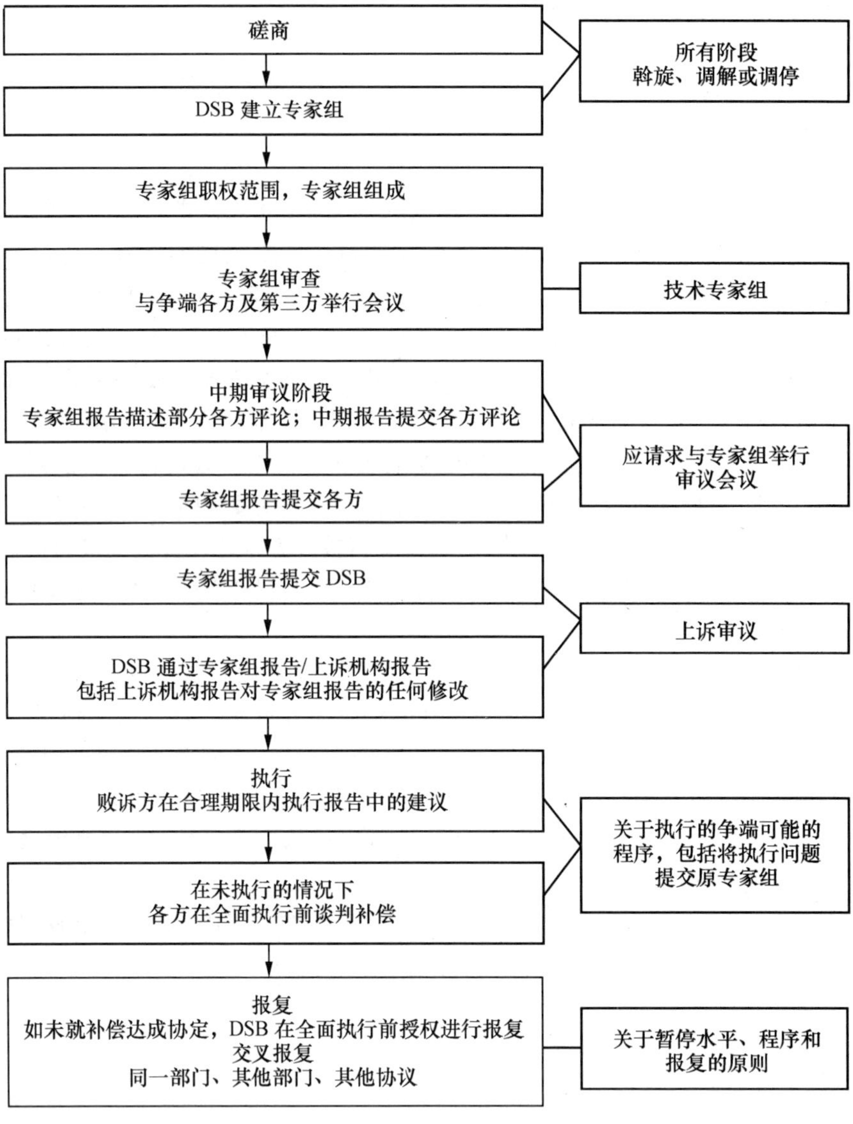

图 11-1　WTO 争端解决机制程序示意图

资料来源：WTO. Trading into the Future (2nd edition revised). April 1999: 39.

（五）世界贸易组织争端解决机制的局限性

从世界贸易组织成立以来，世界贸易组织争端解决机构在国际贸易领域定权止争的功能为维护国际经济秩序健康有序的发展作出了贡献，但是在运行过程中，世界贸易组织争端解决机制所固有的缺陷也逐渐暴露出来。这主要表现在以下几个方面：

1. 存在不够完善性和不公正性

世界贸易组织争端解决机制是一个在不断发展和完善中的体系，其一致不变的原则必然在具体的单个案件处理中难以适应万变，所以还需要不断改进。同时，争端解决机制存在着发达国家操纵和主导的现象，广大发展中国家往往在争端处理中处于劣势地位，专家小组和上诉机构执法有失公正性。

2. 效率较低，成本较高

世界贸易组织争端解决机制在解决贸易争端中程序较为复杂，需要支付较高的法律服务费用，还需要耗费很长的时间。按照正常程序，世界贸易组织争端解决机制从启动到结束需要近30个月的时间。这个时间限制还有赖于各成员、专家小组、上诉机构的诚意遵守；如果存在拖延执法的情况，则需要更长的时间，如此低的效率大大削弱了解决贸易摩擦的时效性，更有可能错过良好时机。

3. 制裁手段的有效性不强

贸易争端最终的解决方案是对败诉方进行制裁，但对于那些经济实力较弱的劣势国家来说，由于其对于经济强国的依赖性较大，即使其胜诉，其制裁手段往往也达不成制裁目的，所以威胁和制裁的力量是有限的。这时世界贸易组织的裁决只能是有名无实，并不能解决贸易摩擦和争端。

正是以上的一些原因导致了世界贸易组织争端解决机制在化解国际贸易摩擦中效果有限，其并不是一个很好的解决贸易摩擦的途径。只有那些双边谈判无果、地区一体化又难以实现，并且确实会给受害国造成较大损失的争端，一般才会上诉世界贸易组织争端解决机构；而能够通过谈判解决，或者争端并没有给受害国带来较大损失的案件，一般通过世界贸易组织争端解决机构解决是得不偿失的。

本章小结

1. 国际贸易摩擦是指贸易当事国的一方基于某些理由，采取或意图采取某些措施，而引起贸易当事国之间由于贸易利益上的冲突产生的摩擦或纷争等事态。

2. 当前国际贸易摩擦呈现出摩擦数量迅速增加、贸易摩擦以反倾销为主要形式、摩擦在全球范围内扩散、反倾销行业集中、服务贸易领域成为国际贸易摩擦新的战场、技术性贸易壁垒日益高涨、中国成为世界遭遇反倾销调查最多的国家等特点。

3. 国际贸易摩擦产生的原因既有来自贸易保护理论方面的原因，又有来自经济及政治方面的原因。如相关国家经济和战略意图所致、经济全球化和贸易自由化的必然结果、主要发达国家经济增长缓慢、国际产业结构不协调、贸易战略等等。

4. 国际贸易摩擦的积极作用体现在：可带动国内产业结构调整升级；可促进一国的对外投资，加大投资力度；可促进“引进来”战略的实施，促进国内经济发展；可促使出口结构的调整，实施产品差异化和市场多元化战略；可扩大内需；可暴露出外贸依存度过高的缺点；可促进技术标准体系的认证，并与国际接轨；可加强企业社会责任建设等。

5. 国际贸易摩擦的消极作用也是显而易见的，如贸易摩擦会阻碍出口国的出口活动，打断其相关产业的正常运行，并会影响其相关产业人员的就业，会降低本国的福利；对进口国的产业有一定的保护作用，但不利于其衰退产业转型和推动技术进步；对双边经贸关系产生影响，甚至会产生不利的政治影响；会使世界整体福利下降，干扰国际正常经济秩序等。

6. 目前化解国际贸易摩擦的一般途径有单边行动、双边谈判协商、区域一体化组织和WTO争端解决机制。

案例一　美国对中国彩电反倾销案

【案例简述】

2003年5月2日，美国五河电子创新有限公司、美国电气工人国际兄弟会、美国工人联合会产业部对来自中国和马来西亚的52厘米及以上阴极射线管(CRT)彩电向美国商务部和国际贸易委员会提出反倾销调查申请。调查期为2002年10月至2003年3月，调查对象产品为来自中国和马来西亚对角线52厘米及以上(21英寸及以上)阴极射线管彩色电视接收机(对应于美国海关编码85281228、85281232、85281236、85281240、85281244、85281248、85281252、85281256项下产品)。

表11-4　本案针对中国彩电的调查程序

排序	生效日	措施
1	2003年5月2日	申诉方向商务部和国际贸易委员会提交反倾销调查申请，委员会发起调查
2	2003年5月29日	商务部发起调查公告
3	2003年6月16日	国际贸易委员会做出初裁
4	2003年11月28日	商务部做出初裁
5	2003年11月28日	国际贸易委员会就调查的最后阶段安排做出公告
6	2003年12月初	商务部核查组进行实地核查
7	2004年3月3日	商务部举办终裁前的听证会
8	2004年4月15日	国际贸易委员会举行终裁前的听证会
9	2004年4月16日	商务部做出终裁
10	2004年4月16日	国际贸易委员会通知终止对马来西亚的反倾销调查
11	2004年5月14日	国际贸易委员会终裁表决日
12	2004年5月26日	国际贸易委员会终裁决定送达商务部

【案例详解】

- **应诉情况**

厦门华侨电子股份有限公司在涉案之初并未被列入美方的申诉名单，但是依据企业应诉欧盟对我彩电反倾销案的经验，公司决心参与美国的反倾销调查以保住其在美国的市场。在美国发布立案公告后，公司立即聘请律师应诉，并主动申请作为单独核查的对象，经过积极的争取，最终被美国商务部选中为特别调查对象，成为美国商务部审理本案选取的四家单独核查企业之一，为最后获得单独税率迈出成功的第一步。在具体应诉工作上，公司配备了解情况、具有协调能力的人员，准确了解美方需求，详细准备数据，认真填写表格，充分相信并依靠律师，内外通力合作，最终以出色的工作、准确翔实的资料获得美方现场核查小组的认可。

2003 年 11 月 24 日美国商务部就倾销幅度做出初裁决定，四家被单独核查的企业倾销幅度分别为长虹 45.87%、康佳 31.35%、TCL 31.70%、厦华 27.94%。虽然厦华电子获得最低的初裁税率，但这样的结果和企业的实际情况大相径庭，企业坚信自己的产品在美国市场销售不构成倾销，于是企业认真寻找美方计算的错误，为此准备了大量的证据，在终裁调查阶段向美国商务部提出。

2004 年 4 月 13 日美国商务部做出终裁决定，终裁税率相对初裁时有所调整，其中长虹 24.48%、康佳 11.36%、TCL 22.36%、厦华 4.35%，厦华电子的努力终于取得了回报。

2004 年 5 月 14 日美国商务部发布公告，对终裁税率进行调整，调整后的税率分别为：长虹 26.37%、康佳 9.69%、厦华 5.22%、TCL 21.25%，海尔、海信、苏州飞利浦、创维、上广电集团、星辉等应诉企业为 22.94%，其他未应诉企业为 78.45%，厦华电子取得了美国对华彩电反倾销案中国应诉企业中的最好结果。

- **案件评析**

该案中，中国的应诉企业都提出了"市场导向产业"的申请，但均未获得。厦门华侨电子股份有限公司在未被列入美方的申诉名单的情况下，主动应诉并积极申请作为抽样核查的对象，通过积极应对实地核查，最终获得最低的单独税率，这对于许多企业有着积极的指导意义。

案例二　巴西及阿根廷对中国小汽车橡胶轮胎实行反倾销

【案例详解】

巴西政府决定，自 2009 年 9 月 9 日起，对从中国进口的 65、70 两个系列的 13 寸、14 寸，型号为 165、175、185 的小汽车用轮胎征收每公斤 0.75 美元的附加税，实施期限为 5 年。为了刺激巴西的国内消费需求，巴西暂缓对中国产 65、70 两个系列的 13 寸（型号为 165、175、185 的）客车用轮胎实施反倾销措施，暂缓期为 6 个月。

9 月 16 日，来自商务部的信息显示，阿根廷将参照巴西的做法，对原产于中国的汽车轮胎进行反倾销调查。届时不排除仿效巴西，对中国生产的小汽车用轮胎征收反倾销税。一旦这一做法蔓延，中国轮胎出口南美洲的大门或将关闭。

2009 年 9 月 17 日阿根廷生产部宣布，将对从中国等亚洲国家进口的自行车橡胶轮胎实施反倾销措施。

阿根廷生产部工业秘书处发布的公告称，调查证实，从中国、泰国和印度尼西亚进口的自行车橡胶轮胎存在倾销行为，对阿根廷相关企业造成了严重影响，阿海关将对上述国家出口到阿市场的自行车橡胶轮胎征收惩罚性关税，上述反倾销措施有效期为五年。

该案例只是外国对我国发起反倾销案件中的冰山一角。我国遭受反倾销的数量多、频率大、范围广。详见表 11-5。

表 11-5 1995—2012 年 6 月其他国家和地区对中国内地反倾销投诉的具体数据(共 884 起)

	阿根廷	澳大利亚	巴西	加拿大	智利	哥伦比亚	埃及	乌拉圭	欧盟	印度
中国内地	88	35	55	29	1	28	15	1	109	150
	印度尼西亚	以色列	牙买加	日本	韩国	马来西亚	墨西哥	委内瑞拉	摩洛哥	新西兰
中国内地	16	7	1	1	23	2	32	9	1	9
	巴基斯坦	秘鲁	菲律宾	波兰	中国台北	泰国	土耳其	乌克兰	美国	南非
中国内地	11	21	22	2	8	14	60	8	109	35

数据来源:世界贸易组织网站(www. wto. org)

由表 11-5 可以看出,美国、欧盟是对我国发起反倾销投诉数量最多的国家及地区。其次是印度、阿根廷、土耳其和巴西。对我国发起反倾销投诉的国家主要集中于发达国家和发展速度较快的发展中国家。我国在面临如此之多的反倾销投诉案例时,也并非一直处于不利的地位,近些年我国在应对反倾销投诉方面也做了许多积极的工作。参见图 11-2。

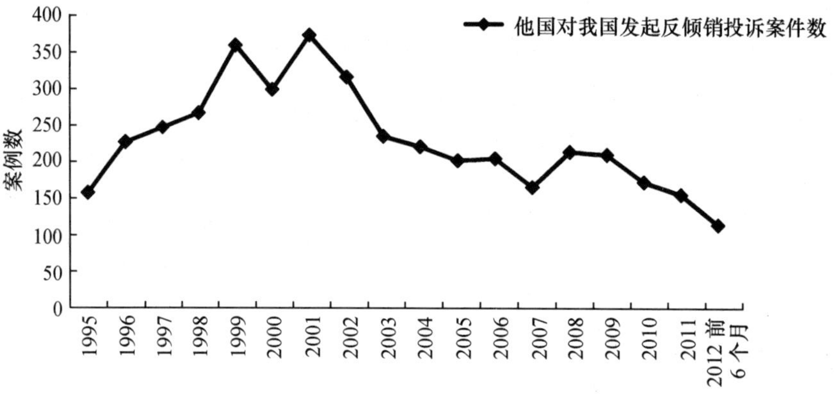

图 11-2 1995—2012 年他国对我国发起反倾销投诉案件数

数据来源:世界贸易组织网站(www. wto. org)

在图 11-2 中,1995 到 2001 年他国对我国发起的反倾销投诉案件一直处于上升的阶段。在 2001 年到 2007 年他国对我国发起的反倾销投诉案件数有了大幅度的下降。直到 2007 年以后受美国的次贷危机的影响,我国遭受反倾销诉讼的案件数又有了新的上升但上升幅度较小。2009 年以后遭受反倾销投诉案件的数量又有所下降。其主要原因是我国在国际经济中的地位有了上升,并且在面临反倾销投诉时我国企业和政府也开始进行积极的应对。与此同时我国遭受反倾销诉讼的比例在世界范围内也有了相应的下降,见图 11-3。

图中我国遭受反倾销调查的比例在 1995 年到 2007 年基本上处于上升阶段,但在 2008

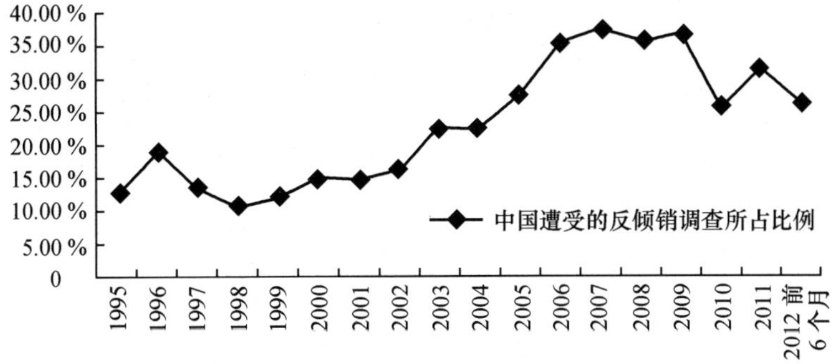

图 11-3　1995—2012 年 6 月中国遭受的反倾销调查占全球反倾销调查的比例

数据来源：世界贸易组织网站(www. wto. org)

年以后我国遭受反倾销调查的数量经历了平稳、下降、小幅上升再下降的趋势，整体的增长势头已经趋弱。但是我国作为遭受反倾销调查重灾区的事实还是没有改变，依然需要我国政府和企业联合起来共同应对来自国际的反倾销压力，为我国企业走出国门营造良好的世界市场环境。

练习与思考

1. 什么是国际贸易摩擦？它是如何产生的？
2. 国际贸易摩擦表现有哪三种形式？
3. 试述当代国际贸易摩擦有哪些特征。
4. 试述国际贸易摩擦的影响。
5. 试述国际贸易摩擦化解的一般途径。

国际贸易实践篇

第十二章

世界贸易组织

本章提要

世界贸易组织是一个在全球范围内倡导自由贸易、协调各国的对外贸易政策、规范各国的对外贸易行为、协助解决国际贸易摩擦的全球性多边贸易组织。世界贸易组织成立于1995年1月1日，前身是关税与贸易总协定。作为一个永久性的机构，世界贸易组织与世界银行和国际货币基金组织并驾齐驱，成为当今世界经济体系的三大支柱之一。本章主要介绍世界贸易组织的建立及发展历史、组织宗旨、职能、基本原则等内容。

本章结构图

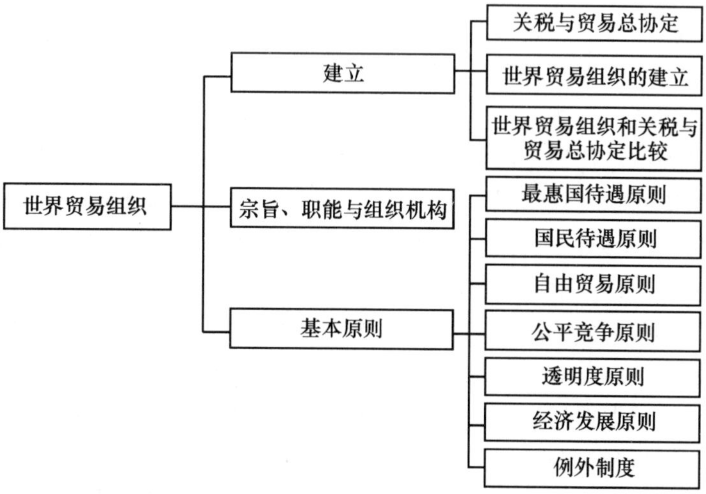

学习目标

- 重点掌握世界贸易组织的职能、基本原则和运作机制。
- 掌握世界贸易组织和关税与贸易总协定的区别。
- 了解从关税与贸易总协定到世界贸易组织建立的过程。

第一节　世界贸易组织的建立

一、世界贸易组织的前身——关税与贸易总协定

关税与贸易总协定(General Agreement on Tariffs and Trade, GATT;以下简称关贸总协定)是一项规范关税与贸易准则的多边国际协定,也是第二次世界大战以后直至世界贸易组织产生以前调整国际经济贸易关系的重要支柱之一。

1946 年至 1948 年,由联合国经济和社会理事会发起,经过在伦敦、纽约、日内瓦与哈瓦那的一系列筹委会会议,各国完成了多边贸易谈判和国际贸易组织宪章的起草工作。在日内瓦会议期间,各国起草了《关税与贸易总协定》,拟作为国际贸易组织(International Trade Organization)的一个附属文件,其内容包括关税谈判的结果和一些防止逃避关税减让义务的条款。后来,由于国际贸易组织宪章流产,而《关税与贸易总协定》又不能自行适用,1947 年 10 月,美国、英国等 23 个总协定的缔约方又签署了一份总协定——《临时适用议定书》,于 1948 年 1 月 1 日生效,总协定也自该日起临时生效。这就是我们通常所说的《关税与贸易总协定》,又称《1947 年关税与贸易总协定》(*GATT 1947*),它成为战后缔约方调整对外贸易政策和措施以及国际经济关系方面的重要法律准则。

关税与贸易总协定的宗旨是:在处理成员国的贸易和经济事务的关系方面,以提高生活水平、保证充分就业、保障实际收入和有效需求的巨大持续增长、扩大世界资源的充分利用以及发展商品生产与交换为目的,努力达成互惠互利协议,大幅度削减关税及其他贸易障碍和取消国际贸易中的歧视待遇。

缔约国大会是关税与贸易总协定的最高权力机构,一般每年举行一次会议,讨论和处理总协定执行中的重要问题,保证总协定条款的实施。大会一般根据协商一致的原则作出决定,很少投票。代表理事会在大会休会期间负责处理总协定的日常工作和紧急事务,下设专门委员会、贸易发展委员会和秘书处。

从 1947 年到 1993 年,关贸总协定主持了 8 轮多边关税与贸易谈判(参见表 12-1)。经过 8 轮多边谈判使各缔约方的关税总水平大大降低,非关税措施也得到明显的遏制,为改善国际贸易环境做出了重大贡献。1994 年乌拉圭回合中对《关税与贸易总协定》进行了修订,产生了《关税与贸易总协定 1994 年文本》,又称《1994 年关税与贸易总协定》(*GATT 1994*)。新文本基本继承了原文本的精神,并构成世界贸易组织法律框架的基础。

表 12-1　关贸总协定框架下的多边贸易谈判一览表

回合	年份	地点与名称	谈判重点	参加国
1	1947	日内瓦	关税	23
2	1949	安纳西	关税	33
3	1951	托基	关税	38
4	1956	日内瓦	关税	26
5	1960—1961	日内瓦(狄龙回合)	关税	26
6	1964—1967	日内瓦(肯尼迪回合)	关税与反倾销	62
7	1973—1979	日内瓦(东京回合)	关税、非关税及“框架”协议	102
8	1986—1993	日内瓦(乌拉圭回合)	全面而广泛的贸易谈判	123

不断丰富和发展的 *GATT 1947*“临时”适用了近半个世纪。在其适用的过程中,成员国在关税减让等贸易自由化方面都取得了很大的成果,推动了国际贸易向自由化方向迈进。但是,由于 *GATT 1947* 的临时适用性质和协定本身存在的诸多缺陷,使其在国际贸易中发挥不了应有的作用。首先,关贸总协定法律效力低,对各缔约方的约束力不强。同时由于关贸总协定不是一个国际组织,在各缔约方发生贸易争端时,其司法裁决的权威也受到严重影响。另外,关贸总协定是各缔约方在经济贸易利益关系调整过程中妥协的产物,它由一些“规定”和一系列“例外”组成,是一个充满“假设”、“但是”及漏洞的折中产物,是一个软法律文件。这种先天不足使各缔约方在援引例外条款时的“越轨行为”难以受到约束。最后关贸总协定调整的对象基本上是货物贸易(即有形商品贸易)以及与之相关的关税与非关税措施,对长期游离于 GATT 规则之外的农产品贸易和纺织品及服装贸易的约束极其有限。

二、世界贸易组织的建立

在关贸总协定乌拉圭回合谈判的埃斯特角城部长宣言中,明确地将“建立一个更广泛、更强有力、更具有生命力的多边体系”作为该次谈判的主要目标之一。但在谈判开始时所拟定的谈判议题中并没有引入建立世界贸易组织问题,而只是设立了一个关于修改和完善关贸总协定体制职能的谈判小组。然而,在新议题中已涉及货物贸易以外的问题,如知识产权保护、服务贸易及与贸易有关的投资措施等,这些非货物贸易的重要议题,很难在关贸总协定的旧框架内来谈判,而有必要创立一个正式的国际贸易组织通过分别谈判来解决。因此到 1990 年初,当时担任欧共体(今欧盟)主席国的意大利首先提出建立一个多边贸易组织(Multilateral Trade Organization, MTO)的倡议。后来以 12 个欧共体成员国的名义正式提出,得到了加拿大、美国等主要西方发达国家的支持。1990 年 12 月,乌拉圭回合布鲁塞尔部长会议正式做出决定,责成关贸总协定下属的体制职能小组负责“多边贸易组织协定”的谈判。该小组经过一年的谈判,于 1991 年 12 月形成了一份《关于建立多边贸易组织协定草案》。1993 年 12 月 15 日,乌拉圭回合结束时,又根据美国的建议把“多边贸易组织”改名为“世界贸易组织”。《建立世界贸易组织协议》于 1994 年 4 月 15 日在摩纳哥的马拉喀什部长会议上获得通过，被 104 个参加方政府代表签署。根据该协议，世界贸易组织于 1995 年 1 月 1 日开始运行，与关贸总协定并存一年后，于 1996 年 1 月 1 日起完全取代关贸总协定，成为规范和协调当代全球经济贸易关系的最权威的组织。

小知识 12-1

世界贸易组织标识

WTO OMC

1997 年 10 月 9 日，世贸组织启用新的标识。该标识由六道向上弯曲的弧线组成球形，上三道和下三道分别为红、蓝、绿三种颜色，意味着充满活力的世贸组织在持久和有序地扩大世界贸易方面将发挥关键作用。标识的设计者是新加坡的杨淑女士，她的设计采用了中国传统书法的笔势，六道弧线带有毛笔书法起笔和收笔的韵律。六道弧线组成的球形表示世贸组织是不同成员组成的国际机构。标识久看有动感，象征世贸组织充满活力。

三、《建立世界贸易组织协议》的构成

《建立世界贸易组织协议》由序言、正文 16 条和 4 个附件组成。正文本身并未涉及规范和管理多边贸易关系的实质性原则，只是就世界贸易组织的结构、决策过程、成员资格、接受、加入和生效等程序性问题做了原则规定。有关协调多边贸易关系和解决贸易争端以及规范国际贸易竞争规则的实质性规定均体现在四个附件中。具体内容见图 12-1。

四、世界贸易组织与关贸总协定的比较

世界贸易组织的建立，不仅继承和维护了关贸总协定形成的多边贸易体制，二者在很多主要方面是相同的，比如基本精神和基本原则、成员的权利与义务等，而且世界贸易组织的建立还加强和健全了这种多边贸易体制。二者相比较，区别主要有以下几个方面：

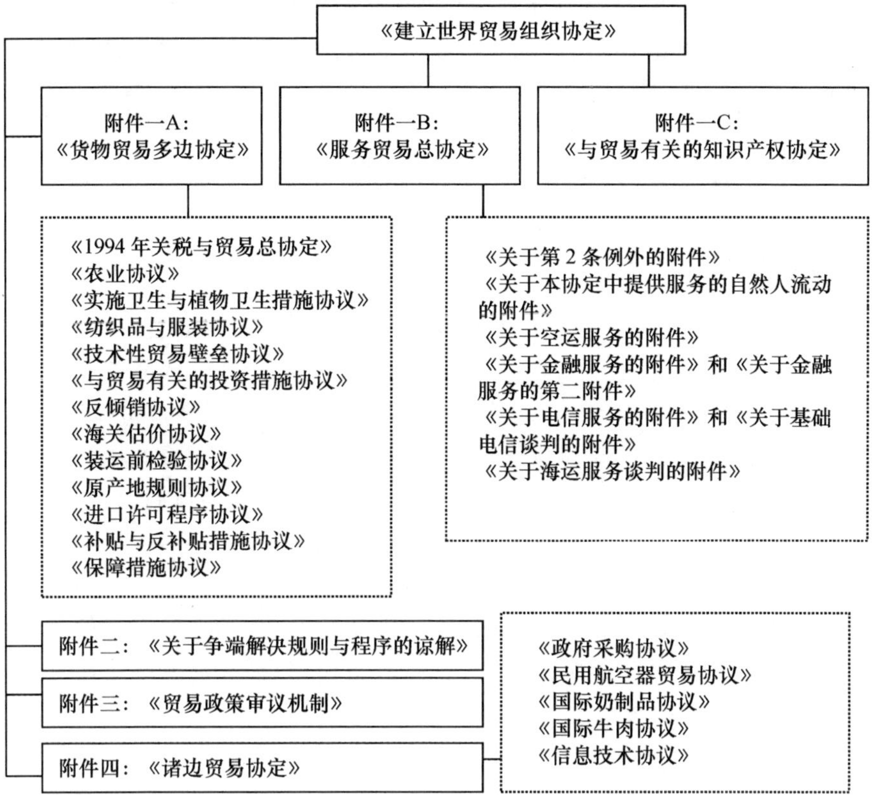

图 12-1 《建立世界贸易组织协定》的构成

(一) 机构性质

关贸总协定最初并不是一个组织,也没有常设机构,它只是一个临时性的协定,是个“准国际组织”。世界贸易组织的成立改变了关贸总协定临时适用和非正式性的状况。世界贸易组织是一个具有法人地位的正式的国际组织,它与国际货币基金组织、世界银行具有同等地位,都是国际法主体,是经成员国的立法机构批准而具有凌驾于国内法之上的权威性的国际正式组织。

(二) 管辖范围

关贸总协定只处理货物贸易问题。世界贸易组织不仅要处理货物贸易问题,还要处理服务贸易和与贸易有关的知识产权问题,其协调与监督的范围远大于关贸总协定。

(三) 争端解决机制

关贸总协定的争端解决机制遵循协商一致的原则,对争端解决没有规定时间表。WTO的争端解决机制采用反向协商一致的原则,裁决结果除非所有成员一致反对,否则自动生效,其裁决具有自动执行的效力,同时明确了争端解决和裁决实施的时间表,因此,WTO争端裁决的实施更容易得到保证,争端解决机制的效率更高。

(四)《1947 年关贸总协定》转化为《1994 年关贸总协定》

《1994 年关贸总协定》从“准国际贸易组织”转化为《1994 年关贸总协定》,成为世界贸易组织负责实施管理的多边货物贸易协定，不再具有“准国际贸易组织”的职能。

上述特征使世界贸易组织成员方比关贸总协定缔约方更严格地受到规则约束，使多边贸易体制机制的作用加强和加大。

第二节　世界贸易组织的宗旨、职能与组织机构

一、世界贸易组织的宗旨

世界贸易组织的宗旨是：提高生活水平，保证充分就业和大幅度、稳步提高实际收入和有效需求；扩大货物和服务的生产与贸易；坚持走可持续发展之路，各成员方应促进对世界资源的最优利用、保护和维护环境，并以符合不同经济发展水平下各成员需要的方式，加强采取各种相应的措施；积极努力确保发展中国家，尤其是最不发达国家在国际贸易增长中获得与其经济发展水平相适应的份额和利益；建立一体化的多边贸易体制。

二、世界贸易组织的目标

世界贸易组织的目标是：建立一个完整的，包括货物、服务、与贸易有关的投资及知识产权等内容的，更具活力、更持久的多边贸易体系，使之可以包括关贸总协定贸易自由化的成果和乌拉圭回合多边贸易谈判的所有成果。

三、世界贸易组织的职能

（一）管理职能

世界贸易组织制定和实施的一整套多边贸易规则涵盖面非常广泛，已经从原先纯粹的货物贸易延伸到服务贸易、与贸易有关的知识产权和投资措施等。世界贸易组织的主要职能之一就是负责管理世界贸易组织协议及各项多边协议的执行和运作，促进各协议目标的实现，并对诸边贸易协议的执行管理实施和运作提供框架。

（二）组织谈判职能

世界贸易组织的前身关贸总协定通过八轮回合的多边谈判，已经使各成员方大幅度削减了关税和非关税壁垒，极大地促进了国际贸易的发展。世界贸易组织成立以来也在多边贸易谈判的组织方面进行了不懈的努力，组织的谈判主要有两类，一类是《关于建立世界贸易组织协议》及各项协议所涉议题的多边谈判，一类是 WTO 部长级会议可能决定的谈判。

小知识 12-2

世界贸易组织历次部长会议（1996—2013 年）

第一次部长会议于 1996 年 12 月 9 日至 13 日在新加坡召开。会议主要审议了世贸组织成立以来的工作及上一轮多边贸易谈判即“乌拉圭回合”协议的执行情况，并决定成立贸易

与投资、贸易与竞争政策、政府采购透明度3个工作组，同时将贸易便利化纳入了货物理事会的职责范围。会议最后通过了《新加坡部长宣言》。

第二次部长会议于1998年5月18日至20日在日内瓦举行。会议的主要目的是为第三次部长级会议启动新一轮多边贸易谈判做准备，主要讨论了已达成的贸易协议的执行情况、既定日程和未来谈判日程等问题以及第三次部长会议举行的时间和地点。

第三次部长会议于1999年11月30日至12月3日在美国西雅图召开。由于非政府组织的示威游行和干扰所产生的压力以及成员间在一系列重大问题上的意见分歧，会议未能启动拟议中的新一轮多边贸易谈判，最终以失败告终。

第四次部长会议于2001年11月9日至14日在卡塔尔首都多哈举行。会议启动了被称为"多哈发展议程"，即"多哈回合"的新一轮多边贸易谈判，最后通过了《部长宣言》等3个文件，且我国在该次会议上正式加入世界贸易组织。

第五次部长会议于2003年9月10日至14日在墨西哥坎昆举行。由于发达国家在削减农业补贴和农产品关税问题上不肯做出实质性让步，会议无果而终。会议仅通过了《部长会议声明》。

第六次部长会议于2005年12月13日至18日在中国香港地区举行。与会者围绕多哈回合议题经过6天谈判发表了《部长宣言》，在取消棉花出口补贴和农产品出口补贴以及向最不发达国家开放市场问题上取得了进展，但多哈回合谈判仍未全面完成。此外，世界贸易组织总理事会正式批准太平洋岛国汤加加入。

第七次部长会议于2009年11月30日至12月1日在瑞士日内瓦举行。本次会议围绕"世界贸易组织、多边贸易体系和当前全球经济形势"这个主题回顾和审议了世界贸易组织的工作。虽然根据安排，会议没有就多哈回合展开谈判，但多哈回合仍是各方讨论的焦点。

第八次部长会议于2011年12月15日至17日在瑞士日内瓦召开。为期三天的本届会议在全球经济金融形势日趋复杂的情形之下，就"多哈发展议程"、"多边贸易机制的重要性"等议题展开讨论。由于各成员在一些谈判领域存在较大分歧，多哈回合谈判陷入困境。俄罗斯、萨摩亚和黑山等在本届部长级会议上成为世贸组织新成员。

第九次部长会议于2013年12月3日至7日在印度尼西亚巴厘岛举行。此次会议是世贸组织总干事罗伯托·阿泽维多上任以来的首次最高决策机构会议。各方期待巴厘岛会议能在有限议题上达成一致，为推动更大规模的多边贸易协定奠定基础。该次会议2013年12月7日上午在印度尼西亚巴厘岛闭幕，达成世贸组织首个全球贸易协定。会议上发布的巴厘岛部长宣言共包括理事会日常工作、多哈发展议程进展和巴厘岛会议后工作展望三大部分。多哈发展议程进展一项即为此前各方期盼的多哈回合谈判"早期收获"，包含贸易便利化、农业、棉花、发展和最不发达国家四项议题共10份协定。

资料来源：新华网（www.xinhuanet.com）

（三）解决争端职能

世界贸易组织为成员国提供了解决贸易纠纷的场所。世界贸易组织成员国之间未能通过双边磋商达成谅解的贸易纠纷，按统一的争端解决机制，通过独立的专家所组成的专案小组主持解决。它的争端解决机制在保障世界贸易组织各协议实施以及解决成员间贸易争端方面发挥了重要的作用，为国际贸易顺利发展创造了稳定的环境。

（四）审议贸易政策职能

世界贸易组织按其贸易评审机制，对各成员国实施的与贸易相关的国内经济政策进行定期审查，以更好地了解成员的贸易政策和实践。同时作为监督者，世界贸易组织通过定期审议，确保各成员国遵守和实施多边协议的纪律和承诺，避免贸易摩擦。

（五）帮助发展中国家职能

为促进发展中国家的经济发展，世界贸易组织专门设立了“贸易与发展委员会”等专门机构，为发展中国家提供服务。通过对发展中国家提供技术援助和培训，增强它们参与多边贸易体制的能力。

（六）与其他国际组织合作职能

为促进全球经贸政策的进一步融合，世界贸易组织以适当的方式与国际货币基金组织、世界银行等国际组织进行合作，以便更好地协调和制定全球经济政策。

四、世界贸易组织的组织机构

为执行其职能，世界贸易组织建立了相应的组织机构（参见图 12-2），总部设在瑞士日内瓦。

（一）部长会议

部长会议是 WTO 的最高决策权力机构，由所有成员国主管外经贸的部长、副部长级官员或其全权代表组成，一般两年举行一次会议，讨论和决定涉及世贸组织职能的所有重要问题，并采取行动。

部长会议的主要职能是：任命世界贸易组织总干事并制定有关规则；确定总干事的权力、职责、任职条件和任期以及秘书处工作人员的职责及任职条件；对世界贸易组织协定和多边贸易协定做出解释；豁免某成员对世界贸易组织协定和其他多边贸易协定所承担的义务；审议其成员对世界贸易组织协定或多边贸易协定提出修改的动议；决定是否接纳申请加入世界贸易组织的国家或地区为世界贸易组织成员；决定世界贸易组织协定及多边贸易协定生效的日期等。

部长会议下设总理事会和秘书处，负责世界贸易组织日常会议和工作。世界贸易组织成员资格有创始成员和新加入成员之分，创始成员必须是关贸总协定的缔约方，新成员必须由其决策机构——部长会议以三分之二多数票通过方可加入。

（二）总理事会

在部长会议休会期间，其职能由总理事会行使，总理事会也由全体成员组成。总理事会可视情况需要随时开会，自行拟订议事规则及议程。同时，总理事会还必须履行其解决贸易争端和审议各成员贸易政策的职责。

（三）理事会

理事会为总理事会下属机构，由所有成员方代表组成，每一理事会每年至少举行 8 次会

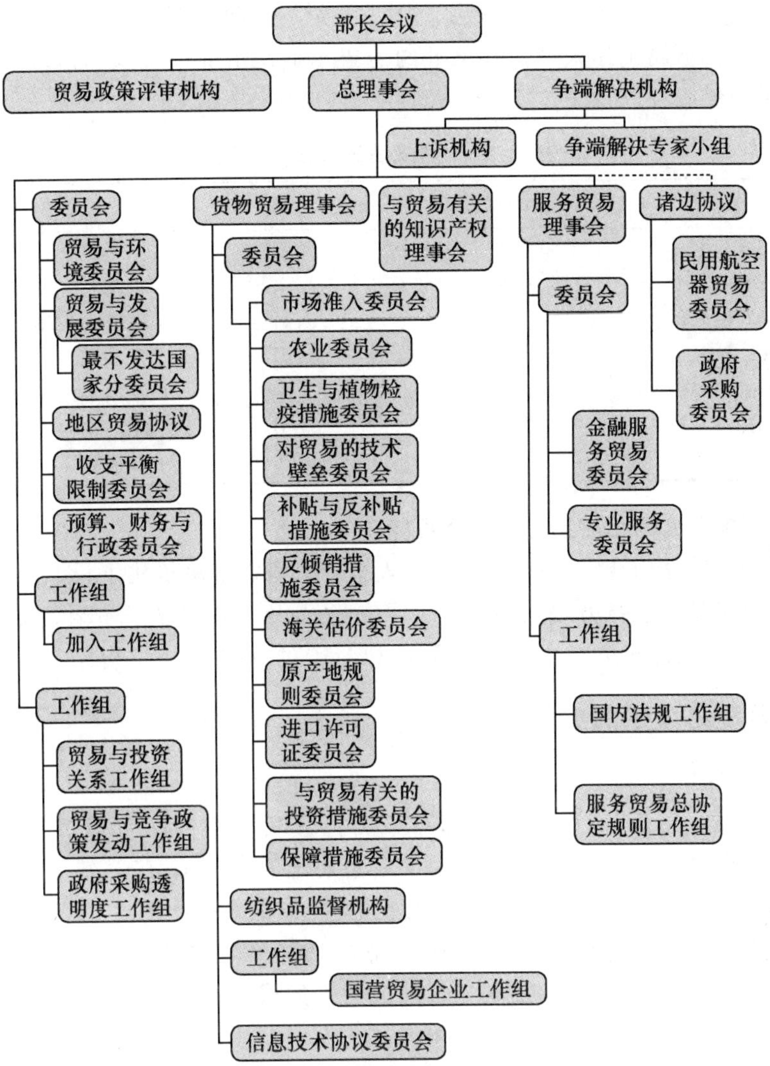

图 12-2　世界贸易组织的组织结构图

议。其中，货物贸易理事会、服务贸易理事会和知识产权理事会为最重要的理事会。总理事会下设货物贸易理事会、服务贸易理事会和知识产权理事会。这些理事会可视情况自行拟订议事规则，经总理事会批准后执行。

（四）专门委员会

根据世界贸易组织协议规定，部长级会议可根据需要建立某些委员会，使其分管某方面的事务。目前有四个隶属部长级会议的委员会：贸易与环境委员会、贸易与发展委员会、收支平衡限制委员会和预算、财务与行政委员会。

（五）秘书处及总干事

秘书处是世界贸易组织的日常办事机构，由部长会议任命的总干事领导。世界贸易组织历任总干事见表12-2。总干事的权力、职责、服务条件和任期由部长会议通过规则确定。总干事有权指派其所属工作人员。秘书处的主要职责是给部长会议、各理事会以及各专门委员会提供专业性服务。

表 12-2 世界贸易组织历任总干事

时间	任职时间	国籍	人名
1995.1.1—1995.4.30	4个月	爱尔兰	萨瑟兰
1995.1.1—1999.4.30	4年	意大利	雷纳托·鲁杰罗
1999.9.1—2002.8.31	3年	新西兰	麦克·穆尔
2002.9.1—2005.8.31	3年	泰国	素帕猜
2005.9.1—2009.8.31	4年	法国	帕斯卡尔·拉米
2009.8.31—2013.8.31	4年	法国	帕斯卡尔·拉米
2013.9.1—2017.8.31	4年	巴西	罗伯托·阿泽维多

（六）争端解决机构和贸易政策审议机构

这两个机构都直接隶属于部长会议或总理事会。争端解决机构下设专家小组和上诉机构(上诉庭)，负责处理成员方之间基于有关协定、协议所产生的贸易争端。贸易政策审议机构主要负责定期审议各成员方的贸易政策、法律与实践，并做出一定指导。

五、世界贸易组织的成员国

（一）创始成员

根据协议规定，凡具备以下条件，即可成为世界贸易组织的创始成员(original members)：(1) 世界贸易组织协议生效时，已是关贸总协定的缔约国；(2) 签署参加一揽子接受乌拉圭回合所有协议；(3) 在乌拉圭回合中做出关税和非关税减让，以及服务贸易的减让。

几乎所有符合条件的关贸总协定缔约方，都在1996年底前成为世界贸易组织的创始成员，唯一的例外是刚果(布)到1997年3月才成为创始成员。我国香港和澳门都是1947年关贸总协定缔约方，按世界贸易组织上述规定，1995年1月1日，它们都成为世界贸易组织创始成员。

（二）加入成员

《马拉喀什建立世界贸易组织协定》第12条规定："任何国家或在处理对外贸易关系及本协定和多边贸易协定规定的其他事项方面拥有完全自主权的单独关税区，可按它与世界贸易组织协议的条件加入本协定。"依照该项条款，中国作为主权国家可以申请加入世界贸易组织，中国台湾作为单独关税区也有资格申请加入世界贸易组织。

凡在世界贸易组织协议生效后，任何国家或对外商业关系上拥有充分自主权的单独关税地区，可以向世界贸易组织提出加入申请，进行全面谈判，须经部长会议2/3以上多数表决通过按谈妥的条件加入世界贸易组织，成为加入成员(acceding member)。

2011年12月，WTO总理事会在日内瓦召开特别会议，正式宣布接纳俄罗斯成为该组织第156个成员。到2013年3月为止，WTO正式成员已经达到159个，详情可见表12-3。

表 12-3　世界贸易组织成员国(截至 2013 年 3 月底)

阿尔巴尼亚(2000.9.8)	安哥拉(1996.11.23)	安提瓜和巴布达(1995.1.1)	阿根廷(1995.1.1)
亚美尼亚(2003.2.5)	澳大利亚(1995.1.1)	奥地利(1995.1.1)	巴林(1995.1.1)
孟加拉(1995.1.1)	巴巴多斯(1995.1.1)	比利时(1995.1.1)	伯利兹(1995.1.1)
贝宁(1996.2.22)	玻利维亚(1995.9.12)	博茨瓦纳(1995.5.31)	巴西(1995.1.1)
文莱达鲁萨兰国(1995.1.1)	保加利亚(1996.12.1)	布基纳法索(1995.6.3)	布隆迪(1995.7.23)
佛得角(2008.7.23)	柬埔寨(2004.10.13)	喀麦隆(1995.12.13)	加拿大(1995.1.1)
中非(1995.5.31)	乍得(1996.10.19)	智利(1995.1.1)	中国(2001.12.11)
哥伦比亚(1995.4.30)	刚果(1997.3.27)	哥斯达黎加(1995.1.1)	科特迪瓦(1995.1.1)
克罗地亚(2000.11.30)	古巴(1995.4.20)	塞浦路斯(1995.7.30)	捷克(1995.1.1)
刚果(金)(1997.1.1)	丹麦(1995.1.1)	吉布提(1995.5.31)	多米尼克(1995.1.1)
多米尼加(1995.3.9)	厄瓜多尔(1996.1.21)	埃及(1995.6.30)	萨尔瓦多(1995.5.7)
爱沙尼亚(1999.11.13)	欧洲联盟(1995.1.1)	斐济(1996.1.14)	芬兰(1995.1.1)
法国(1995.1.1)	加蓬(1995.1.1)	冈比亚(1996.10.23)	格鲁吉亚(2000.6.14)
德国(1995.1.1)	加纳(1995.1.1)	希腊(1995.1.1)	格林纳达(1996.2.22)
危地马拉(1995.7.21)	几内亚(1995.10.25)	几内亚比绍(1995.5.31)	圭亚那(1995.1.1)
海地(1996.1.30)	洪都拉斯(1995.1.1)	中国香港(1995.1.1)	匈牙利(1995.1.1)
冰岛(1995.1.1)	印度(1995.1.1)	印度尼西亚(1995.1.1)	爱尔兰(1995.1.1)
以色列(1995.4.21)	意大利(1995.1.1)	牙买加(1995.3.9)	日本(1995.1.1)
约旦(2000.4.11)	肯尼亚(1995.1.1)	韩国(1995.1.1)	科威特(1995.1.1)
吉尔吉斯斯坦(1998.12.20)	老挝(2013.2.2)	拉脱维亚(1999.2.10)	莱索托(1995.5.31)
列支敦士登(1995.9.1)	立陶宛(2001.5.31)	卢森堡(1995.1.1)	中国澳门(1995.1.1)
马达加斯加(1995.11.17)	马拉维(1995.5.31)	马来西亚(1995.1.1)	马尔代夫(1995.5.31)
马里(1995.5.31)	马耳他(1995.1.1)	毛里塔尼亚(1995.5.31)	毛里求斯(1995.1.1)
墨西哥(1995.1.1)	摩尔多瓦(2001.7.26)	蒙古(1997.1.29)	黑山(2012.4.29)
摩洛哥(1995.1.1)	莫桑比克(1995.8.26)	缅甸(1995.1.1)	纳米比亚(1995.1.1)
尼泊尔(2004.4.23)	荷兰(1995.1.1)	新西兰(1995.1.1)	尼加拉瓜(1995.9.3)
尼日尔(1996.12.13)	尼日利亚(1995.1.1)	挪威(1995.1.1)	阿曼(2000.11.9)
巴基斯坦(1995.1.1)	巴拿马(1997.9.6)	巴布亚新几内亚(1996.6.9)	巴拉圭(1995.1.1)
秘鲁(1995.1.1)	菲律宾(1995.1.1)	波兰(1995.7.1)	葡萄牙(1995.1.1)
卡塔尔(1996.1.13)	罗马尼亚(1995.1.1)	俄罗斯(2012.8.22)	卢旺达(1996.5.22)
圣基茨和尼维斯(1996.2.21)	圣卢西亚(1995.1.1)	圣文森特和格林纳丁斯(1995.1.1)	萨摩亚(2012.5.10)
沙特阿拉伯(2005.12.11)	塞内加尔(1995.1.1)	塞拉利昂(1995.7.23)	新加坡(1995.1.1)
斯洛伐克(1995.1.1)	斯洛文尼亚(1995.7.30)	所罗门(1996.7.26)	南非(1995.1.1)
西班牙(1995.1.1)	斯里兰卡(1995.1.1)	苏里南(1995.1.1)	斯威士兰(1995.1.1)
瑞典(1995.1.1)	瑞士(1995.7.1)	中国台北(2002.1.1)	塔吉克斯坦(2003.3.2)
坦桑尼亚(1995.1.1)	泰国(1995.1.1)	前南斯拉夫(2003.4.4)	多哥(1995.5.31)
汤加(2007.7.27)	特立尼达和多巴哥(1995.3.1)	突尼斯(1995.3.29)	土耳其(1995.3.26)
乌干达(1995.1.1)	乌克兰(2008.5.16)	阿拉伯联合酋长国(1996.4.10)	英国(1995.1.1)
美国(1995.1.1)	乌拉圭(1995.1.1)	瓦努阿图(2012.8.24)	委内瑞拉(1995.1.1)
越南(2007.1.11)	赞比亚(1995.1.1)	津巴布韦(1995.3.5)	也门(2014.6.26)

资料来源:世界贸易组织网站(www.wto.org)

任何成员都可以退出世界贸易组织。在世界贸易组织总干事收到书面退出通知之日的6个月期满后，退出生效。退出应同时适用于《建立世界贸易组织协定》和其他多边贸易协定。退出以后，与其他世界贸易组织成员国的经贸关系从多边回到双边，不再享受世界贸易组织成员的权利，同时也解除了作为世界贸易组织成员应尽的义务。

由于政治或其他原因，一些成员不同意相互之间适用世界贸易组织协定，即互不适用。《建立世界贸易组织协定》规定："任何成员，如在自己成为成员时或在另一成员成为成员时，不同意在彼此之间适用本协定及附件1和附件2所列多边贸易协定，则这些协定在该两成员之间不适用。"采取互不适用的条件：

第一，在成为世界贸易组织成员时，双方均可作出互不适用的决定。

第二，原关贸总协定缔约方转变成世贸组织原始成员已采取的互不适用可以沿用。

第三，对新加入成员，在部长会议批准前已通知部长会议的前提下，可以互不适用。

第四，诸边贸易协议参加方的互不适用，按该协议的规定执行。

互不适用可以撤销，但不得重新启用。尽管世界贸易组织允许互不适用这种做法，但并不鼓励。

第三节　世界贸易组织的基本原则

为了有效地实现其宗旨，世界贸易组织的各项协议与条款中贯穿了一系列的基本原则。这些基本原则主要来自于《1994年关税与贸易总协定》，并在其所管辖的国际货物贸易领域以及服务贸易、与贸易有关的知识产权和投资措施等新的领域中予以适用和加以扩展。

一、最惠国待遇原则

（一）最惠国待遇的含义

最惠国待遇原则（principle of most-favored nation treatment）是指缔约一方现在和将来给予任何第三方的一切特权、优惠和豁免，也同样给予缔约对方。其基本要求是使缔约一方在缔约另一方享有不低于任何第三方享有或可能享有的待遇。*GATT 1947*第一条就规定了最惠国待遇这项制度，并且各缔约方必须无条件适用。世界贸易组织建立以后，这项制度被扩大适用到服务贸易和知识产权领域。

最惠国待遇原则具有以下几个特征：

第一，最惠国待遇一般是相互给予的、平等的待遇，而不是独自享有特殊利益；

第二，缔约双方给予的最惠国待遇应当是不需要对方给予任何补偿的；

第三，缔约双方对于最惠国条款所规定的优惠、特惠或豁免必须是自动地适用缔约对方，不需要对方的申请手续和法律程序；

第四，缔约方根据待遇条款给予缔约对方的优惠、特惠或豁免，在时间上不仅包括以往在缔约前所给予任何第三方而现时仍继续有效的一切优惠、特惠或豁免，同时也包括缔约以后在条款有效期内所给予任何第三国的一切优惠、特惠或豁免；

第五,最惠国待遇条款在国际惯例上是经济和贸易性的条款,如协议和协定中无特殊规定,将不适用经济和贸易关系以外的事项。

(二) 最惠国待遇的分类

根据国际贸易条约的实践,最惠国待遇可分为有条件最惠国待遇和无条件最惠国待遇、互惠的最惠国待遇和片面的最惠国待遇、无限制的最惠国待遇和有限制的最惠国待遇几种形式。

1. 有条件的最惠国待遇和无条件的最惠国待遇

有条件的最惠国待遇是指如果缔约一方给予第三方的优惠是有条件的,则另一方必须提供同样的补偿,才能享受这种优惠待遇;无条件最惠国待遇是指缔约一方现在和将来给予任何第三方的一切优惠待遇,应该无条件地、无补偿地、自动地给予缔约对方。

2. 互惠的最惠国待遇和片面的最惠国待遇

互惠的最惠国待遇是指缔约双方相互给予对方最惠国待遇;片面最惠国待遇往往是缔约一方享有最惠国待遇,缔约另一方只有义务给予对方最惠国待遇,而无权利享受此种待遇。

3. 无限制的最惠国待遇和有限制的最惠国待遇

无限制的最惠国待遇是指该最惠国待遇条款的适用范围不规定任何限制;有限制的最惠国待遇是指该最惠国待遇条款的适用范围有着商品类别或来源地等限制的规定。

(三) 世界贸易组织中的最惠国待遇原则

1. 在货物贸易的最惠国待遇方面,世界贸易组织的《1994 年关税和贸易总协定》及其他协定在有关条款中规定了成员之间应相互给予最惠国待遇。最惠国待遇要求在世界贸易组织成员间进行贸易时只要其进出口的产品是相同的,则享受的待遇也应该相同,不能附加任何条件,并且是永久的。

货物贸易最惠国待遇原则主要针对以下几个方面:第一,进出口关税;第二,对进出口本身征收的任何形式的费用,如进口附加费;第三,与进出口相关的任何形式的费用,如海关手续费、领事发票费、质量检验费等;第四,对进出口的国际支付与转账所收取的费用,如由政府对进出口国际支付收取的一些税费;第五,征收上述税费的方法,例如征收关税时对进口商品进行价值评估时评估的标准、程序、方法均应在所有成员间一律平等;第六,与进出口相关的所有法规及手续,如对进出口在一定时间内规定特定的信息披露或说明要求;第七,国内税或其他国内费用的征收,如销售税、由地方当局征收的有关费用等;第八,任何影响产品在国内销售、购买、提供、运输、分销等方面的法律、规章及要求等,如对进口产品的品质证书的要求、对进口品运输、储藏或零售渠道的要求、对产品的特殊包装及使用的限制等。

2. 在服务贸易的最惠国待遇方面,世界贸易组织的《服务贸易总协定》第 2 条规定,在服务和服务的提供者方面,各成员应该立即无条件地给予任何其他成员的服务及服务提供者相同的待遇。

鉴于服务贸易发展的水平参差不齐,《服务贸易总协定》允许少数成员在 2005 年以前,存在与最惠国待遇不符的措施,但要将这些措施列入一个例外清单。这些措施是暂时性的,在2005年之后要取消。在那之后，最惠国待遇原则上应无条件地、永久地在所有成员间实施。

3. 在与贸易有关的知识产权的最惠国待遇方面，世界贸易组织的《与贸易有关的知识产权协定》将最惠国待遇规定为其成员必须普遍遵守的一般义务和基本原则。其第4条规定，在知识产权保护方面，某一成员提供给其他成员国民的任何利益、优惠、特权或豁免，均应立即无条件地给予全体世界贸易组织其他成员的国民；也就是说，世界贸易组织要求在知识产权保护方面，各成员的国民应当享受同等的待遇，而不能对某一成员的国民实行歧视。

二、国民待遇原则

（一）国民待遇的含义

国民待遇原则（principle of national treatment）是世界贸易组织的基本原则之一，是指对其他成员方的产品、服务或服务提供者及知识产权所有者和持有者所提供的待遇，不低于本国同类产品、服务或服务提供者及知识产权所有者和持有者所享有的待遇。国民待遇原则是最惠国待遇原则的重要补充。在实现所有世界贸易组织成员平等待遇基础上，世界贸易组织成员的商品或服务进入另一成员领土后，也应该享受与该国的商品或服务相同的待遇，这正是世界贸易组织非歧视贸易原则的重要体现。国民待遇原则严格来讲就是外国商品或服务与进口国国内商品或服务处于平等待遇的原则。

国民待遇原则包括三个要点：第一，国民待遇原则适用的对象是产品、服务或服务提供者及知识产权所有者和持有者，但因产品、服务和知识产权领域具体受惠对象不同，国民待遇条款的适用范围、具体规则和重要性有所不同；第二，国民待遇原则只涉及其他成员方的产品、服务或服务提供者及知识产权所有者和持有者，在进口成员方境内所享有的待遇；第三，国民待遇定义中"不低于"一词的含义是指，其他成员方的产品、服务或服务提供者及知识产权所有者和持有者，应与进口成员方同类产品、相同服务或服务提供者及知识产权所有者和持有者享有同等待遇，若进口成员方给予前者更高的待遇，并不违背国民待遇原则。

（二）世界贸易组织中的国民待遇原则

1. *GATT 1994* 关于国民待遇原则的适用

关贸总协定体制的国民待遇的适用范围较小，仅适用于货物贸易，更具体地说，仅适用于对进口商品的国内税收和政府对进口商品的法规、规章等管理措施方面。关贸总协定文本第3条是"国内税与国内规章的国民待遇"条款，根据该条的规定，每一成员对来自任何一个其他成员的进口商品所直接或间接征收的国内税或其他国内收费均不得高于其本国的同类产品；在进口商品从通过海关进入进口方境内至该商品最终被消费期间经过的销售、推销、购买、运输、分配或使用的法令、条例和规章方面，所享受的待遇应不低于相同的国内商品所享受的待遇。关贸总协定加入该国民待遇条款的目的，是防止政府实行保护主义，干预进口货物，保证各成员享受关税减让带来的利益，并保障进口商品与国内同类商品获得同等的竞争条件。

关贸总协定国民待遇条款具体适用于如下三个方面：

(1) 国内税收及其他各项费用。国内税收指政府对进口商品征收营业税、增值税、消费税及各种附加税等,其他各项费用指处于流通过程中的进口商品应承担的仓储费、运费和保险费及有关服务费用。按国民待遇条款的规定,各成员政府在对进口商品的征税和收费方面,都必须将适用于国内同类商品的税种、税率、征收方法、征收程序和减免税优惠等同样适用于进口商品。凡对进口商品设置了更高的税率或收费标准,或更繁琐的征收程序,或更为不便的征收方法等等,都会提高进口的成本,使其与国内同类商品处于不同等的地位上,导致不公平的竞争。

(2) 进口商品的混合或加工。某些进口商品进口后有必要经过混合或加工后才能投放市场,这就必然涉及原材料或配料的供应或购买。依国民待遇条款的规定,各成员不得制定条例来限制进口商品的混合或加工的原材料或配料的供应数量和供应渠道。违反了这一规定,即会对有关进口商品的进口形成限制。

(3) 进口商品流通的各环节。首先在商品销售方面会涉及销售渠道、销售方式、销售价格等;其次,在推销环节上则会涉及推销方式、推销手段等,其中包括广告的制作,如制作标准或要求及制作费用;再次,在运输方面会涉及运输工具的安排、装运要求、运费等;最后,在购买、分配或使用方面则会出现对购买行为的限制,例如商品的市场投向分配、市场数量分配、消费数量分配,或对使用某商品加以条件限制等现象。依国民待遇条款,各成员在对待进口商品的各流通环节中涉及的诸方面,均应与国内同类商品同等对待,即对国内商品与进口商品适用相同的规定或采用相同的措施,以避免对进口商品的正常流通形成各种障碍。

2.《服务贸易总协定》关于国民待遇的适用

经过长期的谈判和各方的妥协让步,《服务贸易总协定》终于将国民待遇原则作为其规定的具体承担义务部分。该条款规定:每一成员方应在其承诺表所列服务部门或分部门中,根据该表内所述任何条件和资格,给予其他成员的服务和服务提供者,就所有影响服务提供的措施而言,其待遇不低于给予其本国相同的服务和服务提供者的待遇。

《服务贸易总协定》国民待遇的一个重要特征,就是将市场准入和国民待遇不作为普遍义务,而是作为具体承诺与各个部门的开放联系在一起,这样可以使分歧较小的国家早日达成协议,否则就加重了它们在服务贸易和国际收支中的负担,这是有悖于服务贸易总协定的宗旨的。因此,服务贸易中的国民待遇是以世界贸易组织成员间在平等的基础上通过谈判方式达成协议,在协议的基础上确定不同服务行业中不同程度地履行国民待遇的。另外,服务贸易国民待遇原则的实施应本着"利益互惠"的原则,但这种利益互惠不应是绝对数量上的"对等优惠",而是"相互优惠",以符合水平不同国家的需要。

3.《与贸易有关的知识产权协定》关于国民待遇的适用

《与贸易有关的知识产权协定》的总则和基本原则中明确规定了有关知识产权的国民待遇原则。它规定在保护知识产权方面,成员一方对其他成员方国民提供的待遇不得低于对本国国民所提供的待遇。这一规定将关贸总协定仅适用于外国进口产品的国民待遇扩大适用到包括商标权、专利权和版权等内容在内的知识产权领域。

4.《与贸易有关的投资措施协定》关于国民待遇的适用

《与贸易有关的投资措施协定》中明确而又具体地规定了使用关贸总协定的国民待遇原

则,即任何成员方都不应使用与 *GATT 1994* 第 3 条或第 11 条不一致的任何与贸易有关的投资措施;并在该协议中列举了与国民待遇不相符的与贸易有关的投资措施,这些措施包括:(1) 要求企业购买或使用国内产品或来源于国内渠道供应的产品,不论这种具体要求是规定特定产品、产品数量或价值,还是规定购买与使用当地产品的数量或价值的比例;(2) 限制企业购买或使用进口产品的数量,或与其出口当地产品的数量或价值相联系。

三、自由贸易原则

(一) 自由贸易原则的含义

世界贸易组织的宗旨是推动贸易自由化,实现这一宗旨的手段是通过谈判削减各种贸易壁垒和歧视性待遇,在 WTO 的各项协议及其主持的多边贸易谈判中都体现了这一基本原则。

贸易自由化是一个极其重要的原则,也是一个根本性的原则。所谓贸易自由化原则,从本质上来说,就是限制和取消一切妨碍和阻止国际贸易开展与进行的所有障碍,包括法律、法规、政策和措施等。这一由 GATT 最初创立的原则,从传统货物贸易领域一直延伸至服务贸易领域,并经由世界贸易组织取得了新的突破性发展。

自由贸易原则体现了建立世界贸易组织实现全球贸易自由化的思想。为了实现贸易自由化目标,世界贸易组织协定确立的规则要求各成员:以“多边谈判为手段”,逐步削减关税和减少非关税贸易壁垒,开放服务部门,减少对服务提供方式的限制;“以争端解决为保障”,“以贸易救济措施为安全阀”,通过援用有关例外条款或采取保障措施等贸易救济措施,以消除或减轻贸易自由化带来的负面影响。

(二) 自由贸易原则的内容

该原则通过关税减让原则、互惠原则、取消非关税壁垒原则(如禁止数量限制原则)及市场准入原则来实现的。

1. 关税减让原则

关税减让(concession of tariff)始终是从关贸总协定到世界贸易组织的多边国际贸易谈判的主要议题。它以互惠互利为基础,要求各成员方通过谈判,采取关税减让方式相互约束部分或全部产品的关税税率,以此降低进出口关税的总体水平,尤其是降低阻碍商品进口的高关税。关税减让谈判一般在产品主要供应者与主要进口者之间进行,其他国家也可参加。双边的减让谈判结果,其他成员按照“最惠国待遇”原则可不经谈判而适用。

关税减让原则,是多边贸易体系自始倡导的基本原则,也是非歧视原则和互惠等原则的实际执行载体。由于与名目繁多的非关税措施相比,关税的最大优点在于它具有公开性和可计量性,能够清楚地反映关税对国内产业的保护程度,所以关税被世界贸易组织视为各成员方对其国内工业给予保护的唯一合法手段。

不断稳定地降低关税是世界贸易组织最重要的原则之一。目前,国际关税的总体水平,大体维持在发达国家约在 3% 以下、发展中国家约为 10% 左右。虽然关税减让原则在特殊情形下也有其适用例外,但该原则的既定目标之一就是促使世界贸易组织成员的国别关税保护不断明朗化,并使之对国际贸易的扭曲减少到最低程度。

2. 取消非关税壁垒原则(禁止数量限制原则)

除了关税减让以外,消除非关税壁垒、禁止数量限制也是世界贸易组织的基本原则之一。禁止数量限制原则又称为只允许关税保护原则,是指在各成员方实施规则允许的贸易保护措施时,禁止实行数量限制,以消除形形色色的非关税壁垒,并增强各国贸易政策的透明度,消除歧视性待遇,促进国际贸易公平、公正地进行。

通常说来,数量限制是非关税壁垒中最常用的方法,是政府惯用的行政手段,常被用来限制进出口数量,这对国际贸易的正常进行影响极大。数量限制的主要形式是:配额、进口许可、自动出口约束和禁止。

禁止数量限制原则的适用前提是数量限制构成了国际贸易的障碍。它主要通过《多边货物贸易规则》第 11 条、第 12 条与第 13 条的规定来具体实施。在货物贸易方面,世界贸易组织仅允许进行关税保护,而禁止其他非关税壁垒,尤其是以配额和许可证为主要方式的数量限制。但禁止数量限制原则也有一些重要的例外,如国际收支困难的国家被允许实施数量限制,发展中国家的"幼稚工业"也被允许加以保护等。不过,这些例外都必须在非歧视和最惠国待遇原则的基础上进行。

3. 市场准入原则

市场准入原则是贸易自由原则在服务贸易领域的延伸和发展,它是世界贸易组织创立的一项旨在推进服务贸易自由化进程的重要原则。

所谓市场准入,是指一成员方允许另一成员方的货物、劳务与资本参与本国市场的程度。市场准入原则旨在通过增强各成员对外贸易体制的透明度,减少和取消关税、数量限制和其他各种强制性限制。

减少市场准入的非关税壁垒及通过各成员方对开放其特定市场所作出的具体承诺,切实改善各成员市场准入条件,保证各成员的商品、资本和服务可以在世界市场上公平自由竞争。但是必须注意的是,市场准入是一个渐进的过程。

市场准入原则是在国际服务贸易迅速发展但各国为保护本国服务业设定种种限制的大背景下提出的。因为现存的各类限制影响了世界各国对服务领域的相互开放以及服务业资源的有效配置,不利于服务业的公平竞争和服务质量的提高,如不减少这些限制,对服务贸易和世界经济发展都会构成不利的影响。因此,《服务贸易总协定》要求各成员方为服务产品和服务提供者提供更多的投资和经营机会。世界贸易组织建立以后,首先就金融服务和电信服务达成具体的协议,加深了这两个领域的贸易自由化。

四、公平竞争原则

世界贸易组织是建立在市场经济基础上的多边贸易体制,公平竞争是市场经济顺利运行的重要保障。*GATT 1994* 有关降低关税、取消数量限制、消除歧视待遇、约束国有贸易企业经营特权的规定反映了公平竞争原则的内涵。同时,世界贸易组织的其他协议如《反倾销协议》、《补贴与反补贴措施协议》、《保障措施协议》、《农业协议》等对倾销、补贴、保障措施予以规范,以维护国际贸易的公平市场竞争秩序。

(一) 公平竞争原则的含义

所谓公平贸易,从狭义上讲,是让生产商和贸易商能够按市场供求形成的价格从事国际贸易活动,避免人为扭曲价格和市场条件所造成的障碍;从广义上讲,是让生产商和贸易商能够在各成员市场上开展自由竞争。

所谓公平竞争原则,也被称为反倾销原则和反补贴原则,是指成员应避免采取扭曲市场竞争的措施,纠正不公平贸易行为,在货物贸易、服务贸易和与贸易有关的知识产权领域,创造和维护公开、公平、公正的市场环境。

(二) 公平竞争原则的要点

第一,公平竞争原则体现在货物贸易领域、服务贸易领域和与贸易有关的知识产权领域;

第二,公平竞争原则既涉及成员方的政府行为,也涉及成员方的企业行为;

第三,公平竞争原则要求成员维护产品、服务或服务提供者在本国市场的公平竞争,不论它们来自本国还是其他任何成员方。

(三) 公平竞争原则的表现

1. 通过反倾销和反补贴等措施防止因倾销和出口补贴而形成的不公平竞争

出口倾销和出口补贴一直被认为是典型的不公平贸易行为。倾销是企业以低于正常价值的价格出口产品,对进口方相关产业造成损害。出口补贴是政府对本国特定出口产品提供资助,人为增加产品竞争优势,使进口方同类产品处于不平等地位,对其产业造成损害。《反倾销协议》、《补贴与反补贴措施协议》允许进口成员方征收反倾销税和反补贴税,抵消出口倾销和出口补贴对本国产业造成的实质损害。

同时,世贸组织也防止成员方出于保护本国产业的目的,滥用反倾销和反补贴措施,造成公平贸易的障碍。为此,《反倾销协议》、《补贴与反补贴措施协议》对成员实施反倾销和反补贴措施,规定了严格的条件和程序,包括如何认定进口产品正在倾销或享有补贴,如何认定倾销或享有补贴的进口产品正在对本国产业造成实质性损害,或构成实质性损害威胁,以及发起调查、收集信息、征收反倾销税或反补贴税等方面应遵循的程序。

2. 在服务贸易领域,世界贸易组织鼓励各成员通过相互开放服务贸易市场,逐步为外国的服务或服务提供者创造市场准入和公平竞争的机会

为使其他成员的服务或服务提供者在本国市场上享有同等待遇,进行公平竞争,《服务贸易总协定》要求成员方实施最惠国待遇,无论有关服务部门是否列入服务贸易承诺表。

对于本国的垄断和专营服务提供者,《服务贸易总协定》要求成员国保证服务提供者的行为,符合最惠国待遇原则及该成员国在服务贸易承诺表中的具体承诺。

3. 在知识产权领域,公平竞争原则主要体现为对知识产权的有效保护和反不正当竞争

《与贸易有关的知识产权协定》要求成员方加强对知识产权的有效保护,防止含有知识产权的产品和品牌被仿造、假冒、盗版。无论是本国国民的知识产权,还是其他成员国国民的知识产权,都应得到有效保护。

反不正当竞争也是知识产权保护的一个重要方面。一些限制竞争的知识产权许可活动或条件,会妨碍技术的转让和传播,并对贸易产生不利影响。《与贸易有关的知识产权协定》专门对知识产权许可协议中限制竞争的行为作出了规定,允许成员采取适当措施,防止或限制排他性返授条件、强制性一揽子许可等。

4. 约束政府采购金额,扩大公平竞争机会

在《政府采购协议》中,把采购范围从货物扩展到服务,例如地方一级和公共事业单位的建筑服务采购。此外,协议中对采购金额都作了约束,加强了保证公平和无歧视的国际竞争条件的规则。

5. 规范国有贸易企业的贸易行为

为防止国有贸易企业的经营活动对贸易造成扭曲影响,世界贸易组织要求成员方的国有贸易企业按非歧视原则,以价格等商业因素作为经营活动的依据,并定期向世贸组织通报国有贸易企业情况,以此对该国有贸易企业的贸易行为进行规范,防止出现与其他贸易企业不公平竞争的现象。

五、透明度原则

透明度原则(**principle of transparence**)是指,成员方应公布其所制定和实施的贸易措施及其变化情况(如修改、增补或废除等),不公布不得实施,同时还应将这些贸易措施及其变化情况通知世界贸易组织;成员方所参加的有关影响国际贸易政策的国际协议,也在公布和通知之列。透明度原则的主要内容,包括贸易措施的公布和贸易措施的通知两个方面。透明度原则对公平贸易和竞争的实现起到了十分重要的作用。

根据该原则,世界贸易组织成员需公布的现行且有效实施的贸易政策法规有:

(1) 海关法规;即海关对产品的分类、估价方法的规则,海关对进出口货物征收的关税税率和其他费用;

(2) 进出口管理的有关法规和行政规章制度;

(3) 有关进出口商品征收的国内税、法规和规章;

(4) 进出口商品检验、检疫的有关法规和规章;

(5) 有关进出口货物及其支付方面的外汇管理和对外汇管理的一般法规和规章;

(6) 利用外资的立法及规章制度;

(7) 有关知识产权保护的法规和规章;

(8) 有关出口加工区、自由贸易区、边境贸易区、经济特区的法规和规章;

(9) 有关服务贸易的法规和规章;

(10) 有关仲裁的裁决规定;

(11) 成员国政府及其机构所签订的有关影响贸易政策的现行双边或多边协定、协议;

(12) 其他有关影响贸易行为的国内立法或行政规章。

透明度原则规定各成员应公正、合理、统一地实施上述的有关法规、条例、判决和决定。统一性要求在成员领土范围内管理贸易的有关法规不应有差别待遇,即中央政府统一颁布

有关政策法规,地方政府颁布的有关上述事项的法规不应与中央政府有任何抵触,但是中央政府授权的特别行政区、地方政府除外。公正性和合理性要求成员对法规的实施履行非歧视性原则。

透明度原则还规定,鉴于对海关行政行为进行检查和纠正的必要,要求各成员应保留或尽快建立司法的、仲裁的或行政的机构和程序,这类法庭或程序独立于负责行政实施的机构,除进口商在所规定允许的上诉期内可向上级法庭或机构申诉外,其裁决一律由这些机构加以执行。

六、经济发展原则

经济发展原则也称鼓励经济发展与经济改革原则,该原则以帮助和促进发展中国家的经济迅速发展为目的,针对发展中国家而制定,是给予这些国家的特殊优惠待遇,如允许发展中国家在一定范围内实施进口数量限制或是提高关税的"政府对经济发展援助"条款,仅要求发达国家单方面承担义务而发展中国家无偿享有某些特定优惠的"贸易和发展条款",以及确立了发达国家给予发展中国家和转型国家更长的过渡期待遇和普惠制待遇的合法性。

七、例外制度

这是关贸总协定自 1947 年建立以来能够不断发展壮大的重要法律原则和制度。在坚持原则的同时,关贸总协定承认各缔约方的差异,在一定的条件下,给予例外的待遇,即**例外制度**(**system of exceptions**)。

这些例外主要包括:

第一,最惠国待遇制度的例外。如区域经济一体化协议,发展中国家的普遍优惠制以及 *GATT 1994* 第 35 条规定的缔约国之间在特殊情况下的互不适用。

第二,国民待遇制度的例外。如发展中国家享受 *GATT 1994* 第 18 条待遇的例外。

第三,消除数量限制的例外。如 *GATT 1994* 第 19 条规定的保障制度,第 25 条规定的免除义务的制度,第 13 条规定的收支平衡的例外,第 11 条规定因食品短缺而限制出口的例外以及第 23 条实施报复措施等。

第四,为维护公共秩序的例外与国家安全的例外。

例外制度之所以存在,主要有三方面的原因:一是为了防止因履行 WTO 的义务而导致成员国进口过度,造成经济困难;二是为了照顾建立自由贸易区和关税同盟的需要;三是世界各国经济发展程度的不同以及世界贸易组织对各国主权的尊重。

本章小结

1. 世界贸易组织是一个独立于联合国的永久性国际组织。1995 年 1 月 1 日正式开始运作,该组织负责管理世界经济和贸易秩序,总部设在瑞士日内瓦莱蒙湖畔。

2. 世界贸易组织的宗旨是:提高生活水平,保证充分就业和大幅度、稳步提高实际收入和有效需求;扩大货物和服务的生产与贸易;坚持走可持续发展之路,各成员国应促进对世界资源的最优利用、保护和维护环境,并以符合不同经济发展水平下各成员需要的方式,加强采取各种相应的措施;积极努力确保发展中国家,尤其是最不发达国家在国际贸易增长中获得与其经济发展水平相适应的份额和利益;建立一体化的多边贸易体制。

3. 世界贸易组织的六大职能分别是:管理职能、组织谈判职能、解决争端职能、审议贸易政策职能、帮助发展中国家的职能、与其他国际组织合作的职能。

4. 世界贸易组织的组织机构包括:部长会议、总理事会、理事会、专门委员会、秘书处及总干事、争端解决机构和贸易政策审议机构。

5. 世界贸易组织的成员国有创始成员和加入成员两种类型。到2013年3月为止,世界贸易组织正式成员已经达到159个。

6. 世界贸易组织的基本原则包括:最惠国待遇原则、国民待遇原则、自由贸易原则、公平竞争原则、透明度原则、经济发展原则和例外制度。

案例一 从总干事的选任看WTO的决策机制

【案例详解】

一、总干事的职责

《建立世界贸易组织的马拉喀什协定》(简称《世界贸易组织协定》)正式规定了总干事在世界贸易组织中的地位与职责。总干事的主要职责如下所述:设立由总干事领导的秘书处。总干事应任命秘书处职员,并依照部长会议通过的条例,确定他们的职责和服务条件。总干事应向预算、财务与行政委员会提交世界贸易组织的年度概算和决算。预算、财务与行政委员会应审议总干事提交的年度概算和决算,并就此向总理事会提出建议。年度概算应经总理事会批准。

二、选举总干事的决策方式

《世界贸易组织协定》第6条明确规定:“部长会议应任命总干事,并通过条例列出总干事的权力、职责、服务条件和任期。”但该条并没有特别规定部长会议任命总干事的决策程序。因此,其任命程序应遵循《世界贸易组织协定》对决策程序的规定。

根据《世界贸易组织协定》对世界贸易组织职能的界定,世界贸易组织应便利该协定及多边贸易协定的实施、管理和运作,促进其目标的实现,并为诸边贸易协定提供实施、管理和运用的体制。世界贸易组织为成员提供谈判场所,处理成员间的贸易争端,审查成员的贸易政策,并与其他国际组织进行合作。而“部长会议履行世界贸易组织的职能,并为此采取必要的行动。如任何成员提出请求,部长会议有权依照本协定和有关多边贸易协定中有关决策的具体要求,对任何多边贸易协定项下的所有事项做出决定。”部长会议休会期间,其职能由总理事会行使。部长会议和总理事会都由所有成员的代表组成。“诸边贸易协定项下规定的机构履行这些协定规定的职责,并在世界贸易组织的组织机构内运作。各机构应定期向总理事会报告其活动。”

综观《世界贸易组织协定》对其决策方式的条文规定，其决策方式可以分为两类，一类是协商一致决策方式，另一类是投票表决决策方式。协商一致决策式又称共识决策式。这一决策方式与要求每一成员都明确表示同意的全体同意式有所不同。“在共识决策中，少数派通常跟随多数派，除非其严重反对。反过来，多数派也不会通过投票表决强行做出决策，而是处理少数派的反对意见。共识决策需要花费大量的时间。”但尽管有上述表决决策的条文规定，实践中，世界贸易组织的决策均是共识式的。世界贸易组织继承和遵循了关税与贸易总协定时期的共识式决策惯例。无疑，世界贸易组织对总干事任命做出的决策，也需遵循共识决策方式。

1995 年 11 月，经过总理事会讨论同意，总理事会主席以主席声明的方式，就根据《世界贸易组织协定》第 9 条和第 10 条的决策程序做出了说明。该决策程序主要适用于义务豁免请求和加入世界贸易组织的批准。在不能通过共识做出决定的情况下，应投票表决。在讨论有关事项时，相关成员应当在场；相关成员不在场，视为该成员没有意见或不反对。在总理事会讨论该豁免和加入决策程序时，印度指出，投票表决不应成为其他事项的先例，不影响有关共识决策的规定。总理事会表示同意。印度的意见意味着，诸如选举总干事之类的事项，不应遵循投票表决法。

三、前两次总干事的选任问题

1. 首任总干事的选任

签订于 1994 年 4 月 15 日的《世界贸易组织协定》本身并没有规定该协定生效、该组织开始运作的具体时间，但该协定第 16 条第 2 款规定：“在可行的情况下，*GATT* 1947 的秘书处应成为 WTO 秘书处，*GATT* 1947 缔约方全体的总干事在部长会议依照本协定第 6 条第 2 款任命总干事之前，应担任 WTO 总干事。”这一条款的目的不知是预见到批准世界贸易组织协定的困难，还是预见到选任世界贸易组织总干事的困难。从实际发生的情况来看，世界贸易组织于 1995 年 1 月 1 日顺利成立了，而首任总干事却难产了。

1994 年 12 月，即世界贸易组织正式运作前的最后一个月，世界贸易组织成员仍未能就总干事的人选达成共识。美国和加拿大推荐墨西哥即将离任总统卡罗斯，欧盟支持意大利人鲁杰罗，韩国推荐其贸易部长竞选总干事。关税与贸易总协定最后一任总干事萨瑟兰只好同意留任到世界贸易组织总干事选出为止，以保障关税与贸易总协定向世界贸易组织的平稳过渡。到 1995 年 2 月上述三名候选人都没有获得世界贸易组织成员对其担任总干事职位的必要共识，总干事的选举陷入僵局。虽然从成员支持的数量上看鲁杰罗领先，但其他候选人及其支持成员均没有退出的打算。萨瑟兰只好再次延长留任的期限。之后，墨西哥卸任总统卡罗斯因其兄弟卷入暗杀墨西哥政治家事件以及墨西哥暴发金融危机而退出。美国转而支持欧盟支持的鲁杰罗。而作为交换，韩国候选人将被任命为特设的第四位副总干事。这样，1995 年 3 月 27 日，世界贸易组织正式接受意大利的鲁杰罗为世界贸易组织的第一任总干事，结束了几个月来对这一职位人选的恶战，韩国竞选人被安排为副总干事。鲁杰罗上任后即任命韩国候选人为副总干事。

首任总干事的选任，引起了发展中国家的极大关注，他们感觉被冷落了，世界贸易组织总干事的选任成了欧美之间的交易。对总干事做出决定的地方不是日内瓦这一世界贸易组织总部,而是成员国的都市。地区之间的争斗也似乎影响了世界贸易组织的威信。除了效率上的问题外,总干事的选任好像毫无章法。大国主导的共识痕迹比较明显。

2. 第二次总干事的选任

如果说首任总干事选任暴露出的问题是由于经验不足的话,第二任总干事的选举使第一次总干事的选举问题显得小巫见大巫。第二次选任不但没有解决第一次的问题,反而使问题更加复杂化、扩大化了。

鲁杰罗的任期是到1999年4月30日。1998年12月世界贸易组织开始了第二任总干事的选任工作,成员确定1999年1月为达成意见的目标期限,以便为1999年底召开的西雅图部长会议作准备。候选人有四个,分别是泰国的素帕猜、新西兰的穆尔、摩洛哥的哈桑和加拿大的罗伊。与第一次选任不同的是,美国没有明确其支持人选,欧共体内部15个成员国意见不一,发展中国家普遍预期来自发展中国家的人选。实践证明,缺乏大国主导的共识更难以达成,并且每一次设定的最后期限都被打破。在之后的选任过程,加拿大的候选人明显缺乏支持,但加拿大仍然明确表示支持其候选人;摩洛哥的候选人宣布正式退出。于是,素帕猜和穆尔成为总干事的剩余人选。

但候选人的减少不但没有减轻选任的难度,反而使矛盾更集中化了。素帕猜有亚洲国家和中东国家的支持,穆尔有美国、一些拉美国家和南部非洲国家的支持,欧共体成员分为两派。美国和欧共体均表示不否决任何一个仍然处于竞选过程中的候选人。这实际上是延长了选任过程。1999年4月30日是鲁杰罗原定离任的日子,但世界贸易组织成员仍然未能就总干事人选达成共识。一些国家提议就穆尔寻求共识,另一些国家则表示反对,要求就素帕猜寻求共识。总理事会主席提议就穆尔达成共识,认为素帕猜已经被有效排除,并建议素帕猜主动退出,美国和穆尔的支持者也建议素帕猜退出。但素帕猜的支持者反对这样的建议,认为总理事会主席没有这样的权限,同时强烈支持素帕猜。双方阵营中,一方越反对,另一方则越支持,但双方都反对进行表决。在乌拉圭回合谈判中,由美国、欧共体、加拿大和日本组成的四巨头往往起到火车头的作用,但这次四巨头也失去了影响:在5月份的四巨头会议上,美国支持穆尔,日本支持素帕猜,欧共体成员分成两派,加拿大仍支持自己的候选人。5月底的总理事会会议也没有结果,但反对另外寻求候选人或重新开始选任程序。总理事会主席要求新西兰和泰国两国政府找出相互都能接受的方法。外部调解、民意调查、投票表决等方法,都被拒绝。

在1999年6月底结束的亚太经济合作组织会议上,提出并讨论了穆尔和素帕猜分期担任总干事或依次连续担任总干事的选择方案。穆尔和素帕猜也同大家讨论了打破僵局的可能方法。在不放弃任何一个候选人的前提下,大家开始寻求解决的办法。先后次序、任职期限又成为需要解决的新问题。1999年7月20日,世界贸易组织成员的非正式会议批准了孟加拉和澳大利亚提出的方案文本,由穆尔和素帕猜二人平分6年的任期,穆尔从1999年9月1日起担任总干事,素帕猜从2002年9月1日起担任总干事。任何一个候选人都不能获得重新任命,其任期也不能延长。7月22日,世界贸易组织总理事会正式批准了穆尔与素帕猜分期分享总干事职位的交易。

3．总干事的选任暴露出来的问题

世界贸易组织前两次选任总干事的过程表明，除了“共识选任”这一总的要求之外，总干事的选举没有具体、明确的规则可以遵循。如果说在其他事项中各自退让、相互妥协比较容易达成共识的话，在总干事的选任中却无法各让一步。第二次总干事的选任明显地说明了这一问题。任何一方退让，都是自己利益或主张的全盘否定。穆尔和素帕猜二人分享职位的这种妥协，不可能再次发生。采用共识方式选任总干事应有具体规范。

在如何就候选人达成共识上，大家存在不同的主张。是仅就某一个候选人达成共识，还是看所有候选人的“人气”？在征求成员意见时，是只征求对其中一个候选人的意见，还是一同征求对各位候选人的意见？如果可以对多个候选人发表看法，如何权重第一选择与第二选择乃至第三选择？支持率低的候选人的退出机制是什么，是否可以强制退出？谁有权强制候选人退出？确定共识的标准是什么，得出结论的依据是什么？绝大多数同意是否是共识，谁来评估？与这些问题相联系，选任过程的不透明是暴露出的另一重要问题。几乎所有的信息都掌握在总理事会主席手中，成员之间不了解各候选人的支持率，这又反过来强化了对自己支持的候选人的支持力度。利益交换、职位承诺，这些做法又损害了大多数成员的利益。

四、第三次总干事的选任

经历了前两次选任总干事的“噩梦”之后，世界贸易组织决心规范总干事的任命程序。2002年12月10日，总理事会即未雨绸缪地通过了《总干事任命程序》，期望能够避免前两次的痛苦经历。该文件的内容包括了任命程序的进行、协调人、任命程序的期限、候选人的资格、任命程序、候选人的代表性、对候选人的面试、磋商程序、最后投票、任职期限、一揽子报酬及任命合同等事项。其事项远远超出了选任过程本身，实际上是第一次明确地对总干事职位相关事项的规定，是《世界贸易组织协定》第6条第2款的具体化。该任命程序提出了总干事任命的总要求：为了世界贸易组织的最大利益；尊重候选人及提名成员的尊严；所有阶段充分透明、具有包容性；坚持过去确立的内部透明度和所有成员参与方面的良好做法；根本目标是通过磋商达成共识；整个过程由总理事会主席经与成员磋商、主导。

2005年1月，世界贸易组织开始了第三次的总干事选任。共有四个人正式角逐总干事职位，分别是乌拉圭的前驻世界贸易组织大使、巴西时任世界贸易组织大使、毛里求斯外交部长、欧盟前贸易委员法国人拉米。就地区分布看，南美出现了两名候选人，亚洲没有候选人。就候选人代表的国家的发展水平看，三名候选人来自发展中国家，一名候选人来自发达国家。发展中国家的候选人均主张这次应由来自发展中国家的人担任总干事职位。四名候选人都强调共识决策，拒绝分享任期。

上述四名候选人得到的成员支持不尽相同。美国态度初时不明朗，欧盟成员一致支持法国人拉米，巴西期望得到中国、印度等人口数量多的国家的支持。巴西与乌拉圭候选人分散了发展中国家的支持。支持巴西候选人的成员数量少，最先被排除。之后，毛里求斯候选人宣布退出竞选。这样，来自乌拉圭的候选人与来自法国的候选人展开了竞争。2005年5月，总理事会主席宣布法国人拉米是最可能获得共识的候选人。在这样的情况下，乌拉圭候选人宣布退出竞选。于是法国人拉米成为向总理事会推荐的供成员建立共识的唯一人选。5月26日,法国人拉米正式获得总理事会的任命,成为下一届的世界贸易组织总干事。第三次总干事的选任,由于之前制定了选任程序,尤其是规定了候选人的末位退出机制,整个过程进行得比较顺利和平稳,在规定的时间框架内完成。这表明,与前两次的总干事选任相比,世界贸易组织对总干事选任的决策程序、世界贸易组织的共识决策制度得到了完善和发展。

三次总干事的选任,体现了世界贸易组织的真正决策制度。这就是共识决策。《世界贸易组织协定》中规定的投票表决式决策,在世界贸易组织的决策实践中根本不存在。这是惯例,也是制度使然,更是利益使然。

此处所谓的惯例,是指关税与贸易总协定时期的惯例。世界贸易组织接受了这样的惯例。关税与贸易总协定临时适用初期有过投票表决的做法,但这种做法是建立在预期国际贸易组织正式运作、适用组织决策机制之上的临时做法。随着几次建立正式组织机构的努力的失败,关税与贸易总协定原本寄希望于国际组织运作机制的愿望落空,只好按照一般协议的方式来管理。而协议的变更、协议事项的决定,是需要协议各方共同同意的。自1959年始,关税与贸易总协定的共识决策制度形成了,自此之后,无论遇到多大的分歧、无论达成共识有多大的困难,都没有采取投票表决的方式做出决定。而《世界贸易组织协定》第9条"决策"第1款开宗明义地郑重宣布:"世界贸易组织继续实行关税与贸易总协定所遵循的共识决策的惯例。"世界贸易组织的决策制度就此注定。

随着世界贸易组织的成员越来越多,成员间的差异也越来越大。在贸易实力相差很大而贸易规则又没有反映这种差别的情况下,世界贸易组织的决策只能通过磋商的方式,通过共识的方式进行。这是一种现实的选择。"这种共识决策方式,与加权投票相比,强制性更小,更能维护多数成员的利益。"这样的决策方式可能以效率为代价,但从关税与贸易总协定到世界贸易组织,就是这样一步步走过来的。除非有一天世界贸易组织的成员以共识的方式将决策机制改为投票表决制,这种做法还会继续。就具体成员来说,多边框架下的双边关系仍然是努力的重点。

资料来源:韩立余.从总干事的选任看WTO的决策机制[J].法学家,2008(2).

案例二　WTO首次对中国进行贸易政策审议

【案例详解】

2006年4月19日和21日,日内瓦总部举行了首次针对中国的贸易政策审议,并引起了广泛关注。在此之前,WTO秘书处报告已于2006年3月发布了《中国贸易政策审议报告》,作为WTO对中国进行贸易政策审议时的主要参考文件。《报告》认为,自2001年中国加入WTO以来,中国政府继续坚定不移地实行改革开放政策,使中国的经济发展逐步融入了国际贸易和投资的大环境中;同时,中国还采取了贸易及与贸易相关的改革措施,积极参与并切实维护了WTO多边贸易体制。比如,在法制与透明度方面,中国政府在加入WTO前后,根据WTO规则和所作承诺,制定、修订、废止了数千余件法律、行政法规和部门规章。这些法律、法规和规章的内容涉及货物贸易、服务贸易、与贸易有关的知识产权保护以及透明度、贸易政策的统一实施等领域;中国对关税制度也进行了积极的改革,平均关税水平从2001年入世前的15.6%降到2005年的9.7%,同时非关税性贸易限制措施也大量减少。一系列的改革措施使中国的国民生产总值每年以近9%的速度增长,大幅降低了中国的贫困人口数量并成为吸引外国投资最大的国家之一。

《报告》回顾了中国多年来的经济发展和贸易演变过程,对中国所做出的努力给予了充分的肯定,但同时指出了中国经济贸易政策中所面临的问题和挑战。其中包括中国如何进一步深化改革、实现经济增长由投资拉动转向消费拉动、解决城乡收入差距和就业问题、环境保护和解决资源压力等。同时,报告指责中国政府还存在干涉、操纵贸易等问题。

在贸易体制和政策方面,成员们赞扬中国为履行加入承诺而采取的政策和措施,高度评价中国加入WTO的重大意义,普遍认为,加入WTO为中国改革开放提供了进一步的动力,使中国的贸易体制和环境更加稳定,更具可预见性;同时,中国对多边体制的支持极大地增强了WTO成员对经济全球化的信心。此外成员们还对以下问题表达了具体关注,主要有:

1. 透明度。美、欧、日、加等主要发达成员希望我国贸易体制和政策制定过程能够更加公开和透明,建立统一的法规规章和政策措施公布和公开征求意见的渠道,避免不同部门之间政策及其解释的冲突,减少朝令夕改给贸易造成的不利影响。

2. 知识产权。WTO成员虽然承认我国在知识产权保护上取得了很大的进展,但同时认为侵权问题仍然严重,希望我国采取更有效的措施,加强各部门之间的协调,提高执法的效率和力度。

3. 产业政策。不少成员对我国近年来出台的一些产业政策,包括汽车、钢铁等表示忧虑,认为其中明确提出要通过税收、信贷、财政等各种形式的支持来鼓励替代进口等,有违WTO规则;反映了政府对市场、资源分配以及企业经营干预的加强,不符合中国发展市场经济的方向。

4. 标准和认证体系。WTO成员认为我国强制性认证体系(CCC体系)和检验检疫措施(SPS)程序复杂、重复、不透明、费用高;标准体制复杂,采用国际标准的比率低;并且担心我国将标准和认证体系作为贸易政策手段运用,达到限制进口、鼓励使用国产品的目的。

此外,成员们还对中国补贴政策,特别是商业银行和政策性银行的不良贷款以及有选择地实施出口退税政策、反倾销措施的使用、金融和电信等服务部门实际市场准入水平仍然偏低、资源性产品的进出口管理、政府采购体制等问题表示了关注。

中国代表在评审中表示,中国已经严格履行了入世承诺,中国还将按照承诺对贸易及相关法规进行广泛的审查和修正。这次对贸易政策和实践的全面审议,反映出虽然中国的经济发展和履行入世承诺取得的进展得到了广泛的肯定,但中国还应该清醒地认识到,与发达国家相比,中国还存在很大的差距与不足,仍需进一步努力。

资料来源:中国商务部网站(www.mofcom.gov.cn)

案例三 世界贸易组织与国际货币基金组织合作的法律机制

【案例详解】

二战后，为了重建各国经济，避免战前混乱的国际经济状况再度出现，有效协调各国经济政策，维持有序的国际经济秩序，在1944年举行的布雷顿森林会议上形成了通过建立相应的国际经济组织以实现上述目标的构想。国际货币基金组织（international monetary fund，IMF）和国际贸易组织（international trade organization，ITO）就是构想中分别负责国际货币金融和国际贸易管理的国际组织。鉴于货币金融同贸易的密切关联性，两个组织不仅要协调其成员的经济政策，而且应彼此协作，以形成有效的国际经济协调机制。因此，后来在起草《哈瓦那宪章》的同时，临时委员会还起草了《ITO与IMF关系》的协定。该协定规定IMF和ITO应该进行定期的磋商，针对共同关心的事项交换决策，以及追求决策上的合作。此外，临时委员会还设计了一个组织性构架。后来，由于ITO没能建立，该协定也无法生效。作为临时安排的《关税与贸易总协定》（GATT）自实施以来，主要通过非正式的方式同IMF保持着合作关系。1995年世界贸易组织（WTO）成立后，第二年便与IMF达成了关系协定，为两个国际组织的日常工作联系提供了法律依据和正式形式。可见，IMF和WTO的合作不仅是构想中的，而且是实践中一直所追求的。两者的合作关系主要包括两个方面，即两者的工作机构为交换信息、协调政策和决策而相互接触形成的工作联系关系；以及因彼此管辖事项密切相关而形成的管辖协作关系。两者的有效开展都需要以法律规则为基础，以下就对具体的法律机制予以阐述。

一、工作联系机制

国际货币基金组织协定（1976年12月版）第十条的规定是IMF同其他国际组织进行工作交流，开展协作的重要法律依据。但是，这条规定是原则性的，其授权IMF自行决定合作形式的含义要远大于要求IMF承担同其他国际组织合作的义务的含义。而在GATT中关于合作的方式和程序也缺乏具体规定。

伴随着WTO的成立，这种状况得到了根本改变。在1993年乌拉圭回合贸易谈判委员会通过了两个重要的部长宣言。其中，《关于世界贸易组织对实现全球经济决策更大的一致性所作贡献的宣言》（以下简称《一致性宣言》）强调：在当前国际经济合作日益广泛和深入的情况下，加强成员间的合作是非常必要的，但又是不够的，还应该在国际机构间形成“一致和相互支持的政策”。《一致性宣言》第5条确立了三项原则：第一，世界贸易组织应推行和发展与负责货币和财政问题的国际组织的合作，以实现全球经济决策更大的一致性；第二，维持各合作国际机构的独立性和自主权；第三，避免增加机构成员国义务和负担，即“交叉条件或额外条件”。同时，该条还明确表达了同IMF合作的要求，以及推动合作正式化的愿望。《关于世界贸易组织与国际货币基金组织关系的宣言》重申《WTO协定》附件1A所列多边贸易协定所涵盖的领域，适用于*GATT* 1947缔约方全体与国际货币基金组织关系的规定，将作为处理WTO与IMF关系的依据，其实质是在既存规则中寻找两者合作的法律依据。此外，《马拉喀什建立世界贸易组织协定》第5条赋予总理事会安排与其他相关组织进行有效合作的职责。

1996 年,WTO 与 IMF 达成了《关系协定》,正式在法律上详细确定了两者的合作形式,明确了彼此的权利和义务。该协定主要内容如下:

1. 相互给予观察员身份

IMF 应当邀请 WTO 秘书处派员以观察员的身份参加执行董事会有关普遍或地区性贸易问题的会议。就涉及两者共同利益的特别问题,还应当以特别会议的形式讨论。WTO 应当邀请 IMF 派员以观察员的身份参加以下机构的会议:部长会议、总理事会、贸易政策审议机构、货物贸易理事会、服务贸易理事会、与贸易有关的知识产权理事会、贸易与发展委员会、地区贸易协议、与贸易有关的投资措施委员会、贸易和环境委员会及其附属机构的会议;争端解决机构(DSB)(当争端解决机构处理的争端被认为与 IMF 管辖范围有关时),其他任何未明确规定的会议(当双方认为涉及两者共同利益的特别问题时),但是不包括预算、财务与行政委员会和争端解决小组的会议。

2. 信息共享和通知

双方应当彼此通知和提供其会议议程和有关文件,以及国际货币基金协定(1976 年 12 月版)"第四条磋商"的结果和背景报告、WTO 贸易政策审议报告。双方还可以就涉及两者共同利益的事项以书面形式交换观点。

3. 磋商

当一方与双方的共同成员所讨论的措施,可能与该成员在另一方所负义务相违背时,该方应当与另一方进行磋商。

协定将确保该协定的有效和适当执行的职责赋予了 IMF 总裁和 WTO 总干事。

二、管辖协作机制

IMF 和 WTO 的管辖协作集中在外汇安排和资金支持两个方面。

1. 外汇安排

GATT 1994 第 12 条和第 18 条 B 节规定:基于国际收支问题,缔约方可以限制允许进口商品的数量或价格,而其前提条件国际收支问题的认定涉及 IMF 关于外汇管理的职能。此外,在其他涉及外汇安排的事项中,也会触及 IMF 的管辖范围。为了协调两者关系,尊重和肯定 IMF 在相关领域的核心地位,*GATT* 1994 在第 15 条外汇安排中规定了 IMF 的法律地位。

GATT 1994 第 15 条确立了两项原则。第 1 款规定"缔约方全体应寻求与国际货币基金组织进行合作,以便缔约方全体和基金在基金管辖范围内的外汇问题和缔约方全体管辖范围内的数量限制和其他贸易措施方面可以推行一个协调的政策。"第 4 款规定"缔约方不得通过外汇措施而使本协定各项条款的意图无效,也不得通过贸易行动使《国际货币基金组织协定》各项条款无效。"为了落实这两条,使缔约方的外汇行动不会阻碍 GATT 目标的实现,第 6 款要求非基金成员的任何缔约方应当在确定的时间内成为 IMF 成员,如果不能也需与缔约方全体订立特殊外汇协定。被终止 IMF 成员资格的缔约方也应订立该协定。

第 15 条确立了以下具体规则:

第一,磋商规则。第 15 条第 2 款规定,在缔约方全体被提请审议或处理有关货币储备、国际收支或外汇安排等问题情况下,应与 IMF 充分协商。

第二,效力规则。在以下三个方面,缔约方全体必须接受 IMF 提供的材料和意见。在上述磋商中,IMF 提供的关于外汇、货币储备或国际收支的所有统计或其他事实的调查结果;IMF 有关一缔约方在外汇问题方面采取的行动是否与《国际货币基金组织协定》或该缔约方与缔约方全体之间订立的特殊外汇协定条款一致的确定;IMF 对涉及第 12 条第 2 款(a)项或第 18 条第 9 款所列标准,而做出的关于哪些内容构成该缔约方货币储备严重下降、其货币储备非常低的水平或其货币储备合理增长的确定,以及在此类情况下磋商中涵盖的其他事项的财政方面的确定。这样,IMF 就获得了上述方面所涉事实问题的决定权,从而对 WTO 相关事项的决议产生决定性影响。

但是,IMF 的这一地位在争端解决中受到了专家小组的挑战。这首先涉及收支平衡限制委员会(BOP 委员会)和专家组权责,以及 BOP 委员会程序与专家组程序的关系问题。1989 年的韩国牛肉案初步涉及了该问题。韩国自 1967 年加入 GATT 以来,对不同产品维持着国际收支平衡措施,并一直接受 BOP 委员会的审查。从 1979 年开始,韩国开始放宽牛肉进口限制,导致国内牛肉价格下跌,遭到国内养牛户的抗议。于是,韩国政府于 1984 年开始逐步限制牛肉进口。1985 年 5 月到 1988 年 8 月间,根本没有牛肉的商业进口。此后一直维持数量限制。美国认为韩国限制牛肉进口的行为违反了 *GATT* 第 11 条第 1 款,并且已经不能再根据第 18 条 B 节获得正当性,于是诉诸 *GATT* 第 23 条,发起专家组程序。韩国提出抗辩,认为根据第 18 条 B 节采取的数量限制措施只能在 BOP 委员会内解决,而不能诉诸第 23 条。专家小组审查了两个条款的起草过程,注意到并没有任何优先性或排他性的说明,而且第 23 条的用语是包容性的,适用于 GATT 所有相关规定的争端解决程序。其结论是两者是选择适用关系,而争端方事实上已经选择了第 23 条,从而判定韩国违反 GATT 义务。

WTO 成立后,1999 年的印度收支平衡案中专家组针对印度提出的类似上述案件中韩国的抗辩作了更为详细的分析。专家组在考察了 WTO 协定生效前的实践(即韩国牛肉案)和生效后的有关规定,特别是《关于 1994 年关税与贸易总协定国际收支条款的谅解》(简称《BOP 谅解》)的注解,以及《关于争端解决规则与程序的谅解》(DSU)后,得出结论:第一,该注解不排除 DSU;第二,适用 DSU 也不会损害 BOP 委员会在磋商框架下的审查作用,DSB 不会替代 BOP 委员会剥夺成员根据第 18 条 B 节享有的权利;专家组或上诉机构和 BOP 委员会的结论发生冲突可能性很小,因为专家组或上诉机构不会不考虑 BOP 委员会的结论。

可见,因收支平衡而采取的进口限制措施也可诉诸 DSU,BOP 委员会的结论要受到 DSB 的审查。而上述效力规则仅限于 BOP 委员会内,专家组不受其约束。在 DSU 内,IMF 能否提供资料和意见,以及其效力如何,都取决于专家组根据 DSU 第 13 条享有的自由裁量权。这一点也可在 WTO 与 IMF 达成的《关系协定》中得到印证。该协定第 4 节规定了 IMF 参加 BOP 委员会会议的权利,使之独立于其他合作方式。但是,第 6 节将专家小组会议排除在 IMF 可以观察员身份参加的会议之外,并就参加 DSB 的会议附加了严格的条件。

相关的实体规则也体现在 *GATT* 第 11 条和第 12 条。在程序方面,除了上述条款的相关规定外，还包括 GATT 于 1970 年 4 月 28 日通过的收支平衡限制磋商程序（全面磋商程序），于 1972 年 12 月 19 日针对最不发达国家和发展中国家所通过的简化程序（简化磋商程序），1979 年 11 月 28 日通过的《为国际收支目的而采取的贸易措施宣言》（《1979 年宣言》），以及《BOP 谅解》的规定。这些规则明确和细化了与 IMF 的磋商要求，以及对 IMF 所提供文件的要求。

2. 资金支持

IMF 的职能之一就是为成员国提供资金，以帮助其调整国际收支不平衡，而不致采取有害于本国或国际繁荣的措施。在利用普通账户内的贷款时，除其中的储备贷款外，成员国提用信用贷款，都需要满足一定的条件，这就给成员国在紧急情况下利用 IMF 的资金带来了困难。于是，从 1952 年开始，IMF 逐步创立了条件较为灵活的“备用安排”方式。然而贷款国为满足“备用安排”中的“执行标准”所采取的措施可能违反其在 WTO 下的义务，即产生所谓的“交叉义务”问题。

1998 年的阿根廷纺织品案就是一个例子。阿根廷在 1989 年开始对来自南美共同市场以外的纺织品、鞋类等商品采取了一系列进口限制措施。其中包括对进口的该类商品征收 3% 的从价统计税。美国于 1997 年诉诸 DSU。本案中阿根廷的抗辩之一就是该统计税是一系列金融改革方案下的一类，而该一系列金融改革方案是以其与 IMF 间的“备用安排”为依据的。所以根据 *GATT* 第 15 条、WTO 与 IMF 达成的《关系协定》和《一致性宣言》等规范，专家小组应该与 IMF 进行磋商，并认定该措施为合法。专家组和上诉机构均否认了阿根廷的抗辩。阿根廷的抗辩未被支持的主要原因在于 *GATT 1994* 第 8 条不仅没有将国际收支平衡问题作为例外规则，而且该条明确禁止这种出于财政目的的措施。但是进一步澄清该如何考虑阿根廷对 IMF 的义务是有必要的，这也是阿根廷在上诉过程中所坚持的。上诉机构首先支持了专家组关于阿根廷没有成功地表明其与 IMF 的协议要求征收统计税的结论。然后，上诉机构指出《关系协定》和《一致性宣言》不能证明成员对 IMF 的义务可以优先于据 *GATT 1994* 第 8 条的义务。《关系协定》没有修正、增加或者削弱成员在 WTO 协定项下的权利和义务，没有修正个别成员对 IMF 的承诺，也没有规定解决两种义务可能冲突的实体规则。尽管该协定有要求两组织间工作人员相互磋商的规定，但是在 DSU 中这仍将取决于第 13 条规定的自由裁量权。

该案中专家组和上诉机构并没有对“交叉义务”问题予以明确阐述。“备用安排”和“意向书”在性质上都不是国际合约，不对借款国创设任何法律上的权利和义务。借款国未履行执行标准，不会带来违约的后果，也不必然导致 IMF 贷款的终止，经过与 IMF 磋商后，借款国仍有可能与之达成新的备用安排。但是这并不意味着其没有事实上的效力。由于 IMF 在国际经济中的权威性，借款国任意不履行执行标准，不仅会影响其从 IMF 获得后期的贷款，而且其他国际金融组织、国际商业银行以及各国政府也可能停止对借款国的借款和援助。因此，虽然从法律上来讲，备用安排中的执行标准并不构成“交叉义务”问题，但是如果该标准事实上构成对借款国 WTO 义务的违反，则会使该国陷入两难境地。这也充分证明了《一致性宣言》所体现的宗旨的必要性。

可以预见两个组织的合作将会发展下去,并可能以此为基础在更大范围内实现与其他国际经济组织的合作,从而更好地解决缔约方在不同组织下的权利义务冲突,促进全球经济政策更大的一致性。

资料来源:刘洋. 国际货币基金组织与世界贸易组织合作的法律机制[J]. 中北大学学报(社会科学版) 2006,22(5).

练习与思考

1. 你认为中国加入世界贸易组织主要的理由是什么?
2. 为什么世界贸易组织要禁止倾销和出口补贴呢?
3. 1947 年关贸总协定与世界贸易组织有何不同?
4. 世界贸易组织有哪些宗旨?
5. 世界贸易组织的主要职能是什么?
6. 世界贸易组织的组织机构有哪几个?
7. 在什么情况下,世贸组织成员可以互不适用?
8. 世界贸易组织的基本原则有哪些?
9. 非歧视原则是由什么待遇条款构成的?

第十三章

区域经济一体化

本章提要

一般说来,区域经济一体化是指两个或两个以上的国家或成员经济体通过达成某种协议而建立起来的经济合作组织,区域经济一体化由低到高可分为六种形式:特惠贸易协定、自由贸易区、关税同盟、共同市场、经济联盟和完全经济一体化。本章主要介绍区域经济一体化的不同形式及其对贸易的影响。

本章结构图

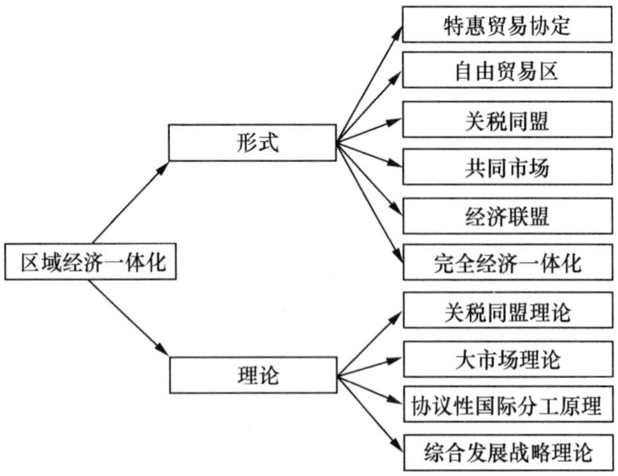

学习目标

- 重点掌握区域经济一体化的含义和形式及关税同盟理论。
- 掌握区域经济一体化发展现状和特点。
- 了解区域经济一体化的其他理论。

区域经济一体化(**regional economic integration**)已是人们熟知的现象,它对各国经济的影响也越来越大,但是,对它的本质和作用机制的理论研究,应该说还远不如对单纯的国际贸易问题的研究,因此,本章主要介绍区域经济一体化的形式和相关理论。

第一节 区域经济一体化概述

一、区域经济一体化的含义

区域经济一体化已成为国际经济关系中最引人注目的趋势之一,但国内外对区域经济一体化尚无统一定义。"经济一体化"这个词语的使用是近年出现的。据专家考证,在 1942 年以前一次也没有被使用过;到 1950 年,经济学家开始将其定义为单独的经济整合为较大的经济的一种状态或过程,也有人将一体化描述为一种多国经济区域的形成,在这个多国经济区域内,贸易壁垒被削弱或消除,生产要素趋于自由流动。

首先必须强调,区域经济一体化是一种**国际经济协调和合作**(**international economic coordination and cooperation**)的形式,它表现为两个或两个以上的国家或地区为了实现共同繁荣,或为了与另一个经济体(国家、地区或它们的综合体)抗衡,在生产、交换等经济活动方面进行协调和合作。所谓"区域"是指一个能够进行多边经济合作的地理范围,这一范围往往大于一个主权国家的地理范围。根据经济地理的观点,世界可以分为许多地带,并由各个具有不同经济特色的地区组成,但这些经济地区同国家地区并非总是同一区域。为了调和两种地区之间的关系,主张同一地区同其他地区不同的特殊条件,消除国境造成的经济交往中的障碍,就出现了区域经济一体化的设想。经济的一体化是一体化组织的基础,一体化组织则是在契约上和组织上把一体化的成就固定下来。

综上所述,本书认为,区域经济一体化是指两个或两个以上的国家、经济体通过达成某种协议所建立起来的经济合作组织。从 20 世纪 90 年代至今,区域经济一体化组织如雨后春笋般地在全球涌现,形成了一股强劲的新浪潮。这股新浪潮推进之迅速、合作之深入、内容之广泛、机制之灵活、形式之多样,都是前所未有的。此轮区域经济一体化浪潮不仅反映了经济全球化深入发展的新特点,而且反映了世界多极化曲折发展的新趋势。

二、区域经济一体化的形式

区域经济一体化的形式根据不同标准可分为不同类别。

(一) 按照贸易壁垒强弱的程度划分

美国著名经济学家巴拉萨把经济一体化的进程分为四个阶段：贸易一体化，即取消对商品流动的限制；要素一体化，即实行生产要素的自由流动；政策一体化，即在集团内达到国家经济政策的协调一致；完全一体化，即所有政策的全面统一。与这四个阶段相对应，经济一体化组织可以根据贸易壁垒强弱的程度，分为以下六类：

1. 特惠贸易协定

特惠贸易协定(**preferential trade arrangements**)是指在实行特惠贸易安排的成员国之间，通过协定或其他形式，对全部或部分商品规定特别的关税优惠。这是经济一体化的较松散和较低级的一种形式。典型的有1932年英国与大英帝国以前的一些殖民地国家之间实行的英联邦特惠制，第二次世界大战后成立的东南亚国家联盟(ASEAN)等。

2. 自由贸易区

自由贸易区(**free trade area**)是指由签订自由贸易协定的两个或两个以上的国家或地区组成的贸易区域。自由贸易区内逐渐减免甚至取消关税与进口数量限制，同时，保留成员国各自原有的独立的对区外国家的关税结构和其他贸易保护措施。典型的如1993年由美国、加拿大、墨西哥三国建立的“北美自由贸易区”和成立于1960年的“欧洲自由贸易联盟”。

自由贸易区的一个重要特点是区域内商品可以自由流动，真正实现了商品的自由贸易，但是它严格地将这种贸易待遇限制在成员国之间。自由贸易区的另一个重要特点是，成员经济体之间没有共同的对外关税，自由贸易区明确指出，各成员经济体之间的自由贸易，并不妨碍各成员经济体针对非自由贸易区成员采取其他的贸易政策。

随之而来的问题是在执行自由贸易政策时很难分清某种产品是来自成员国，还是来自非成员国，因此容易出现非成员国的商品借道关税率最低的国家把商品销往高关税的其他成员国，从而造成高关税成员国对外贸易政策的失效。为了解决这一问题，通常采用“原产地规则”。这一原则的内容是，只有产自成员国经济体内部的商品才享有自由贸易和免进口税的待遇。一般来说，所谓的原产地产品是指成品价值的50%以上是在自由贸易区内各成员国生产的产品；有的对某些敏感型的产品的原产地规定得更加严格，规定产品价值的60%，甚至75%以上产自成员国才符合原产地原则的规定。比如北美自由贸易区规定在多数产品中，只有产品价值的62.5%以上产自成员国的产品才属于原产地产品。

3. 关税同盟

关税同盟(**customs union**)是指两个或两个以上的国家通过签订条约或协定取消区域内关税或其他进口限制，并对非同盟国家实行统一的关税率而缔结的同盟，这在一体化程度上比自由贸易区更进了一步。它除了包括自由贸易区的基本内容外，而且成员国对同盟外的国家建立了共同的、统一的关税税率，结盟的目的在于使参加国的商品在统一关境以内的市场上处于有利地位，排除非成员国商品的竞争，它开始带有超国家的性质。典型的如欧共体最早于1968年7月建成，六国关税同盟，以后又于1977年实现九国关税同盟，1992年建成十二国关税同盟。

关税同盟是比自由贸易区层次更高的经济一体化组织。其特点是,成员国在相互取消进口关税的同时,建立了共同的对外关税,因此,成员经济体之间不再需要附加原产地原则。这样实际上是将关税的制定权让渡给了经济一体化组织,关税同盟对成员经济体的约束力比自由贸易区大。

从经济一体化的角度看,关税同盟也具有某种局限性。随着成员之间相互取消关税,各成员国的市场将完全暴露在其他成员国厂商的竞争之下,各成员国为了保护本国的某些产业,需要采取更加隐蔽的措施,如非关税壁垒。尽管关税同盟成立之初,已经明确规定了取消非关税壁垒,然而非关税壁垒措施没有一个统一的判断标准,因此关税同盟包含着鼓励成员国增加非关税壁垒的倾向。同时,关税同盟只解决了成员国之间边境上的商品流动自由化的问题,当某成员国商品进入另一个成员国境内后,各种限制措施仍然是自由贸易的障碍。

4. 共同市场

共同市场(common market)是指除了在成员国内完全废除关税与数量限制并建立对非成员国的共同关税外,还取消了生产要素流动的各自限制,允许劳动、资本等在成员国之间自由流动。在商品自由流动方面,它有一致对外的统一关税,有协调间接税制度、产品标准化制度;在资本自由流动方面,有协调筹资制度;在劳动自由流动方面,有学历和技术等级的相互承认制度等等。共同市场下经济调节的超国家性质比关税同盟更进一步。典型的如欧共体于 1992 年年底建成的统一大市场。

共同市场是比关税同盟更进一步的经济一体化组织,其特点是,成员国之间不仅实现了商品的自由流动和制定了共同的对外关税,还实现了生产要素和服务的自由流动。服务的自由贸易意味着,成员国之间在相互提供通讯、咨询、运输、信息、金融和其他服务方面实行自由贸易,没有人为的限制;资本的自由流动意味着,成员国内的各企业的资本可以在共同体内部自由流出和流入;劳动力的自由流动意味着,成员国的公民可以在共同体内的任何国家自由寻找工作。为实行这些自由流动,各成员国之间要实施统一技术标准、统一的间接税制度,并且协调各成员国之间统一产品的课税率,协调金融市场管理的法规,以及相互承认成员国学历。

共同市场的建立需要成员国让渡多方面的权利,这些权利的让渡表明,一国政府干预经济的权利在削弱,而经济一体化组织干预经济的权利在增强,然而由于各成员国经济有差别,统一的干预政策难以奏效,所以超国家的一体化组织的干预能力也是有限的。

5. 经济联盟

经济联盟(economic union)是共同市场向超国家一体化的宏观协调机制发展的具体步骤,是一种较高层次的区域经济一体化组织形式。其特点是,在实行关税、贸易和市场一体化的基础上,进一步协调成员国之间的经济政策和社会政策,包括货币、财政、经济发展和社会福利政策,以及有关贸易和生产要素的流动政策,并拥有一个制定这些政策的超国家的共同机构。典型的如目前的欧洲联盟。

经济联盟的特点是,成员国不仅让渡权利以建立共同市场,更重要的是成员国让渡了使用宏观经济政策干预本国经济运行的权利,而且成员国还让渡了干预内部经济的财政政策和货币政策以保持内部平衡的权利,经济同盟由一个超国家的权威机构把成员国的经济组成一个整体。

6. 完全经济一体化

这是经济一体化的最高级形式。**完全经济一体化(complete economic integration)**不仅包括经济联盟的全部特点,而且各成员国还统一所有的重大经济政策,如财政政策、货币政策以及有关贸易和生产要素流动的政策。在这个一体化组织内,各成员国的税率特别是增值税税率和特别消费税税率基本协调一致;它建立统一的中央银行,使用统一的货币;取消外汇管制,实行同样的汇率管理;逐步废除跨国界的金融管制,允许相互购买和发行各种有价证券;实行价格的统一管理等等。完全经济一体化组织一般有共同的组织管理机构,这种机构的权力以成员国的部分经济决策与管理权限的让渡为基础。目前欧盟正在向此形式迈进。

上述的六种区域经济一体化的形式在一些特点上是逐步升级的,我们很容易将它们归纳在表13-1中。

表13-1　区域经济一体化:形式与特征

形式 \ 特征	取消关税	设立共同壁垒	取消要素流动限制	统一经济政策	统一政治政策
特惠贸易协定	√	×	×	×	×
自由贸易区	√	×	×	×	×
关税同盟	√	√	×	×	×
共同市场	√	√	√	×	×
经济联盟	√	√	√	√	×
完全经济一体化	√	√	√	√	√

(二)按照区域经济一体化的范围划分

1. 部门经济一体化

部门经济一体化(sectoral economic integration)是指区域内各成员国的一个或几个部门(商品或产业),达成共同的经济联合协定而产生的区域经济一体化组织。

2. 全盘经济一体化

全盘经济一体化(overall economic integration)是指区域内各成员国的所有经济部门加以一体化的形态。

(三)按参加国的经济发展水平划分

1. 水平经济一体化

水平经济一体化(horizontal economic integration),又称横向经济一体化,它是指由经济发展水平大致相同或相近的国家所组成的经济一体化组织。

2. 垂直经济一体化

垂直经济一体化(**vertical economic integration**),又称纵向经济一体化,它是指由经济发展水平不同的国家所组成的区域经济一体化组织。

除以上分类外,近年还有学者根据成员国构成的不同,把经济一体化组织分为三类:(1)发达国家型,即由发达国家组建的经济一体化组织,典型的如欧洲联盟;(2)发展中国家型,即由发展中国家组成的经济一体化组织,如东南亚国家联盟;(3)南北型,即由发达国家和发展中国家共同组建的经济一体化组织,如北美自由贸易协定。这三类组织虽然形式上有相似之处,但目标、运行机制、发展历程等都有明显不同。

三、区域经济一体化发展的现状

区域经济一体化的雏形可以追溯到1921年,当时的比利时与卢森堡结成经济同盟,后来荷兰加入,组成比荷卢经济同盟。1932年,英国与英联邦成员国组成英帝国特惠区,成员国彼此之间相互减让关税,但对非英联邦成员的国家仍维持着原来较高的关税,形成了一种特惠关税区。经济一体化的迅速发展,始于第二次世界大战之后,并形成三次较大的发展高潮。第一次高潮发生在20世纪50年代到20世纪60年代,第二次高潮发生在20世纪70年代到20世纪80年代后半期,第三次高潮发生在20世纪90年代至今。

目前,世界经济中已有数十个各种类型的区域经济一体化组织,不仅发达国家无一例外地加入了组建区域经济一体化的新浪潮,而且广大的发展中国家出于发展本国或本地区经济和共同应对发达国家经济剥削的需要,也纷纷组建、巩固和发展自身的区域经济合作组织。据统计,目前全球共有33个区域经济一体化组织,其中欧洲6个、拉丁美洲11个、亚洲3个、非洲8个、大洋洲2个、北美1个、跨洲际的一体化组织2个。共有150多个国家和地区参加。

据世界银行统计,全球只有12个岛国和公国没有参与任何**区域贸易协议**(**regional trade agreement,RTA**)。174个国家和地区至少参加了一个(最多达29个)区域贸易协议,平均每个国家或地区参加了5个。当然,各地区之间的差别很大,发展程度也不相同。世界贸易组织全体成员同时又是各区域经济组织成员,有的具有多重区域经济一体化组织成员的身份。全世界近150个国家和地区拥有多边贸易体制和区域经济一体化的"双重成员资格"。发达国家签署的区域贸易协议最多,平均每个国家为13个。相当数量的发展中国家已与发达国家签署了双边优惠贸易协议,多数协议发生在东欧、北非和拉美,东亚各国签署的协议少一些,而南亚各国至今尚无与发达国家签署协议的先例。

东亚合作是区域经济一体化在亚洲的亮点。从1992年东盟签署建立自由贸易区协议(即在2008年通过实施有效优惠关税建成东盟自由贸易区)开始,1997年年底又举行首届东盟与中日韩三国领导人非正式会晤(即建立"10+3"合作机制),将合作从东盟扩展至东亚地区,从而正式启动东亚合作进程。2010年,中国-东盟自由贸易区正式建成。

其他大洲的区域经济一体化趋势也日益明显。南部非洲发展协调会议成员国首脑会议于1992年签署关于建立南部非洲发展共同体的条约、宣言和议定书三个文件,正式将该组织更名为“南部非洲发展共同体”;“东部和南部非洲优惠贸易区”首脑会议于1994年批准把优惠贸易区转变为共同市场的条约,宣布东部和南部非洲共同市场(简称“东南非共同市场”)正式成立。“欧盟”的诞生、欧元的启动及欧盟实现历史上规模最大的一次成员扩充,使得欧洲区域经济一体化格外引人注目。“北美自由贸易区”于1994年正式成立以来,美国设想把其范围扩展到拉美,以形成一个覆盖整个南北美地区的世界最大自由贸易区,不过,阿根廷第四届美洲国家首脑会议关于此项动议的谈判无果而终。澳大利亚、新西兰及东盟的贸易部长也于2009年2月签署促进贸易、投资和经济一体化的《自由贸易协定》,并于2010年生效。

四、区域经济一体化发展的特点

(一)区域经济一体化内容广泛深入

新一轮的区域协议内容涵盖的范围大大扩展,不仅包括货物贸易自由化,而且包括服务贸易自由化、农产品贸易自由化、投资自由化、贸易争端解决机制、统一的竞争政策、知识产权保护标准、共同的环境标准、劳工标准,甚至提出要具备共同的民主理念等。比如,北美、欧盟、南南及其他一些区域一体化协议中,很多都涉及标准、物流、海关合作、服务、知识产权、投资、争端解决机制、劳工权益和竞争政策等条款。

(二)形式与机制灵活多样

一是大多数区域经济集团对成员资格采取开放式态度,以加速扩大。除一些明确由双方构成的区域经济,如美加自由贸易协议、澳新紧密经济合作关系协议等之外,一般区域经济大都经历了成员由少到多的过程。比如,欧盟历经5次大规模扩大,现已发展至25个成员国。亚太经济合作组织14年来也经历了4次扩大,达到21个成员。

二是合作形式和层次由低级向高级发展。许多国家放弃或基于原有贸易优惠安排而成立自由贸易区或关税同盟,有的从关税同盟发展成为共同市场。比如,1995年1月,南锥体四国(阿根廷、巴西、乌拉圭、巴拉圭)根据1994年签署的《黑金城议定书》的规定,将自由贸易区提升为关税同盟,并正式开始运转,从而成为世界上仅次于欧盟的第二大关税同盟。

(三)跨洲、跨区域经济合作的兴起和发展

20世纪90年代以来,区域经济合作的构成基础发生了较大变化,打破了狭义的地域相邻概念,出现了跨洲、跨洋的区域合作组织。比如,日本相继与墨西哥、新加坡签署了自由贸易协议。而且不同区域经济集团之间也展开了连横合作。例如南锥体共同市场与其第二大贸易伙伴欧盟之间开始探讨建立自由贸易区,而东盟与欧盟外长会议之间就政治、经济领域内广泛的问题进行探讨业已制度化。北美自由贸易区也有意与南锥体共同市场合作,建立从阿拉斯加到阿根廷的整个美洲范围内的自由贸易区。突尼斯、摩洛哥等成员先后与欧盟谈判建立“欧盟与地中海自由贸易区”,并成为欧盟的伙伴国和联系国。南非则在与印度、澳大利亚、马来西亚等国积极筹建“印度洋经济圈”。

(四)发展途径多样化

全球范围内区域经济一体化迅速发展主要依靠三条途径:一是不断深化、升级现有形

式;二是扩展现有集团成员;三是缔结新的区域贸易协议或重新启动沉寂多年的区域经济合作谈判。

第二节 区域经济一体化理论

区域经济一体化对世界上的许多国家的经济发展产生了重要的影响,因此,很多经济学家对这种现象进行了理论上的研究。虽然这些研究还不能对每一种区域经济一体化都作出理论上的解释,但也已形成了一部分理论。

一、关税同盟理论

对关税同盟理论研究最有影响的是美国普林斯顿大学教授雅各布·瓦伊纳(Jacob Viner)和 R. G. 李普西(R. G. Lipsey)。按照维纳的关税同盟理论,完全形态的关税同盟应具备以下三个特征:第一,完全取消各成员国间的关税;第二,对来自成员国以外的国家和地区的进口设置统一的关税;第三,通过协商方式在成员国之间分配关税收入。这种自由贸易和保护贸易相结合的结构,使得关税同盟对整个世界经济福利的影响呈现双重性,即贸易创造和贸易转移并存。

(一)关税同盟的静态效应

所谓关税同盟的**静态效应**(**static effect**),是指在假设经济资源总量不变、技术条件没有改进的情况下,关税同盟对集团内外国家经济发展以及物质福利的影响。关税同盟的静态效应主要是指贸易创造效应和贸易转移效应。

1. 贸易创造效应

贸易创造效应(**trade creating effect**)是指由于关税同盟内实行自由贸易后,产品从成本较高的国内生产转往成本较低的成员国生产,从成员国的进口量增加,新的贸易得以“创造”。此外,一国由原先从同盟外国家的高价购买转而从结盟成员国的低价购买也属于贸易创造。经济一体化使产品来源地从资源耗费较高的本国生产者转向资源耗费较低的成员国生产者,这种转移体现了经济开始按照自由贸易来配置资源,因此,有利于福利水平的增长。

2. 贸易转移效应

假设缔结关税同盟前关税同盟国不生产某种商品而采取自由贸易的立场,无税(或关税很低)地从世界上生产效率最高、成本最低的国家进口产品;关税同盟建立后,同盟成员国进口产品转由同盟内生产效率最高的国家进口。如果同盟内生产效率最高的国家不是世界上生产效率最高的国家,则进口成本较同盟成立前增加,消费开支扩大,使同盟国的社会福利水平下降,这就是**贸易转移效应**(**trade diversion effect**)。这样产品来源地从资源耗费较低的非成员国生产者转向了资源耗费较高的成员国生产者,这种转移代表经济背离了贸易的资源配置,贸易转移将给参加国带来福利的损失。

现在我们假设世界上有 A、B、C 三个国家,都生产某一种相同产品,但三国的生产成本各不相同。我们以 A 国为讨论对象,图 13-1 显示了建立关税同盟的贸易创造和贸易转移效应。

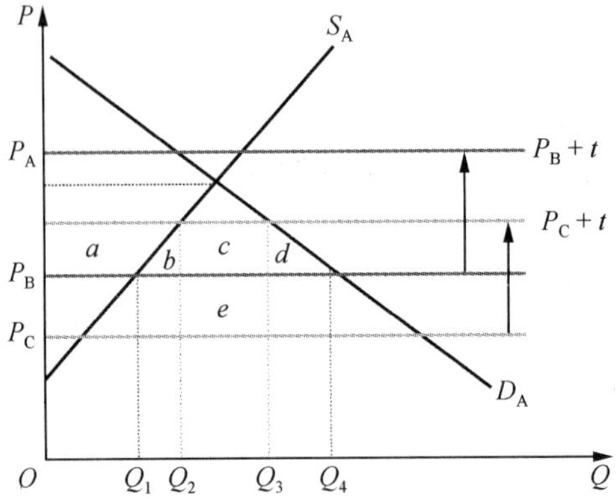

图 13-1 关税同盟的贸易创造效应和贸易转移效应

图中 S_A 表示 A 国的供给曲线，D_A 表示 A 国的需求曲线，P_B、P_C 两条直线分别表示 B、C 两国的生产成本，其中 C 国成本低于 B 国（即 $P_C<P_B$）。在组成关税同盟以前，由于 B 国的产品价格高于 C 国，故 A 国只从 C 国进口，并对从 C 国进口的产品征收关税 t，此时，A 国国内价格为（P_C+t），国内供给量为 OQ_2，国内消费为 OQ_3，从 C 国进口量为 Q_2Q_3。

假设 A 国与 B 国结成关税同盟，相互之间取消关税，并制定了共同的对外关税。由于 A 国对来自 B 国的进口产品不再征收关税，而对来自 C 国的进口仍然征收关税，因此 B 国产品在 A 国的销售价格 P_B 低于 C 国产品在 A 国的销售价格（P_C+t）。结果 A 国不再从 C 国进口，而改从 B 国进口，A 国的贸易发生了转移。

由于价格的下降，A 国的供给量下降为 OQ_1，消费量上升至 OQ_4，贸易规模变为 Q_1Q_4，比建立关税同盟前增加了（$Q_1Q_2+Q_3Q_4$），这一部分为贸易创造效应。其中 Q_1Q_2 是 A 国的生产被 B 国的生产替代的部分，为生产效应；Q_3Q_4 是由于价格下降而引起的 A 国消费的增加，此为消费效应。

在贸易总量 Q_1Q_4 中，除去贸易创造部分，剩下的 Q_2Q_3 是原来从同盟外生产效率更高的 C 国的进口转向从同盟内生产效率较低的 B 国进口的部分，这一部分即贸易转移效应。这意味着同盟内低效率的生产替代了同盟外高效率的生产，是对资源配置的扭曲，因此对 A 国是不利的。

3. 关税同盟的福利效应（welfare effect）

由于价格的下降，A 国消费量的增加引起消费者剩余的增加量为（$a+b+c+d$）。但同时，A 国国内的生产减缩至 OQ_1，生产者剩余减少了 a。另一方面，在建立关税同盟之前，A 国从 C 国的进口量为 Q_2Q_3，因此其关税收入为（$c+e$）；与 B 国建立关税同盟后，A 国政府失去了关税收入，其中 c 转移给了本国的消费者，而 e 则转移给了 B 国的生产者。

综合起来，关税同盟对 A 国的净福利效应为：$(a+b+c+d)-a-(c+e)=(b+d)-e$。其中 b 表示因同盟内低成本的生产（B 国）替代了国内高成本的生产导致的资源配置效率的改善；d 表示同盟内废除关税后，因进口价格下降、国内消费扩大而导致的消费者福利的净增加；二者之和（$b+d$）为贸易创造所带来的福利水平总体的增加量；e 则表示 B 国和 C 国每单位商品的成本差乘以转移了的贸易量 Q_1Q_2，也就是贸易转移所引起的福利损失。这样，关税同盟对 A 国福利的净影响可表示为贸易创造的福利效应减去贸易转移的福利效应。因此加入关税同盟对 A 国是否有利是不确定的，这取决于贸易创造对该国福利的有利影响是否能抵消贸易转移所产生的不利影响。相比之下，B 国由于出口扩大而获利，C 国则因为贸易规模缩减而导致其福利下降。

关税同盟的静态福利效应如何，受以下因素的影响：(1) 关税同盟建立前关税水平越高，则建立关税同盟后的贸易创造效果越大。(2) 关税同盟包括的国家越多，贸易创造效果越明显，贸易转移效果越小。(3) 共同关税率越低，贸易转移效果越小。(4) 关税同盟成员国的供给与需求弹性越大，贸易创造效果就越明显。(5) 关税同盟成员国与非成员国之间产品成本差异越小，贸易转移效果就越不明显。

（二）关税同盟的其他静态福利效应

第一，关税同盟使得各成员国的海关人员、边境巡逻人员等减少而引起的行政费用的减少；

第二，贸易转移型关税同盟通过减少对同盟成员国之外的世界上其他国家的进口需求和出口供给，有可能使同盟成员国共同的贸易条件得到改善；

第三，任何一个关税同盟，在国际贸易投票中以一个整体来行动，较之任何一个独立行动的国家来说，可能具有更强大的讨价还价的能力；

第四，关税同盟建立后，可减少走私。由于关税同盟的建立，商品可在同盟成员国之间自由移动，在同盟内消除了走私产生的根源，这样，不仅可以减少查禁走私的费用支出，还有助于提高全社会的道德水平。

（三）关税同盟的动态效应

所谓关税同盟的**动态效应**（**dynamic effect**），是指关税同盟对成员国贸易及经济增长的作用。由于关税同盟动态问题的复杂性而难以用模型进行概括，这里只能就这一问题进行一些定性的说明。长期来看，关税同盟的动态效应的积极作用表现在以下几个方面：

1. 激化竞争效应（competition promotion effect）

由于成员国之间没有贸易壁垒，产品的自由流动可以打破垄断，激化成员国之间的竞争。竞争的作用是显而易见的，在其他条件不变的情况下，竞争可以促进专业化分工程度的提高、生产要素和资源配置的合理化，以及生产效率的提高，从而可以使成员国乃至同盟整体的经济福利水平提高。

2. 规模经济效应（scale economy effect）

随着时间的推移，关税同盟的贸易创造效应会不断积累，从而会促进同盟内大市场的形成。这又会使产品的生产规模扩大、生产成本降低，实现规模经济。当然，上述的竞争的加强，专业化分工程度的提高，以及生产要素和资源的配置优化，也会促使规模经济的实现，从而增强成员国对非成员国的竞争力。世界上一些邻近的小国相互间结成关税同盟，主要就是出于这种考虑。

3. 投资扩大效应（investment creation effect）

因为与对同盟外的国家投资相比，在同盟内投资的风险较小，并且其产品又有同盟内的大市场为保障,这会激发成员国之间的相互投资;并且,对成员国而言,为提高产品的竞争能力、改进产品质量、降低生产成本,也需要增加投资。实际上上述的规模经济也是这种投资扩大的结果。同时,非同盟国为了绕过关税同盟的关税壁垒,瓜分关税同盟内的大市场,也会扩大对关税同盟国的投资,在当地直接生产和销售产品,或向同盟外销售产品。

关税同盟的建立也会产生某些负面影响,这些负面效应主要表现在以下两方面:

1. 促成了新的垄断的形成

如果关税同盟的对外排他性很大,那么这种保护所形成的新垄断又会成为技术进步的障碍,除非关税同盟不断有新的成员进入。

2. 容易引发地区经济发展的不平衡

关税同盟建立后,资本会逐步向投资环境比较好的地区流动,而投资的增加往往是增加在那些经济比较发达的地区,这样可能使得发达地区的经济更发达,而相对落后地区的经济发展更落后,即出现地区经济发展不平衡,这就需要成员国政府以一定的政策作引导。

(四) 关税同盟的扩大出口效应

我们在前面分析关税同盟的经济影响时,只讨论了加入同盟对进口的影响,但现实中,一国加入关税同盟不仅可以扩大进口商品的数量,该国的出口量也会增加。对于希望参加关税同盟的国家(特别是小国)而言,同盟内部广阔的出口市场给它带来的出口利益可能比进口增加带来的福利改善更加具有吸引力。总体来看,关税同盟将给参加国带来更多的出口机会,从而增进该国的福利。具体情况我们可以通过图 13-2 来说明。

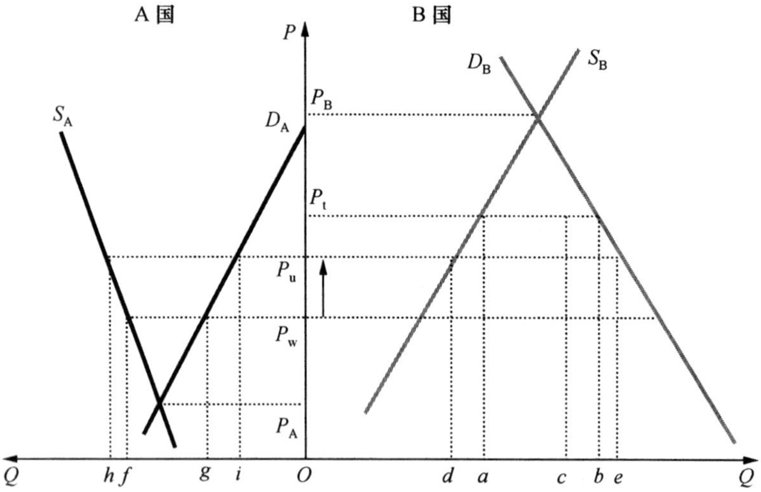

图 13-2 关税同盟的扩大出口效应

假设 A 国是某种商品的出口国,B 国是该种商品的进口国。在图 13-2 中,左图为 A 国的生产、消费和出口情况,右图为 B 国的生产、消费和进口情况。该种商品的世界价格为 P_w,封闭条件下 A、B 两国的均衡价格分别为 P_A和 P_B($P_A < P_w < P_B$)。B 国对来自所有国家的商品均征收从量税 t,税后价格为 P_t。此时,A 国在世界价格 P_w下出口量为 fg,B 国在 P_t

下的进口量为ab，其中一部分来自A国，假设从A国进口的数量为$ac=fg$，则剩下的部分从其他国家进口，进口量为cb。

我们仍以A国为分析对象，A、B两国组成关税同盟后，由于B国对A国的进口商品免征关税，而对其他国家的进口商品仍征收关税，故在B国国内市场上A国商品的价格要低于其他国家同样商品的价格，于是B国转而只从A国进口。由于对A国商品需求的增加，该国商品的价格将上涨。在两国共同市场上该商品实现局部均衡时，A国的出口等于B国的进口，即$hi=de$，两国实现该商品的贸易平衡，此时市场价格为P_u。显然，A国出口量要远大于加入关税同盟之前，其扩大的部分为$da+ce$。

由此可见，加入关税同盟对A国来说可以达到扩大出口、增加出口收入的目的。这一点对于那些国内市场狭小的国家来说无疑具有很重要的意义，加入关税同盟，利用区域市场扩大出口，带动经济发展，对这些国家而言是一种很好的选择。

二、大市场理论

如上所述，关税同盟也有形成大市场的作用，但大市场理论主要是为共同市场提供理论上的解释，因为它的大市场的概念已不限于商品市场，还涉及生产要素市场，生产要素在各国间可以自由流动，是共同市场与关税同盟的区别之一。

大市场理论的提出者认为：以前各国之间推行狭隘的只顾本国利益的贸易保护政策，把市场分割得狭小而又缺乏适度的弹性，这样只能为本国生产厂商提供狭窄的市场，无法实现规模经济和大批量生产的利益。

大市场理论的主要观点是：共同市场把那些分散的、相互孤立的小市场统一成为一个大市场后，通过由于市场的扩大所带来的大量生产和专业化分工，以及竞争的激化，从而可以获得规模经济的利益。虽然在关税同盟理论中，也强调了激化竞争、专业化分工、规模经济，等等，但它们在大市场理论中，由于市场概念的扩大，具有更广泛的含义。

这样的观点来自于对西欧建立共同市场之前和之后的状况的比较。该理论的倡导者（代表人物为西托夫斯基、德纽）认为，西欧那时出现了以下的循环：

小市场——高利润——高价格——低资本周转率——小市场——……

因而，建立共同市场会出现以下的循环：大市场——竞争加剧、投资增加——大量生产、专业化分工——规模经济（成本下降）——消费扩大——大市场——……

这样，经济就会像滚雪球一样扩大，走上良性循环的轨道。

但是，将各个分散的市场合并为一个大市场，实际上与跨国投资理论中所提到的“内部化”有类似的倾向，并且，追求规模经济常常会带来垄断的结果，它们都会削弱竞争，因而，该理论缺乏对这种循环的各个环节的因果关系的严密论证，还是比较粗糙的。另外，如同上述的关税同盟理论一样，大市场理论也把激化竞争作为实现经济一体化的协调和合作这一目的的主要手段，这就反映了它的局限性，因为这只适用于经济发展阶段较为接近的国家之间（即横向或水平一体化），否则，这种竞争会带来两极分化，从而导致协调和合作的失败。还有，这个理论也无法解释具有很大的国内市场的国家与其他国家实行一体化的必要性。

三、协议性国际分工原理

如上所述，竞争可以促进专业化分工程度的提高，可以促进规模经济的实现，但它们又可能会导致集中和垄断，从而削弱竞争，所以，从这个意义上说，它并非是经济一体化中长期有效的方法。因此，日本学者小岛清提出了协议性国际分工原理，认为为实现规模经济的国际分工可以通过协议来实现，它还可以和谐地扩大共同体内的国际贸易。

所谓协议性国际分工，是指一国放弃某种商品的生产并把国内市场提供给另一国，而另一国则放弃另外一种商品的生产并把国内市场提供给对方，即两国达成分工生产并相互提供市场的协议，实行协议性国际分工。协议性分工不能指望通过价格机制自动地实现，而必须通过当事国的某种协议来加以实现，也就是通过经济一体化的制度把协议性分工组织化。

小岛清用下面的模型来证明这样的观点，如图 13-3 所示。该模型的特点是以成本递减为前提，即以凸向原点的曲线来表示产量与成本的关系，因为他认为以前的国际经济学所强调的只是在成本递增的情况下根据竞争原理（如比较优势原理）达到国际分工平衡的，而经济一体化的目的之一就是要通过大市场来实现规模经济，这实际上是成本长期递减的。所以，与作为竞争理论的核心比较优势原理相比，小岛清的理论具有两个特点：第一，以协议代替竞争；第二，以成本递减代替成本递增。

图 13-3 中的 X_1 和 Y_1 分别表示本来是 A 国的 X 产品和 B 国的 Y 产品的产量。图上部分的左右两图中都出现的 X_2，表示通过协议，本来由 B 国生产的 X_2，现在由 A 国生产。同样，图下半部分的左右两图中都出现的 Y_2，表示本来由 A 国生产的 Y_2，通过协议，A 国让给 B 国生产。也就是说，通过协议，A 国以 Y_2 的生产权交换 B 国的 X_2 的生产权。结果，X 产品都由 A 国生产，Y 产品都由 B 国生产，实现了协议性国际分工。显然，由于各国专门生产一种产品的生产规模扩大了，使它们的生产成本降低，实现了规模经济。然后，A 国以它生产的 X_2 交换 B 国生产的 Y_2，双方都可获得与协议分工前各国生产的数量相同的两种产品，并且扩大了共同体内的国际贸易。另外，随着两种产品的生产成本，即价格的下降，两国对两种产品的需求会增加，所以这种协议分工对实现规模经济还有更大的效果。

当然，要进行这样的协作，必须具备一定的条件。首先，两国各自生产两种产品的生产效率及利益应该没有很大的差别，否则这种生产权的交换就难以实现。所以，图 13-3 中的两国的两种产品的成本曲线在坐标系中的位置及其形状大致相似，X_1 和 X_2、Y_1 和 Y_2 大致相等的产量的生产成本也大致相等（由水平的虚线表示）。其次，作为协议分工的产品，应该是能够获得规模经济效益的产品。因为并非每种产品的生产都能做到随着产量的增加而使成本下降，比如难以实行专业化分工的产品生产就很难获得规模经济。但是，如果要考虑这样的因素，前述的经济一体化理论都面临着同样的问题，经济一体化的意义也要重新解释，所以，这样的条件只能作为对特殊情况的补充说明。

上述的两国各自生产两种产品的生产效率大致相当这一条件，说明协议性国际分工必须在处于同等发展阶段（至少作为协议分工对象的产品生产处于同等发展阶段）的国家之间实行，这与大市场理论的主张类似。

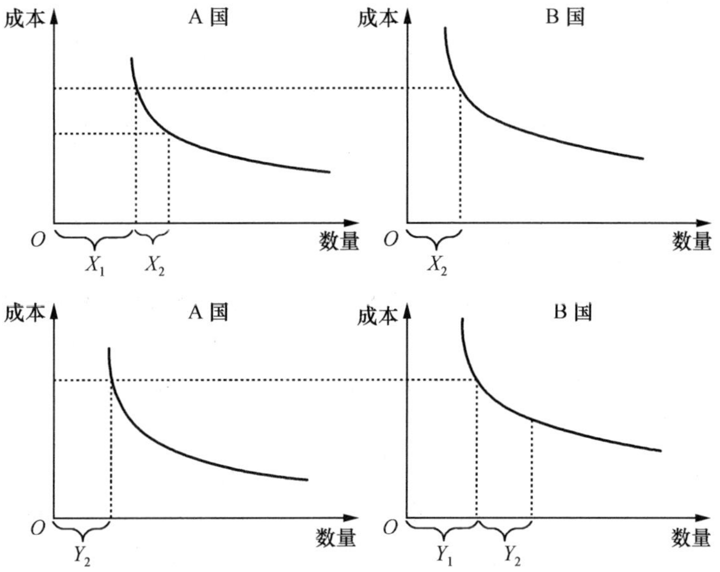

图 13-3　协议性国际分工原理

四、综合发展战略理论

以上的经济一体化理论虽然也涉及多方面的因素，但它们都是以市场、生产、交换规模的扩大为核心内容的，并且主要都是以横向一体化为对象的。虽然从理论上说，这种形式的经济一体化也适用于发展中国家，但由于它们的一体化程度较高，需要有一个渐进实现的过程。而纵向的经济一体化，发展中国家显然难以从中获得上述理论所论述的那些利益，两极分化却是通常的结果。所以，发展中国家希望把经济一体化作为一种发展经济的战略，但又缺乏明确的理论依据，综合发展战略理论就是在这种状况下的产物。

发展中国家合作研究中心局级研究员鲍里斯·塞泽尔在他的《南南合作的挑战》一书中阐述了该理论。该理论认为：发展中国家在制定经济一体化政策时，要综合地考虑本国和本地区的实际情况，从经济、政治两方面进行分析，比如发展水平、成员间的差异和相互依存状况及政治协调程度等等，这就是该理论被称为“综合”理论的原因。

具体而言，鲍里斯·塞泽尔的主张有：

第一，仅从自由贸易或保护贸易，市场的统一与否，以及经济一体化程度的高低等角度来研究、制定一体化政策是狭隘的；

第二，不必拘泥于一些经济一体化的理论，因为在发展中国家中并不具备保证理论所预期的结果能够出现的条件，所以应该把一般模式和具体理论有效地应用于特定的集团和现存的环境中去；

第三，应该利用有利于发挥不发达国家优势的政策来避免两极分化，但这需要有强有力的共同机构和政治意志；

第四，在研究、制定一体化的政策时，应该充分考虑发展中国家的弱势地位，以及对发展中国家不利的世界经济秩序等等；

第五，由于发展中国家所处的弱势地位，在许多情况下，完全听任市场的主导（比如听任私营部门发展）是一体化失败的重要原因，因此有效的政府干预是必要的；

第六，应该把一体化看作发展中国家集体自力更生和按照新秩序改变世界经济格局的手段；

第七，应用与发展理论紧密联系的跨学科的（比如超越经济学的）研究方法，来研究作为发展中国家的一种发展战略的一体化。

另外，鲍里斯·塞泽尔还认为应该考虑诸如一体化成员的政治协调程度、政治意识、对外政治关系等政治方面的因素和共同机构的效率问题。虽然该理论缺乏一些严密性，但它的观点鲜明，切中了发展中国家所面临的问题的要害，并符合发展中国家的要求，所以受到了发展中国家的重视。

值得注意的是，在鲍里斯·塞泽尔的主张中，政治也作为一个主要内容。这与大多数由发达国家的学者提出的理论有明显的区别。事实上，经济一体化很难说是一个纯粹的经济概念。所以，世界上早已出现过的各种形式的一体化，我们不能完全把它们排除在经济一体化之外。

简而言之，综合发展战略理论认为，经济一体化是发展中国家的一种发展战略，要求有强有力的共同机构和政治意志来保护较不发达国家的优势。所以，有效的政府干预对于经济一体化是很重要的，发展中国家的经济一体化是改变世界经济格局、建立国际经济新秩序的重要因素。

本章小结

1. 区域经济一体化是指两个或两个以上的国家、经济体通过达成某种协议所建立起来的经济合作组织。从 20 世纪 90 年代至今，区域经济一体化组织在全球涌现，形成了一股强劲的新浪潮。

2. 区域经济一体化按照贸易壁垒强弱的程度划分为特惠贸易协定、自由贸易区、关税同盟、共同市场、经济联盟、完全经济一体化；按照区域经济一体化的范围划分为部门经济一体化和全盘经济一体化；按参加国的经济发展水平划分为水平经济一体化和垂直经济一体化。

3. 当前区域经济一体化的发展特点是：参与国众多，内容广泛深入，形式与机制灵活多样，跨洲、跨区域经济合作的兴起和发展，发展途径多样化。

4. 区域经济一体化的根本特征是“对内自由贸易，对外保护贸易”，因此，它对多边贸易体制和全球经济的影响必然是双重的，既有一定的积极影响，同时又有一定的消极影响。

5. 关税同盟的静态效应，是指假设在经济资源总量不变、技术条件没有改进的情况下，关税同盟对集团内外国家经济发展及物质福利的影响。关税同盟的静态效应主要是指贸易创造效应和贸易转移效应。贸易创造效应是指由于关税同盟内实行自由贸易后，产品从成本较高的国内生产转往成本较低的成员国生产，从成员国的进口量增加，新的贸易得以“创造”。贸易转移效应是指建立关税同盟后成员国之间相互取消关税并建立共同的对外关税所带来的相互贸易代替了成员国与非成员国之间的贸易,从而造成贸易方向的转移。

6. 关税同盟的动态效应,是指关税同盟对成员国贸易及经济增长的作用。关税同盟的主要积极作用表现在激化竞争效应、规模经济效应、投资扩大效应三个方面;而负面效应主要表现在关税同盟建立后促成了新的垄断的形成以及容易引发地区经济发展的不平衡。

7. 大市场理论的提出者认为:以前各国之间推行狭隘的只顾本国利益的贸易保护政策,把市场分割得狭小而又缺乏适度的弹性,这样只能为本国生产厂商提供狭窄的市场,无法实现规模经济和大批量生产的利益。

8. 协议性国际分工原理认为为实现规模经济的国际分工,可以通过协议来实现,它还可以扩大共同体内的国际贸易。

9. 综合发展战略理论认为,经济一体化是发展中国家的一种发展战略,要求有强有力的共同机构和政治意志来保护较不发达国家的优势。所以,有效的政府干预对于经济一体化是很重要的,发展中国家的经济一体化是改变世界经济格局、建立国际经济新秩序的重要因素。

练习与思考

1. 什么是区域经济一体化?
2. 区域经济一体化的形式有哪些?
3. 试述当前区域经济一体化发展的现状与特点。
4. 试述关税同盟理论。
5. 试述大市场理论。
6. 试述协议性国际分工原理。

第十四章

中国对外贸易的改革与发展

本章提要

中国的对外贸易源远流长，是名副其实的贸易大国。本章主要介绍中国对外贸易的发展历程、国际地位、贸易方式及其与经济增长的关系。

本章结构图

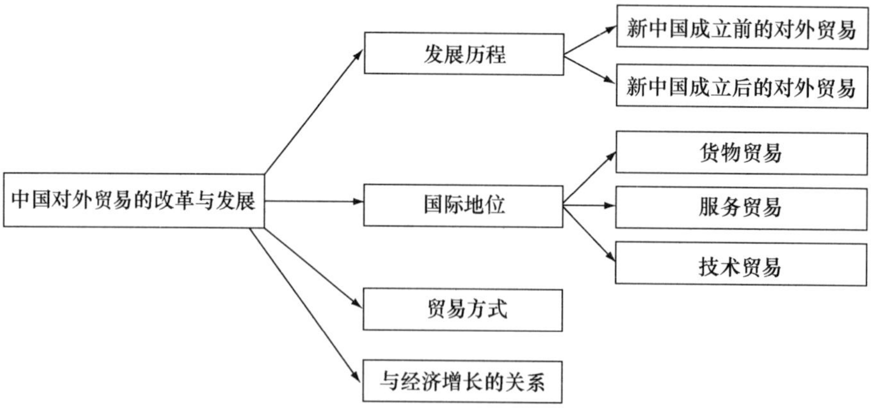

学习目标

- 重点掌握中国对外贸易发展的现状、特点、对外贸易的方式及其与经济增长的关系。
- 掌握中国对外贸易的国际地位。
- 了解新中国成立前的对外贸易。

第一节 中国对外贸易的发展历程

一、新中国成立前的对外贸易

中国的对外贸易源远流长,从中国商船队远行非洲和南亚,陆路贸易从“丝绸之路”开始就开辟了传统贸易的渠道。1840年以后,半殖民地半封建社会的特征体现在对外贸易上就是海关管辖权的丧失。

(一)封建社会的对外贸易

中国对外贸易起源最早可追溯至公元前4—5世纪,通常认为,中国对外贸易始于秦朝而兴于汉代。秦汉时期,随着国家的统一与经济文化的发展,对外贸易有了十分明显的发展,特别是汉朝张骞和班固连续通商西域,不仅促进了中国同西方诸国政治文化的交流,而且在经济和贸易往来方面起了巨大的推动作用。西汉时期,张骞奉命出使西域,开创了古今中外闻名的丝绸之路。中国丝织品源源不断从今天甘肃、新疆到达阿富汗、伊朗和叙利亚等一带。当时,古罗马帝国位于地中海商业贸易发达地域,所以中国商品被大量输入到这些地方。由于伊朗位于中国、印度与古罗马帝国之间,所以中国与古罗马帝国贸易受伊朗商人的控制。古罗马帝国商人为摆脱伊朗商人的制约,开始探索从海上发展与东方国家的贸易。中国出口到古罗马帝国的商品包括丝织品、皮毛、铁器和其他金属制品,而古罗马帝国出口到中国的商品包括香料、药材、玻璃、织物与珠宝等。随着阿拉伯帝国经济的兴起,中国与古罗马帝国贸易渐渐转变为中国与阿拉伯帝国之间的贸易,在公元前7世纪后,阿拉伯国家逐步代替了古罗马帝国成为与中国发展贸易最多的国家。

从汉朝末年到隋朝建立,中国社会发生了连续不断的战争,因此经济发展几乎处在停滞状态,但中国对外贸易仍有发展。例如,从东吴到晋朝、南北朝,都与柬埔寨进行朝贡贸易;在曹魏、西晋时期中国与日本也进行朝贡贸易,中国的丝织锦绣等纺织品进入日本。

唐朝建立以后,中国出现了统一安定的局面,经济得到了前所未有的飞速发展,唐朝时期中国属于世界上经济水平最强大的国家之一。经济发展水平的提高引发了周边国家与中国发展贸易的兴趣,所以唐朝时期中国对外贸易发展水平大大超过汉朝时期。唐代时期的丝织业、陶瓷业与金铜、青铜铸造业相当发达,这些产品都是出口的主要产品。唐代时期中国南方经济发展迅速,特别是造船业和航海技术发展很快,南方三大港口城市广州、潮州和扬州逐渐对外开放。在唐代时期,中国采用更为开放的政策,这扫除了国外商人与中国发展贸易的障碍,吸引了很多外国人特别是阿拉伯国家与伊朗国家商人来中国经商,甚至长期定居中国。唐代贸易开放政策促进了中国沿海一带的经济发展，中国港口城市广州、泉州与宁波抓住了吸引外国商人发展贸易的机会，经济获得快速发展。陆地与海上对外贸易飞速发展，迫使唐朝新设两大行政机构管理中国对外贸易——一个是安西都护府与北庭都护府，管理陆地对外贸易；另一个是市舶司，管理海上对外贸易。

宋代时期，发达的手工业为中国发展对外贸易提供了坚实的基础。纺织品和陶瓷品成为中国出口的主要产品。过去中国对外贸易主要依赖陆地发展，在宋代海上对外贸易逐渐成为主要贸易路径。当时，同中国有贸易关系的国家东有日本、朝鲜，南有南洋各国，西有印度、阿拉伯帝国、波斯等，共有 50 多个国家。宋朝管理对外贸易的专职行政机构就是市舶司，同时还统筹管理外交事务。其主要职能有：第一，接待外商，颁发“公凭”，监督外商贸易与船舶进出活动；第二，对进口货物征收税收，一般按照货物种类分别征收不同实物税；第三，享有处置进口货物的权力，进口货物大部分由政府专买，少部分允许中外商人自由买卖。宋代管理对外贸易的机构具有现代海关的某些职能，同时又享有高度的对进口货物的处置权。

元朝时期，中国版图跨越欧亚两大洲，中国对外贸易的陆路与海上途径更加宽广，对促进中国对外经济交流起到了积极作用。元朝相继在泉州、上海、温州和宁波等地设立“市舶司”，并且制定颁布了《市舶抽分则例》22 条，使中国对外贸易管理较以前更加有效。

明朝初期，社会还处在不稳定阶段，经济发展没有恢复，北方陆路对外贸易衰落，东南沿海地区海上对外贸易因遭受倭寇骚扰与“海禁”陷于停滞状态。随着明朝政权不断得到巩固，经济也开始复苏，纺织业、陶瓷业、漆器业、冶炼业和铸造业不断发展，客观要求中国开展与国外的贸易。明朝逐步恢复了在宁波、泉州、广州的“市舶司”，还在云南等地新设相同机构。郑和下西洋是明代中国发展对外贸易的重大事件，郑和下西洋历经 28 年时间，足迹遍布东南亚、南洋诸岛、阿拉伯半岛和东非一带，促进了中国与 36 个国家保持和发展贸易关系，使中国成为当时世界上最大的海上贸易强国。

清朝初期，由于清政府害怕汉人从海外组织力量反对其统治，在 1656 年颁布了“禁海令”，规定任何人不准下海，违反者处以死刑。明朝建立起来的对外贸易因此步入衰落阶段。康熙年间，清政府政权逐渐巩固，经济有了一定发展，“海禁”开始有所放松。1685 年，清政府限定广州、漳州、宁波和云台山为对外通商口岸，相应设立粤海关、闽海关、浙海关和江海关承担管理对外贸易职责。1757 年，清政府限定广州为唯一通商口岸，关闭其他三个口岸。清朝时期，海关是管理对外贸易的唯一机构，不承担经营进口产品的责任，负责经营进口货物的机构由明朝时期的“牙行”转变为行商。

总之，封建社会时期，中国对外贸易呈现下列特点：

第一，中国对外贸易规模小。中国经济在封建社会时期占统治地位的是自然经济，生产力水平低，商品经济不发达，所以市场交易规模很小。

第二，中国对外贸易相对主动。封建社会时期，世界工业与商业都不发达，世界贸易商品主要以农业初级产品为主，而中国农业、畜牧业、渔业相对较好，具有较强的市场竞争优势，所以中国对外贸易相对主动。

第三，中国开放程度小。虽然中国经济在上述时期总体上有一定竞争能力，但受封建统治者愚昧思想影响，中国对外开放仍然处于萌芽层次。

第四，传统贸易优势产品主要以陶瓷、茶叶、纺织为主，如陶瓷和纺织产品，由于其蕴涵了中国的深厚文化，所以在世界各国受到了广泛欢迎。

小知识 14-1

丝绸之路与丝绸之路学

丝绸之路的含义分为宏观和微观两种。宏观定义为：丝绸之路是古代世界东西方间进行政治、经济及文化交流的大动脉；微观定义为：丝绸之路是以丝绸贸易为媒介的古代东西方间的一条商路。

作为古代东西方间的交通贸易道路——丝绸之路早已存在，但“丝绸之路”这一国际通用的学术名词的出现则是在19世纪，由德国地质学家、近代地貌学的创始人F.冯·李希霍芬(F. Von. Richthafan)(1833—1905)提出，且其含义并不仅仅限于地理学范畴。李希霍芬曾于1868—1872年先后七次来华，1877年出版了三卷本专著《中国亲程旅行记》，该书到1911年共陆续出版了五卷。该书将往返于中国与河间地区(中亚的阿姆河与锡尔河之间的地带)、中国与印度之间的古代骆驼商队所走的道路称作“丝绸之路”(silk-road)。1910年，德国东洋史学家赫尔曼(Albert Herman)在其所著《中国与叙利亚之间的古代丝绸之路》一书中进一步扩展了这一概念。他认为“应把这一名称的含义进而一直延长到通向遥远西方叙利亚的道路上去”，因为叙利亚尽管不是中国生丝的最大市场，但也是较大的市场之一。赫尔曼的观点得到西欧一些汉学家的支持和进一步阐述。19世纪末20世纪初，西方的一些探险家到中国的西北地区进行考察探险，发现了中国古代与亚欧非交往的许多遗址和遗物，以实物证实和说明了丝绸之路的存在和发展，他们在其著作中广泛地使用“丝绸之路”这一名词，其含义也逐渐由贸易扩大到经济、文化诸多领域，进而涌现出一批研究丝绸之路学的著名学者，早期影响较大的有瑞典的斯文·赫定、英国的斯坦因、法国的伯希和等。

李希霍芬的学生斯文·赫定是丝绸之路新疆楼兰遗址的发现者，也是大量窃取中国文物的第一个西方人。楼兰是古丝绸之路上的重要城镇，汉为楼兰国，东汉时期是古鄯善国的属地，后由于塔里木河下游改道，楼兰绿洲无法灌溉，渐荒弃，到唐代已变为边远的同义词，常见于边塞诗里，如李白《塞下曲》“五月天山雪，无花只有寒。……愿将腰下剑，直为斩楼兰。”多少年来，楼兰一直是中外考古学家憧憬的神秘之地。1900年，斯文赫定到塔克拉玛干沙漠探险，在维吾尔族向导带领下，在罗布泊地区意外地发现了楼兰遗址。他们第二年进行了大规模的发掘，获得大量珍贵文物，这一发现震惊中外。此后，英国的斯坦因，法国的伯希和，日本的大谷光瑞、橘瑞超，俄国的科兹洛夫、奥布鲁切夫，美国的亨廷顿、华尔纳等，先后到我国古丝绸之路沿线地区进行探险考察，发现了大量遗址。他们到处挖掘，获取了极其丰富的珍贵文物，由此导致中国文物大量外流，欧洲人获得研究古丝绸之路的大量第一手材料，从而导致丝绸之路学在欧洲的勃兴。

20世纪30—40年代，为配合侵华战争的需要，日本政府鼓励本国学者研究中国问题，由此推动了日本丝绸之路学的研究。

“丝绸之路”这一名词在中国被广泛采纳相对较晚。20世纪30年代中国出现了一批研究东西方交通的著名学者，如张星烺、冯承钧、向达等，他们将丝绸之路称为“东西商路”、“通往西域的道路”或“中国——罗马商路”。直到20世纪50年代齐思和在其《中国与拜占庭帝国的关系》一书中始称“丝绸之路”，同时，在夏鼐及郭沫若的著作中也出现了该名词。改革开放后，国际、国内出现了丝绸之路热(学术研究及旅游)，丝绸之路学的研究渐入高潮。

从“陆路丝绸之路”又衍生出“海上丝绸之路”、“瓷器之路”、“草原之路”、“毛皮之路”、“西南丝绸之路”等，虽然这些名称的科学性尚有待进一步探讨，但它们在中国对外贸易史上的地位不容置疑。

(二) 半殖民地半封建社会的对外贸易

1842年，清政府与英国签订了中国历史上第一个不平等条约《中英南京条约》，之后中国便陷入了半殖民地半封建社会阶段。从1842年到新中国成立这一百多年时间里，中国外受外国势力的侵略与统治，内受地主阶级与封建势力的残酷镇压与欺凌。在20世纪初以前，中国与欧美、沙皇相继签订许多不平等条约，中国政府被迫割让土地，赔付金银，开放通商口岸，给予列强种种特权，最后甚至丧失关税管理权，中国对外贸易陷于被动局面。

1840年到1937年，中国与外国签订了一系列不平等条约，外国势力从经济、政治等各个方面控制和影响中国，中国被它们划分为各个列强的势力范围，因此中国对外贸易发展的方向与深度受国外列强的影响。1858年到1880年，中国被迫开放华北地区和长江沿岸主要港口；1880年到1900年中国被迫开放了西南地区。20世纪初，中国被迫开放东北地区。虽然中国被迫开放了很多港口，但由于中国经济发展水平很低，老百姓消费能力有限，同时深受自然经济的影响，中国对外贸易增长缓慢。

1937年到1949年，中国陷于长期战争状态。1937年日本发动侵华战争，日本对占领的中国地区实行殖民经济政策，进行经济掠夺。日本完全控制了占领区的对外贸易关系，并对国民党政府实行外贸封锁，使中国无法从外国进口所需物资。但与此同时，中国与美国的贸易关系得到恢复与发展，自抗战结束到1949年时期，美国已经取代日本成为中国最大贸易伙伴。8年抗日战争使中国经济遭受重大损失，且随着国民党政府发动内战，恢复经济发展的机会又变得渺茫，中国经济陷于更严重的混乱中，工业恢复缓慢，财政赤字巨大，通货膨胀严重，外贸逆差打破历史纪录。随着国民党政府在军事上的失败与经济上的瘫痪，中国对外贸易急剧萎缩，整个社会经济体系趋于瓦解。

半殖民半封建社会时期，中国对外贸易呈现下列特点：

第一，中国对外贸易处于被动地位。与封建社会时期相比，中国在世界经济中的地位大幅度下降。世界第一次产业革命开始后，西方国家迅速发展了工业，生产效率大幅提升，而中国仍然处在以农业为主的阶段，工业发展极其落后，所以中国在与其他国家发展贸易当中被动局面非常明显。

第二，中国没有发展对外贸易的和平环境。中国长期处在战乱状态，外有帝国主义势力侵略,内有各种军阀内耗,所以,中国对外贸易没有和平环境作基础。

第三,中国工业仍然极其落后,出口优势产品依旧很少。虽然中国发展了一些民族工业,但其相对于西方国家仍然显得落后,不仅技术和产品落后,而且管理也极其落后。

二、新中国成立后的对外贸易

1949 年 10 月 1 日中华人民共和国正式建立。新中国成立至今,对外贸易发生了翻天覆地的变化,例如外贸体制由计划体制转向市场开放,外贸政策由实行保护到使用国际规范,外贸功能由调剂余缺到成为拉动经济增长的三驾马车之一。外贸管理政策与制度严格履行国际承诺,透明度不断提高。2012 年中国的贸易总额首次超过美国,成为世界贸易规模最大的国家,中国已经是名副其实的贸易大国。

对外贸易的快速发展,对国民经济增长和社会发展作出了巨大贡献。对外贸易不仅能够优化资源配置和产业结构,提升产业技术水平,促进国内竞争,拓宽市场空间,增加财政收入,促进就业,改善国际收支,而且更重要的是,通过推动国际交流不断深化,引入新思想、新观念,带动了国内经济与世界经济的接轨与融合,对深化国内改革起到了极大的推动作用。

在国际上,中国从一个被排斥者,一个游离在国际市场边缘、小心翼翼地进行突破和尝试的落后发展中国家,成长为世界的加工制造基地、国际贸易中一支不可忽视的力量、多边贸易体制和区域经济合作的积极参与者,并与其他新兴市场一起,成为世界经济和国际贸易增长的重要驱动力。本节将对新中国成立后的对外贸易发展进行历史回顾和展望,以读者对中国的对外贸易发展有个整体了解。

回顾历史,新中国的对外贸易发展大体经历了以下五个阶段:计划经济阶段、探索与实践阶段、转型与发展阶段、全方位和多层次的对外开放阶段、中国开放的新阶段。

(一)计划经济体制下的对外贸易(1949—1978 年)

1949 年新中国成立后,确立了社会主义独立自主的对外经济贸易。到改革开放前的 30 年,中国对外贸易在曲折中前进,为国民经济的恢复和发展作出了贡献,并为发展社会主义对外贸易积累了正反两方面的经验。1950 年,中国对外贸易总额 11.35 亿美元,其中出口 5.52 亿美元,进口 5.83 亿美元。到 1978 年,对外贸易总额扩大到 206.38 亿美元,其中出口 97.45 亿美元,进口 108.93 亿美元,分别增长 16.7 倍和 17.7 倍,在世界贸易中居第 32 位。

这一阶段,对外贸易主要被看作社会主义扩大再生产的补充手段,局限于互通有无、调剂余缺。新中国成立初期,中国出口商品以农副产品等初级产品为主,约占出口总额的 80%,反映出中国当时的经济结构和生产水平。随着工业迅速发展,出口商品结构也发生较大变化,轻纺产品超过农副产品成为主要出口商品,重工业产品出口比重呈上升趋势,但直到 1978 年,初级产品出口占出口总额的比重仍占 53.5%。进口商品结构方面,旧中国以进口消费品、奢侈品为主的状况得以改变,生产资料在进口中占主要地位,每年大体占总进口的 80% 左右。按照"自力更生为主,争取外援为辅"的建设方针,这一阶段,新中国在利用国外资金为本国经济建设服务方面也进行了一些尝试和实践。

国际环境的变化、国家关系的变化和国内意识形态的变化左右着中国这一时期的对外贸易发展,经历了由仅对社会主义国家的单边贸易、到“文革”期间的自我封闭、及至70年代末重启大门的历程。

新中国成立之初,由于西方资本主义国家对新中国采取敌视、封锁政策,中国对外贸易主要与苏联、东欧等社会主义国家来往,以记账贸易方式居多。50年代,中国对社会主义国家的贸易额占全国对外贸易总额的一半以上,1952年至50年代末,更达到70%以上,其中对苏联的贸易额约占50%。

1950年代末至1960年代前期,亚非拉越来越多的国家赢得民族独立,新中国广泛建立、积极发展同这些国家平等互利、互通有无的贸易关系,签订政府间贸易协定,开展易货贸易、边境贸易、记账贸易、现汇贸易等灵活多样的进出口贸易。同时,向这些国家及东欧社会主义国家提供贷款或无偿援助。

此外,中国内地始终坚持对港澳地区长期稳定供货的贸易政策,即使在国民经济困难时期,也保证了对港澳地区的供应;同时经港澳的转口贸易也成为打破西方国家封锁的突破口。

为了补足国内必需的生产和生活资料,中国利用各种机会和途径,推动同日本、西欧等资本主义国家的民间贸易以至官方贸易。特别在1960年中苏关系破裂后,中国对外贸易的主要对象由苏联等社会主义国家开始转向日本、西欧等资本主义国家和地区。到1965年,中国对西方国家贸易额占全国对外贸易总额的比重上升到50%以上。

“文化大革命”中断了国民经济的正常发展,也使对外贸易遭受严重干扰破坏而出现较大曲折起伏。1970年代初,中国恢复了在联合国的合法席位,对外关系迅速改善。中苏关系逐渐缓解,中国同日本、德国、美国等主要资本主义国家建交。对外贸易重新获得恢复和发展,西方国家在中国对外贸易中的地位迅速上升,出口商品结构进一步改善,技术引进取得了重大进展。在有利的国际环境和国内形势下,中国在70年代末进入改革开放的酝酿和准备阶段。

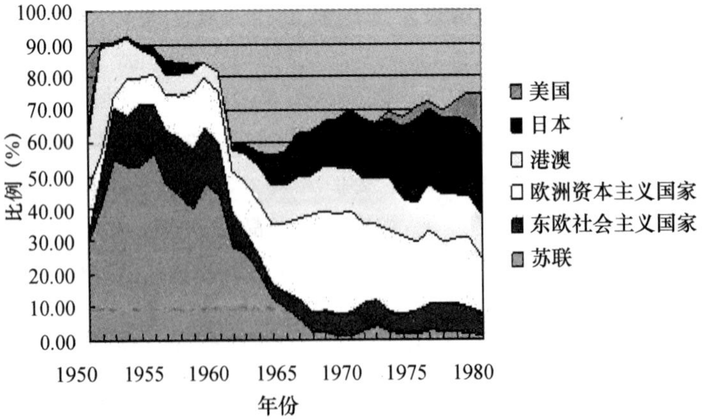

图14-1 1950—1980年中国出口商品结构

（二）改革开放初期的探索与实践(1978—1991年)

1978年年底中国共产党十一届三中全会召开,确立了改革开放的战略方针,对外贸易进入新的实践探索阶段。

这一阶段,我国对外贸的重视程度空前提高,外贸体制改革和外商直接投资极大地促进了外贸发展。1978—1991年,进出口总额由206.4亿美元增长到1356.3亿美元,其中出口由97.5亿美元增长到718.4亿美元,进口由108.9亿美元增长到637.9亿美元,年均增速分别达到16.6%和14.6%。

为吸引资金、技术、设备,拓展国际市场渠道,创造外汇收入,同时增加就业机会,1979年经国务院文件批准,加工贸易开始在沿海地区起步。80年代中期,国际产业结构出现新一轮调整和转移的有利形势,国家进一步确立了以"两头在外"的加工贸易为重点、扩大劳动密集型产品出口的沿海发展战略,加工贸易得到迅速发展。在当时历史条件下,加工贸易使中国成功地承接了国际劳动密集型产业的转移,带动了国内工业发展,促进了出口商品结构的优化升级,实现了外贸出口由初级产品、资源型产品为主向以工业制成品为主的转变。1986年,工业制成品取代初级产品成为中国主要出口商品,实现了出口结构的一次根本性转变。1991年,工业制成品占出口总额的比重上升到77%。市场日益多元化,日本、中国香港地区、美国、欧共体成为中国内地最主要的出口市场和贸易伙伴,而与俄罗斯和东欧国家的贸易份额则大幅下降。

1979年开始,中国陆续建立了经济特区、沿海开放城市、开发区等特殊经济区域,在进出口管理与经营政策、外汇政策等方面试点实行更灵活、更优惠的特殊政策,这些特殊区域对全国的外贸发展以至开放型经济的发展起到了平台、示范与辐射作用,是这一时期对外贸易发展最为活跃的区域。1980年深圳、珠海、厦门、汕头四个经济特区建立的第一年,进出口占全国进出口总额的1.1%,到1991年这一份额上升到8.3%。

改革开放前,对外贸易一直沿袭新中国成立初期确立的由国家集中领导、统一管理的经营管理体制,国家先后成立了一批国营专业外贸公司,由这些公司统一经营全部对外贸易,国家对外贸公司实行指令性计划管理,统收统支、统负盈亏。1979年,国家开始对外贸体制进行了一系列改革,包括调整中央外贸领导机构、成立了一批归属工业部门管理的工贸公司、简化外贸计划内容、实行汇率双轨制以提高出口竞争力、实行进出口许可证制度等。

改革开放初期,国内生产能力和出口创汇能力严重不足,外汇极度缺乏。在此背景下,中国开始招商引资,利用外部资金,扩大出口生产和提高创汇能力,外商投资企业被直接赋予进出口经营权。1979—1991年,中国累计实际利用外资250亿美元。外商投资企业进出口规模不断扩大,在中国外贸中的作用迅速提升,1979—1991年,占中国外贸总额的比重由0.1%提高到21.3%。外资对外贸发展起到了举足轻重的作用。

（三）市场经济确立下的转型与发展(1992—2001年)

1992年邓小平南方谈话和1993年11月中国共产党十四大确立社会主义市场经济改革目标后,中国开始正式吸收西方经济贸易思想,对外贸易从"互通有无、调剂余缺"转为市场经济条件下,充分利用国际国内两个市场、两种资源,积极参与国际分工,积极参与国际竞争与国际经济合作,发挥比较优势。中央陆续提出了市场多元化、"大经贸"、"引进来"和"走出去”相结合、以质取胜、科技兴贸、积极参与区域经济合作和多边贸易体系等战略思想。

由此，中国对外贸易进入快速发展阶段，贸易规模持续扩大。其间，1997 年爆发的亚洲金融危机，严重打击了日本、韩国、东盟及港澳地区等的经济，中国外贸经受了改革开放以来第一次重大挫折，1998 年进出口出现了负增长。但中国对外贸易很快克服危机的影响，重新恢复活力，1999 年实现 11.3% 的增长，2000 年更是达到了 27.8% 的高速增长，其中出口增长 31.5%。

社会主义市场经济的确立和发展，为进出口商品结构进一步优化提供了国内条件。工业制成品出口所占比重上升至 90% 以上，资本和技术密集型产品逐步替代劳动和资源密集型产品，成为最主要的出口产品。1995 年，机电产品出口超过纺织产品，成为出口最大类产品，实现了出口商品结构的又一次重大转变。机电产品成为中国出口最重要的推动力，带动了对外贸易的迅速发展。同期，中国工业化进程开始加速，固定资产投入大、增长快，带来大量的资本货物需求，使机械及运输设备进口增长十分显著。

在积极吸引外资、承接产业转移、发展加工装配制造业过程中，外商投资企业迅速发展为中国对外贸易的主力军，加工贸易成为主要贸易方式。2001 年，外商投资企业进出口占中国外贸总额的比重首次超过 50%，达到 50.8%。1993 年，加工贸易出口额达到 442.3 亿美元，首次超过一般贸易。1995—2007 年，加工贸易出口所占比重一直在 50% 以上，成为中国货物出口最主要的贸易方式。

外资企业、加工贸易的发展推动了中国制造业的国际化，使相当一部分产业、企业具备了一定的国际竞争力。以外资企业、加工贸易为支撑的进出口格局，使中国外贸开始呈现顺差逐年快速扩大的趋势。1992—2001 年，中国货物进出口总额由 1655.3 亿美元上升到 5095.6 亿美元，增长 2.1 倍，在国际贸易中的地位上升到第 6 位；同期，外贸顺差由 53.5 亿美元扩大到 224.6 亿美元，增长 4.2 倍。国际储备快速累积，规模不断扩张，1996 年外汇储备迈过千亿美元大关，2001 年达到 2121.6 亿美元。

这使实施“走出去”战略具备了一定的基础和条件，同时“走出去”也是当时国民经济结构调整、充分利用国外资源、培育新的出口增长点的现实需要。1999 年，国务院批准国家经贸委、外经贸部、财政部《关于鼓励企业开展境外带料加工装配业务的意见》，拉开了中国实施“走出去”战略的序幕。2000 年，中国非金融类对外直接投资 10 亿美元，此后，开始了几乎平均每年翻一番的高速发展，并带动了中国技术、设备的出口，海外投资也为保障国内资源供应提供了有益补充。

货物贸易快速发展的同时，随着中国申请恢复 GATT 地位谈判的深入，中国对服务市场开放做出初步承诺，由此推动了服务贸易的发展。1992—2001 年，服务贸易进出口总额由 182.4 亿美元扩大到 726.1 亿美元，增长了 3 倍。由于国内服务业发展水平与发达国家差距大、竞争力低，其间除 1994 年呈现少量顺差外，其余年份服务贸易均为逆差，且逆差呈逐年扩大趋势。

（四）全方位、多层次的对外开放（2002—2011 年）

以 2001 年 11 月中国加入 WTO 为里程碑，中国对外贸易进入又一个新的阶段。中国加入 WTO 以来，切实履行入世承诺，积极参与多边贸易体制下的经贸合作，大力实施自由贸易区战略，推进贸易自由化和便利化；基本建立起了与市场经济要求相适应的、符合国际惯例与规则的外贸政策与体制，建立和完善贸易救济制度，维护公平贸易；建立和完善对外贸易的促进与服务体系，规范对外贸易秩序。政策体系的完善，促进了对外贸易又好又快发展。

2002 年以来，贸易规模实现跨越式发展，增长速度明显加快，中国跻身于世界贸易大国之列。2007 年，货物贸易总额突破 2 万亿美元，居世界第三。2008 年，尽管下半年开始受金融危机影响，全年进出口总额仍实现 17.8% 的增长，达到 25616 亿美元。2002—2008 年，进出口贸易年均增速达 26.7%，其中出口 27.9%，进口 25.1%。

自 2001 年开始，中国外贸顺差逐年扩大，至 2008 年已达到 2954.6 亿美元，促进进出口平衡发展成为中国外贸发展中一个新的任务。2009 年，中国货物贸易出口和进口分别居世界第 1 位和第 2 位，服务贸易出口和进口分别居世界第 4 位和第 3 位。

2011 年，我国外贸进出口总值达 36420.6 亿美元，比 2010 年同期增长 22.5%，外贸进出口总值刷新年度历史纪录。同时，贸易失衡情况得到进一步扭转，全年贸易顺差 1551.4 亿美元，比上年净减少 263.7 亿美元，收窄 14.5%。

规模扩大的同时，进出口商品结构进一步优化（参见图 14-2）。出口商品国际竞争力显著增强，机电产品和高新技术产品成为出口的主要增长点，工业制成品出口比重达 95%，多种商品出口居世界第一，中国成为世界的加工制造基地。原材料、零部件、先进技术设备成为主要进口产品，受同期国际能源原材料市场价格上升影响，石油、铁矿石、有色金属等能源资源产品进口额快速增长，带动初级产品进口份额呈再度上升趋势。

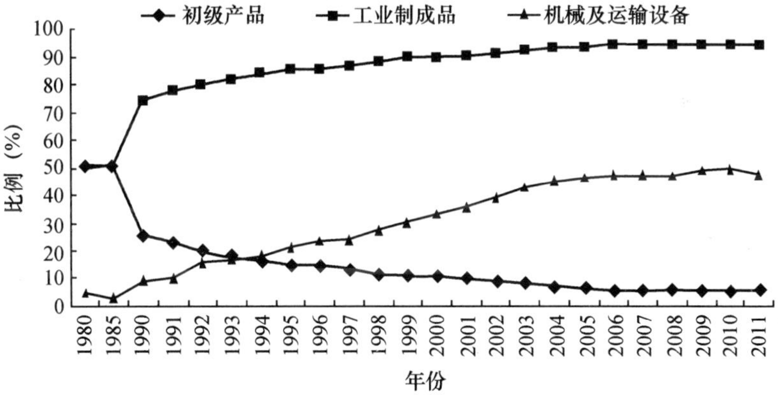

图 14-2　1980—2011 年中国出口商品结构

经营主体和市场分布亦有新发展。外资企业进出口占据主导地位，国有企业份额下降，其他类型企业迅速崛起；2011 年，外资企业、民营企业分别占进出口总额的 54.0% 和 25.1%，国有企业份额下降到 20.9%。欧盟成为第一大贸易伙伴，欧、美、日、中国香港地区等传统市场仍是主要贸易伙伴，但在总额中比重有所下降，新兴市场份额不断扩大。2011 年，受外贸政策调整及金融危机影响，加工贸易进出口增速均显著回落，一般贸易在对外贸易中地位上升，加工贸易在出口总额中所占比重降至 43.7%。

在确立货物贸易大国地位的同时，中国服务贸易获得蓬勃发展。加入 WTO 后，中国服务业对外开放程度进一步加大。与货物贸易一样，服务贸易发展速度超过同期世界平均增速，在世界贸易中的地位不断上升，2011 年服务贸易出口 1820 亿美元，占世界总服务贸易出口比重为 4.4%；服务贸易进口 2360 亿美元，占世界总服务贸易进口比重为 6.1%。出口和进口分别居世界第 4 位和第 3 位。但总体而言，中国服务贸易与货物贸易的国际地位还不相称，服务贸易出口仍以运输、旅游、商业等传统劳动密集型行业为主，技术和知识密集型的新兴服务业仍处初级发展阶段，服务贸易有待进一步发展。

中国对外经济贸易已形成内容丰富、形式多样、各种对外经济交往互相融合、互相促进的格局。不仅对外贸易总额迅速增加，市场不断扩大，经营方式日趋灵活多样，同时利用外资、对外承包工程与劳务合作、对外投资等从无到有、从小到大不断发展，与对外贸易相互促进，共同发展。

（五）中国开放的新阶段：2012 年至今

2009 年，中国的货物出口和进口双双超越德国，成为当年世界第一大出口国和第二大进口国。2010、2011 年，中国、美国分别保持出口第一，进口第二和出口第二、进口第一的位置，而美国则保持着进出口总值第一的“桂冠”。2012 年，中国已基本确定在货物进出口总值上超越美国，成为全球最大货物贸易国；这是继 2009 年中国成为世界第一大出口国和第二大进口国之后，中国对外贸易发展的又一个象征性节点。

2012 年，在伴随着欧债危机深化、世界经济复苏明显减速的情况下，国际市场的需求持续低迷，我国的经济也面临着较大的下行压力。在党中央、国务院的正确领导下，各地区、各部门和广大外贸企业，坚持稳中求进的总基调，认真贯彻落实中央关于促进对外贸易稳定增长一系列政策措施，使得稳定进出口增长的正能量逐步释放。我国的对外贸易继续保持了稳定增长，同时在提升质量、提高效益、优化结构等方面取得了进一步的进展。2012 年，我国外贸进出口总值 38667.6 亿美元，比上年增长 6.2%。其中出口 20498.3 亿美元，增长 7.9%；进口 18178.3 亿美元，增长 4.3%；贸易顺差 2311 亿美元，扩大 48.1%。

本书将 2012 年以来定义为中国对外贸易开放的新阶段。这个阶段，中国对外贸易战略将发生较大调整。调整将主要是从三个方向展开。一是中国将从以 WTO 多边开放，融入已有世界经济体系的小国开放战略，转变到以区域经济合作为主，建立以中国为主导的东亚经济体系的大国开放战略。二是将建立以中国企业、中国产品、中国标准、中国技术为主导的开放竞争的中国市场。三是将建立以县域经济为中心的开放竞争的区域市场。这三个方向，通过我国参与重建世界经济新体系、主导中国市场，打破国内区域封锁，降低区域市场交易成本三个层次来调整我国对外和对内的全面的开放战略，寻找新的经济增长路径。

第二节　中国对外贸易的国际地位

一、中国货物贸易

货物贸易，又称有形贸易，是指各国之间商品的交换活动，也就是人们常说的狭义国际贸易的概念。近年来,国际贸易不断发展,不可否认,货物贸易仍是国际贸易的主导。随着中国改革开放的深入和市场经济的发展,中国货物贸易每年都保持高速增长,中国已成为贸易大国,在世界贸易中扮演着重要的角色。

(一) 国际货物贸易

二次世界大战以来,世界货物贸易的增长率连续超过世界生产的增长率。世界生产每增长 1%,世界贸易量在 1960—1969、1970—1979、1990—1994 年之间分别增长 1.42%、1.25%、2%①。进入 21 世纪,世界货物贸易的增长率也远远超过世界生产的增长率和世界 GDP 的增长率(如图 14-3)。货物贸易额增长速度非常快,1950 年仅为 607 亿美元,2008 年超过了 160700 亿美元,到 2011 年超过了 182000 亿美元(如图 14-4)。世界贸易的高增长率是科技进步、生产力提高、国际分工深化的结果,同时它又促进了国际生产。各国生产的扩大是以提高世界市场份额为导向的,这种世界生产对贸易的依赖在某种程度上就反映为生产的增长滞后于世界贸易的增长。

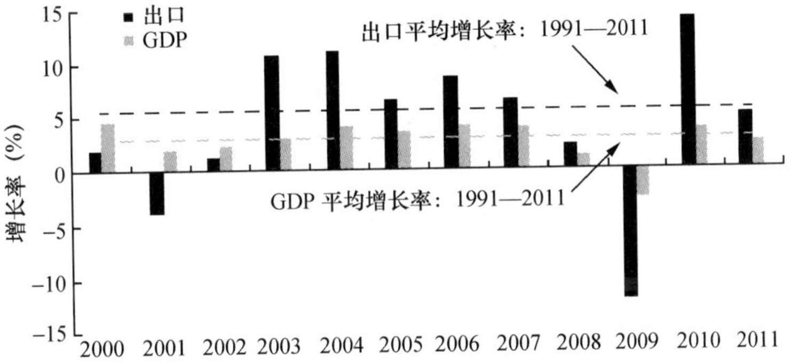

图 14-3　1991—2011 年世界出口与 GDP 增长率

资料来源:WTO:2012 世界贸易报告[R]. Geneva:WTO,2012.

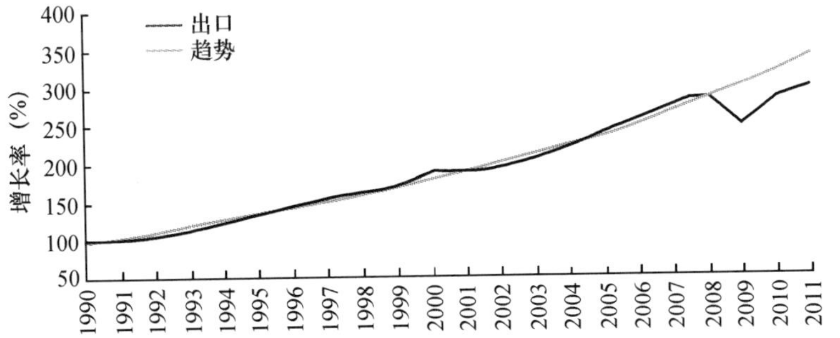

图 14-4　1990—2011 年世界商品出口量

资料来源:WTO:2012 世界贸易报告[R]. Geneva:WTO,2012.

① 佟家栋. 1996 年世界经济发展报告[M]. 山西:山西人民出版社,1997:39.

(二)中国对外货物贸易的国际地位

改革开放以来,中国对外经济贸易发展异常迅速,国际地位大幅度上升,现已跻身于世界对外贸易大国之列,可谓世界贸易大国。但是,与世界其他对外经济贸易大国相比,中国还存在着很大的差距。实现贸易大国向贸易强国的转变将是中国今后一段时期的战略目标。

1978 年,中国实行"对内搞活、对外开放"的政策之前,对外贸易规模只有 206.4 亿美元,而当年世界贸易的规模已经达到 26573 亿美元,中国对外贸易额占世界贸易额的比重仅为 0.78%,还不到 1 个百分点,名列世界第 34 位,不仅远远落后于美国、日本和欧洲等发达国家和地区,而且也落后于亚洲的"四小龙",例如中国的台湾地区(第 19 位)和香港特区(第 25 位)也排列在中国内地之前。

2008 年,中国在世界贸易中的排名位列前三甲,仅次于美国和德国。美国当年进出口总额为 34670 亿美元,德国为 26710 亿美元,中国为 25610 亿美元,德国仅比中国多了 1100 亿美元。在出口方面,中国出口额仅次于德国位居第二,占世界出口份额的 8.9%;在进口方面中国进口额位居第三,占世界进口份额的 6.9%。

2008 年受美国次贷危机进而引发的世界经济危机的影响,整个世界贸易进入一定的衰退期,世界各国的进出口都有所下降,但中国的进出口影响较小。2009 年,中国进出口双双首次超过德国,当年出口 12020 亿美元,超过德国出口额 11210 亿美元,第一次成为世界最大出口国;进口方面,当年进口 10060 亿美元,超过德国进口额 9310 亿美元,低于美国进口额 16040 亿美元,排名世界第二。从总量上看,2009 年美国进出口总额为 26610 亿美元,排名世界第一;中国进出口总额为 22080 亿美元,仅低于美国 4530 亿美元,排名世界第二(参见表 14-1)。

表 14-1 2009 年世界货物贸易前十大出口国家(地区)和进口国家(地区)

名次	出口国家(地区)	金额(10 亿美元)	份额(%)	增长率(%)	名次	进口国家(地区)	金额(10 亿美元)	份额(%)	增长率(%)
1	中国	1202	9.6	-16	1	美国	1604	12.7	-26
2	德国	1121	9.0	-22	2	中国内地	1006	8.0	-11
3	美国	1057	8.5	-18	3	德国	931	7.4	-21
4	日本	581	4.7	-26	4	法国	551	4.4	-22
5	荷兰	499	4.0	-22	5	日本	551	4.4	-28
6	法国	475	3.8	-21	6	英国	480	3.8	-24
7	意大利	405	3.2	-25	7	荷兰	446	3.5	-23
8	比利时	370	3.0	-22	8	意大利	410	3.2	-26
9	韩国	364	2.9	-14	9	中国香港	353	2.8	-10
10	英国	351	2.8	-24	10	比利时	351	2.8	-25
前十大国家(地区)		6425	51.5	-	前十大国家(地区)		6683	53	-
世界		12461	100.0	-23	世界		12647	100.0	-23

资料来源:WTO. 2012 世界贸易报告[R]. Geneva:WTO,2012.

2011 年，随着世界经济危机的阴影淡去，世界各国进出口贸易也开始复苏。从总量上看，2011 年中国进出口排名依然没有发生变化，中国以进出口总额为 36420 亿美元居于第二位。

2012 年年底，中国的贸易伙伴多达 220 多个，遍及世界上几乎每一个角落，全年货物进出口总额 38667.6 亿美元，比上年增长 6.2%。其中出口 20498.3 亿美元，增长 7.9%；进口 18178.3亿美元，增长 4.3%；贸易顺差 2311 亿美元，扩大 48.1%。2012 年中国的贸易总额首次超过美国，成为世界贸易规模最大的国家。

表 14-2　2011 年世界货物贸易前十大出口国家（地区）和进口国家（地区）

名次	出口国家（地区）	金额（10 亿美元）	份额（%）	增长率（%）	名次	进口国家（地区）	金额（10 亿美元）	份额（%）	增长率（%）
1	中国	1899	10.4	20	1	美国	2265	12.3	15
2	美国	1481	8.1	16	2	中国内地	1743	9.5	25
3	德国	1474	8.1	17	3	德国	1254	6.8	19
4	日本	823	4.5	7	4	日本	854	4.6	23
5	荷兰	660	3.6	15	5	法国	715	3.9	17
6	法国	597	3.3	14	6	英国	636	3.5	13
7	意大利	555	3.0	19	7	荷兰	597	3.2	16
8	比利时	523	2.9	17	8	意大利	557	3.0	14
9	俄罗斯	522	2.9	30	9	韩国	524	2.9	23
10	比利时	476	2.6	17	10	中国香港	511	2.8	16
前十大国家（地区）		9010	49.4	-	前十大国家（地区）		9656	52.5	-
世界		18215	100.0	19	世界		18380	100.0	19

资料来源：WTO. 2012 世界贸易报告[R]. Geneva：WTO，2012.

二、中国服务贸易

20 世纪 80 年代以来，随着国际分工的深入发展，国际服务贸易异军突起，发展速度呈现超过国际货物贸易发展速度的趋势，并成为衡量一国国际竞争力的一项重要标准，在世界各国经济发展中所起的作用明显加大，越来越受到各国的重视。根据世界贸易组织（WTO）的统计，2011 年世界服务贸易总额为 80150 亿美元，其中出口为 41500 亿美元，进口为 38650 亿美元。国际服务贸易已经成为当今国际贸易的一项重要内容。可以预见，服务贸易也将成为中国参与国际经济与合作的重要领域。

（一）国际服务贸易概况

1. 服务贸易的含义

根据乌拉圭回合谈判达成的《服务贸易总协定》（GATS），国际服务贸易不仅包括通常所说的第三产业，还包括了建筑业和交通运输业，其内涵和范围比传统理解的要大得多。在服务贸易总协定中，国际服务贸易包括以下四个方面：

第一,过境交付(cross-border supply),指一成员国境内的服务提供者向另一成员国境内的服务消费者提供服务,如通过电讯、邮电或互联网络等方式提供的视听、金融服务等。

第二,境外消费(consumption abroad),指一成员国的消费者到另一成员国境内消费服务提供者提供的服务,如旅游、留学等。

第三,商业存在(commercial presence),指一成员国允许任何其他成员国的经济实体到本国来开展业务、提供服务,包括投资设立合资、合作、独资企业或分支机构,如开设饭店、律师事务所等。商业存在是国际服务贸易的主要形式。

第四,自然人流动(movement personnel),指一成员国的自然人在其他成员国境内提供服务。

这四种交易方式提供和消费的服务就是服务贸易的内容。服务的消费方主要是进口方,服务的提供方主要是出口方。而根据《服务贸易总协定》的文件解释,国际服务贸易涉及的部门和行业主要有以下 15 项:(1)国际运输业;(2)国际旅游业;(3)跨国银行和国际融资公司及其他金融服务;(4)国际保险和再保险;(5)国际信息处理和传递、电脑及资料服务业;(6)国际咨询服务;(7)建筑和工程承包等劳务输出;(8)国际电讯服务;(9)广告、设计、会计管理及其他服务业;(10)国际租赁;(11)维修保管、技术指导等售后服务;(12)音响视听、广播电视服务;(13)文化、教育、卫生的国际交流服务;(14)商业批发与零售服务;(15)其他官方国际服务等。

2. 国际服务贸易的发展

自 20 世纪 60 年代以来,世界服务贸易作为特殊的贸易活动发展迅速,其增长速度远远超过了货物贸易的增长速度,特别是 1979 年世界服务贸易的增长速度(24%)首次超过了世界货物贸易的增长速度(21.7%)。从 20 世纪 70 年代起服务贸易出现迅速增长的势头,尤其是近 30 年来,服务贸易在国际贸易发展中的地位已经发生深刻变化。

(1) 国际服务贸易规模不断扩大,其增长速度快于国际货物贸易增长速度。

20 世纪 70 年代以来,由于国际分工的深化,产业结构不断调整,科技革命加剧以及跨国公司的崛起,促使国际服务贸易以高于国际货物贸易增长的速度迅猛发展。1980—2000 年,货物贸易年均增长率为 6% 左右,而服务贸易则以每年 8% 的速度增长。服务贸易的快速增长不仅体现在速度上,还体现在总量上。2008 年,全球服务贸易出口额为 3.7 万亿美元,同 2007 年相比增长 11%。其中,增长速度最快的是交通运输类,增长率高达 16%;其次是旅游类增长 10%,其他服务类也增长了 11%。包括金融服务在内的其他服务出口额占全球服务贸易出口的比重为 51%,而旅游和交通运输类则各占四分之一,其中旅游类出口占比为 25%,而交通运输类出口占比 23%。受 2008 年金融危机的影响,2009 年世界服务贸易比 2008 年下降 11%,其中交通运输下降最为严重,下降了 23%。2010 和 2011 年,随着世界经济逐渐恢复,服务贸易迅速增长。

(2) 国际服务贸易领域不断拓宽,新兴服务贸易发展尤为迅速。

信息技术的飞速发展,一方面改造着所有传统的服务业,另一方面使新的服务层出不穷。这一趋势深刻地影响着服务贸易的发展。信息技术被誉为服务革命的开路先锋,它的应用不仅带来了服务质量的明显改善,而且也增强了服务活动及其过程的可贸易性,使新的服务贸易门类不断产生,新兴服务贸易的发展速度大大超过了传统服务贸易的发展速度。

表 14-3　1990—2011 年世界服务贸易出口增长率(%)

年份	服务贸易	交通运输	旅游业	其他商业服务
1990—1995	8	6	9	10
1995—2000	5	3	3	7
2000—2005	12	13	9	14
2005—2011	9	7	7	10
2009	-11	-23	-9	-7
2010	10	15	9	8
2011	11	8	12	11

资料来源:WTO. 2012 世界贸易报告[R]. Geneva:WTO,2012.

(3) 国际服务贸易发展不平衡,发达国家在国际服务贸易中占有绝对优势。

虽然国际服务贸易发展迅速,并且呈现多元化发展趋势,然而其发展极不平衡,发达国家在国际服务贸易中一直处于绝对优势。在 2008 年世界服务贸易额排名中,居前 10 位的除中国以外,其他均为发达国家,其服务贸易额占到世界服务贸易总额的近六成。而美国又无疑是当今世界服务贸易的超级大国,一国独占世界份额约 14%。此外,欧盟、日本等国也是服务贸易最重要的供应国和需求者。从贸易平衡看,发达国家在服务贸易中长期是顺差,而大部分发展中国家长期为逆差。

发达国家和发展中国家的服务贸易,不仅在发展水平上有相当的差距,而且在服务贸易结构上也不同。发达国家主要输出技术、知识和资本密集型服务,而发展中国家则主要发展劳动密集型服务,劳动力输出是其最主要的服务贸易方式。

(4) 国际服务贸易自由化不断推进,但其程度远不如国际货物贸易。

乌拉圭回合达成的《服务贸易总协定》,在很大程度上推进了世界服务贸易的自由化进程。它不仅要求成员方遵守市场开放的具体承诺,还要求成员方保证各项贸易措施具有透明度、公正性、统一性。从总体上讲,在世贸组织的框架下,世界服务贸易正在不断地向自由化迈进。但由于发达国家和发展中国家的服务业及国际服务贸易发展水平具有较大差距,加上服务市场的开放会涉及国家主权与安全、政治与文化等敏感问题,因此,国际服务贸易市场显示出很强的垄断性。由于服务业的这种垄断性、敏感性和发展的不平衡性,为了自身利益,无论是发展中国家还是发达国家都以种种理由和方法,对服务贸易实行不同程度的贸易保护主义政策和措施,使国际服务贸易领域的保护程度远远超过了国际货物贸易领域。

(二) 中国服务贸易的国际地位

20 世纪 80 年代以来,随着国际分工的深入发展,国际服务贸易异军突起,发展速度呈现超过国际货物贸易的趋势,并成为衡量一国国际竞争力的一项重要标准,在世界各国经济发展中所起的作用明显加大,越来越受到各国的重视。根据世界贸易组织(WTO)的统计,2011 年世界服务贸易总额为 80150 亿美元,其中出口为 41500 亿美元,进口为 38650 亿美元。国际服务贸易已经成为当今国际贸易的一项重要内容。可以预见,服务贸易也将成为中国参与国际经济与合作的重要领域。

在确立货物贸易大国地位的同时，中国服务贸易获得蓬勃发展。加入WTO后，中国服务业对外开放程度进一步加大。与货物贸易一样，服务贸易发展速度超过同期世界平均增速，在世界贸易中的地位不断上升。

2008年，美国服务贸易出口额为5220亿美元，同2007年相比增长10%，位居世界第一大服务贸易出口国，占世界服务贸易总额的比重为14%。英国服务贸易出口额为2830亿美元，占比7.6%，位居世界第二大服务贸易出口国。2008年分列第三到第五位世界服务贸易出口大国的是德国、法国和日本，其中德国服务贸易出口总额为2350亿美元，占比6.3%；法国出口总额为1530亿美元，占比4.1%；日本则以1440亿美元的服务贸易出口额取代了西班牙，居世界第五大服务贸易大国，占比3.9%。中国服务贸易出口1370亿美元，位居世界第七大服务贸易出口大国，占世界服务贸易出口总额的比重为3.7%。印度则以1060亿美元的服务贸易出口额位居世界第九大服务贸易出口大国，占比2.8%。此外，荷兰取代爱尔兰成为世界第十大服务贸易出口国。在进口方面，美国仍保持着世界第一大服务贸易进口国的地位，进口额为3640亿美元，同2007年相比增长7%，占全球服务贸易进口总额的比重为10.5%。德国位居第二，进口额为2850亿美元，占比8.2%。位居第三到第五位的服务贸易进口大国分别为英国、日本和中国，其中，英国服务贸易进口额为1990亿美元，占比5.7%；日本进口1660亿美元，占比4.8%；中国进口1520亿美元，占比4.4%。2008年世界十大服务贸易进口国排列唯一的变化是韩国取代了荷兰，位居第十大世界服务贸易进口国，荷兰则屈居第十一位。

2011年，美国服务贸易出口额为5780亿美元，同2010年相比增长11%，位居世界第一大服务贸易出口国，占世界服务贸易总额的比重为13.9%。英国服务贸易出口额为2740亿美元，占比6.6%，位居世界第二大服务贸易出口国。2011年分列第三到第五位世界服务贸易出口大国的是德国、中国和法国，其中德国服务贸易出口总额为2530亿美元，占比6.1%；法国出口总额为1610亿美元，占比3.9%；中国则以1820亿美元的服务贸易出口额取代了法国，居世界第四大服务贸易大国，占比4.4%。在进口方面，美国仍保持着世界第一大服务贸易进口国的地位，进口额为3910亿美元，同2010年相比增长6%，占全球服务贸易进口总额的比重为10.1 %。德国位居第二，进口额为2840亿美元，占比7.3%。位居第三到第五位的服务贸易进口大国分别为中国和英国、日本，其中，中国进口2360亿美元，占比6.1%，超过英国和日本，排名第三；英国服务贸易进口额为1710亿美元，占比4.47%；日本进口1650亿美元，占比4.3 %。

2012年，在世界经济低迷、市场需求不旺的情况下，中国的服务贸易以“稳中求进”为目标，以管理、服务和促进为核心，采取积极措施推动服务贸易发展，取得显著成效。一是服务贸易规模稳步扩大，外贸占比进一步提高。据国家外汇管理局的最新统计，2012年中国服务贸易进出口总额比上年增长12%，达到4715亿美元，服务贸易占我国对外贸易总额的比重达到10.86%，较上年提高约1.1个百分点。二是服务进口增长快于出口，贸易逆差继续扩大。2012年中国服务贸易出口额为1910亿美元，比上年同期增长4.5%；进口达到2805亿美元，增长17.8%；贸易逆差额高达896亿美元，比上年增长62.3%，创历史新高。三是高附加值服务出口增长较快，服务贸易结构逐步优化。2012年，金融、计算机和信息服务、咨询和广告等的出口增长迅速，四项服务贸易的出口额分别较上年增长 75%、18.8%、18%和17.5%。贸易顺差有逐年增长的趋势，四项服务贸易的顺差额分别为 2 亿美元、107 亿美元、134 亿美元和 20 亿美元，分别比 2011 年增长了 100%、28.9%、36.7%和 66.7%。保险服务、专有权利使用费和特许费占比虽小，但出口增幅显著。四是承接服务外包持续较快增长，吸纳就业作用明显。据商务部统计，1—11 月我国共签订服务外包合同 12.5 万份，合同金额 517.9 亿美元，同比增长 38.2%。截至 2012 年 11 月底，中国共有服务外包企业 2 万多家，从业人员 418 万人，其中大学（含大专）以上学历 284.7 万人，占总数的 68.1%。五是“走出去”步伐加快，出口增幅提高。2012 年，中国对外承包工程业务完成营业额 1166 亿美元，同比增长 12.7%；新签合同额 1565.3 亿美元，同比增长 10%。2012 年 1—10 月，我国核心文化产品出口 212.62 亿美元，同比增长 42.9%。

表 14-4　2011 年世界服务贸易前十大出口国（地区）和进口国（地区）

名次	出口国（地区）	金额（10 亿美元）	份额（%）	增长率（%）	名次	进口国（地区）	金额（10 亿美元）	份额（%）	增长率（%）
1	美国	578	13.9	11	1	美国	391	10.1	6
2	英国	274	6.6	11	2	德国	284	7.3	8
3	德国	253	6.1	9	3	中国	236	6.1	23
4	中国	182	4.4	7	4	英国	171	4.4	7
5	法国	161	3.9	11	5	日本	165	4.3	6
6	印度	148	3.6	20	6	法国	141	3.6	7
7	日本	143	3.4	3	7	印度	130	3.4	12
8	西班牙	141	3.4	14	8	荷兰	118	3.1	12
9	荷兰	128	3.1	11	9	意大利	115	3.0	5
10	新加坡	125	3.0	12	10	爱尔兰	113	2.9	6
前十大国家（地区）		2133	51.4	-	前十大国家（地区）		1864	48.2	-
世界		4150	100.0	11	世界		3865	100.0	10

资料来源：WTO. 2012 世界贸易报告[R]. Geneva：WTO，2012.

2002—2012 年的 11 年间，中国服务贸易年均增长 20%，特别是 2005 年以后的增长速度更快。2005 年和 2008 年服务贸易的增长速度超过 30%，2007 年、2009 年和 2011 年的增长率也均超过 20%。但总体而言，中国服务贸易与货物贸易的国际地位还不相称，我国服务贸易起点低、底子薄，服务贸易出口仍以运输、旅游、商业等传统劳动密集型行业为主，技术和知识密集型的新兴服务业仍处初级发展阶段，总体水平与发达国家相比差距较大，国际竞争力仍然较弱，服务贸易有待进一步发展。

三、中国技术贸易

20 世纪 80 年代以来，以信息技术为主导的新技术革命突飞猛进，全球经济进入了全新的发展时期，知识经济蓬勃兴起，经济全球化加速发展，世界各国之间的经济竞争更加激烈。技术水平、科技竞争力的较量成为经济竞争的重要因素。因而，技术贸易迅速发展，成为国际贸易的重要组成部分。

（一）国际技术贸易概况

1. 技术贸易的含义

技术转让是指技术持有者通过各种方式将其拥有的生产技术、销售技术或管理技术以及有关的权利转让给他人的行为。超越国境的技术转让行为就是国际技术转让。

国际技术转让包括商业性技术转让和非商业性技术转让。非商业性技术转让是指通过政府援助、技术情报交换、学术交流和技术考察等形式进行的技术让渡。商业性技术转让指技术有偿转让，亦称技术贸易。在有偿技术转让中，销售技术的一方成为技术出让方，购买技术的一方成为技术受让方，或技术引进方，因此，从购买者角度来看，技术转让又可称为技术引进。

2. 国际技术贸易的形式

（1）许可证贸易

许可证贸易（licensing）是专利权所有人或商标所有人或专有技术所有人作为许可方（licensor）向被许可方（licensee）授予某项权利，允许其按许可方拥有的技术，制造、销售该技术项下的产品，并由被许可方支付一定数额的报酬。

许可贸易有三种基本类型：专利许可、商标许可和专有技术转让（许可）。在技术贸易中，三种方式有时单独出现，如单纯的专利许可或单纯的商标许可或单纯的专有技术转让，但多数情况是以某两种或三种类型的混合方式出现。

（2）特许专营

特许专营合同（franchising）是最近二三十年迅速发展起来的一种新型商业技术转让合同。特许专营是指由一家已经取得成功经验的企业，将其商标、商号名称、服务标志、专利、专有技术以及经营管理的方法或经验转让给另一家企业的一项技术转让合同，后者有权使用前者的商标、商号名称、专利、服务标志、专有技术及经营管理经验，但须向前者支付一定金额的特许费（franchise fee）。

特许专营的一个重要特点是，各个使用同一商号名称的特许专营企业并不是由一个企业主经营的，被授权人的企业不是授权人的分支机构或子公司，也不是各个独立企业的自由联合，它们都是独立经营、自负盈亏的企业，授予人不保证被授人企业一定能获得利润，对其企业的盈亏也不负责任。

特许专营合同是一种长期合同，它可以适用于商业和服务行业，也可以适用于工业。

（3）顾问咨询

顾问咨询是雇主与工程咨询公司签订合同，由咨询公司负责对雇主所提出的技术性课题，提供建议或解决方案。服务的内容很广，如项目的可行性研究、技术方案的设计和审核、招标任务书的拟定、生产工艺或产品的改进、设备的购买、工程项目的监督指导等。特别是发展中国家，往往技术力量不足，或对解决某些技术课题缺少经验，聘请外国工程咨询公司提供咨询服务，可以避免走弯路或浪费资金。因咨询公司掌握有丰富的科学知识和技术情报，可以协助雇主选择先进适用的技术，找到较为可靠的技术供方，以较合理的价格获得质量较好的机器设备。雇主虽然要支付一笔咨询费，但节约的资金远远超过支付的咨询费，总算下来，对雇主仍是有利的。咨询费一般可以按工作量计算，也可采用技术课题包干定价。一般所付的咨询费相当于项目总投资的5%左右。

(4) 技术服务与协助

技术转让不仅包括转让公开的技术知识而且包括转让秘密的技术知识和经验，对技术受方引进项目的成败往往起关键作用。因为这些技术知识和经验很难用书面资料表达出来，而必须通过言传、示范等传授方式来实现，所以技术服务与协助是技术转让交易中必不可少的环节。它可以包括在技术转让协议中，也可以作为特定项目，签订单独的合同。提供技术服务与协助的方式有两种：由受方派出自己的技术人员和工人，到技术供方的工厂或使用其技术的工厂培训实习；由供方派遣专家或技术人员到受方工厂，调试设备，指导生产，讲授技术。

(5) 工程承包

工程承包或称“交钥匙”项目，是委托工程承包人(contractor)按规定条件包干完成某项工程任务，亦即负责工程设计、土建施工、提供机器设备、施工安装、原材料供应、提供技术、培训人员、投产试车、质量管理等全部过程的设备和技术，工程承包是一种综合性的国际经济合作方式，也是国际劳务合作的一种方式，其中包括大量的技术转让内容，因此又可称为国际技术贸易的一种方式。

3. 国际技术贸易的发展

随着新科技革命的蓬勃发展和世界经济全球化的深入，当代国际技术转移呈现出许多新的特点。

(1) 国际技术贸易的速度加快，规模越来越大，领域不断拓宽，已由梯度式转移发展到跳跃式转移。20世纪90年代以来，国际技术贸易额平均每十年翻两番，已接近世界货物贸易总额的二分之一，其增长速度之快为一般商品贸易所望尘莫及。

(2) 国际技术贸易发展不平衡，世界技术市场的分布十分集中。全球80%以上的科技开发及其进展均在发达国家进行和取得。当前，发达国家之间技术贸易额占世界技术贸易总额的80%以上，发达国家与发展中国家之间的技术贸易额仅占世界技术贸易总额的10%，而发展中国家之间的技术贸易量则不足10%。其中美国、英国、德国、日本和法国五国的技术贸易额占发达国家技术贸易额的90%。美国是主要的技术供应国，占技术供应量的60%左右。

(3) 跨国公司以其雄厚的资金和强大的技术力量成为国际技术转移的主要承担者，是当今国际技术转移中最活跃、最有影响的力量，垄断着世界技术市场。跨国公司的经营活动对其母国来说，可以扩大技术、设备、物资和劳务出口；可以转移产业，调整产业结构；避开贸易壁垒和歧视，开拓和巩固国际市场，获取资源和信息等。对于东道国而言，可以获得技术、设备、物资、信息和销售渠道，提高本国资源的利用率；可以调整产业结构，提高产品档次，增加产品品种，扩大对外贸易；可以增加就业，提高人民生活水平和文化水平；可以加速本国经济和世界经济一体化的进程。跨国公司为获取最大利润，以资本支持积极扩大技术出口，开展各种技术合作和许可贸易,大大促进了国际技术贸易。目前,跨国公司提供的新技术约占世界新技术的80%,其每年所从事的国际技术贸易额占世界技术贸易额的70%以上。

(二) 中国技术贸易的政策

中国技术贸易的主要政策包括:

(1) 在技术贸易中,遵守国际规范和国际惯例,依法保护知识产权,维护合作各方的合法权益。引进、借鉴别国的先进技术与经验,推动本国经济的发展;积极鼓励开拓技术出口市场,并广泛参与国际分工,逐步使中国的技术密集型产业成为国际技术产业链条的重要一环。

(2) 以多种灵活方式开展对外技术贸易。在技术引进方面,采取的方式包括许可证贸易、合作生产、合作设计、技术服务、顾问咨询、进口关键设备及成套设备等,并根据具体情况确定引进方式。技术进口的重点是为改造现有企业服务,鼓励引进产品的设计、工艺、制造和生产管理技术。在技术出口方面,鼓励出口成熟的工业化技术。

(3) 加快科工贸结合,建立新型科研开发体制。要加快科工贸结合的步伐,增加科研与开发的投入,增强引进的消化、吸收、创新能力,逐步使科研开发实现由国家主导型向企业主导型转变,建立有利于引进技术改良和商品化的科研开发体制,使引进的技术发挥更大的效益。

(4) 注重技术的先进性与适用性相结合,经过消化、吸收能获得较好的经济效益和社会效益。技术的先进性是指技术具有较长的生命力,其产品具有竞争能力;技术的适用性是指技术的水平与国内的总体技术水平相协调,能够尽快掌握、实施。

(5) 多渠道筹集资金,支持对外技术贸易的发展。在技术引进方面,积极争取利用外国政府贷款、混合贷款、出口信贷、国际金融组织贷款及商业贷款。为保证国家经济发展急需的重点项目建设,国家优先安排资金并实行优惠利率。在技术出口方面,国家实行国际上通行的扶持技术出口的信贷政策,设立技术和成套设备出口的卖方信贷和买方信贷,银行按照贷款原则优先安排技术出口资金,并实行优惠贷款利率。

(6) 对开展技术贸易的企业,实行税收优惠政策。在技术引进方面,实行与技术含量挂钩的政策和面向主导产业(机电、化工等产业)的技术引进战略。根据技术引进合同中技术的含量,确定减征、免征合同中设备进口关税的幅度:技术含量高,减免征收海关关税的幅度就大,反之减免幅度就小。对国外向我国提供工、农、林、渔、牧业等重要领域先进技术的,给予减征或免征企业所得税待遇。在技术出口方面,为发展技术、成套设备和高新技术产品出口需进口的原材料、零部件,按进料加工的有关规定享受优惠待遇。

(7) 国家主要以法律、经济手段对技术贸易进行宏观调控,规定禁止、限制、允许、鼓励的技术贸易项目。国家只对涉及经济发展的重大技术引进项目和涉及国家重大利益的技术出口项目实行指导性计划。

(8) 鼓励技术贸易与投资相结合。允许以技术为股本投资举办合资经营企业,实现技术的转让。国外企业在中国境内投资,同时提供先进技术,可以按中国的有关法律规定享受多方面的优惠。中国向境外投资并提供适合于所在国的先进技术还处于探索阶段,但以境外投资方式发展技术贸易的前景是十分广阔的。

(三) 中国技术贸易的管理

1. 对技术引进的管理

为维护我方利益,根据我国实践经验并参考一些国家的立法,我国规定,引进合同中不得含有下列不合理的限制性条款:

(1) 要求受方接受同技术引进无关的附带条件,包括购买不需要的技术、技术服务、原材料、设备或产品;

(2) 限制受方自由选择从不同来源购买原材料、零部件或设备;

(3) 限制受方发展和改进所引进的技术;

(4) 限制受方从其他来源获得类似技术或与供方竞争的同类技术;

(5) 双方交换改进技术的条件不对等;

(6) 限制受方利用引进的技术生产产品的数量、品种或销售价格;

(7) 不合理地限制受方的销售渠道或出口市场;

(8) 禁止受方在合同期满后,继续使用引进的技术;

(9) 要求受方为不使用的或失效的专利支付报酬或承担义务。

依照我国法律规定,合同的引进方应自合同签订之日起的 30 天内,向审批机关报批。审批机关应在收到报批申请书之日起的 60 天内决定批准或不批准。审批机关逾期未予答复的,视为合同获得批准。经批准的合同自批准之日起生效,并由审批机关发给技术引进合同批准证书。

在技术引进合同的履约过程中涉及税收和用汇问题,分别统一由国家税务局(涉及关税的由海关总署)和国家外汇管理局负责解决和管理。

2. 对技术出口的管理

我国以贸易渠道出口技术是从 80 年代开始的。1986 年国家制定了我国技术出口的方针、原则和管理制度。我国技术出口应遵循六项原则:

(1) 遵守我国的法律、法规;

(2) 符合我国外交、外贸和科技政策并参照国际惯例;

(3) 遵守我国对外签订的协议和所承担的义务;

(4) 不得危害国家安全和社会公共利益;

(5) 有利于促进我国对外贸易发展、科学技术进步以及经济技术合作;

(6) 保护我国经济技术权益和我国产品在国际市场上的竞争地位。

为贯彻上述原则,我国把技术项目分为禁止出口、控制出口(重大技术)和允许出口(一般技术)三大类,并对技术出口项目和技术出口合同实行双重审批制度。

(四) 中国技术贸易的发展

1. 中国技术出口

我国在 20 世纪 80 年代以后,开始探索技术出口的可能性和途径。开始阶段,由于缺乏经验,且未建立相应法规,技术出口的数量极为有限,技术出口处在无计划状态下,且出口的基本都是软件技术。随后,由于经济发展形势的要求、政府的重视以及相应法规的逐步完善，技术出口规模逐年扩大，但与西方发达国家相比相差甚远，技术出口的市场还不够广泛，很多市场还有待开发。总之，我国的技术出口仍处于起步阶段。

我国的技术出口自1980年至今，大致经历了以下五个发展阶段：

(1) 探索起步阶段(1980—1985年)

这一阶段属于缺乏国家宏观管理的自发阶段。当时我国在技术出口方面，既没有专门的法规和政策，也没有明确的管理部门，但是我国的外贸和科技人员按照国际技术转让惯例和国家的相关政策，成功地对外转让了一些技术。这一时期技术出口的特点是凭机遇、无计划，出口的主要国家和地区为发达国家，技术出口的主要内容为新技术、新工艺，并以“软件”技术为主。

(2) 起步阶段(1986—1988年)

1986年国务院明确规定外经贸部和国家科委为归口管理技术出口的部门，并发布了《关于开拓国外技术市场，加强技术出口管理》的公告，规定了技术出口的政策，各省、自治区、直辖市、计划单列市和国务院有关部委、直属机构根据该报告的精神成立了专门负责技术出口的机构。机构的健全和政策的制定有力地推动了我国技术出口的起步。在这一阶段，我国技术出口的主要国家和地区中有不少是发展中国家，但发达国家仍占相当大的比重。技术出口的内容和方式也在增加，除单纯转让“软件”技术外，成套设备出口、技术服务等技术贸易方式也被较多地采用。

(3) 初步发展阶段 (1989—1997年)

在这一阶段，我国的技术出口开始步入发展阶段，我国技术出口呈现出以下几个特点：① 增长速度明显加快。1990年至1997年，我国技术出口增长幅度较快，到“八五”最后一年的1995年，技术和成套设备出口增长的幅度首次超过了整个外贸出口增长的幅度。1995年我国外贸出口增长幅度为22.9%，而技术和成套设备出口增长的幅度为57.7%，高出34.8个百分点。② 出口方式以成套设备为主。1997年大型成套设备出口占全国技术出口额的比重达55%，其中最高年份1995年高达94%。成套设备出口的优势不仅在于科技含量高，附加值大，而且还可带动各类工程、劳动力、资本的输出。③ 市场多元化取得进展。到1997年我国技术出口国别、地区已增至110个。其中向发展中国家出口技术明显增多，占出口技术总额的70% ~80%，说明我国技术出口市场目前主要在发展中国家。④ 技术含量不断提高，技术出口已初具规模。1997年，我国技术出口额55亿美元，占外贸出口总额的3%，占我国机电产品出口总额的9.2%，这标志着我国技术出口已初具规模。

(4) 快速发展阶段(1998—2000年)

我国技术出口开始步入快速发展阶段。尽管1997年发生的亚洲金融危机给我国技术和成套设备出口带来一些不利影响，但应看到，大型设备、成套设备和高技术产品出口受金融危机的影响小于一般商品所受的影响。可以说，扩大成套设备和高科技产品出口是规避金融危机风险的途径之一。大力发展技术和成套设备出口不仅因为客观上存在着成套设备需求的国际环境，同时也是我国国民经济和外贸自身发展的需要。

（5）高速发展阶段（2001 年至今）

中国加入 WTO 以来，随着科学技术的不断发展，带动了经济的飞速增长，技术出口额的持续增加带来了可观的经济效益。2008 年我国高技术产品出口额达到 4156 亿美元，是 10 年前的 25 倍，是 5 年前的 6 倍多。近几年来，高技术产品出口额一直占据我国外贸出口总额的 30% 左右。

中国一直不断地为第三世界发展中国家提供技术贸易出口和技术援助。在中东、非洲等地区都有我国的国际援助承包工程，为不发达地区提供通讯、电力甚至油田灭火、救灾抢险等技术劳务服务。随着我国技术力量的不断强大，企业的技术贸易出口规模日益扩大，国际工程承包能力越来越强。例如华为、中兴等通讯器材企业，在占据国内运营商市场的同时，产品远销国际市场，甚至为中东、非洲等技术相对落后的国家提供从通讯网络设计到设备供货、安装和管线铺设，最终建成整个区域通讯网络的网络工程承包服务；我国的建筑工程、电力设计等行业企业均具备了雄厚和丰富的技术能力，不断地开拓国际市场，将我们这几十年来引进和研发的技术不断沉淀、提炼、成熟、改良、完善后再反馈到国际市场，以国际工程承包的方式最大程度地实现我们技术出口的价值。

如果说国际工程承包在出口技术的时候还包含着相当大比例的劳务输入，那么我们的长征火箭为欧美国家发射航天卫星就是典型的纯技术活儿了。每年于深圳举行的高交会（高新技术交易会）是中国技术产品展示和参与世界竞争的最好舞台，中国技术产品的不断推陈出新显示了我国在科技与生产力之间转换的强大实力，成交额的逐年攀升也告诉世界，中国技术贸易的出口正逐渐在国际市场上扮演越来越重要的角色。

随着我国技术实力的提高，技术出口能力不断增强，现在的中国应该要以技术领跑、带动产品的国际化生产和销售，转变以往商品出口的低值低端粗放化，形成以技术开发为导向的出口模式，才真正有利于我们的国际贸易高品质发展。

2. 中国技术进口

中国的技术引进随着科学技术在生产中所起作用的不断加强而逐渐发展起来，它主要是指在中国境内的公司、企业、团体或个人，通过贸易或经济技术合作的途径，从中国境外的公司、企业、团体或个人获得技术，其内容包括：专利权或其他工业产权的转让或许可，以图纸、技术资料、技术规范等形式提供工艺流程、配方、产品设计、质量控制以及管理等方面的专有技术服务。中国的技术引进主要通过合资经营、合作生产、合作开发、加工装配、补偿贸易、工程承包以及购买关键设备等途径进行，在实践中往往通过与上述多种途径的结合构成某种综合性交易来进行。

我国的技术进口在新中国成立后、改革开放前主要是以引进大型技术设备为主的，期间，我国以许可证贸易、咨询服务、技术服务、合作生产等方式进口的技术共 848 项，合同成交总额达 119.7 亿美元，其中成套设备的进口约占 90% 以上。而在改革开放后则为我国技术进口贸易迅速发展时期，通过签订技术进口合同等方式扩大了技术进口规模。新中国成立后我国引进技术工作的发展大体上可以分为四个阶段：

(1) 初级阶段(1950—1979 年)

在这个阶段引进工作的基本特点是以进口成套先进技术设备为主的引进技术,而且主要为新建大型企业服务。引进工作基本上由中央各部委直接组织,对外工作则由中国技术进口总公司负责。据初步统计,在这一时期签订的技术与设备引进合同金额累计共达 129 亿美元(其中成套设备项目总额为 120 亿美元,约占 93%)。

(2) 发展阶段(1980—1989 年)

20 世纪 80 年代,随着商品经济的逐步发展,国民经济开始了轰轰烈烈的基础建设步伐,全国各地大兴土木,水电站、公路、机场、地铁、邮电等基础设施产业在国家的大力扶持下蓬勃发展。由于改革开放初期,我国的经济基础薄弱,自有技术力量不足,对这些基础设施建设所需的大型机组、设备、系统只能依赖进口,伴随而来的外国专家技术指导、中方人员的技术培训、精密仪器的技术专利使用、运行软件等技术含量高的贸易进口大大增加。例如 80 年代中期规划建设的广州地铁一号线由德国西门子总承包,几乎全部设备和技术以及管理模式都是引进国外的成熟地铁建设经验。由于国家对大型先进设备引进的鼓励,这些与硬件进口相配套的技术贸易进口享有免除海关关税及增值税的待遇,一定程度上推动了我国的技术培育和发展。这种伴随着大型硬件设备引进而产生的技术贸易进口占据了全部技术贸易进口的绝大部分,并逐渐持续到 90 年代中后期。例如广东移动和广东电信在 90 年代的大发展时期,绝大部分传输、交换和数据设备均在国家的免税政策鼓励下,引进美国朗讯、瑞典爱立信、德国西门子和加拿大北电等国外电讯厂家的产品和技术。

在这一时期,我国调整了技术引进的策略,注重引进产品的工艺技术、制造技术和管理技术,控制成套设备的进口。此外,中国引进技术的规模不断扩大,1980 年至 1989 年的 10 年间,成交的合同额就达 50 亿美元,涉及项目 1400 个。技术进口规模的扩大在 20 世纪 90 年代表现得最为明显。仅 1991 年至 1993 年签订的技术进口合同就达 493 项,合同金额超过 60 亿美元,这三年的技术进口额分别占到当年进口总额的 5.4%、8.2% 和 5.8%。自 1979 年至 1996 年的 18 年间,我国共引进技术 15591 项,合同总额为 731.82 亿美元,技术进口的项目数和合同总额分别是 1950 年至 1978 年总和的 18.45 倍和 6.11 倍。

随着我国经济的逐步发展,自主研发能力的提高,硬件水平已经逐渐进入国际先进行列,同时在引进外国先进技术基础上培养出了一批自己的技术人才,技术力量的增强让我们可以选择性地引进国际技术服务。

(3) 转型阶段(1990—1999 年)

20 世纪 90 年代后期,国家鼓励进口免税目录的变更缩小了设备免税的范围,对国内已经具备成熟生产能力的设备不再给予免税优惠政策。上述因素让国内的采购方思考并逐步转变进口模式,从原来的全盘引进,转变为进口重点设备、核心部件,在此基础上,引进先进技术和专利权,应用于配套设备的自行生产以及原有设备的扩容和改造,充分利用"科学技术就是第一生产力",发挥技术贸易进口的优势,特别是计算机软件技术的引进更是加速了我国信息化事业的进步。

20 世纪 90 年代,技术贸易进口的一个显著特征是各行各业对知识产权的关注。经过多次国际知识产权纷争后，国内的进口方在引进国外先进技术的同时，更加注意对技术使用权的合法性保护，注意专利权、软件版权、商标使用权等知识产权的合法转让，大大促进了我国技术贸易进口的规范性发展。国家在政策上也对知识产权的技术贸易进口给予大力支持，例如专利权的转让免征全部营业税和所得税，软件进口仅征收10%的税费（远低于设备进口关税和增值税），对于完全于国外（offshore）形成的技术内容，免征全部国税和地税税种。

（4）升级阶段（2000年至今）

21世纪初期，我国经济欣欣向荣，国民生产总值晋升世界前十行列，生产力水平进入前所未有的繁荣提升期，钢铁、交通、通信、能源等各大基础设施产业的设备需求已大部分国产化。例如广州地铁二号线，经过一号线的建设和学习，擅长钻研的中国人迅速成长，从二号线开始70%设备国产化，仅部分核心高精尖技术从国外引进，到现在的七号线、八号线设备招标采购，国产技术和设备已经占据了地铁建设设备组成的绝大部分；再例如广东移动和广东电信出于对技术差距消失和节约成本等因素的考虑，在21世纪初期的设备采购对象已由原来的国外供货商逐渐转变为华为、中兴、烽火等国内厂家为主。因此，与硬件相结合的技术软件贸易进口在这一时期大幅度减少。

随之而来的技术贸易进口表现在设计领域的技术服务进口。人民安居乐业、生活安康，必然对“美”的要求越来越高，房地产行业的一路高歌到现在已经成为老百姓的众矢之的，但不可否认的是，我们的房子外观越来越漂亮、内部功能越来越实用、园林设计越来越精巧，而这正得益于房地产热潮初期，房地产商对国外人居设计的引进和使用。国内各城市标志性建筑物的设计，包括北京奥林匹克体育馆鸟巢的设计、广州南沙整体规划设计、广州市珠江新城CBD几大核心建筑的设计均通过国际竞标的方式，采纳了国际的先进设计理念，引进了国外设计师的国际化审美和实用性设计方案。在工业领域，从“做大”转为“做强”已经成为行业的共识，为了更加优化生产流程、增进管理效率、控制工艺精度和风险，不少大型企业引进国外先进的工艺流程和管理模式设计，例如惠州LNG电厂的新建，就是采用了日本先进而成熟的工艺流程设计，从而大大节约了流程改造成本和避免了安全风险。

从我国这20年来技术贸易进出口的发展来看，方向是明确的，那就是从大规模技术进口到核心技术进口，从选择性技术进口到知识产权进口，从技术内容进口到技术模式进口，从技术进口占主导地位到技术出口扮演重要角色，甚至向技术出口推动国际贸易、技术开发领跑世界市场的方向发展。一个国家的发展离不开世界，只有充分参与世界的竞争才会推动国家和民族的进步，而竞争的层次不再是小商品经济贸易的竞争，而是技术强国的竞争。技术贸易的发展历程告诉我们，科技是脑，要不争而善胜，就要在科技上领先竞争对手。

第三节　中国对外贸易的方式

一、对外贸易方式概述

贸易方式是指国际贸易中买卖双方采用的具体做法。在对外贸易中，每一笔交易都要通过一定的贸易方式来进行，买卖双方交易过程中根据商品的特点和各自贸易的习惯协商确定。

当前,在国际贸易中存在各种各样的贸易方式,各种贸易方式可以单一采用,也可结合进行,随着国际贸易的发展,新的贸易方式不断涌现。在特定地点进行的贸易方式,主要有商品交易所、国际拍卖、招标与投标、国际博览会等。较为灵活的贸易方式是单纯的商品购销方式。复合购销方式是商品购销中增加了其他条件,如代理、包销、定销、寄售、补偿贸易、易货贸易、加工贸易、租赁贸易等。由于许多发展中国家外汇支付能力不强,采取补偿贸易、易货贸易、来料加工、来件装配等日益普遍。近年来,我国为了扩大对外开放,针对不同的交易对象、不同的商品,灵活采用了国际上各种通行的贸易方式。

二、中国对外贸易方式的结构

对外贸易方式的结构则是指各种贸易方式在一国对外贸易方式中所占的比重及其相互联系。改革开放以来,我国对外贸易方式主要由一般贸易和加工贸易构成,其他贸易所占比重很小,加工贸易在我国对外贸易中的地位尤其重要。

(一)一般贸易和加工贸易的定义

传统意义的一般贸易指的是单纯或绝大部分使用本国资源和材料进行生产和出口的贸易方式。

加工贸易是一国通过进口原料、零件,利用本国的生产能力和技术,加工成成品后再出口,从而获取相应的利润。加工贸易是以加工为特征的再出口业务,方式多种多样,常见的加工贸易有:

1. 进料加工

进料加工指我国企业购入国外的原材料、零件等,利用本国的生产能力和技术,加工成成品后,销往国外市场。这类业务中,经营的企业以买主的身份与国外签订成品的出口合同,两个合同是两笔独立的交易。进料加工的企业要承担价格风险和成品的销售风险。

2. 来料加工

来料加工指国外委托方提供原料,由国内加工方按照双方商定的质量、规格、款式将原料加工为成品,交付给委托方,收取加工费。在这种加工方式中,加工方的价格风险和销售风险较小,但加工利润一般很低。如果委托方只提出式样、规格等要求,由加工方使用当地的原、辅料进行加工生产,则称为“来样加工”。

3. 装配业务

装配业务指国外委托方提供装配成品所需设备、技术和有关零配件装配为成品后交货的业务。来料加工和来料装配业务包括两部分贸易:一是进口原料,二是出口成品,但这两部分是一笔贸易的两个方面,而不是两笔交易。原材料的提供者和成品的接受者是同一家国外企业,交易双方是委托加工关系。

4. 协作生产

协作生产指国外一方提供部分配件或主要部件,由国内企业利用本国生产的其他配件组装加工成成品出口。协作生产的成品一般由国外方销售全部或大部分,也可规定由第三方销售。

（二）中国对外贸易方式的构成

我国的贸易方式的显著特点是加工贸易在对外贸易的比重中占有很大的比重，且比重不断上升；与加工贸易相对应，一般贸易的比重不断下降，由原来的绝对主导地位变为低于加工贸易。1986 年，在我国出口贸易中，一般贸易的比重为 81.1%，而到了 2004 年只占到了 44.1%，相当于 1986 年的 1/2；相反，加工贸易成为我国贸易的第一大贸易方式。2010 年加工贸易占我国对外贸易的 46.9%。其他贸易方式近几年所占的比重略有上升，但是绝对量仍然很少。同期，在中国的进口贸易构成中，贸易方式构成的比重和出口贸易大致呈现相同的趋势，即一般贸易方式所占的比重在下降，从 1986 年的 82.1% 下降到 2010 年的 55.1%，加工贸易的比重从 1986 年的 15.6% 上升到 2010 年的 29.9%。在进口贸易方式中，包括外商投资设备进口等其他贸易方式从 1986 年的 2.3% 上升到 2010 年的 15%，但是整体上仍处于从属地位。

表 14-5　我国主要贸易方式的进出口额占总进出口额的比重（%）

类别 年份	出口			进口		
	一般贸易	加工贸易	其他	一般贸易	加工贸易	其他
1986	81.1	18.6	0.3	82.1	15.6	2.3
1987	75.2	20.6	4.2	66.6	22.0	11.4
1988	68.6	27.0	4.4	63.7	24.9	11.4
1989	60.1	35.8	4.1	60.2	26.5	13.3
1990	57.1	41.0	1.9	49.1	35.2	15.7
1991	53.0	45.1	1.9	46.3	39.2	14.5
1992	51.4	46.6	2.0	41.7	39.1	19.2
1993	50.7	48.2	1.1	41.2	35.0	23.8
1994	50.9	47.1	2.0	33.2	41.4	25.4
1995	48.1	49.5	1.4	32.8	44.2	23.0
1996	41.6	55.8	1.9	28.3	44.9	26.8
1997	42.7	54.5	2.8	17.4	49.3	23.3
1998	40.4	46.8	2.8	31.2	48.9	19.9
1999	40.6	56.9	2.5	40.5	44.4	15.1
2000	42.2	55.2	2.6	44.5	41.1	14.4
2001	42.0	55.4	2.6	46.6	38.6	14.8
2002	41.8	55.3	2.9	43.7	41.4	14.9
2003	41.5	55.2	3.3	45.5	39.5	15.0
2004	44.1	55.3	0.6	44.2	39.5	16.3
2005	41.3	54.7	4.0	42.4	41.5	16.1
2006	43.0	52.7	4.3	42.1	40.6	17.3
2007	44.2	50.7	5.1	44.8	38.5	16.7
2008	46.4	47.3	6.3	50.5	33.4	16.1
2009	44.1	48.8	5.5	53.1	32.1	14.8
2010	45.7	46.9	7.4	55.1	29.9	15.0
2011	48.3	44.0	7.7	57.8	26.9	15.3
2012	48.2	42.1	9.7	56.2	26.5	17.3

资料来源：根据《中国贸易外经统计年鉴 2013》相关数据计算。

（三）中国对外加工贸易

1. 加工贸易的发展

30 多年以来，我国加工贸易蓬勃发展。1978 年 8 月，广东珠海签订的第一份来料加工合同，拉开了我国开展加工贸易的序幕。加工贸易从 1996 年首次占据我国对外贸易 50% 开始，这一地位已经延续至今。2007 年，加工贸易总额为 3021.6 亿美元，其中，出口为 1799.4 亿美元，进口为 1222.2 亿美元，出口加工贸易占总出口额的 55.3%，而进口加工贸易占进口总额的 41.4%。2010 年，加工贸易总额为 11577 亿美元，其中，出口为 7403 亿美元，进口为 4174 亿美元，出口加工贸易占出口总额的 46.9%，而进口加工贸易占进口总额的 29.9%。表 14-6 为中国加工贸易占对外商品贸易中的比重。

表 14-6 1980—2010 年中国加工贸易占对外商品贸易中的比重

年份	对外商品贸易额(亿美元)	加工贸易额(亿美元)	比重(%)
1980	381.4	16.7	4.4
1981	440.2	24.8	5.6
1982	416.2	35.2	8.3
1983	436.1	42.2	9.5
1984	535.3	58.4	10.8
1985	696.0	75.4	10.7
1986	738.4	123.2	16.6
1987	826.5	191.9	23.2
1988	1028.0	288.5	28.0
1989	1116.8	361.6	32.3
1990	1154.4	441.9	38.2
1991	1356.3	574.9	42.4
1992	1655.3	711.5	42.9
1993	1957.1	806.2	41.1
1994	2367.3	1045.5	44.2
1995	2808.5	1320.8	47.0
1996	2899.0	1466.1	50.6
1997	3251.6	1698.1	52.3
1998	3239.3	1730.4	53.4
1999	3606.5	1844.6	51.1
2000	4743.0	2302.0	48.5
2001	5096.5	2414.1	47.4
2002	6207.7	3021.3	48.7

续表

年份	对外商品贸易额(亿美元)	加工贸易额(亿美元)	比重(%)
2003	8509.9	4047.6	47.6
2004	11545.5	5496.6	47.6
2005	14219.1	6904.8	48.6
2006	17604.0	8318.3	47.3
2007	21737.3	9860.4	45.4
2008	25616.3	10535.8	41.1
2009	22075.3	9091.5	41.2
2010	29740.0	11577.0	38.9
2011	36418.7	13050.4	35.8
2012	38671.2	13440.0	34.8

资料来源:根据《中国对外经济贸易统计年鉴 2013》相关数据计算。

我国改革开放初期,国民经济和进出口贸易发展水平较低,而当时发达国家将一些劳动密集型产业向发展中国家和地区转移的贸易机会很多,一些新兴工业国家通过发展加工贸易达到经济起飞的成功经验,促使我国政府下决心大力发展加工贸易这种贸易方式,经过30多年的稳步发展,今天加工贸易在我国经济中发挥了日益重要的作用。

2. 加工贸易的积极作用

(1) 推动我国经济和外贸的快速发展

外贸出口(包括加工贸易出口)是拉动中国改革开放30多年经济快速发展的“三大马车”之一。中国从贸易小国跃升为位居世界前列的贸易大国,与我国加工贸易的长足发展密不可分。

(2) 发挥我国比较优势

加工贸易利用了我国具有比较优势的资源——劳动力,与国外优势资源配件、加工设备和技术相结合,加工成产品后再出口到国际市场。

(3) 成为利用外资的重要方式

我国政府鼓励外资从事加工贸易,并给予了政策优惠。加工贸易的投资经营主体是外商投资企业,通过接受外商投资的加工贸易,我国承接了发达国家和新兴工业化国家转移的劳动密集型产业。在进行加工贸易的过程中,我国企业学到了国外先进的管理模式,增长了管理经验,为我国企业的发展积蓄了条件。

(4) 推动产业结构和贸易结构的调整以及技术升级

在我国宏观产业结构调整上,加工贸易的技术转让促进了我国加工制造业的发展,有利于解决我国轻重工业发展长期失衡的问题。我国加工贸易开始走出劳动密集型产业的局限,涉及资本、技术密集型产业乃至高新技术产业,同时,也推动了出口商品结构的调整和工业制成品出口的比重上升。加工贸易的技术转让推动了我国纺织、电子、机械、家电、IT等行业的技术进步,使相关行业的技术、工艺和生产水平明显提高,在国际市场上的竞争力不断增强。

3. 加工贸易中存在的问题

(1) 造成我国外贸依存度过高,使我国外贸出口潜在风险较大

当前我国外贸依存度已超过50%,原因之一就是我国加工贸易是典型的大进大出模式。近年来,我国较高的经济增长率中相当大的成分是由进出口数量扩张构成的,这是一种具有潜在风险的状况,在市场开放和贸易投资自由化的过程中,我国经济要保持稳定增长,就需要承受国际经济波动的冲击。

(2) 不利于带动国内产业结构的升级

加工贸易是我国利用外资的重要形式,但在加工贸易,特别是来料加工中,外商投资企业完全掌握市场和销售渠道,控制关键技术,把技术和产品的开发能力大多留在境外,我国企业只参与简单的加工装配环节。此外,有些外商投资企业将技术水平低、环境污染严重的产品转移到我国生产,给我国的环境造成不利的影响。加工贸易以外商投资企业而非国内企业为经营主体的格局,造成我国原有的工业基础和技术基础不能充分发挥作用,阻碍了国内工业生产和一般贸易的升级及产业调整。

(3) 存在海关监管问题

由于我国加工贸易的基本政策是对进口原料和零部件实行免税政策,在我国进口关税较高的情况下,借加工贸易的名义进口原料和零部件、加工为成品后在国内市场销售,这种做法实际上是偷逃税款,导致国家税收的大量流失,同时也对国内相关行业造成了巨大的压力,造成了不平等的市场竞争。

由于加工贸易种类繁杂,涉及众多企业,海关的监管工作量大面广,长期以来海关的监管工作有了很大改进,但加工贸易方面的偷逃税事件仍然时有发生。

(4) 造成虚假的贸易顺差

加工贸易加剧了我国与发达国家之间的贸易摩擦,其主要原因是我国加工贸易的进口原料主要来自东南亚国家,出口市场主要在美国、欧洲、日本,当成品出口美国和欧盟时,对方将成品全部价值统计为中国出口,没有减去这些成品中的进口成分,故而在同中国的贸易中出现巨额逆差,但对中方来说,这实际是一种虚假的出口额和顺差,如果在加工贸易的成品中减去进口的原料和零部件的价值,实际出口额和顺差就没有这么大了。

另外,美欧等一些国家对加工贸易产品的原产地的认定规则与WTO的原产地规则不完全一致。我国内地加工贸易产品出口有相当一部分是通过我国香港地区或其他国家和地区转口到美国、欧洲等第三国或地区市场的,但这些国家或地区依据本国或本地区的原产地规则,将经过我国香港地区等地转口到我国内地加工贸易的出口产品都算作我国内地的出口,夸大了我国内地的出口规模和倾差。

第四节　中国对外贸易与经济增长

在以开放为基本趋势和特征的当今经济社会中,对于对外贸易与经济增长之间相互关系的研究越来越成为经济学领域中一个重要的研究课题。改革开放以来,中国的经济和贸

易都得到了迅速的发展，特别是20世纪90年代之后，我国国民经济持续保持了较高速度的增长，对外贸易在国民经济发展中的作用越来越重要。

一、中国对外贸易与经济增长概况

新中国成立60年来，中国的经济实力已经有了很大的提高。1952年，我国的国内生产总值仅为679亿元，到2012年，我国国内生产总值已达519322亿元，是1952年的764.8倍，实际年平均增长速度为13%，在这样较长的时期内保持如此之高的经济增长率，令世界各国感到震惊。随着国家经济水平的不断提高，我国居民的收入也随之提高，2012年我国人均国内生产总值为38354元，比1952年的118元提高了325倍，实际年均增速为9.2%。与此同时，我国参与国际分工的程度也得到较为明显的提高。2012年，我国外贸进出口总值38667.6亿美元，比上年增长6.2%。其中出口20498.3亿美元，增长7.9%；进口18178.3亿美元，增长4.3%；贸易顺差2311亿美元，扩大48.1%。2012年中国的贸易总额首次超过美国，成为世界贸易规模最大的国家。

表14-7　1990—2012年中国对外贸易和GDP的增长

年份	进出口总额(亿美元)	增长率(%)	GDP(亿元)	GDP增长率(%)	人均GDP(元)
1990	1154.4	3.40	18667.8	9.86	1644
1991	1357.0	17.55	21781.5	16.68	1893
1992	1655.3	21.98	26923.5	23.61	2311
1993	1957.0	18.23	35333.9	31.24	2998
1994	2366.2	20.91	48197.9	36.41	4044
1995	2808.6	18.70	60793.7	26.13	5046
1996	2898.8	3.21	71176.6	17.08	5846
1997	3251.6	12.17	78973.0	10.95	6420
1998	3239.5	-0.37	84402.3	6.87	6796
1999	3606.3	11.32	89677.1	6.25	7159
2000	4742.9	31.52	99214.6	10.64	7858
2001	5096.5	7.46	109655.2	10.52	8622
2002	6207.7	21.80	120332.7	9.74	9398
2003	8509.9	37.09	135822.8	12.87	10542
2004	11545.5	35.67	159878.3	17.71	12336
2005	14219.1	23.16	183217.4	10.4	14053
2006	17604.0	23.81	211923.5	11.6	16165
2007	21737.3	23.48	249529.9	13.0	18934
2008	25616.0	17.80	300670.0	9.0	22640
2009	22072	-13.9	335353	8.7	25575
2010	29728	34.7	397983	10.3	29524
2011	36418	22.5	472115	7.7	35181
2012	38667	6.2	519322	7.8	38354

资料来源：根据《中国统计年鉴2012》及国家统计局网站(www.stats.gov.cn)相关数据计算。

二、中国对外贸易与经济增长的相互关系

改革开放以来,中国在经济增长、对外贸易发展等方面都取得了举世瞩目的成就,二者相互促进、相辅相成的关系,在总量变动和结构变动方面,都可得到印证。

(一)从总量上来看,对外贸易是拉动经济增长的重要因素

改革开放以来,我国的对外贸易发展取得了举世瞩目的成就,对外贸易以高于国内生产总值的速度增长,成为拉动国民经济增长的主要因素之一。1990—2012 年的相关统计数据(见表 14-7)可验证对外贸易对经济增长的这种拉动作用。

中国对外贸易发展与经济增长运行轨迹的趋势基本一致。即当经济发生波动时,对外贸易也随之发生波动:经济高速增长的同时,往往伴随着对外贸易的快速发展,而当经济增长速度放缓时,对外贸易的发展也往往不景气。这一点在 GDP 与进出口总额及进口运行轨迹中表现得尤为显著。在 1978—2012 年间,国民经济与对外贸易的总体发展趋势在逐年上升,呈现出较为密切的依存关系,这与学术界对战后经济发展较快的韩国、新加坡、马来西亚等国经济发展的观察是一致的,在一国经济发展的低级阶段或经济发展的"起飞阶段",对外贸易与国民经济依存关系的曲线是上扬的。

总之,在开放经济条件下,一国经济总量的增长离不开对外贸易。我国自改革开放以来,通过发展对外贸易,在充分利用国内、国外两种资源、改善国内资源配置,推进经济发展等方面,已取得了举世瞩目的成就,我国国内生产总值和对外贸易增长具有高度的相关性,对外贸易作为经济增长的动力机的作用明显。

(二)从结构上来看,对外贸易结构变化极大地促进了我国经济增长总量的扩张和质量的提高

改革开放以来,我国的对外贸易结构发生了巨大的变化,我国由一个改革开放之初初级产品出口国逐步发展到以工业制成品为主,且高新技术产品比重迅速上升的贸易大国,对外贸易产品结构得到了明显的优化和提升,并对提高经济增长的质量和效益发挥了显著作用。

1. 出口商品结构变化对我国经济增长的影响

表 14-8 1980—2011 年中国出口商品结构(单位:%)

年份	初级产品	工业制成品	机械及运输设备
1980	50.3	49.7	4.7
1985	50.6	49.4	2.8
1990	25.6	74.4	9.0
1991	22.5	77.5	9.9
1992	20.0	80.0	15.6
1993	18.2	81.8	16.7
1994	16.3	83.7	18.1
1995	14.4	85.6	21.1

续表

年份	初级产品	工业制成品	机械及运输设备
1996	14.5	85.5	23.4
1997	13.1	86.9	23.9
1998	11.2	88.8	27.3
1999	10.2	89.8	30.2
2000	10.2	89.8	33.1
2001	9.9	90.1	35.7
2002	8.8	91.2	39.0
2003	7.9	92.1	42.8
2004	6.8	93.2	45.2
2005	6.4	93.6	46.2
2006	5.5	94.5	47.1
2007	5.1	94.9	47.4
2008	5.4	94.6	47.1
2009	5.3	94.7	49.1
2010	5.2	94.8	49.5
2011	5.3	94.7	47.5

资料来源：根据历年《中国统计年鉴》及国家统计局网站（www.stats.gov.cn）相关数据计算。

从表 14-8 可以看出，自 1980 年到 2011 年间，我国出口商品中工业制成品所占比重由 49.7% 上升到 94.7%，上升了 45 个百分点，初级产品出口所占比重由 50.3% 下降到 5.3%，我国已由一个改革开放初期初级产品出口与工业制成品出口并重的贸易小国发展成为一个工业制成品出口占到 90% 以上的贸易大国。与此同时，工业制成品的内部结构也发生了很大的变化，日益呈高级化发展趋势，这可由技术密集的机械及运输设备类产品出口占对外出口总额的比重大幅上升来说明，从表中数据可以看出，我国机械及运输设备出口占工业制成品出口的比重由 1980 年的 4.7% 上升到 2011 年的 47.5%，上升了近 45 个百分点。

由以上分析可知，改革开放 30 多年来，我国的出口商品结构发生了巨大的变化，得到了不断的升级和优化，经历了从以出口初级产品为主逐渐向以出口工业制成品为主的结构转变，从以出口资源密集型产品为主逐渐向以出口劳动密集型产品为主的转化。出口结构升级通过作用于生产结构以及作用于出口总量两方面，实现对经济增长的贡献。

第一，出口结构转换提升生产结构。出口结构的转换一方面是生产结构转换的结果，它同时又是生产结构转换的外部刺激，会反过来带动生产结构的优化和调整。以我国工业为例，1980—2010 年间，纺织品在生产结构和贸易结构中的比重都有所下降，并且纺织品在出口结构中的比重下降快于其在生产结构中的比重下降；而钢及一般金属品、机械和运输设备等在生产结构和出口结构中的比重都呈现上升趋势，并且在出口结构中的比重上升快于在生产结构中的比重上升。这说明在经济中地位变化较剧烈的产业，无论是迅速增长、比重提高的产业，还是退化的“夕阳”产业，出口结构转换都比生产结构转换得快，可见出口结构对于生产结构的牵引作用，而生产结构的转换升级可为经济增长提供更广阔的发展空间。

第二，出口结构转换扩大出口总量规模。出口商品结构的优化，有利于出口总额的增加，而出口本身就是国内生产总值的组成部分，因此出口结构优化可促进经济增长，同时出口结构优化对出口总量的扩张作用，可使出口创汇增加。1978 年我国的外汇总额累计只有 1.67 亿美元，出口的快速增长，使我国外汇储备规模急剧扩大；2012 年年末，国家外汇储备余额为 33116 亿美元，我国成为世界第一大外汇储备国。出口创汇有效解决了我国经济建设中资金不足的问题，弥补了资金缺口，增强了进口能力，这对解除制约我国经济增长的资源和技术瓶颈发挥着不可估量的作用，极大地促进了我国经济总量的扩张。

2. 进口商品结构变化对我国经济增长的影响

从我国进口商品结构来看，改革开放以前，在中国进口总额中，初级产品比重比较高，粮食等基本食品的进口占有很大的比重，最高时达 26% 的水平。改革开放以后，进口商品结构中初级产品比重不断下降，其中食品及主要供食用的活动物占进口总额的比重显著下降，非食用原料占进口总额的比重近年来保持稳定；工业制成品进口的比重不断提高，其中机械及运输设备进口的比重得到了明显提高，资本品的进口已经占有较大的比重。

表 14-9　1980—2011 年中国进口商品结构(%)

年份	初级产品	食品及主要供食用的活动物	非食用原料	工业制成品	机械及运输设备
1980	34.8	14.6	17.8	65.2	25.6
1985	12.5	3.7	7.7	87.5	38.4
1990	18.5	6.3	7.7	81.5	31.6
1991	17.0	4.4	7.8	83.0	30.7
1992	16.4	3.9	7.2	83.6	38.9
1993	13.7	2.1	5.2	86.3	43.3
1994	14.3	2.7	6.4	85.7	44.5
1995	18.5	4.6	7.7	81.5	39.9
1996	18.3	4.1	7.7	81.7	39.4
1997	20.1	3.0	8.4	79.9	37.1
1998	16.4	2.7	7.6	83.6	40.5
1999	16.2	2.2	7.7	83.8	41.9
2000	20.8	2.1	8.9	79.2	40.8
2001	18.8	2.0	9.1	81.2	43.9
2002	16.7	1.8	7.7	83.3	46.4
2003	17.6	1.4	8.3	82.4	46.7
2004	20.9	1.6	9.9	79.1	45.0
2005	22.4	1.4	10.6	77.6	44.0

续表

年份	初级产品	食品及主要供食用的活动物	非食用原料	工业制成品	机械及运输设备
2006	23.6	1.3	10.5	76.4	45.1
2007	25.4	1.2	12.3	74.6	43.1
2008	32.0	1.2	14.7	68.0	39.0
2009	28.8	1.5	14.1	71.2	40.5
2010	31.1	1.5	15.2	68.9	39.3
2011	34.7	1.7	16.3	65.3	36.2

资料来源：根据历年《中国统计年鉴》及国家统计局网站（www.stats.gov.cn）相关数据计算。

从上表可以看出，改革开放初期，进口在很大程度上是作为弥补国内生活资料不足的一种手段，从而限制了对生产方面的作用，对经济增长的拉动作用因而也受到制约。1980年，我国初级产品进口额为69.59亿美元，占进口总额的34.8%，其中食品及主要供食用的活动物进口额为29.27亿美元，占进口总额的14.6%，非食用原料进口额为35.54亿美元，占进口总额的17.8%；同年我国工业制成品进口额为130.58亿美元，占进口总额的65.2%，其中机械及运输设备进口额为51.19亿美元，占进口总额的25.6%。

20世纪80年代以来，对外贸易的地位和作用被重新认识和定位，对外贸易作为拉动我国经济增长的一支生力军，不再仅仅是调节余缺的手段。在经济高速增长过程中，资本品的进口越来越多。到2011年，我国工业制成品进口额为11392.15亿美元，占进口总额的65.3%，其中机械及运输设备进口额为6305.7亿美元，占进口总额的36.2%，进口额相当于1980年机械及运输设备进口额的123.2倍；同年我国初级产品进口额为6042.69亿美元，仅占进口总额的34.7%，其中食品及主要供食用的活动物进口为287.74亿美元，仅占进口总额的1.7%，非食用原料进口额为2849.23亿美元，占进口总额的16.3%。资本品的进口极大地改善了我国国内的生产条件，使得生产效率大幅提高，与此同时，大量机械设备的进口不仅促进了我国工业部门的发展，也实现了对农业及其他一些传统产业的改造，促进了我国产业结构的升级换代，技术的进步和产业结构的升级换代都提高了我国经济增长的质量和效益，增加了经济增长的潜力。

另据海关统计，从1991年开始，我国高新技术产品进口在外贸进口中的比重不断上升。2012年，我国高新技术产品进口总额达5067.5亿美元，同比增长9.5%，且高新技术产品进口集中在电子技术、计算机与通信技术和计算机集成制造技术领域。这些高新技术产品的进口对于改变粗放型经济增长方式，提高经济增长的质量和效益，保证经济的可持续发展，具有重要的意义。

总之，对外贸易对经济增长的影响不仅仅体现在贸易规模的扩大对经济增长的影响上，更体现在贸易结构的优化对经济增长总量的扩张以及质量和效益的提高上。而且，从一个长期可持续发展的角度看，后者的意义和影响更为深远。因此，促进对外贸易结构进一步的优化和升级，并在此基础上实现贸易规模的进一步扩大，是使对外贸易真正成为开放经济条件下促进中国经济增长的“动力机”和“催化剂”的主要方面。

三、中国外贸依存度

中国对外贸易与经济增长运行轨迹的趋势基本一致,或者说是平行的。但是,日本经济学家小岛清认为,从更长时期的经济增长过程来看,如果贸易量的增加同国民经济的增长是平行的,这并不能说明贸易的扩大带动了经济增长,经济增长不一定是贸易的特殊贡献。要揭示贸易对经济增长所起的作用,把贸易量的扩大同国民经济的增长加以对比更为合适。因此,对外贸易依存度的变化趋势可以进一步揭示对外贸易与经济增长的相互关系。

(一) 外贸依存度的含义

外贸依存度是指一定时期内(通常为一年)一国对外贸易总额与国内生产总值(GDP)的比值,用于衡量该国经济对国际市场依赖性的高低。外贸依存度可以分为出口依存度和进口依存度,出口依存度即外贸出口额占国内生产总值的比值,进口依存度即外贸进口额占国内生产总值的比值。

(二) 外贸依存度的影响因素

一国的外贸依存度水平与以下几个因素有关:

1. 外贸依存度与经济发展规模

一国的外贸依存度与其经济发展规模存在相反关系。小国经济发展主要受外部市场和外部资金流动的影响,其外贸依存度通常较高;大国经济发展的主要动力来源于国内市场,和小国相比,其外贸依存度也较小。

2. 外贸依存度与经济发展所处的阶段

根据一国经济发展所处的工业化程度和经济的产业结构,目前世界各国的经济发展阶段可以分为三种不同的类型:低级阶段、中级阶段和高级阶段。经济发展处于低级阶段的国家对外经济联系较少,出口依存度较低;经济发展到中级阶段的国家,一般是重工业处于整个经济的中心地位,经济发展所需的原料、燃料需要大部分从国外进口,为了平衡进口,这些国家的出口规模相应也会增大,其出口依存度一般较高;到了经济发展的高级阶段,国家的高科技将处于中心地位,产业结构以技术密集型为主,通过资本、技术和管理的输出来获取利益,因此,这些国家的出口依存度较低。

3. 外贸依存度与外贸政策及外贸体制

主张贸易自由化的国家或地区强调最大限度地减少政府对外贸活动的干预,保持国际贸易的充分自由化。对于小国而言,实行自由贸易政策必将导致较高的外贸依存度;大国实行自由贸易政策时,其外贸依存度主要依赖于其他因素。实行保护贸易政策的国家,一般经济实力较弱,同时国内市场不完善,外贸依存度就较小。对于发展中国家而言,如果经济增长更多的是依靠出口推动,而不是依靠国内消费和投资的增长,外贸依存度就高,一旦世界市场发生动荡,特别是在国内出口商品的价格下降幅度较大的情况下,国内的经济就将会受到严重的影响。然而,如果发展中国家的经济增长过多地依靠国内投资和消费增长,而忽视了出口对经济的促进作用,则对该国的经济发展相对缺少国外竞争的推动力,也会产生严重的危害,所以,外贸依存度应当控制在恰当的范围内。

（三）中国外贸依存度的实证分析

1978 年我国的外贸依存度为 9.74%，其中，出口依存度为 4.60%，进口依存度为 5.14%；而到了 2007 年，外贸依存度为 66.82%，其中，出口依存度为 37.45%，进口依存度为 29.37%。从大趋势来讲，我国的外贸依存度呈现出逐步上升的趋势，2007 年的外贸依存度为 1978 年的 7 倍，出口依存度为 9 倍，进口依存度为 7 倍。出口依存度的增长速度高于进口依存度的增长速度，说明在外贸中我国出口的作用越来越显著。

自 2008 年以来，我国外贸依存度逐年下降，2012 年在 2011 年基础上再度回落 3.1 个百分点，回到 50% 以下，为 47%；其中出口依存度为 24.9%，进口依存度为 22.1%，都有所回落（参见图 14-5）。这表明我国加快转变经济发展增长方式成效显著，我国经济增长正由外需拉动向内需驱动转变。

值得注意的是，当前我国仍处于国际产业分工体系中低端，比较优势仍主要集中在劳动密集型产品和高新技术产品的劳动密集型环节，这说明我国转变经济发展方式依然有较大的潜力空间。可以预见的是，随着我国大力推动落实科学发展观，加快调整经济结构、转变经济发展方式的步伐，我国经济将更多地依靠内需拉动，外贸依存度或将进一步降低。

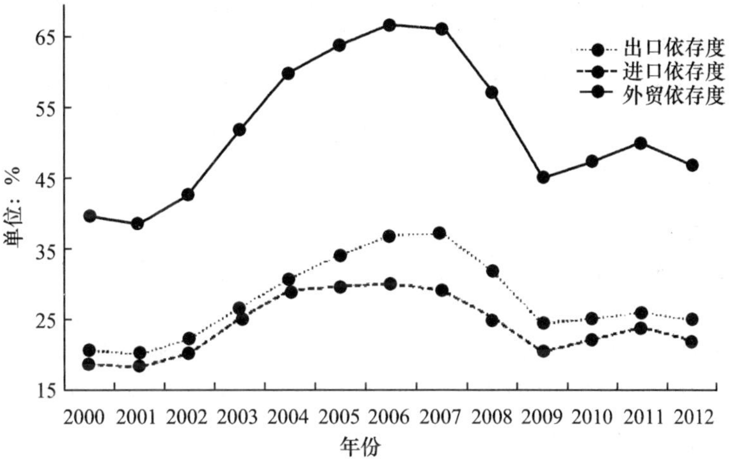

图 14-5　2000—2012 年中国外贸依存度

从图 14-5 来看，2007 年我国的外贸依存度达到了最高值，虽然 2008 年略有下降，但总体来讲，我国外贸依存度较高。但这只是表面现象，实际上我国的依存度存在一定程度的夸大成分，主要因为：

1. 人民币汇率因素

中国人民币汇率低估是造成外贸依存度高估的重要因素。上世纪 90 年代中期汇率改革之后，中国人民币汇率长期处于非均衡的状态，实际被低估的人民币汇率造成中国长期的贸易顺差，而低估的汇率也造成外贸依存度的高估。简单来看，如果人民币汇率均衡水平以购买力平价为参照调整，按采用较多的、国际货币基金组织（IMF）使用的人民币购买力平价 1 美元约等于 2 元人民币计算，以美元计算的中国 GDP（即外贸依存度的分母）将大幅度增加，中国外贸依存度将下降3倍。另一方面，如果中国人民币向升值方向调整，会对进出口产生影响，在人民币升值后，中国产品在国际上的竞争力将下降，贸易规模、尤其是出口也将有所减少，从而使外贸依存度的分子减少。因此，当人民币汇率调整到购买力平价水平时，中国外贸依存度下降幅度将超过三倍。值得注意的是，发展中国家普遍存在汇率按购买力平价低估的问题，而发达国家按购买力平价计算的汇率与名义汇率基本相当，因此大多数发展中国家外贸依存度存在高估的情况，考虑到以上因素，按比较保守的估计，中国外贸依存度受汇率低估影响而高估一倍。

2. 加工贸易因素

研究我国的外贸依存度不能忽略加工贸易这个因素，加工贸易的快速发展对我国外贸依存度具有重要的影响，加工贸易已经成为我国第一大贸易方式。尽管近年加工贸易的国内采购率和增值率有所上升，但与国内经济运行的联系不很密切，因此，运用包含加工贸易在内的外贸依存度指标，会在相当程度上夸大我国经济对国际市场的依赖程度。

3. GDP 的构成

对一国的外贸依存度进行国际比较还要考虑各国 GDP 构成的差异。一般而言，第三产业的可贸易程度较低，因此，GDP 中第三产业的比重越高，外贸依存度可能越低；反之，GDP 中第三产业的比重越低，外贸依存度可能越高。各国 GDP 结构差异明显，例如，美国第三产业占 GDP 的比重高达80%左右，日本为70%左右，而我国第三产业占 GDP 的比重为仅33%左右。如果不考虑各国 GDP 构成的差异，直接比较各国的外贸依存度，就会影响结论的正确性。

本章小结

1. 中国的对外贸易源远流长，在古代就已经有了奢侈品的贸易。近代以来，中国对外贸易的开展既有自主性的一面，又有被迫受冲击的一面，关税自主是近代，特别是民国以来争取获得的主要权益。新中国成立以后，中国对外贸易有了明显的发展，但也受到多方面的封锁，产生了拾遗补缺的对外贸易模式。改革开放以后，我国的对外贸易迅速发展，出现了史无前例的贸易推动中国经济发展的局面。

2. 中国货物贸易每年都保持高速增长，中国已确立世界货物贸易大国地位。2012年，我国外贸进出口总值38667.6亿美元，比上年增长6.2%。其中出口20498.3亿美元，增长7.9%；进口18178.3亿美元，增长4.3%；贸易顺差2311亿美元，扩大48.1%。2012年中国的贸易总额首次超过美国，成为世界贸易规模最大的国家。

3. 中国服务贸易获得蓬勃发展，在世界贸易中的地位不断上升。2011年中国服务贸易出口额1820亿美元，占比4.4%，居世界第四大服务贸易大国；中国服务贸易进口额2360亿美元，占比6.1%，超过英国和日本，排名世界第三。

4. 随着新科技革命的蓬勃发展和世界经济全球化的深入，技术贸易迅速发展，成为国际贸易的重要组成部分。

5. 我国的贸易方式的显著特点是加工贸易在对外贸易的比重中占有很大的比重，且比重不断上升。与加工贸易相对应，一般贸易的比重不断下降，由原来的绝对主导地位变为低于加工贸易。

6. 改革开放以来,中国的经济和贸易都得到了迅速的发展,对外贸易在国民经济发展中的作用越来越重要,二者形成了相互促进、相辅相成的关系。

7. 我国的外贸依存度在2007年达到了67%,自2008年以来,我国外贸依存度逐年下降,2012年在2011年基础上再度回落3.1个百分点,回到50%以下,为47%。这表明我国加快转变经济发展增长方式成效显著,我国经济增长正由外需拉动向内需驱动转变。但总体来讲,我国外贸依存度较高。

案例一　中国远洋运输(集团)公司:助推中国对外贸易发展

【案例简述】

中远集团是以航运和物流为主业的跨国企业集团。在致力于为全球客户提供航运、物流服务的同时,还能够在船舶及海洋工程的建造和修理、码头、贸易、金融和信息技术等多个领域为客户提供优质服务。中远集团以人为本,以市场为导向,以科技为手段,以效益为中心,践行企业公民职责,坚持生产经营和资本经营双轮驱动,做强国际航运业,拓展物流码头业,发展修造船业,开发资源能源业,推进中远集团从全球航运承运人向以航运为依托的全球物流经营人和国际航运物流产业集群的领导者转变,从跨国经营向跨国公司和全球公司转变,助推中国对外贸易大发展,打造百年中远,实现又好又快和可持续发展。

【公司概况】

中国远洋简称中远集团或COSCO,是中华人民共和国中央人民政府直管的特大型中央企业之一。中国远洋运输集团成立于1961年4月27日,成立之初是一个仅有4艘船舶、2.26万载重吨的小型船运公司。发展至2012年,中远集团已经成为以航运、物流码头、修造船为主业的跨国企业集团,已经确立起在国际航运、物流码头和修造船领域的领先地位,稳居《财富》世界500强,2012年在《财富》世界500强企业中排名第384位。

截至2011年,中远集团拥有和控制各类现代化商船近800艘,5600多万载重吨,年货运量超4亿吨,远洋航线覆盖全球160多个国家和地区的1600多个港口,船队规模稳居中国第一、世界第二。其中集装箱船队规模在中国排名第一、世界排名第六;干散货船队世界排名第一;专业杂货、多用途和特种运输船队综合实力居世界前列;油轮船队是世界超级油轮船队之一。中远集团在全球范围内投资经营着32个码头,总泊位达157个,根据Drewry 2009年7月发布的最新统计,2008年中远集团旗下中远太平洋的集装箱码头吞吐量继续保持全球第五。

中远集团拥有丰富的物流设施资源,控制各种物流车辆超过4000台,包括具有289个轴线、最大承载能力达8000吨的大件运输车,堆场249万平方米,拥有和控制仓库297万平方米,在家电、化工、电力、融资等领域为客户提供高附加值服务,为青藏铁路、天津空客、印度电站等国内外多个重大项目提供物流服务,创造多项业界纪录。

据中远集团官网2012年资料显示,该集团在中国的多家船舶修造基地,拥有含30万吨级、50万吨级的各类型船坞16座,业务涉及大型船舶和海洋工程建造、改装及修理,生产设备装配水平、生产管理水平中国领先，技术能力、生产效率及生产成本等指标居世界前列。年修理改造大型船舶500余艘，年造船能力840万吨，是中国最大的修船企业及技术最先进的造船企业。

截至2012年，中远集团已形成以北京为中心，以中国香港、美洲、欧洲、新加坡、日本、澳洲、韩国、西亚、非洲等九大区域公司为辐射点的全球架构，在50多个国家和地区拥有千余家企业和分支机构，员工总数约13万人，其中驻外人员400多人，外籍员工4000多人，资产总额超过3000亿元人民币，海外资产和收入已超过总量的半数以上，正在形成完整的航运、物流、码头、船舶修造的全球业务链。

【案例详解】

中远集团是最早进入国际资本市场的中国企业之一，早在1993年中远投资就在新加坡借壳上市，目前在境内外控股和参股中国远洋、中远太平洋、中远国际、中远投资、中远航运、中集集团、招商银行等上市公司。2010年5月30日，中国远洋成功入选英国著名财经媒体《金融时报》发布的全球500强企业排行榜（FT Global 500），名列第450位，这是中国远洋自2008年以来连续第三年入选该榜单。

全球化，已成为中远集团在新时期发展的一个最显著最鲜明的特征。进入21世纪以来，中远集团全球化进程进一步提速，经营服务、资本运作、文化管理、合作竞争、社会责任、外交资源全球化成为重要特征。

作为一家中国的跨国公司，中远很早就注重承担广泛的“企业公民”责任。中远集团明确提出自身的使命为“逐步发展和确立在航运、物流和修造船领域的领先地位，保持与客户、员工和合作伙伴诚实互信的关系，最大程度地回报股东、社会和环境”。2001年，中远集团建立起了包括国际环境管理体系、职业安全卫生管理体系在内的综合管理体系，成为中国首家获得三大管理体系认证的企业。2004年，中远正式加入联合国“全球契约”计划，更加自觉和积极地践行“全球契约”十项基本原则并努力实现可持续发展，中远集团可持续发展报告连续四年被联合国“全球契约”评为了典范报告，成为唯一连续四年登上“全球契约”典范报告榜的亚洲企业。

资料来源：中远集团网站（www. cosco. com）

案例二　海尔集团的国际化战略

【案例简述】

海尔集团的国际化经营之路大致可以划分为四个阶段，即1984—1990年的国内创牌蓄势阶段、1990—1996年的以贸易为先导开拓国际市场阶段、1996—1998年的探索性海外投资阶段和1999年至今的全球化发展阶段。与此同时，经过近十多年的探索，海尔正式形成了成熟的国际市场战略，也就是“三个1/3”的战略：即在全球销售额中国内生产国内销售占1/3，国内生产国外销售占1/3，国外生产国外销售占1/3。

【公司概况】

1984年12月,海尔集团的前身青岛电冰箱总厂正式成立,经过近30年的发展,海尔集团已从当年员工不足800名,销售收入仅380万元,亏损却高达147万元的集体小厂,一跃成为一家集科研、生产、贸易和金融于一体的大型国际化企业集团,并且正朝着“世界500强”的目标不断奋进。现任董事局主席、首席执行官张瑞敏是海尔的主要创始人。

目前,海尔在全球建立了21个工业园,5大研发中心,19个海外贸易公司,全球员工超过8万人。2011年,海尔集团全球营业额实现1509亿元,品牌价值962.8亿元,连续11年蝉联中国最有价值品牌榜首。海尔积极履行社会责任,援建了164所希望小学和1所希望中学,制作212集科教动画片《海尔兄弟》,是2008年北京奥运会全球唯一白色电器赞助商。

海尔集团在首席执行官张瑞敏确立的名牌战略指导下,先后实施名牌战略、多元化战略和国际化战略,2005年年底,海尔进入第四个战略阶段——全球化品牌战略阶段。海尔品牌旗下冰箱、空调、洗衣机、电视机、热水器、电脑、手机、家居集成等19个产品被评为中国名牌,其中海尔冰箱、洗衣机还被国家质检总局评为首批中国世界名牌。2008年3月,海尔第二次入选英国《金融时报》评选的“中国十大世界级品牌”。2008年6月,在《福布斯》“全球最具声望大企业600强”评选中,海尔排名第13位,是排名最靠前的中国企业。2008年7月,在《亚洲华尔街日报》组织评选的“亚洲企业200强”中,海尔集团连续五年荣登“中国内地企业综合领导力”排行榜榜首。海尔已跻身世界级品牌行列,其影响力正随着全球市场的扩张而快速上升。

截至2011年6月份,海尔专利累计申请量达到11315项,其中发明专利3666项,稳居中国家电企业榜首。截至2011年6月份,集团申请专利671项,其中发明专利291项,平均每个工作日申请3项发明专利。在自主知识产权的基础上,海尔已参与23项国际标准的制定,其中无粉洗涤技术、防电墙技术等7项国际标准已经发布实施,这表明海尔自主创新技术在国际标准领域得到了认可;海尔主导和参与了283项国家标准的编制、修订,其中267项已经发布,并有10项获得了国家标准创新贡献奖;参与制定行业及其他标准447项。海尔是参与国际标准、国家标准、行业标准最多的家电企业。海尔是唯一一个进入国际电工委员会(IEC)管理决策层的发展中国家企业代表,2009年6月,IEC选择海尔作为全球首个“标准创新实践基地”。2011年入选首批“国家技术创新示范企业”。

在创新实践中,海尔探索实施的“日事日毕,日清日高”的“OEC”(Overall Every Control and Clear)管理模式、“市场链”管理及“人单合一”发展模式引起国际管理界高度关注。目前,已有美国哈佛大学、南加州大学、瑞士IMD国际管理学院、法国的欧洲管理学院、日本神户大学等大学专门对此进行案例研究,海尔的30余个管理案例被世界12所大学写入案例库,其中,“海尔文化激活休克鱼”管理案例被纳入哈佛大学商学院案例库,海尔“市场链”管理被纳入欧盟案例库。

【案例详解】

海尔的国际市场战略,也就是“三个1/3”的战略:即在全球销售额中国内生产国内销售占1/3,国内生产国外销售占1/3,国外生产国外销售占1/3。

海尔集团海外直接投资的本地化战略，概括起来可以归纳为“三位一体”和“三融一创”战略。所谓“三位一体”，指的是在国外实现当地设计、当地生产和当地销售；所谓“三融一创”，指的是海尔集团在投资东道国当地融资、当地融智、当地融文化和创本地化名牌。

海尔集团的国际化战略中还有一个全球十大经济区投资战略，指的是将全球市场划分为十个有较大国际影响力的经济共同体，在每一个共同体内选点建设工厂，以便在这些工厂的当地化率达到60%以后，将产品输送到共同体的其他成员国，争取获得关税等方面的优惠待遇，取得更快的发展。

海尔在海外投资建厂一直遵循着“先有市场，再建工厂”以及“盈亏平衡点”的海外投资策略，也就是说，海尔进行对外直接投资的程序是：发展出口→建立营销网络→树立品牌→达到盈亏平衡点→投资建厂。在这一程序中，海尔是否在当地投资建厂取决于市场是否已经接纳海尔的品牌，是否有市场。

海尔在国际化过程中还提出了“先难后易”的思想，其中比较有代表性的是其“先难后易”的出口战略。一般来说，企业进行国际化经营都是采取“先易后难”的战略，一点一点地积累经验，发展壮大，然而，海尔产品出口的战略却是“先难后易”，即首先以发达国家为目标市场，将产品出口到发达国家，争取创出名牌，然而以高屋建瓴之势打开发展中国家市场，从而实现既创品牌又占领市场的目的。这表明海尔集团并不单纯走渐进式道路，而是根据海尔的名牌战略以及自身优势，适当地进行跨越式发展。

海尔集团的国际化战略大致可以归结为以上论及的三大战略：即“三个1/3”战略、本地化战略和全球十大经济区战略。贯彻和实施本地化战略是海尔集团海外直接投资成功的关键因素之一，也是海尔集团从“国际化海尔”发展到“海尔国际”的必由之路。

资料来源：海尔集团网站（www.haier.cn）

练习与思考

1. 封建社会时期中国对外贸易呈现哪些特点？
2. 半殖民地半封建社会时期中国对外贸易呈现哪些特点？
3. 简述新中国成立后的对外贸易发展历程。
4. 简述当前国际服务贸易发展的特点。
5. 简述当前国际技术贸易发展的特点。
6. 简述中国技术贸易的主要政策。
7. 什么是贸易方式？什么是一般贸易和加工贸易？
8. 简述我国对外贸易方式的特点。
9. 为什么说中国的经济增长与对外贸易发展二者相互促进、相辅相成？
10. 什么是外贸依存度？结合实际，你认为中国外贸依存度是偏高还是偏低？

参考文献

[1] Bertil Ohlin. Interregional and International Trade[M]. Cambridge: Harvard University Press, 1933.

[2] Beth V. Yarbrough, Robert M. Yarbrough: The World Economy: Trade and Finance [M]. The Dryden Press, 1991.

[3] C. D. A. MacDougall. British and American Exports: A Study Suggested by the Theory of Comparative Costs[J]. *Economics Journal*,1951(December).

[4]〔意〕G. 甘道尔夫. 国际经济学[M]. 北京:中国经济出版社,2002.

[5] Owen Kravis. Trade As a Handmaiden of Growth:Similarities between the Nineteenth and the Twentieth Century[J]. *Economic Journal*,1970.

[6] Paul R. Krugman, Maurice Obstfeld. International Economics (Third Edition)[M]. New York: Harper Collins,1994.

[7]〔美〕Paul R. Krugman、〔美〕Maurice Obstfeld. 国际经济学:理论与政策(第五版,英文版)[M]. 北京:清华大学出版社,2001.

[8] P. K. M. Tharankan. Intra-industry Trade:Empirical and Methodological Aspects[M]. North Holland Press,1983.

[9] Richard E. Caves, Ronald W. Jones. World Trade and Payments (Fourth Edition) [M]. London: Little Brown, 1985.

[10] Robert J. Carbaugh. International Economics[M]. 大连:东北财经大学出版社,1998.

[11] Thomas J. Prusa, Susan Skeath. Modern Commercial Policy, Managed Trade or Retaliation? [R]. Wellesley College, 2001.

[12] United Nations Conference on Trade and Development. World Investment Report 2012 [R]. Geneva:UNCTAD,2013.

[13] WTO. Trading into the Future (2nd edition revised). April 1999.

[14] WTO. 2012 世界贸易报告[R]. Geneva:WTO,2012.

[15]〔美〕彼得·林德特著,范国鹰等译. 国际经济学(第九版)[M]. 北京:经济科学出版社,1992.

[16] 陈家勤. 当代国际贸易新理论[M]. 北京:经济科学出版社,2000.

[17] 陈同仇等. 国际贸易[M]. 北京:对外经济贸易大学出版社,2009.

[18] 陈永富. 国际贸易理论[M]. 北京:科学出版社,2004.

[19] 陈湛匀. 新编国际经济学[M]. 上海:立信会计出版社,2005.

[20] 崔日明、王厚双等. 国际贸易[M]. 北京:机械工业出版社,2008.

[21] 〔英〕大卫·李嘉图. 政治经济学及赋税原理[M]. 北京:商务印书馆,1976.

[22] 〔美〕丹尼斯·R. 阿普尔亚德、〔美〕小艾尔佛雷德·J. 菲尔德. 国际经济学(第三版)[M]. 北京: 机械工业出版社,1998.

[23] 〔美〕丹尼斯·阿普尔亚德、〔美〕史蒂芬·柯布. 国际经济学[M]. 北京:机械工业出版社,2010.

[24] 〔美〕多米尼克·萨尔瓦多等著,朱宝宪、吴洪等译. 国际经济学(第九版)[M]. 北京:清华大学出版社,2008.

[25] 范爱军等. 国际贸易:理论与政策[M]. 济南:山东人民出版社,2009.

[26] 方齐云. 国际经济学[M]. 大连:东北财经大学出版社,2009.

[27] 冯宪中. 国际经济学[M]. 上海:复旦大学出版社,2005.

[28] 郭金凤、朱芳影、康永红. 中海油成功收购尼克森案例分析[J]. 财务与会计,2013(6).

[29] 国家统计局贸易外经统计司. 中国贸易外经统计年鉴 2013[M]. 北京:中国统计出版社.

[30] 海闻等. 国际贸易[M]. 上海:上海人民出版社,2003.

[31] 韩立余. 从总干事的选任看 WTO 的决策机制[J]. 法学家,2008(2).

[32] 赫国胜. 新编国际经济学[M]. 北京:清华大学出版社,2003.

[33] 洪银兴. 从比较优势到竞争优势——兼论国际贸易的比较利益理论的缺陷[J]. 经济研究,1997(6).

[34] 华民. 国际经济学[M]. 上海:复旦大学出版社,2004.

[35] 黄卫平. 国际经济学[M]. 北京:对外经济贸易大学出版社,2008.

[36] 姜波克. 国际金融学[M]. 北京:高等教育出版社,1999.

[37] 〔英〕坎南. 亚当·斯密关于法律、警察、岁入及军备的演讲[M]. 北京:商务印书馆,1991.

[38] 〔法〕魁奈. 魁奈经济著作选集[M]. 北京:商务印书馆,1983.

[39] 李海平. 产业内贸易理论与我国产业内贸易现状分析[J]. 山西高等学校社会科学学报,2003(9).

[40] 李汉君、李艳. 国际贸易[M]. 北京:科学出版社,2009.

[41] 李宏. 国际经济学[M]. 北京:中国商务出版社,2006.

[42] 李坤望. 国际经济学(第三版)[M]. 北京:高等教育出版社,2005.

[43] 李天德. 国际经济学(第二版)[M]. 成都:四川大学出版社,2007.

[44] 刘辉群. 国际经济学[M]. 北京:北京大学出版社,2012.

[45] 刘辉群、王荣艳. 中国对外贸易概论[M]. 厦门:厦门大学出版社,2010.

[46] 刘辉群. 中国保税区向自由贸易区转型的研究[J]. 中国软科学,2005(5).

[47] 刘洋. 国际货币基金组织与世界贸易组织合作的法律机制[J]. 中北大学学报(社会科学版)2006,22(5).

[48] 卢进勇、刘恩专. 跨国公司理论与实务[M]. 北京:首都经济贸易大学出版社,2008.

[49] 卢荣忠、黄建忠. 国际贸易(第二版)[M]. 北京:高等教育出版社,2010.

[50] 鲁明泓. 中国产业内贸易指数的测算与评估[J]. 国际贸易问题,1994(5).

[51] 逯宇铎、刘辉群. 企业全球化经营与管理[M]. 大连:大连理工大学出版社,2007.

[52]〔美〕罗伯特 · J. 凯伯著,原毅军等译. 国际经济学[M]. 北京:机械工业出版社,2009.

[53] 莫苗苗. 吉利并购沃尔沃的案例分析[J]. 企业技术开发,2012(5).

[54]〔英〕配第. 配第经济著作选集[M]. 北京:商务印书馆,1983.

[55] 世界经济编辑委员会. 世界经济百科全书[M]. 北京:中国大百科全书出版社,1987.

[56] 世界贸易组织秘书处. Report on G20 Trade Measures[R]. 日内瓦:世界贸易组织秘书处,2011.

[57] 佟家栋. 国际经济学[M]. 天津:南开大学出版社,1995.

[58] 佟家栋. 1996 年世界经济发展报告[M]. 山西:山西人民出版社,1997.

[59]〔英〕托马斯 · 孟. 英国得自对外贸易的财富[M]. 北京:商务印书馆,1983.

[60] 向阳. 向强者挑战——百事可乐的市场竞争战略[J]. 中国高新区,2008(91).

[61]〔日〕小岛清. 对外贸易论[M]. 天津:南开大学出版社,1987.

[62] 徐立青. 国际贸易实用教程[M]. 上海:复旦大学出版社,2008.

[63] 许斌. 国际贸易[M]. 北京:北京大学出版社,2009.

[64] 薛荣久. 国际贸易[M]. 北京:对外经济贸易大学出版社,2009.

[65]〔英〕亚当 · 斯密. 国民财富的性质和原因的研究(上卷)[M]. 北京:商务印书馆,1972.

[66]〔英〕亚当 · 斯密. 国民财富的性质和原因的研究(下卷)[M]. 北京:商务印书馆,1974.

[67] 杨惠昶. 国际经济学[M]. 吉林:吉林大学出版社,2000.

[68] 杨荣珍. 世贸组织争端解决案例(DS122)及其启示[J]. 国际商务(对外经济贸易大学学报),2001.

[69] 尹翔硕. 国际贸易教程[M]. 上海:复旦大学出版社,1996.

[70] 尹翔硕、李春顶等. 国际贸易摩擦的成因及化解途径[M]. 上海:复旦大学出版社,2009.

[71] 袁志刚. 国际经济学[M]. 北京:高等教育出版社,2006.

[72]〔英〕约翰 · 伊特韦尔等. 新帕尔格雷夫经济学大辞典[M]. 北京:经济科学出版

社,1996.
[73] 湛柏明. 国际经济学[M]. 上海:复旦大学出版社,2010.
[74] 张二震、马野青. 国际贸易学(第三版)[M]. 北京:人民出版社,2007.
[75] 赵晓娜. 抗辩6年奥康胜诉欧盟反倾销案[N]. 南方日报,2012-11-20(A16).
[76] 中华人民共和国国家统计局. 中国统计年鉴[M]. 北京:中国统计出版社.
[77] 中央编译局. 马克思恩格斯全集(第1卷)[M]. 北京:人民出版社,1956.
[78] 朱彤等. 国际经济学[M]. 武汉:武汉大学出版社,2010.

参考网站

[1] 世界贸易组织:www.wto.org
[2] 联合国贸易和发展会议:www.unctad.org
[3] 国际货币基金组织:www.imf.org
[4] 国际商会:www.iccwbo.org
[5] 世界海关组织:www.wcoomd.org
[6] 美国经济研究局:www.nber.org
[7] 中国商务部:www.mofcom.gov.cn
[8] 中国自由贸易区服务网:fta.mofcom.gov.cn
[9] 中国国家统计局:www.stats.gov.cn
[10] 商务部国际贸易经济合作研究院:www.caitec.org.cn
[11] 中国国家外汇管理局:www.safe.gov.cn
[12] 中国-东盟自由贸易区:www.cafta.org.cn
[13] 中国海关总署:www.customs.gov.cn
[14] 亚太经合组织:www.apec.org
[15] 经济合作与发展组织:www.oecd.org
[16] 海尔集团:www.haier.net/cn/
[17] 中远集团:www.cosco.com
[18] 杭州巨星科技股份有限公司:www.greatstartools.com
[19] 江苏阳光集团:www.china-sunshine.com
[20] 中国网:www.china.com.cn
[21] 新华网:www.xinhuanet.com
[22] 网易财经:money.163.com

教师反馈及教辅申请表

北京大学出版社本着“教材优先、学术为本”的出版宗旨，竭诚为广大高等院校师生服务。为更有针对性地提供服务，请您认真填写以下表格并经系主任签字盖章后寄回，我们将按照您填写的联系方式免费向您提供相应教辅资料，以及在本书内容更新后及时与您联系邮寄样书等事宜。

<table>
<tr><td>书名</td><td></td><td>书号</td><td>978-7-301-</td><td>作者</td><td></td></tr>
<tr><td colspan="2">您的姓名</td><td colspan="2"></td><td>职称职务</td><td></td></tr>
<tr><td colspan="2">校/院/系</td><td colspan="4"></td></tr>
<tr><td colspan="2">您所讲授的课程名称</td><td colspan="4"></td></tr>
<tr><td colspan="2">每学期学生人数</td><td colspan="2">______人______年级</td><td>学时</td><td></td></tr>
<tr><td colspan="2">您准备何时用此书授课</td><td colspan="4"></td></tr>
<tr><td colspan="2">您的联系地址</td><td colspan="4"></td></tr>
<tr><td colspan="2">邮政编码</td><td></td><td>联系电话（必填）</td><td colspan="2"></td></tr>
<tr><td colspan="2">E-mail（必填）</td><td></td><td>QQ</td><td colspan="2"></td></tr>
<tr><td colspan="4">您对本书的建议：</td><td colspan="2">系主任签字

盖章</td></tr>
</table>

我们的联系方式：

北京大学出版社经济与管理图书事业部
北京市海淀区成府路 205 号，100871
联系人：徐冰
电话： 010-62767312 / 62757146
传真： 010-62556201
电子邮件：em_pup@126.com　　em@pup.cn
Q Q：5520 63295
新浪微博：@北京大学出版社经管图书
网址： http://www.pup.cn